Allitera Verlag

edition monacensia
Herausgeber: Monacensia
Literaturarchiv und Bibliothek
Dr. Elisabeth Tworek

Alfons Schweiggert, 1947 in Altomünster geboren, veröffentlichte nicht nur vielbeachtete Bücher über Ludwig II., sondern war auch Kurator zweier erfolgreicher Ausstellungen über »Dr. Bernhard v. Gudden, den Gutachter König Ludwigs II.« (2014) und über »Otto I., Ludwigs kranken Bruder« (2016). Schweiggert war viele Jahre am Staatsinstitut ISB, München, als Institutsrektor tätig. Er wurde mehrfach ausgezeichnet, unter anderem 1990 mit dem Literaturpreis München-West, und erhielt 1995 den Bayerischen Poetentaler. Schweiggert ist Präsidiumsmitglied der Autorenvereinigung »Münchner Turmschreiber«.

Im Allitera Verlag sind von Alfons Schweiggert erschienen: »Das Buch« (Roman), die Kinderbücher »Donna« und »Dschungelkönig« sowie in der *edition monacensia* »Kafka in München«.

Alfons Schweiggert

Ludwig II. und die Frauen

Münchner Stadtbibliothek
Monacensia
Literaturarchiv und Bibliothek

Allitera Verlag

Weitere Informationen über den Verlag und sein Programm unter:
www.allitera.de

April 2016
Allitera Verlag
Ein Verlag der Buch&media GmbH, München

Umschlaggestaltung Johanna Conrad, Augsburg
unter Verwendung einer historischen Fotografie
Satz: Kay Fretwurst, Freienbrink
ISBN PRINT 978-3-86906-823-7
ISBN EPUB 978-3-86906-876-3
ISBN PDF 978-3-86906-875-6
Printed in Europe

Inhalt

Prolog

König Ludwig II. und die Frauen – ein bislang vernachlässigtes Thema

Unter den Tausenden Büchern über König Ludwig II. von Bayern ist erstaunlicherweise bis heute kein einziger Titel zu finden, der sich ausschließlich dem Thema »König Ludwig II. und die Frauen« widmet. Darüber brauche es kein eigenes Buch geben, dieses Kapitel sei rasch erzählt, so vielfach die Begründung, denn an Freundschaften zum anderen Geschlecht sei das Leben des Königs bekanntlich extrem arm gewesen, weshalb das Thema Frauen in Bezug auf seine Person vernachlässigt werden dürfe.

Zwar wird in diversen Biografien über den König darauf hingewiesen, dass er mit einem Gardemaß von 1,91 Metern und seinem schwarzen, ondulierten Haar ein Frauenschwarm gewesen sei, er selbst habe aber nie eine nennenswerte Zuneigung zu Frauen empfunden. Auch wenn ihm sein Großvater König Ludwig I. versicherte: »Dir kann kein Weib widerstehen«, so sei Ludwig II. für die Damenwelt doch unnahbar geblieben. Bereits einer der ersten Ludwig II.-Biografen, Gottfried von Böhm, betonte: »Schon in allem Anfang äußerte die öffentliche Meinung ein gewisses Befremden über seinen Mangel an Neigung für das weibliche Geschlecht.« Und Ludwigs Zeitgenosse Koch von Berneck[1] wusste zu berichten, dass Ludwigs Abneigung gegen das weibliche Geschlecht noch größer gewesen sei als sein Hang zur Einsamkeit. 1903 äußerte Hanns Fuchs die Ansicht, Ludwig II. sei »jede erotische Empfindung für die Frau unmöglich« gewesen. Insbesondere habe er Angst vor Frauen gehabt, »die den geringsten Versuch machten, sich ihm anzubieten«.[2]

In Publikationen über den König werden zwar immer wieder einzelne Frauen erwähnt, zu denen er kurzzeitigen Kontakt hatte, darunter Schau-

[1] Koch von Berneck, Max: König Ludwig II. von Bayern und Schloß Berg, Berlin 1907, S. 13

[2] Fuchs, Hanns: Richard Wagner und die Homosexualität, Berlin 1903, S. 214

spielerinnen und Sängerinnen. Doch dabei habe es sich nur um vorübergehende und oberflächliche Beziehungen gehandelt. Etwas detaillierter wird lediglich auf seine Verlobung mit Prinzessin Sophie in Bayern eingegangen, obwohl auch dieses Ereignis nur ein bedauerliches Missverständnis gewesen sei. Thematisiert wird noch Ludwigs Verhältnis zu seiner Cousine Kaiserin Elisabeth von Österreich, da sie ein ähnliches Wesen wie er besessen habe. Des Weiteren lassen sich Anekdoten finden, die über Kontakte des Königs zum weiblichen Geschlecht berichten, wobei jedoch stets betont wird, »Ludwig II. und die Frauen« sei nur am Rande ein Thema, da man ja wisse, dass der Monarch sich vorrangig zu Männern hingezogen fühlte, dass er also eine homoerotische oder homosexuelle Veranlagung besessen habe, die ihm einen Zugang zu Frauen letztlich völlig verwehrt habe.

Vermutlich aus diesen Gründen hielt man es nicht für erforderlich, einmal eine eigene Veröffentlichung zur Thematik »Ludwig II. und die Frauen« vorzulegen. Dies soll nun erstmals mit diesem Buch geschehen. Des Königs Beziehungen zum weiblichen Geschlecht und deren Bedeutung für sein Leben lassen sich nämlich nur dann begreifen, wenn dieser Aspekt in allen Einzelheiten und zusammenhängend geschildert wird. Nur dadurch lassen sich unter anderem folgende Fragen beantworten:

War Ludwig II. an Frauen wirklich so desinteressiert, wie dies immer wieder behauptet wird? Was bedeutete ihm das weibliche Geschlecht? Zu wie vielen und welchen Frauen hatte er während seines Lebens eine enge respektive oberflächliche Beziehung? Wie gestaltete sich der Kontakt zu Mädchen und Frauen in seiner Kindheit und während der Pubertät? Welche Vorstellung hatte er von einer idealen Frau? War für seine angebliche Beziehungsunfähigkeit sein egoistisches und narzisstisches Wesen verantwortlich? Zu welchen Frauen hatte Ludwig II. eine besonders enge Beziehung und was waren die Gründe dafür? Wurden von ihm Kontakte zu Frauen nach der gescheiterten Verlobung mit Prinzessin Sophie völlig gemieden oder bestanden sie nicht vielmehr weiterhin und wenn ja, zu welchen Frauen? Dachte Ludwig nach dem Bruch mit Sophie an eine Verbindung zu einer anderen Frau? In welchem Verhältnis standen eigentlich Ludwigs II. Beziehungen zu Männern und Frauen? War Ludwig ausschließlich von homoerotischen und homosexuellen Gefühlen beherrscht oder hatte er nicht auch eine Affinität zum weiblichen Geschlecht und wie gestaltete sich diese? Lassen sich Gründe für Ludwigs angeblich problematisches Verhältnis zu Frauen anführen? Hat dieser höchstpersönliche Lebensbereich überhaupt

Relevanz für Ludwigs politische Bedeutung? Und wie prägten Frauen sein künstlerisches Wirken und sein politisches Handeln?

Antworten auf diese und viele weitere Fragen will das vorliegende Buch geben, in dem mehr als 100 Frauen vorgestellt werden. Viele davon spielten im Leben Ludwigs II. eine durchaus ernst zu nehmende Rolle. Es sind Frauen, die dem König entweder familiär nahestanden oder die er als Seelenverwandte verehrte, auch adelige Damen, die von ihm hofiert wurden und Frauen, von denen er oft leidenschaftlich umschwärmt wurde. Des Weiteren werden alle möglichen Lebenspartnerinnen, die für ihn im Gespräch waren, ebenso vorgestellt wie die vielen Künstlerinnen, die er wegen ihrer Leistungen in unterschiedlichen Bereichen – ob als Sängerin, Schauspielerin, bildende Künstlerin oder Schriftstellerin – bewunderte. Nicht fehlen dürfen die zahlreichen historischen Frauen aus dem Ancien Régime, die er vergötterte sowie literarische weibliche Gestalten, denen er bei der täglichen Lektüre nahekam, oder die ihn auf der Bühne faszinierten. Dazu gehören auch die Heldinnen aus den Opern Richard Wagners. Selbst jene Frauen, gegen die er aus unterschiedlichen Gründen Abneigung empfand, bleiben nicht unerwähnt.

In diesem Buch wird erstmals verdeutlicht, dass Frauen für den König eben nicht nur eine Randerscheinung waren, wie bisher behauptet wurde, sie gehörten vielmehr wesentlich zu seinem Leben und prägten und bereicherten es maßgeblich.

München, März 2016
Alfons Schweiggert

Frauen in Ludwigs Kindheit – 1845 bis 1855

Die Kinderamme, eine Bäuerin aus Miesbach

Das Leben begann für Ludwig II. mit einem Schock. Eigentlich wollten die Eltern von Ludwigs Mutter, der Königin Marie, bei der Geburt und Taufe ihres Enkels Ludwig im August 1845 zugegen sein. Aber auf dem Weg von Berlin nach München erkrankte Maries Mutter schwer und musste umgehend nach Berlin zurückgebracht werden. Ihr Zustand verschlechterte sich bis Anfang des Jahres 1846 erheblich. Am 26. Februar 1846 eilten Marie und ihr Mann, König Maximilian II., an ihr Sterbelager. Maries Mutter starb am 14. April 1846.

Der kleine Ludwig, damals erst sechs Monate alt, blieb zu Hause. Den damaligen Gepflogenheiten entsprechend war er einer Amme anvertraut. Königin Marie stillte das Kind nicht selbst. Bei der Amme handelte es sich um eine gesunde, korpulente Bauersfrau aus Miesbach, in deren Obhut das Kind bis zum achten Monat prächtig gedieh. »Die Amme des Neugeborenen«, berichtet Luise von Kobell, »betete den Säugling an, die Kinderwärterin desgleichen.« Außer dem Kindermädchen kümmerten sich auch Bonnen wie Anna Riger und Rosalie um das Wohl des Kleinen.

Doch plötzlich erkrankte die Amme an »heftigem Fieber mit Gehirnerscheinungen«, woran sie im März 1846 starb. Dieser unerwartet frühe Verlust der ersten intensiven Bezugsperson war für den Säugling mit Sicherheit schlimm. Ludwig musste abrupt abgestillt werden, worauf er sichtlich verfiel und in der Folge lebensbedrohlich erkrankte.

Marie glaubte später, die Amme sei an einem »Nervenfieber« verstorben, aber offensichtlich handelte es sich um Meningitis. Später wurde vermutet, Ludwig habe sich bei der Amme angesteckt und in der Folge eine nicht als solche erkannte Gehirnhautentzündung durchzustehen gehabt. Einige Monate litt er an Krämpfen und Fieberschüben. »Todtkrank« nannte ihn später die Mutter in ihren Aufzeichnungen, und sie vermerkte, »daß es der Großvater König Ludwig nicht zugab, daß er uns nach Berlin nachgeschickt werde, da er sehr geschwächt war und es noch lange blieb«. Nur langsam begann sich Ludwig zu erholen, litt aber bis zu seinem Tod immer wieder an migräneartigen Kopfschmerzen. Dieses frühe Ereignis war zweifellos der empfindlichste Einschnitt in Ludwigs frühester Lebensphase.

Marie, die sich ab Ende Februar 1846 fünf Monate lang mit ihrem Gemahl in Berlin aufgehalten hatte, kehrte erst im Juli 1846 wieder nach Bayern zurück, wo sie in Garching, der letzten Poststation, den kleinen Ludwig in die Arme nehmen konnte. Der Vater Max dagegen reiste von Berlin, inkognito als Graf von Werdenfels, über Koblenz, Köln und Brüssel ins Seebad Dieppe zur Kur. Von dort fuhr er nach Paris, nach Neuilly, Versailles und über Brüssel zurück nach Bayern, wo er, von Augsburg kommend, am 27. August in München eintraf.

Der Psychoanalytiker Wolfgang Schmidbauer weist darauf hin, dass »ein so früher und radikaler Einschnitt in die seelische Entwicklung tief greifende Folgen haben kann. Er hat gerade deshalb solche Wirkungen, weil sich der Betroffene meist nicht an ihn erinnert und daher auch nicht versteht, weshalb ihn immer wieder Bilder eines völligen Welt-Verlustes, einer seelischen Katastrophe heimsuchen. Die Bindungsscheu und gleichzeitige Bindungssehnsucht, die Angst Ludwigs vor dauerhaften Beziehungen zu Menschen, die ihm ebenbürtig waren, wurzeln wahrscheinlich in diesem frühen Verlust. Durch verschiedene Schutzmittel (wie den Aufbau einer großartigen Vorstellung seines Königtums, d. h. eines grandiosen, sich genügenden, nur den Glanz der Kunst benötigenden Selbstbildes) konnte sich der heranwachsende König stabilisieren. Zunächst scheint er den Verlust der Amme dadurch bewältigt zu haben, dass er sich selbst mit einem weiblichen, gebenden Wesen identifizierte [...]. Später übertrug Ludwig diese mütterliche, genauer ›ammenhafte‹ Beziehung auf die von ihm geförderten Künstler, aber auch auf Diener und einfache Untertanen.«[3]

Königin Marie, die Mutter (1825–1889)

Ludwigs Mutter, Königin Marie, prägte Ludwigs Frauenbild auf ganz besondere Weise. Sein Verhältnis zu ihr war von einem Wechselbad der Gefühle bestimmt und das von Kindheit an.[4]

[3] Schmidbauer / Kemper, S. 26f.

[4] Schweiggert, Alfons: Der Kronprinz. Kindheit und Jugend König Ludwigs II. von

Marie war eine kleine, zierliche, ungemein hübsche und charmante Person, die Friedrich Hebbel als »eine äußerst liebenswürdige Frau« beschreibt, als »ein rein weibliches Wesen mit einem ganz eigenthümlichen Gesichtsausdruck, in dem sich sehr wenig Bewußtsein ihrer hohen Stellung ausspricht, sondern eher eine Art Ängstlichkeit [...].« Sie ist »bei weitem die liebenswürdigste und schönste aller Frauen, die hier vorkamen, und brauchte – eine Königin darf ich doch loben, nicht wahr? – nicht auf dem Thron zu sitzen, um hoch hervorzuragen. Es war für mich ein höchst eigenthümlicher Eindruck, dies anmutige Gemisch von Schüchternheit, die der Grundzug ihres Wesens zu sein scheint, und Würde, die der hohe Stand ihr einimpfte, am Teetisch mir so nah gegenüber zu haben [...].«

Von dem Zauber der dunkelhaarigen und blauäugigen Schönheit fühlten sich zweifellos auch die beiden Prinzen angezogen. »Angelo di Dio nannten sie die Herren ihres Hofes, ihre engelhafte Schönheit und ihre himmlische Herzensgüte gleich richtig bezeichnend«, notierte der Schriftsteller und Hoftheaterintendant Franz Ferdinand von Dingelstedt. Stiftprobst von Türck nannte in seiner Gedächtnisrede auf Marie als »Grundzüge ihres Wesens und Charakters [...] Geduld, Selbstbeherrschung, Herzensgüte, Versöhnlichkeit, Liebe zu Land und Volk, volle Ergebung in den Willen Gottes«. Die zweifellos liebenswürdige, unkomplizierte Frau besaß ein hausmütterliches Wesen. Sie zog die praktischen Verrichtungen des Alltags theoretischen Erwägungen, lang andauernder, stiller Geistesarbeit oder gar utopischen Fantastereien vor.

Als Mutter war sie beiden Söhnen herzlich zugetan. Während diese dem Vater großenteils nur mit Ehrfurcht begegneten, empfanden sie für die Mutter Liebe. Eine andere Ansicht vertrat der Kabinettssekretär Franz von Pfistermeister: »Auch die Königin verstand es sehr wenig, ihre Prinzchen an sich anzuziehen. Sie besuchte sie zwar häufiger in ihren Zimmern (als der Vater), wußte sich aber nicht mit ihnen abzugeben, wie Kinder es eben verlangen. Das zog die Söhnchen auch nicht an die Mutter.« Gegen dieses harte Urteil sprechen die vielen Berichte, die sehr wohl eine Zuneigung der kleinen Prinzen zu ihrer fast noch kindlichen Mutter belegen: die Blumen, die sie den herzlichen Briefen an sie beilegten, die kleinen Geschenke, die sie ihr von dem wenigen Taschengeld kauften, die stürmische Begrüßung, wenn sie die Königin nach einer Trennung, bedingt durch eine Reise, wie-

Bayern, Pfaffenhofen 1995, S. 51–60 (künftig: Schweiggert-Kronprinz); siehe dazu auch Böhm, S. 438ff.

dersahen, und die Tatsache, dass Marie gelegentlich mit ihren Söhnen in der Residenz Fangen spielte, was zwar der Hofetikette widersprach, aber den Prinzen einen Riesenspaß bereitete. »Wie schön muß es sein«, schrieb König Max am 6. März 1857 aus Rom an seine Frau, »wenn die Kinder Dir vorlesen, wenn Du mir einmal wirst vorlesen können!«

Auf einem seiner ersten Hofbälle sagte Ludwig über seine Mutter: »Nicht wahr, von den schönsten Frauen hier ist meine Mutter doch die schönste?« Ein Familienfoto beschriftete die Königin voller Überzeugung: »Die glücklichsten Augenblicke sind die, die das Bild darstellen: mit Mann und den Kindern vereint!« Auch zu anderen Kindern benahm sich Marie immer sehr liebevoll, ganz gleich, ob es Bauernkinder waren, die Zöglinge des Max-Josef-Stifts in München, die Tochter eines Grenzwächters oder die Kinder des Revierförsters von Hohenschwangau. »Die Blumen teilten mit den Kindern das Vorrecht«, urteilte Marie Schultze, »von der Königin besonders geliebt zu werden und ihr die größte Freude zu machen.« Die Prinzen hatten zweifelsohne mehr zur Mutter Kontakt als zum Vater, aber auch zu ihr, bedingt durch die anfallenden Verpflichtungen der Königin, hauptsächlich nur in der Sommerfrische. Erst im Laufe der Jahre kam es zu einer etwas größeren Distanz zwischen dem Kronprinzen und seiner Mutter.

Wenn Paul Heyse urteilt: »Trotz allen Bemühens aber war es nicht gelungen, der Königin Interesse an Literatur und Poesie einzuflößen. Ihr war nur wohl im leichtesten Geplauder [...]«, so übersah er dabei offensichtlich, dass in der Erziehung von Mädchen, so vor allem auch in der von Prinzessinnen, damals auf diese Bereiche nicht immer großer Wert gelegt wurde. Vielleicht hatte Marie als »Engel«, wie sie die Eltern nannten, in erster Linie nur liebenswert, heiter, fröhlich und natürlich zu sein. In diesem Fall wäre ihr Desinteresse verständlich, denn in späteren Lebensjahren lassen sich bekanntlich in der Kindheit und Jugend vernachlässigte geistige Interessen kaum mehr zum Leben erwecken. »Ich lese nie ein Buch«, so lautet ein viel zitierter Ausspruch Maries, »und ich begreife nicht, wie man unaufhörlich lesen kann«. Doch einmal, so ist überliefert, las der Dichter Friedrich Hebbel aus Gedichtbüchern, die sich in der Privatbibliothek der Königin befanden. »Die Königin [...] besaß eine Privatbibliothek«, so konstatiert die Historikerin Martha Schad verwundert und stellt darauf die Frage: »Wie ist es nur möglich, dass ohne Quellenangabe in Publikationen über ihren Sohn Ludwig II. ständig behauptet wird, sie habe ›nie ein Buch gelesen und werde auch nie eines lesen‹?«[5] Gegen diese Vorwürfe sprechen auch die aufmunternden Worte ihres Gatten Max aus einem Brief, den er ihr im März 1857 aus Rom schrieb und in dem es heißt: »Harre aus in Deinen Lektüren, zu wichtig für unser, Dein und mein Glück [...]« – »Des Morgens beschäftigte sich die hohe Frau [Marie] mit Schreiben und Lesen«, versichert auch Marie Schultze, »abends aber beim Thee wurde meistens durch Vicomte de Vaublanc französisch vorgelesen«. Vielleicht las Marie nicht so viel wie ihr Mann und ihr Sohn, aber die Behauptung, sie habe überhaupt nie ein Buch gelesen, sollte ebenso endgültig in das Reich der Fabel verbannt werden, wie die immer wieder gehörte Beschuldigung, sie habe sich wenig zu ihren Kindern hingezogen gefühlt.

Zu den hochfliegenden Fantasien ihres Sohnes schien sie allerdings nicht immer Zugang gefunden zu haben. Gleichwohl liebte Ludwig als Kind seine Mutter zärtlich. So kaufte er ihr für das gesamte erste Taschengeld ein Medaillon, was sie als besorgte Mutter allerdings etwas ungeschickt als Zeichen von Verschwendungssucht wertete.

Wurden bei Teeabenden auf Wunsch des Königs Gedichte vorgetragen, blätterte sie gelangweilt in Fotoalben, so wird berichtet, und sie störte nicht selten den Vortrag durch ungeniertes Geflüster. Auch sogenannte hochgeistige Gespräche konnten sie nicht fesseln, vor allem dann nicht, wenn sie Langeweile verbreiteten. »Nicht nur die Königin langweilte sich gelegentlich in der Hofgesellschaft«, bemerkt hierzu Martha Schad. »Der bedeutende Kunsthistoriker und Schriftsteller Wilhelm Heinrich von Riehl äußerte recht ironisch, daß ihm bei Hof eine Kunst zustatten gekommen sei, nämlich ›die Kunst zu gähnen, ohne daß man es merkte‹.«[6] So gesehen ist es verständlich, dass der Königin Hausarbeiten wie Staubwischen, Blumenpflege und Weißnäherei oftmals näherlagen. Bei gelegentlichen Landaufenthalten musste allerdings auf ihr Geheiß der teilnehmende Hofstaat beim Streichen von Butterbroten ebenso Hand anlegen wie beim anschließenden Abwasch der Tassen, was damals zweifellos etwas ungewöhnlich anmutete.

Einmal habe sie, so wird berichtet, anlässlich einer Lesung während einer Teestunde den prüde klingenden Vorschlag unterbreitet, in der Dichtung solle man doch das Wort ›Liebe‹ durch das unverfänglichere Wort ›Freund-

5 Schad, Martha: Bayerns Königinnen, Regensburg 1992, S. 209 (künftig: Schad-Königinnen)

6 Schad-Königinnen, S. 208

schaft‹ ersetzen. Diese Prüderie verdankte Marie zweifellos der moralisierenden, streng religiösen Erziehung ihrer Kindheit.

Im Theater blickte sie aus ihrer Loge lieber ins Publikum als auf die Bühne. Diese Bemerkung Paul Heyses wird gerne zitiert, um auch Maries Desinteresse für Bühnenwerke zu beweisen. Auch hier hat Martha Schad eine andere Sichtweise. »Die Königin hatte durchaus Freude an den schönen Künsten, nur scheint sie sich die Freiheit genommen zu haben, diejenigen Aufführungen zu besuchen, die sie interessierten. Unzählige Male gehörten Theateraufführungen, und nicht nur in München, zu ihren Repräsentationspflichten an der Seite ihres Gemahls. Für Marie waren Opernbesuche keinesfalls nur Pflichtübungen. So besuchte sie noch 1875 als Witwe zusammen mit der österreichischen Kaiserin Elisabeth und deren Kindern eine Lohengrin-Aufführung in München.«[7] Mehr als Opern scheint sie als leidenschaftliche Bergsteigerin allerdings alpenländische und volkstümliche Musik geschätzt zu haben.

König Maximilian schrieb seiner Frau nachweislich 243 Briefe, die heute nicht mehr erhalten sind. Seine Frau antwortete ihm auf alle, vermutlich schrieb sie ihm sogar mehr. Auch ihre Kinder erfreute sie mit Dutzenden von liebevollen Briefen. Außerdem hatte sie mit vielen anderen Personen zu korrespondieren, was heute selbst intelligenten Menschen gar nicht mehr so leicht fällt. Marie zeigte sich dabei als sprachgewandte, geschickte Verfasserin, wie etliche schriftliche Zeugnisse von ihr belegen. Sie wurde deshalb auch die »schreibselige Königin« genannt, wenngleich ihr die äußerst umfangreiche Korrespondenz bisweilen doch etwas zu viel geworden sein dürfte.

Ludwigs Mutter zeigte zeitlebens auch ein großes soziales Engagement, eine Verhaltensweise, die sicher auch ihren Sohn Ludwig prägte. »So übernahm sie«, wie ihre Biografin Martha Schad schreibt, »zahlreiche Protektorate, oft auch zusammen mit ihrem Gemahl. Zu Maries Lebzeiten wurden 1848 der Evangelische Handwerkerverein, 1851 die Protestantische Rettungs- und Erziehungsanstalt Feldkirchen, 1850 das Maria-Martha-Stift und 1861 der Magdalenenverein gegründet. Als weiteres Beispiel für ihr soziales Engagement mag die im Jahr 1853 erfolgte Gründung eines überkonfessionellen Zentralvereins für wohltätige Zwecke, des St.-Johannis-Vereins, gelten, der für Waisen, Blinde und Taube sorgen sollte. Ebenso unterstützte die Königin das Maximilians-Waisenstift, dessen Vorsteherin die

[7] Ebd.

Schwester des Königs, Prinzessin Alexandra, war. Marie förderte tatkräftig die evangelische Gemeinde in München und war an der schnellen Entwicklung der ›Inneren Mission‹ beteiligt.«[8] Außerdem regte sie zusammen mit ihrem Gemahl im Winter 1842 den Bau einer Schule in Hohenschwangau an, um den kleinen Kindern einen langen Schulweg zu ersparen. Sie trat für die Abschaffung der Kinderarbeit ein, unterstützte mit 5000 Gulden den Bau einer »Wartestation für Gemeindekrankenpflege« und stiftete etliche Kirchengeräte. Der Verein des Dr. Haunerschen Kinderspitals, der unter ihrem Protektorat stand, durfte in ihren Privatgemächern in der Residenz tagen. Nicht zuletzt gründete sie 1859 noch den Bayerischen Frauenverein vom Roten Kreuz. Im Kriege 1870 kümmerte sie sich sogar selbst um verwundete Soldaten. »Sie tröstete die Kranken und betete mit ihnen oder blieb am Bett eines Sterbenden.« Zum Weihnachtsfest 1870 beschenkte sie die Verwundeten und deren Angehörige.

Obwohl also Marie nicht ganz so einfältig und geistlos gewesen zu sein schien, wie häufig behauptet wird, so lag es doch auf der Hand, dass es zwischen Ludwig und seiner Mutter immer wieder zu Konflikten kommen musste, beispielsweise, wenn Marie die Begeisterung Ludwigs für dessen bisweilen »überspannte« Lektüre und für die romantischen Träumereien nicht teilen konnte und ihn stattdessen aufforderte, sich doch vermehrt der Realität zuzuwenden und an ihren Alltagsgepflogenheiten teilzunehmen.

Wie wenig sie für die fantasievollen Gedankenflüge ihres Erstgeborenen übrig hatte, schildert der Redakteur Ludwig Schaufert: »Zu jener Zeit [etwa 1862] war es, wo der so ideal angelegte Kronprinz gleichsam in einem Freuden- und Sinnenrausch unsere deutschen Klassiker verschlang und seiner kühnen Phantasie, wie man zu sagen pflegt, alle Zügel schießen ließ. – Da war es, wo er, zu den Füßen der königlichen Mutter sitzend, ihr seine Begeisterung mitzuteilen suchte und sich bitter enttäuscht sah, als er stattdessen durch das nüchterne und praktische Urteil der schlichten Frau immer wieder zur nackten Wirklichkeit zurückgerufen wurde.« Kränkte das Desinteresse der Mutter an seiner Fantasiewelt den Sohn, so schmerzte es die Mutter, dass sich Ludwig von den Freuden des Alltags, die sie nicht missen wollte, zunehmend fernzuhalten suchte. Näher stand ihrem Wesen diesbezüglich ihr Sohn Otto, der in seiner heiteren, unkomplizierteren Art die Anregungen der Mutter bereitwilliger aufgriff. Natürlich widersprach die Mutter auch nicht den strengen erziehlichen Anordnungen ihres Mannes –

8 Schad-Königinnen, S. 204

schließlich war das nach damaliger Ansicht »Männersache« –, sodass sie Ludwig auch bei Auseinandersetzungen mit dem Vater kaum ausgleichend und friedenstiftend zur Seite stehen konnte, was den Kronprinzen zusätzlich verbitterte, wenngleich er spürte, dass ihr die gelegentlichen körperlichen Züchtigungen durch den Vater zutiefst zuwider waren.

Eine Ausnahme gab es allerdings, wo sich die Interessen von Mutter und Sohn trafen: die häufig unternommenen Wanderungen in den Bergen. Hier, in der »erhabenen« Natur, konnte sich Ludwig ungestört seinen romantischen Träumereien hingeben, ohne durch belanglose Fragen und ihn nicht interessierende Gespräche mit der Mutter, die infolge der körperlichen Strapazen unterblieben, abgelenkt zu werden. Die Königin war eine ausgezeichnete Bergsteigerin und höchstwahrscheinlich die erste norddeutsche Alpinistin. Als sie am 27. Oktober 1842 erstmals Hohenschwangau mit dem Alpsee, in dem sich die Berge spiegelten, sah, stammelte sie: »Von den Bergen bin ich ganz weg!« – »Bergsteigen – nichts lieber!« war ihre Devise. Sie durchstreifte die damals noch touristenleere bayerische und österreichische Bergwelt in oft tagelangen Wanderungen. 1854 bezwang sie wohl als eine der ersten Frauen der Welt den 2713 Meter hohen Watzmann. »Sie hatte sogar«, wie Gottfried von Böhm vermerkt, »eine Besteigung der Zugspitze in Aussicht genommen und eine solche blieb lange eines ihrer ›Lieblingsideale‹. Früher nahm sie auf solche Touren ihre Söhne mit, die ihr Bergansichten ins Album zeichneten, Kronprinz Ludwig den Watzmann und ein schmuckes Jagdhaus am Hintersee.« Marie unternahm weite Ausflüge ins Gebirge nach Pinswang und Reutte, ins Lechtal und zur Ehrenberger Klause, zum Stuibenfall und an den Plansee, auch nach Oberammergau und Partenkirchen. Und im Bergwinter scheute sie gelegentlich nicht einmal vor nächtlichen Spaziergängen zurück. Das erregte allgemein großes Aufsehen, da dies damals für Frauen, vor allem aber für eine Dame ihres Standes, als höchst unüblich angesehen wurde. Praktisch veranlagt wie sie war, entwarf Marie auch ein bequemes Kostüm, in dem sich Bergsteigerinnen sicher fortbewegen konnten und das sie selbst trug. Es handelte sich dabei um eine lange Hose, darüber einen Dirndlrock und einen breitkrempigen Hut auf dem Kopf. Die Söhne waren ebenfalls mit Stock und Rucksack ausgerüstet. Während ihr Gemahl als passionierter Jäger das Königsschießen stiftete, gründete die Königin in ihrer Begeisterung den »Alpenrosen-Orden«, dem sie als erste Großmeisterin vorstand. Hier ließ Marie also gleichsam eine emanzipatorische Veranlagung erkennen, wie sie auch in den anderen Bereichen ihres Lebens zum Ausdruck kam.

In späteren Jahren zeigte Ludwig ein ambivalentes Verhältnis zu seiner Mutter. Auf der einen Seite achtete er sie. Nach der Thronbesteigung verlieh er ihr anstelle des Titels »Königin-Witwe« die freundlichere Bezeichnung »Königin-Mutter«. Jeden Morgen vor Arbeitsbeginn stattete er ihr anfänglich einen Morgenbesuch ab. Er bedachte sie auch mit Geschenken und allerlei Aufmerksamkeiten und lud sie zu Besuchen ein, beispielsweise nach Hohenschwangau. Dort ließ er ihr zur Freude an einem der ersten Weihnachtsfeste nach dem Tod ihres Mannes eine riesige Tanne, die vor dem Fenster ihres Zimmers wuchs, festlich im Lichterglanz erstrahlen, was die Königin-Mutter zu Tränen rührte.

Es gab aber auch mehrere gravierende Streitpunkte zwischen Ludwig II. und seiner Mutter. So etwa Maries Abneigung gegenüber Richard Wagner. Als der zu Ludwigs 19. Geburtstag 1865 einen Huldigungsmarsch komponierte, den er in Hohenschwangau aufführen wollte, musste das Konzert wegen heftiger Kopfschmerzen Maries unterbleiben. Auch dass sie als gebürtige Preußin 1871 die Reichsgründung freudig begrüßte, gefiel ihrem Sohn ganz und gar nicht. Am 12. Oktober 1874 konvertierte Marie vom evangelischen zum katholischen Glauben, ein Schritt, den Ludwig heftig missbilligte. Er nahm an der Zeremonie in Waltershofen nicht teil.

Ein brieflicher Kontakt zwischen beiden blieb jedoch immer bestehen. »Die Königin«, so Gottfried von Böhm, »erhielt während ihres Lebens von ihrem Sohn [Ludwig] zweihundert Briefe; gegen das Ende seines Lebens nahmen sie wieder einen wärmeren, ja zärtlichen Charakter an und gerade die allerletzten enthalten für beide ein ehrenvolles Denkmal.« Marie bot ihrem Sohn zur Ordnung seiner Schulden ihren gesamten Schmuck an, was er allerdings herzlich dankend ablehnte.

Zweifellos wird sich der erwachsene Ludwig auch immer wieder an seine Kindheitserfahrungen mit der Mutter erinnert haben, hatte sie ihm und seinem Bruder Otto doch wiederholt Bilderbücher vorgelesen, den beiden biblische Geschichten erzählt, mit ihnen auch ausgelassen gespielt, sich den beiden Prinzen, soweit es ihr möglich war, täglich am späteren Vormittag und um die Mittagszeit, auch in den frühen Abendstunden gewidmet und sie immer wieder auf Spaziergänge und Bergwanderungen mitgenommen. Ottos spätere Krankheit und der Tod ihres Sohnes Ludwig bereiteten dieser Frau derart seelischen Kummer, wie ihn nur eine liebende Mutter empfinden kann.

Brach allerdings mütterliche Bevormundung aus Marie hervor, richteten sich die dadurch schnell zu entfachenden Aggressionen Ludwigs unverzüglich gegen die Mutter, »die preußische Prinzess«, was sich auch in verbaler Ablehnung ihrer Person äußerte und in absoluter Vermeidung von Kontakten mit ihr gipfelte. So lebten bis in die Mitte der 1870er-Jahre Ludwig und seine Mutter meist gleichzeitig im Schloss Hohenschwangau. Allerdings stimmte man die Aufenthalte bald ab. So begab sich Ludwig nach Linderhof, wenn seine Mutter mit ihrem kleinen Hofstaat kam und Marie zog sich in ihr Bauernhäuschen ins tirolische Elbigenalp zurück, wenn ihr Sohn seine Räume bezog. »Ludwigs spätere Distanz zu seiner Mutter Marie«, urteilt Ludwig Hüttl, »lag ausschließlich in unterschiedlichen politischen Auffassungen begründet. Er lehnte die Politik ihrer preußischen Verwandten, die kleindeutsche Lösung, wie das preußische Kaisertum ab. Daraus ergaben sich Differenzen, nicht aber eine Ablehnung der Königinmutter als solcher.« »Meine Mutter, die Königin«, schrieb Ludwig am 25. April 1876 als 31-Jähriger, »verehre ich, liebe sie, wie es sein muß. Daß ein intimes Verhältnis absolut unmöglich ist, dafür kann ich nichts.« Konnte Ludwig wirklich nichts dafür? Weshalb fiel es ihm so unendlich schwer, mütterliche Kritik, selbst wenn sie durchaus berechtigt war, zu ertragen, womöglich gar aus ihr zu lernen, und die ihm nicht genehmen Vorstellungen und die anders geartete Lebensauffassung seiner Mutter zu tolerieren?

Im August 1867 klagte der 22-jährige Ludwig: »Es ist oft zum Verzweifeln: mein liebes Hohenschwangau, sonst (wenn ich allein bin) für mich der Sitz der wohltuendsten Weltabgeschiedenheit und Ruhe, sowie der höchsten, wahrsten Poesie, ist unter diesen Verhältnissen eher einem Ort der Pein vergleichbar. Die Königin liebt mich wahr und innig und so konnte ich, als guter Sohn, nicht anders, als ihrem Wunsch entsprechen, nämlich einige Zeit hier gemeinsam mit ihr zubringen, obwohl ich dem Theueren gestehen muß, daß es mich ein Opfer kostet: denn meine Mutter versteht mich ganz und gar nicht und das Leben hier ist höchst prosaisch.« Der Königin-Mutter erging es lange Zeit wie der »hausbackenen Henne der Fabel, die kopfschüttelnd und protestgackernd dem Fluge des ausgebrüteten Schwans ins Blaue nachsehen muß«, wie ein boshafter Kommentar Gottfried von Böhms lautet. Ludwig blieb auch für seine Mutter, die es zweifellos stets gut mit ihm meinte, »ein ewig Rätsel«, das zu lösen auch ihr nicht gelingen sollte.

Erst in den letzten Lebensjahren des Königs schien sich dieses problematische Verhältnis Ludwigs zu seiner Mutter etwas zu bessern. Seine letzte Begegnung mit ihr fand an ihrem Geburtstag am 15. Oktober 1885 statt. Ludwig überraschte sie mit einer ersten Besichtigung des noch nicht fertig gestellten Schlosses Neuschwanstein, das er sonst nur von Personen betreten ließ, die ihm nahestanden. Bemerkenswert ist der folgende, von Chapman-Huston überlieferte, letzte Brief, den der König am 1. Juni 1886 – zwölf Tage vor seinem Tod! – von Schloss Linderhof aus als dankbarer und liebevoller Sohn der Mutter schrieb:

> »Liebe Mutter!
> Herzlichen Dank für Deinen lieben Brief und die Neuigkeiten, die er enthielt. Da ich dieses Jahr außergewöhnlich lange in Hohenschwangau war und erst am 11. Mai von dort aufgebrochen bin, fuhr ich nicht während dieses Monats zurück – was ich sonst gewöhnlich tue – sondern erst heute, am 1. Juni. Ich werde ein paar Wochen hier sein und dann wahrscheinlich Ende Juli oder Anfang August wie üblich. Daß Du froh bist, nicht in München zu sein, kann ich gut verstehen, es ist gräßlich dort, besonders im Sommer. Es war sehr schön auf dem Hochkopf mit strahlendem Mondschein, und ebenso hier in Linderhof. Ich hoffe, daß Du einige schöne Sommertage in Elbigenalp hast; ich kann nur zu gut verstehen, daß Du nicht in die Stadt fahren möchtest, während Königin Isabella auf Besuch dort ist, aber ich denke, sie wird gleich nach der Entbindung ihrer Tochter wieder abreisen.
> Ich küsse Deine Hand, liebe Mutter und bin immer, in innigster Liebe
> Dein dankbarer Sohn Ludwig«

In den letzten Lebensstunden äußerte Ludwig, seinen nahen Tod ahnend: »Meiner Mutter kann ich den Schmerz nicht ersparen, den ich ihr bereite.« Der Tod ihres Sohnes am 13. Juni 1886 brach der Königin-Mutter das Herz. Drei Jahre später, am 18. Mai 1889, starb sie selbst auf Schloss Hohenschwangau.

Sybilla Meilhaus, Kinderfrau und Muttterersatz (1814–1881)

Nach dem Tod der Amme kam 1846 ein Fräulein Sybilla Meilhaus an den königlichen Hof in München. Ihr wurde der knapp einjährige Ludwig zur Erziehung anvertraut und später auch noch dessen jüngerer Bruder Otto, bevor sie am 1. Mai 1854 aus dem Hofdienst ausschied. Doch diese neun Jahre reichten aus, dass sich zwischen Ludwig und ihr eine enge Verbindung entwickeln konnte, die lebenslang bestehen blieb.

Bei der Meilhaus handelte es sich um eine »durch umfassende Geistesbildung, tiefe Religiosität und seltene Herzensgüte ausgezeichnete Dame«, wie die Augsburger »Postzeitung« vom 30. April 1881 in ihrem Nachruf vermerkte. Die 32-Jährige war die Tochter des Kaufmannes Martin Gustav Meilhaus und dessen Ehefrau Magdalena Thekla, geborene Walz. Sie hatte am 20. August 1814 in Hanau das Licht der Welt erblickt und wurde auf die Namen Maria Katharina Theresia Sybilla getauft.

Sybilla Meilhaus, die als Kinderfrau, Erzieherin und erste Lehrerin Ludwigs eine herausragende Vertrauensstellung innehatte, reiste Anfang Juli 1846 mit ihrem noch nicht ein Jahr alten Schützling Ludwig nach Hohenschwangau, wo gerade die Mutter eingetroffen war. In der Nähe des Schlosses scheuten plötzlich die Pferde, und der Wagen, in dem sich Fräulein Meilhaus und der kleine Ludwig befanden, drohte umzustürzen. Nach Ludwigs geheimnisvollem Tod deuteten fantasiereiche, abergläubische Bauern dieses ungewöhnliche Ereignis als ein Zeichen dafür, dass sich Ludwigs dunkles Schicksal großenteils an diesem Ort, wo sich die erste Fangkommission traf, zu entfalten begonnen habe, wovor die scheuenden Pferde gleichsam warnen wollten.

Zu Sybilla Meilhaus, dieser warmherzigen Erzieherin, von Ludwig liebevoll Aja, später auch Millau genannt – sie selbst unterzeichnete ihre Briefe mit Billa –, entwickelte der Kronprinz in den ersten Lebensjahren eine äußerst enge Beziehung, was ihm bei der mütterlich-wohlwollenden Fürsorge dieser Frau nicht schwerfiel. Dies belegt bereits ein Gedicht des 8-jährigen Ludwigs, das er seiner Betreuerin am Weihnachtsfest 1853 überreichte:

> »Liebe Meilhaus,
> Könnt ich mehr als wünschen, könnt ich geben,
> Beste Millau, wie so hold so rein
> Würde Dir dann jeder Tag entschweben,
> Wie beglückt dies holde Fest Dir sein.
> Doch da ich für jetzt nichts Bess're habe,
> Nimm von mir die Dankbarkeit als Gabe,
> Lieb und Achtung Trägt mein Herz für Dich,
> Theure, liebe Du auch ferner mich!«

Die Meilhaus begleitete Ludwig während des ganzen Tags, beim Spiel mit seinem Bruder und anderen Kindern, bei Ausflügen, beim Besuch der Allerheiligenhofkirche in München, wovon Ludwig besonders beeindruckt war. Sie war bei ihm, wenn er Bilder zeichnete, vor allem religiöse Motive, wie die Verkündigung, das Heilige Grab und die Auferstehung, beim Theaterspiel, wenn der Kronprinz die Zeremonie des Ritterschlags ausführte, wobei er den blauen Schleier »seiner« Billa als Rittermantel benutzte. Fast bis zum neunten Lebensjahr war sie seine engste und von ihm innig geliebte Bezugsperson.

Als sie am 1. Mai 1854 von Graf Theodor de La Rosée (1801–1864) abgelöst wurde, brach für Ludwig eine Welt zusammen, die Welt seiner bis dahin behüteten Kindheit, auch wenn die Meilhaus noch bis 1857 als Erzieherin seines Bruders Otto am Hof blieb. Doch für sich schien er sie nun verloren zu haben.

Nach ihrem Ausscheiden aus dem Hofdienst ließ Ludwig den Kontakt zu ihr jedoch nicht abbrechen. Trotz der räumlichen Trennung tauschte er mit ihr bis zu ihrem Tod am 29. April 1881 regelmäßig Briefe aus und lud sie auch mehrfach zu Besuchen ein. Sein letztes Schreiben an seine mütterliche Freundin datiert vom 7./8. Januar 1881. In vielen dieser Briefen wird die »Welt von schönen Erinnerungen« der Kindheit wachgerufen, so zum Beispiel, wie der Bibliotheksoberrat Franz Merta mitteilt, an »eine Schifffahrt auf dem Starnberger See, die dem kleinen Kronprinzen so gefiel, daß er unbedingt Schiffskapitän werden wollte; oder seine kindliche Idee, am besten einen Glockenstrang vom Schloß Hohenschwangau bis in die Wohnung des Flügeladjutanten A. v. Leonrod zu ziehen, um ihn jederzeit herbeirufen zu können«.[9]

Ludwig II. hatte seine Kinderfrau so sehr ins Herz geschlossen, dass er ihr bis zu deren Lebensende verbunden blieb. Wie er auch als König den Kontakt zu ihr aufrechterhielt, darüber wird im Kapitel »Seelenfreundinnen« Näheres berichtet.

Die französische Erzieherin

Von Kindheit an sorgten nicht nur Männer, sondern auch Frauen bei Ludwig für die Entwicklung eines überhöhten Selbstwertgefühls und Standesdünkels. Man prägte ihm ein, dass er als Kronprinz und künftiger König von

[9] Merta, Franz: Sibylle von Leonrod – die Meilhaus, in: Gestalten um den Märchenkönig. Biografische Skizzen, herausgegeben von Jürgen Bialuch, Band 1, Reutlingen 1994, S. 190

Bayern zu den Hofbediensteten und der Bevölkerung Distanz zu wahren habe. So gab es »eine französische Erzieherin, die einen recht unheilvollen Einfluß auf ihn ausgeübt zu haben scheint. Sie schwärmte für den französischen ›Sonnenkönig‹ Ludwig XIV. und legte es offenbar darauf an, ihren Zögling nach diesem Vorbilde zu formen. Bekannte Aussprüche dieses Gewaltherrschers, wie ›L'état c'est moi!‹ (›Der Staat, das bin ich!‹), ›Tel est notre bon plaisir‹ (›Das ist unser Wille!‹) hielt sie dem fürstlichen Zöglinge als mustergültige Maximen vor, denen er nacheifern müsse. Gleichzeitig brachte sie in Mienen und Gebärden die Untertänigkeit zum Ausdruck, die, wie sie meinte, sich Untertanen dem zukünftigen Könige gegenüber ziemten, und niemals fragte sie danach, ob er höflich und liebenswürdig war, sondern wiederholte unablässig: ›Der Kronprinz ist immer der Erste!‹ – Ein französischer Sprachlehrer, der sie ablöste, trat in demselben Geiste auf und trug dazu bei, das kindliche Gemüt nur noch weiter zu schädigen.«[10] Das ging so weit, dass sich Bonne und Sprachlehrer als Fußschemel benützen und von den Füßen des »drolligen, reizenden« Prinzen sogar stoßen ließen.[11]

Die »alte Liesi«, Aufwärterin

Eine oft erwähnte und von Ludwig verehrte Bedienstete seiner Kindheit war die Aufwärtersfrau Liesl. Seine Liebe zu ihr ging buchstäblich durch den Magen. Entsprechend den Erziehungsprinzipien seiner Zeit bekam Ludwig, ebenso wie sein Bruder Otto, von klein auf nicht immer genügend zu essen. Zum Beweis dafür wird gerne angeführt, Ludwig sei froh gewesen, dass die alte Liesi, Zimmermagd in der Residenz, ihm des Öfteren heimlich Reste ihrer eigenen Mahlzeit habe zukommen lassen oder ihn unbemerkt mit Proviant versorgt habe, den sie in der Stadt gekauft hatte. Ludwig vergaß ihr, die man später die »Königsliesl« nannte, diese Freundlichkeiten nie und gedachte der alten Aufwärtersfrau auch, als er den Thron bestiegen hatte. Er versicherte ihr: »Nun, Liesi, sollst es auch Du besser bekommen. Du hast es an mir und meinem Bruder verdient.«[12]

Die alte Dienerin durfte am Hofe bleiben. Als der König 1869 nach Ho-

[10] Below, S. 301

[11] Steinberger-Prien, Hans: Ludwig II. von Bayern. Der Romantiker auf dem Königsthrone, Kaufbeuren 1906, S. 24 (künftig: Steinberger-Prien)

[12] Memminger, S. 45f.

henschwangau übersiedeln wollte und ihr mitteilte, dass sie ihn begleiten dürfe, sah er ein enttäuschtes Gesicht. Er fragte sie nach dem Grunde desselben und bekam zur Antwort: »Ich hatte mich schon so darauf gefreut, die Karwoche in München zu bleiben und die heiligen Gräber besuchen zu dürfen.« – »So und da meinst du, daß ich einfach deinetwegen hier bleiben muß.« Die alte Liesi wagte sich das nicht zu wünschen. Doch der König erfüllte ihr den Wunsch, blieb in der Karwoche in München und ging erst dann nach Hohenschwangau.

Eine Hofdame, so ein weiterer Bericht, ließ Ludwig auch mehrmals Kaffee zukommen, da der Kronprinz dieses Genussmittel besonders schätzte, das er offiziell aber nicht erhielt. Doch bald wurden die heimlichen Kaffeezuwendungen entdeckt und strengstens verboten.

Gespielinnen in der Kindheit

Ludwig und Otto wuchsen nicht völlig isoliert von anderen Kindern auf.[13] Regelmäßig hatten sie auch Prinzessinnen der herzoglichen Linie in Bayern zu Gast, auch wenn Prinzen, den damals herrschenden Erziehungsvorstellungen entsprechend, bevorzugt wurden. »Das Streben ging dahin«, so Gottfried von Böhm, »den beiden Prinzen die ihnen damals innewohnende Schüchternheit zu benehmen. Es wurde daher besonders das Kriegsspiel und Soldatenspiel begünstigt. Schon bei den kindlichen Spielen wollte der Kronprinz immer der erste sein.«

Zu den Spielkameraden gehörten unter anderen die Verwandten der Possenhofener Herzogsfamilie. Mit ihnen tobten die Königskinder oft recht ausgelassen umher. Gerade auch im Spiel mit den Töchtern des Herzogs – vor allem mit der zwei Jahre jüngeren Sophie, seiner späteren Braut, der zwei Jahre älteren Mathilde und der vier Jahre älteren Marie – vergaß Ludwig jede Schüchternheit. Aber auch mit der elf Jahre älteren Helene und der acht Jahre älteren Sisi, der späteren Kaiserin Elisabeth von Österreich, hatten er und sein Bruder Otto während der Kindheit und Jugend häufig Kontakt. »Ein Wunder«, nannte es die Königin Marie, was die Prinzessinnen alles aus ihm hervorzauberten. Auch deren Brüder Ludwig, alias Louis,

[13] Siehe dazu auch: Schweiggert, Alfons: Der Kronprinz. Kindheit und Jugend König Ludwig II. von Bayern, Pfaffenhofen 1995. S. 71–75 (künftig: Schweiggert-Kronprinz)

Karl Theodor, der Gackel gerufen wurde, und Max Emanuel, dessen Spitzname Mapperl war, gehörten zu den Spielgefährten. Als König erinnerte Ludwig II. in einem Brief vom Juli 1867 an Sisi, seine frühere Spielgefährtin, an »das Gefühl der aufrichtigsten Liebe und Verehrung und der treuesten Anhänglichkeit, das ich, schon als ich noch im Knabenalter war, für Dich im Herzen trug, es macht mich den Himmel auf Erden wähnen und wird nur mit dem Tode erlöschen«.[14]

Im Winter kamen die Spielgefährten in die Residenz, im Sommer ging es aufs Land nach Possenhofen, aber auch im Nymphenburger Schlosspark traf man sich zum Spiel. Dort befindet sich noch heute in einem rechteckigen Areal, durch das sich ein kleiner Bach windet, ein kleiner, hölzerner Pavillon, »Hexenhäuschen« genannt. Es war bereits das Spielhaus von Ludwigs Großvater König Ludwig I. und Jahrzehnte später dann auch bei Ludwig II. und seinem Bruder Otto beliebt.

Selbstverständlich zählten auch andere Adelige zum Kreis der Spielkameraden, so etwa die Baronin Johanna von Lerchenfeld. Sie berichtet, dass sie einmal, 1860, als siebenjähriges Mädchen auf einem Kinderball in der Residenz lange mit dem bereits 15-jährigen Ludwig tanzen durfte. »Das hat aber komisch ausgeschaut. Er so groß und ich so klein!« Ludwig erlaubte ihr, sich an seinen Knöpfen festzuhalten. Einer riss aus.

Darüber hinaus waren sogar Kinder von einfachen Hofangestellten als Spielpartner zugelassen, darunter Helene von Racowitza, die Tochter des Historikers und Staatsmannes Wilhelm von Dönniges. Sie war ihm eine liebe Spielgefährtin, die als eines der fantastischen Spiele das »Elfensein« beschrieb. Das »war unser höchstes Ideal. Gardinen und Portieren wurden zu Blumen und Flügelgewändern, in die wir uns hüllten, in denen wir wohnten und die märchenhaftesten Vorgänge erlebten wir in unserer Kinderphantasie«. Auch an das deftige Spiel des »Hinunterspuckens« erinnerte sie sich ebenso wie an die Unart, Spielzeug zu demolieren. In ihren Lebenserinnerungen »Von Anderen und mir«, die sie unter dem Namen Racowitza veröffentlichte, berichtet sie darüber Folgendes: »Einmal kamen wir auf die Idee, sehr schönen, großen, plastisch gearbeiteten Zinnsoldaten die Köpfe umzudrehen. [...] Ich erzählte das Märchen (vom Zinnsoldaten von Andersen) meinem kleinen königlichen Freunde – und plötzlich, als wir uns wieder unserem Spiel zuwandten, fing Ludwig bitterlich zu weinen an – weil wir

[14] Hacker-Augenzeugenberichte, S. 134

nun so viele solch herrlicher kleiner Zinnsoldaten getötet hätten!« [15] Auch wenn sich Helene und Ludwig später aus den Augen verloren, erinnerte sich der König noch 1882 gerne an sie, wie der Gruß belegt, den er ihr mit einem kleinen Geschenk zukommen ließ: »Grüßen Sie mir meine einstige wilde, kleine Spielgefährtin.«[16]

»An einem Weihnachten«, schreibt Marie Schultze, die Biografin der Königin Marie, »kamen die beiden Prinzen in das königliche Max-Joseph-Stift, um mit den dortigen Kindern zu kochen, was immer der Hauptweihnachtsspaß war. Die Beiden unterhielten sich mit all' den Reibeisen, Mörsern und Modeln der Puppenküchen so vortrefflich, daß die Königin beschloß, den Kindern des Stifts auch eine Freude zu machen. Am Neujahrstage erschien sie mit einer Menge reizender Nippsachen und veranstaltete eine kleine Verlosung. Dabei durften die Prinzen mithelfen, und was für ein gutes Herz Kronprinz Ludwig besaß, bewies er, indem er einer Kleinen, die nur einen ›Hanswurstl‹ gezogen hatte, sofort ein niedliches Flacon überreichte.«[17]

Immer wieder kam es während der Spiele auch zu Streitereien, etwa um ein Bilderbuch. Da siegte im »wüstesten Handgemenge« der Kronprinz, wobei er eine Handvoll »meines goldroten Haares ausgerissen in der kleinen Hand hielt«, wie sich Helene von Dönniges ungern erinnerte. In diesen Fällen mussten dann auch die erwachsenen Betreuer eingreifen, so die Baronin Meilhaus. Bei diesen Konflikten bedachten sich die Streithähne auch mit Schimpfworten, von denen Ludwig etliche in erregtem Zustand auch noch als König in Gebrauch hatte, wie beispielsweise »dumme Gans« oder »Luder«.

15 Racowitza, Helene von: Von Anderen und mir. Erinnerungen aller Art, Berlin 1909

16 Hausner, Hermann M.: Ludwig II. von Bayern. Berichte der letzten Augenzeugen, München 1961, S. 46 (künftig: Hausner)

17 Schultze, Marie: Marie, Königin von Bayern. Ein Lebensbild, München 1892, S. 38

Pubertät des Kronprinzen Ludwig – 1856 bis 1864

Sexualfeindliche Erziehung im 19. Jahrhundert

Ein äußerst wesentlicher Bereich aus Ludwigs Kinder- und Jugendzeit bleibt oft ausgeklammert: die Sexualität des Kronprinzen während der Kindheit und Jugend und die damit verbundenen Probleme.

In der damaligen Zeit des späten Biedermeier und des frühen Viktorianismus huldigte man der Überzeugung, Kinder seien »sexuell unschuldige, reine Wesen«. Beobachtungen an Kindern, deren eindeutig sexueller Charakter nicht mehr übersehen werden konnte, wurden verschämt als Ausnahmeerscheinungen angeborener Fehlsteuerungen, als dekadent-bösartiger Ausfall der Natur gewertet. Sigmund Freud stellte sich in einer Vorlesung einmal die rhetorische Frage, ob es eine infantile Sexualität gäbe, oder ob nicht gerade das Kindesalter eine Lebensperiode darstellen würde, die sich durch das Fehlen des Sexualtriebes auszeichne. Seine Antwort lautete: »Nun, meine Herren, es ist gewiß nicht so, daß der Sexualtrieb zur Pubertätszeit in die Kinder fährt wie im Evangelium der Teufel in die Säue. Das Kind hat seine sexuellen Triebe und Betätigungen von Anfang an, es bringt sie mit auf die Welt, und aus ihnen geht durch eine bedeutungsvolle, an Etappen reiche Entwicklung die sogenannte normale Sexualität des Erwachsenen hervor. Es ist nicht einmal schwer, die Äußerungen dieser kindlichen Sexualbetätigung zu beobachten; es gehört vielmehr eine gewisse Kunst dazu, sie zu übersehen oder wegzudeuten.«[18]

Direkte, konkrete Berichte über Ludwigs kindliche Reifezeit und seine nachfolgende Pubertät sind nicht überliefert. Einige bedenkenswerte Hinweise, wie prüde man damals mit dem Thema Sexualität umging, existieren

[18] Freud, Sigmund: Über Psychoanalyse. Fünf Vorlesungen, gehalten zur 20-jährigen Gründungsfeier der Clark University in Worcester Mass, September 1909, Leipzig/Wien 1910, S. 45

allerdings. So schrieb etwa die Schwester von Ludwigs Vater, Großherzogin Mathilde von Hessen-Darmstadt, über den Abschluss des Hochzeitstags von Ludwigs Eltern Marie und Max, dass »Marie in ihrem Appartement die Abend-Toilette machte; die beyden Mütter u. ich warteten im blauen Kabinett. [...] Als sie [Marie] zu Bett war, brachten die beyden Papas, in unserer Gegenwart Max zu ihr. [...] Ihre Mutter hatte ihr eigentl. nichts Rechtes vorher gesagt – Max blieb diese Aufgabe, so er mit der größten Zartheit löste.« Ludwigs Mutter wurde also, wie allgemein üblich, erst in der Hochzeitsnacht durch den vermutlich nicht viel erfahreneren jungen Ehemann »aufgeklärt«, auch wenn zumindest er als 23-Jähriger während einer Reise nach Budapest in Bädern erste sexuelle Kontakte mit Frauen hatte. Jahre später schlug Marie bei einer Vorlesestunde einmal vor, in Büchern das Wörtchen »Liebe« durch »Freundschaft« zu ersetzen. Bedingt durch ihre streng religiöse Erziehung schien sie dem Thema Sexualität gegenüber äußerst ablehnend gewesen zu sein. Allgemein herrschte damals die Ansicht: Es ist unanständig, darüber zu sprechen. Weder sie noch Ludwigs Vater, der auch sonst nicht wusste, »was er mit dem jungen Herrn« besprechen sollte, werden demnach die Prinzen aufgeklärt haben. Die Erzieher und Lehrer wiederum hatten den Vorstellungen der Eltern gerecht zu werden, was zweifellos einer äußersten Zurückhaltung hinsichtlich einer möglichen sexuellen Aufklärung der Söhne entsprach.

Auch bei den Verwandten Ludwigs, den Luitpoldingern, wurde es so gehalten. Als Prinzessin Auguste ihr zweites Kind, den Prinzen Arnulf, zur Welt brachte, ließ man dessen siebeneinhalbjährigen Bruder Ludwig, den späteren König Ludwig III., in dem Glauben, der Storch habe das Baby gebracht. »Daß die Mutter im Bett lag«, schreibt Alfons Beckenbauer, »erklärte man dem Prinzen damit, daß sie vor Freude so angegriffen sei. Ludwig wunderte sich: er freue sich doch auch und müsse nicht im Bett liegen.«

»[...] was heute zur Jugend, zum Leben überhaupt gehört wie Essen und Trinken, nämlich das Sexualleben – ein solches scheint es damals nicht gegeben zu haben. Zumindest wurde es auf eine Weise ignoriert, totgeschwiegen, ausgeklammert, die schon fast unsere Bewunderung verdient. [...] Wir Nachfreudianer wissen doch recht gut, daß die Sache nicht einfach weggezaubert werden kann oder, wie der Bayer es treffend formuliert: Die können es doch nicht zum Hirn hinausgeschwitzt haben. Nein, das konnten sie tatsächlich nicht, aber eines hatten sie durch ihre konsequente Ignoranz immerhin erreicht: die Sache wurde hinausgezögert. Die sexuellen Bedürfnisse erwachen umso später, je mehr die entsprechende Stimulans der

Umwelt fehlt. Und diese Stimulans fehlte wirklich. Da weder Volksschüler noch Gymnasiasten – auch nicht im Biologieunterricht – über die Pflanzenbestäubung hinaus von der Tatsache der Fortpflanzung unterrichtet wurden, da jeder Hinweis in Zeitungen, Büchern und Theaterstücken fehlte, da die Mode den Menschen als sexuelles Wesen vertuschte, da öffentliche Freibäder nicht existierten, da es also keinerlei Hinweis auf die Existenz des Geschlechtslebens gab, entwickelte sich ein sexuelles Verlangen sehr spät.«[19]

Verteufelung der Pubertät

»In seiner Jugend«, schreibt der Ludwig II.-Biograf Werner Bertram, »wurde er [Ludwig] von seinem Vater jedem Verkehr mit jungen Mädchen entzogen – Maximilian hatte selbst sehr böse Erfahrungen mit Weibern gemacht, was hier nur angedeutet werden soll zur Entschuldigung einer strengen Erziehung des Thronfolgers.«[20] Der Hofarchitekt Leo von Klenze (1784–1864) deutete nicht nur an, sondern wies in seinen Aufzeichnungen darauf hin, dass sich Ludwigs Vater, König Max II., als Kronprinz 1835 auf einer Kavalierstour nach Ungarn ein schweres Unterleibsleiden zugezogen habe. Man munkelte darüber, dass es sich um eine »galante oder venerische Erkrankung« gehandelt habe, das heißt um eine Geschlechtskrankheit. Venanz Müller, der Biograf Max II., schreibt: »Eine furchtbare Krankheit rückte ihn [Maximilian] hart an die dunkle Pforte des Jenseits. Finstere Gerüchte beängstigten in Bayern das Volk.« Über diese Gerüchte teilt der Schriftsteller Oskar Maria Graf mit, dass im Volk von einer »anderen Krankheit«, die nur vornehmere Herrschaften befällt, gesprochen wurde. Offiziell hieß es allerdings nur, dass Maximilian »lebensgefährlich an Typhus erkrankt sei, ein Leiden, von dem er sich bis zu seinem Tod nicht mehr erholte.«[21] In der Folge habe er praktizierte Sexualität verständlicherweise für eine Bedrohung gehalten und seine Söhne Ludwig und Otto »jedem Verkehr mit jungen Mädchen entzogen«, aber auch streng darauf geachtet, dass das Thema Sexualität vor allem für seine Kinder tabu war.

[19] Obermeier, Siegfried: Münchens goldene Jahre, München 1976. Darin: »Jugend, Alter und Sex«, S. 138 (künftig: Obermeier)

[20] Bertram, Werner: Der einsame König. Erinnerungen an Ludwig II. von Bayern. München 1936, S. 39 (künftig: Bertram)

[21] Reiser, Rudolf: König Ludwig II. Mensch und Mythos zwischen Genialität und Götterdämmerung, Regensburg 2010, S. 10f. (künftig: Reiser)

Und das war nichts Besonderes, denn im 19. Jahrhundert wurde Sexualität nicht nur in der Kindheit ausgeklammert, sondern ebenso während der Pubertät. Alle mit Sexualität verbundenen Erscheinungen wurden nicht nur ignoriert, sondern sogar verteufelt, insbesondere auch die Selbstbefriedigung. »Was heute dem Bereich einer normalen kindlichen Entwicklung zugerechnet und auch bei Erwachsenen nicht als Abweichung von der Norm angesehen wird [nämlich die Selbstbefriedigung], galt im 19. Jahrhundert nicht nur als eines der verwerflichsten Laster, sondern auch als Ursache zahlreicher Leiden«, schreibt der Psychiater und Neurologe Johannes Kemper in seinem 1986 veröffentlichten Beitrag »Wie krank war König Ludwig?«[22] »Was muß aber«, so Kemper, »erst in den Köpfen der Lehrer und Erzieher Ludwigs II., vielleicht auch seiner Theologen vorgegangen sein, wenn bereits die Ärzte die Selbstbefriedigung für ein Verbrechen hielten, für eine unheilbare Krankheit, der der Tod vorzuziehen sei? […] Wir wissen, daß Ludwig während seiner Pubertät nächtens die Klassiker und die Schriften Wagners geradezu verschlang. Aber er hat wie alle Pubertierenden wohl nicht nur gelesen. Das Thema, das ihn jedenfalls bis zum Todesjahr 1886 nicht verlässt, bleibt die Selbstbefriedigung.«[23]

Als Beleg für seine Behauptung, dass Masturbation im 19. Jahrhundert geradezu als Seuche angesehen wurde, führt Kemper etliche Zitate aus insgesamt 14 Psychiatrielehrbüchern an, die zwischen 1812 und 1905 erschienen sind und die alle die Selbstbefriedigung geradezu verteufeln. So wetterte der französische Arzt T. Pouillet im Jahr 1876: »Von allen Lastern und Übeltaten, die man rechtens Verstöße wider die Natur nennen kann, und die die Menschheit in ihren Sog reißen, ihre psychische Lebenskraft bedrohen und die geistigen und moralischen Fähigkeiten zu zerstören geeignet sind, ist das Masturbieren, das wird wohl niemand bestreiten wollen, eines der größten und am weitesten verbreiteten Verbrechen.« Als unausweichliche Folgen der Selbstbefriedigung nannten die damals praktizierenden Psychiater, so 1812 auch Benjamin Rush, »Zeugungsunfähigkeit, Impotenz, Störung der Harnentleerung, Rückenmarksschwindsucht, Tuberkulose, Verdauungsstörungen, Sehschwäche, Schwindelgefühl, Epilepsie, Hypochondrie, Gedächtnisschwund, Manalgie, Einfältigkeit und Tod«. Auch Wahnsinn, Melancholie, Suizid und Homosexualität wurden

[22] Schmidbauer, Wolfgang / Kemper, Johannes: Ein ewiges Rätsel will ich bleiben mir und anderen. Wie krank war Ludwig II. wirklich? München 1986, S. 31–105; daraus auch die folgenden Zitate in diesem Kapitel. (künftig: Schmidbauer / Kemper)

[23] Schmidbauer / Kemper: S. 102 und S. 104

als unausweichliche Folgen genannt, kurz, Masturbation sei ein Unheil, das »die Zukunft der modernen Gesellschaft gefährden werde«, wie 1843 der französische Arzt C. F. Lallemand klagte.

1855 stellte eine medizinische Zeitschrift betroffen fest: »Weder Pest, Krieg, Pocken, noch eine Menge ähnlicher Leiden [hätten] für die Menschheit verheerendere Folgen gezeitigt als die Angewohnheit des Masturbierens – sie ist das zerstörerische Element der zivilisierten Gesellschaft.« 1868 nennt Henry Maudsley als Folgen der Selbstbefriedigung Symptome, die deutlich an jene erinnern, die später angeblich bei Ludwig beobachtet wurden. »Ein späteres und noch schlimmeres Stadium, das diese entarteten Wesen (die Masturbatoren) erreichen, ist das einer schwermütigen und mürrischen Selbstversunkenheit bei dem gleichzeitigen Verfall der Lebenskräfte. Sie sind verdrießlich, schweigsam. [...] Dies also ist der natürliche Verlauf der leiblichen und seelischen Entartung des Menschen. [...] Fürwahr ein trauriges Bild menschlicher Erniedrigung. [...] Wenn sich das Leiden bereits zu einer ernsten Geisteskrankheit ausgewachsen hat, kann man ihm nach meiner Meinung auch mit physischen Mitteln nicht mehr Einhalt gebieten. Je eher der Mensch dann zu seinem würdelosen Ende entschläft, desto besser für ihn, und desto besser auch für die Welt, die ihn endlich los ist. Eine armselige und betrübliche Schlußfolgerung, zu der man da gelangt, aber sie ist unausweichlich.«[24]

Mit Sicherheit hatte auch der Kronprinz von all diesen mit äußerst negativen moralischen Begriffen besetzten Theorien Kenntnis erhalten, sodass sie auf ihn eine derart suggestive Wirkung ausübten, dass er die von den Ärzten herbeigeredeten Folgen der Selbstbefriedigung schließlich der Reihe nach zwanghaft an sich aufscheinen sah. Wurde Ludwig also gleichsam »verrückt geredet« und das von klein auf? Glaubte er an die Existenz einer masturbationsbedingten Geisteskrankheit, an »Masturbations-Irresein«?

Unterstützt wurde diese Verteufelung noch durch die streng religiöse Erziehung. Die Prinzen hatten das sechste Gebot zu beachten, das nicht nur den Ehebruch als besonders schwere Sünde darstellt, sondern auch die »Unkeuschheit«. Durch unkeusches Denken und Tun, so wurde ihnen eingetrichtert, versuche der Satan die Menschen von Gott zu entfernen. Ludwig wurde angehalten, täglich sein Gewissen zu erforschen und seine Sünden zu bekennen, dem Priester in der Beichte und sogar schriftlich. Nur einen reuigen Sünder, der den ernsthaften Vorsatz fasste, Unkeusches künftig nicht

[24] Schmidbauer/Kemper, S. 99ff.

mehr zu denken und zu tun, durfte der Priester von seinen Sünden lossprechen. Der Kronprinz »litt darunter, dass er stets aufs neue sündigte, immer wieder bereuen, ständig neue Vorsätze fassen musste – in dem Bewusstsein, dass er sie nicht würde einhalten können. Die Schuldgefühle häuften sich, belasteten sein von Geburt an krankhaftes Wesen immer schwerer. Er wollte so sein, wie Gottes Gebote es verlangten, und so werden wie Wagnersche Bühnenhelden: keusch, wahr und schön. Wie Parzival strebte er nach dem Reinen. So musste es ihn jedesmal verwunden, wenn er nicht, wie sein Held, Anfechtungen in Klingsors Zaubergarten widerstand, sondern ihnen nach mehr oder weniger heftiger Gegenwehr erlag.«[25]

Der Beginn dieser Fehlentwicklung, der bei Ludwig schließlich in eine grundsätzliche Ablehnung von Sexualität mündete, ist mit Sicherheit in den Kindheits- und Jugendjahren zu suchen. So verwundert es auch nicht, dass er auch in sexuellen Dingen völlig unerfahren König wurde. »Rein und keusch wie ein Kind, empfindungsvoll wie eine Frau, feurig und dürstend nach hohem Tun wie ein Jüngling, so bestieg er den Thron der Wittelsbacher«[26], urteilte Hans Steinberger-Prien. Zu Beginn seiner Regierungszeit fragte er eines Tages in rührender Ahnungslosigkeit einen seiner Hofbeamten, was »ein natürlicher Sohn« sei. Außerdem wollte er das Wort Notzucht erklärt haben. Als dies behutsam geschehen war, meinte er entrüstet: »Da kann man ja keine Gnade üben. Ein solches Verbrechen muß streng bestraft werden.« »Von der zarteren Hälfte des menschlichen Geschlechts«, äußerte Ludwigs Religionslehrer, der Stiftsprobst Ignaz von Döllinger, »glaubte man bisher, wisse er [Ludwig] sehr wenig, da er außer seiner Mutter und ein paar Hofdamen keine Dame kenne. Neulich gab er doch seine Meinung auch über den sexe ab. ›Ach die Weiber! Auch die Gescheiteste disputiert ohne Logik!‹ Wo er nur diese Entdeckung gemacht haben mag!«[27] Der Diplomat Robert von Mohl vertrat eine ähnliche Ansicht: »Umgang mit Frauen suchte er nicht nur nicht, sondern vermied ihn sogar ängstlich.« Und dem Grafen Blome war unmittelbar nach Ludwigs Regierungsantritt aufgefallen, dass der König »bis jetzt kein Wohlgefallen an Damengesellschaften und Umgang mit dem weiblichen Geschlecht gefunden habe«.

[25] Herre, S. 166

[26] Steinberger-Prien, S. 37

[27] Döllinger, Ignaz: Ignaz Döllingers Briefe an eine junge Freundin, herausgegeben von Heinrich Schrörs, Kempten 1914, 16. Juni 1864, S. 169 (künftig: Döllinger-Briefe)

Ludwigs Flirt mit der 15-jährigen Komtesse Isabella von N.

»An den nordwärts abschließenden königlichen Schloßpark [von Schloss Nymphenburg] stieß unmittelbar der Garten eines Mädchen-Erziehungs-Instituts, der von diesem durch einen Zaun von Eisenstäben getrennt war. An schönen Tagen waren regelmäßig zu bestimmten Stunden des Vor- und Nachmittags die Zöglinge im Institutsgarten zu sehen, wo sie sich durch Spiel oder Plaudereien die Zeit vertrieben. Im anstoßenden Parkteil dagegen ging es weit weniger lebhaft zu, dort konnte man zwei elegante, junge Gestalten erblicken: einen schlank gebauten, etwa 14jährigen und einen zirka drei Jahre jüngeren Knaben, den sein Spielgefährte, trotz des geringen Altersunterschiedes, um mehr als eine Kopflänge überragte; auch im Temperament der beiden schien ein auffallender Unterschied zu sein: während der Jüngere am liebsten Reifen spielte, einem Eichhörnchen nachjagte und dergl., also stets Leben und Bewegung verriet, zeigte der Größere dafür wenig Hinneigung, er saß auf einer Bank und las oder ging langsam über die Rasenfläche hin und zurück; blickte er auf, so zeigte sein lebhaftes, träumerisches Auge, daß er träumend irgend einem Gedanken nachhing. Kam er an dem abgrenzenden Zaun vorbei, so kam es öfters vor, daß er hinter diesem einen Institutszögling stehen sah, der ihn teils neugierig, teils schwärmerisch betrachtete: es war ein hübsches, etwa 15jähriges Mädchen.

Eines Tages erfolgte ein gegenseitiges Begrüßen, später ein paar kurze Anreden und Fragen, die sich zu ganz kurzen, aber regelmäßigen Gesprächen ausbildeten. Es war gegen Ende des Frühjahrs, der Jüngling hatte seiner Nachbarin jenseits der Umzäunung die Mitteilung gemacht, daß er in den nächsten Tagen mit seinem Spielgefährten abreisen müsse. Das Mädchen schien darüber erschrocken zu sein; sie stand lange, vor sich hinsinnend.

›Sind Sie deshalb traurig?‹ frug er überrascht.

»Ja, denn ich werde Sie sehr vermissen. Sie konnten so schön erzählen aus alten Sagen, daß man darüber Alles vergessen konnte. Wenn Sie nicht mehr hier sein werden, werde ich mich ganz verlassen fühlen. Wohin werden Sie reisen?‹

›Nach Hohenschwangau und später nach Berchtesgaden!‹

›O, wie ich Sie beneide! Sie kommen in die schöne Welt hinaus und werden wundervolle Touren und Spaziergänge machen, während ich hier sitzen und lernen und nur lernen muß und erst im August Ferien bekomme.‹

›Es ist nicht so schön, wie Sie sich das vorstellen, ich bin draußen nie eigener Herr und unter steter Bewachung und Aufsicht. Ich muß auch lernen, wie Sie, und viel dummes Zeug, für jede Stunde des Tages ist mir Alles vorgeschrieben. Auf Berge darf ich nicht und das dumme Spazierengeführtwerden verdirbt mir die schönsten Alpenansichten; ja, wenn ich noch recht oft reiten dürfte!‹

›Behandelt man Sie denn so streng?‹

›O, sehr strenge! Mir ist manchmal zu Mute, als ob ich davon laufen sollte.‹

›Sie Ärmster! Wie bedauere ich Sie!‹ Dann setzte sie nach kurzer Pause hinzu: »Ich habe eine Bitte. Wollten Sie, ehe Sie abreisen, mir noch ein Andenken an Sie hinterlassen?‹

›Ein Andenken? Gerne. Was soll es sein? – ein Buch, ein Bild?‹

Als das Mädchen schwieg, fuhr er fort: »Nennen Sie es mir doch!‹

›Sie werden mir böse sein, wenn ich es Ihnen sage!‹

›Reden Sie nur; wenn ich Ihren Wunsch erfüllen kann …‹

›Erfüllen können Sie ihn – aber – die Bitte ist eine – eine – komische, das heißt – Ihnen wird sie komisch vorkommen.‹ Es schien, als wollte sie jetzt ihren Mut zusammennehmen, denn rasch setzte sie hinzu: ›Bringen Sie mir morgen eine Locke Ihres Haares – bitte!‹ Und fort war sie.

Der Knabe sah ihr nach, wie sie an ihren Spielgefährtinnen vorbei und in das Gebäude hineinlief, als würde sie verfolgt. Dann zog er sich auch vom Parkzaune langsam zurück – ein leichtes Lächeln lag um seinen Mund.«[28]

Die Episode, erzählt von Ludwig Below, endet damit, dass am folgenden Tag der Kronprinz seiner Verehrerin die Locke, »in weißseidenes Papier gehüllt«, überreicht. Dabei von einer missgünstigen Mitschülerin beobachtet, wird das Mädchen von der Oberin des Instituts zur Rede gestellt und soll ihr die Locke aushändigen. Doch sie weigert sich, worauf eine Dienerin und der Hausgeistliche herbeigerufen werden. Da verschluckt das Mädchen die Locke kurzerhand, was folgende Folgen hat, wie Ludwig Below versicherte:

»Die Komtesse Isa (Isabella von N.) ist nach Ablauf des Schuljahres nach Hause geholt worden und heiratete vier Jahre später den Oberleutnant und nachmaligen General v. V., mit dem sie in glücklichster Ehe lebte. Der Park, in dem sich diese wahre Geschichte zutrug, ist der Nymphenburger Park bei München, das Institut, dessen Garten heute mit dem Park nicht mehr zusammenhängt, das heute dort noch bestehende Institut der Englischen

[28] Below, Ludwig: Dem Toten die Ehre. Entsiegelte Dokumente. Treue Bayernherzen ihrem Liebling als Denkmal. Roman eines Königstraumes nach ganz neu erschlossenen Quellen, München 1926, S. 302–304 (künftig: Below)

Fräulein. Der schlanke Knabe war der spätere König Ludwig II., damals Kronprinz, sein Spielgefährte damals Prinz Otto, der nachmalige bayerische König; Zeit: Ende Mai 1859.«

Ludwig Below lässt offen, wer ihm diese Geschichte mitgeteilt hatte – naheliegend wäre, dass dies wohl durch die von ihm erwähnte Komtesse Isabella von N. erfolgte. Sollte diese Schilderung tatsächlich der Wahrheit entsprechen – Zweifel sind hier durchaus angebracht –, wäre dies der einzige bekannt gewordene harmlose Flirt zwischen dem 14-jährigen Ludwig und einem 15-jährigen Mädchen gewesen.

Ludwigs lebenslange Affinität zu älteren Damen

Der Theologe Ignaz von Döllinger bemerkte 1864, dass Ludwig II. »außer seiner Mutter und ein paar Hofdamen keine Damen kenne«.[29] Auch andere bestätigten, dass sich der Kronprinz von klein auf besonders zu älteren Damen hingezogen fühlte. Vor allem unter den Hofdamen seiner Mutter fand er mütterliche Freundinnen. Unter anderem schenkte er der schönen Gräfin Charlotte von Fugger-Glött und der 22 Jahre älteren Obersthofmeisterin Juliane Gräfin von der Mühle, »die so gern große Zigarren rauchte«, was damals für eine Dame geradezu als skandalös galt, seine Aufmerksamkeit. Sie hätte »dem Alter nach seine Mutter sein können«, so berichtet Gottfried von Böhm.

In einem Brief des Königs Ende der 1860er-Jahre an Gräfin von der Mühle heißt es: »Meine liebe Gräfin [...]. Sie sind eine liebenswürdige, begabte und mir sehr sympathische Dame; alles Eigenschaften, welche ich der Königin [Ludwig meint damit seine Mutter] nicht zubilligen kann.« Der König bittet die Gräfin deshalb, seiner Mutter schonend beizubringen, sie möge ihr »so oft wiederkehrendes nörgelndes Wesen« einstellen. »Ich bin keine Natur, mit der ein Kompromiß möglich ist. Man hat zu sein, wie ich will, daß man ist; ist es nicht der Fall, so hat man auf den Umgang mit mir zu verzichten. Fährt sie fort, mir unangenehm zu sein, wie es den Anschein hat, so ist sie allein dabei zu bedauern, weil es mir dann womöglich noch weniger gefallen wird, mit ihr zu verkehren, als es bisher der Fall war.«[30] Diese Zeilen zeigen einen doch recht vertrauten Umgang des Königs mit einer Hofdame seiner Mutter.

[29] Döllinger-Briefe, S. 169
[30] Böhm, S. 445

Die Gräfin von Fugger-Glött, die Kenntnis von der Wagner-Schwärmerei des Königs hatte und sie mit ihm teilte, besorgte etliche Prosaschriften des Komponisten und machte sie ihm zum Geschenk. Ludwig bewies den Hofdamen gegenüber stets eine auffallende Galanterie. So überreichte er ihnen zu ihren Festtagen wertvolle Geschenke aller Art und prächtige Buketts und vergaß nie einen Geburtstag. Später lud er die eine oder andere gelegentlich sogar zu einer Kahnfahrt auf dem See im Neuen Wintergarten ein, der sich auf dem Dach der Münchner Residenz befand.

Auch mit der Gemahlin des bayerischen Gesandten in Stuttgart, der anmutigen Therese Freifrau von Gasser, geborene Freiin von Redwitz, stand Ludwig, ähnlich wie mit seiner ehemaligen Erzieherin Frau von Leonrod, in regem Schriftverkehr und lud bei ihr auch in späteren Jahren immer wieder seine privaten, gelegentlich auch politischen Sorgen ab.

Erst in späteren Jahren, nachdem die Verlobung mit Sophie zu Bruch gegangen war, wurde Ludwig II. zurückhaltender, wie Therese von Redwitz berichtet. Sie erinnerte sich an einen Offiziersball im Odeon im Winter 1870: »[…] der König […] sprach einen Moment mit mir. […] Doch war seine Art zu reden nicht angenehm; er kniff die Lippen zusammen – und es war schwer zu errathen, was er meinte. Im ganzen war er auf dem Balle wortkarg und wenig leutselig. Hingegen sehr sein Bruder, Prinz Otto, mein Verehrer und eifriger Tänzer. Ein sehr lieber und netter, aber schrecklich nervöser junger Mann, der, als er von meiner Verlobung mit einem Bürgerlichen hörte, sich ganz von mir zurückzog; sonst tanzte er meist den Kotillon mit mir.«[31]

»Besonders verehrte Ludwig«, wie Ludwig Hüttl vermerkt, »die Gattin des russischen Gesandten von Ozerow und ab 1867 die Gemahlin des preußischen Gesandten Werthern, den er zu Anfang und Ende einer jeden Audienz, die er ihm – nach dessen Ansicht selten genug – gab, und bei jeder Begegnung eingehend nach deren Wohlbefinden befragte und der er vielfach Blumen übersandte.« Freundlich gesonnen war er auch »den weiblichen Mitgliedern der Familien seiner Kabinettssekretäre Eisenhart und Ziegler, der Gattin Nachbaurs und der Mutter von Josef Kainz«[32], auf deren Wohl der König sogar trank und der er durch ihren Sohn Grüße übermitteln ließ. Für Luise von Kobell, der Gattin seines Kabinettssekretärs Eisenhart, gab

[31] Ebd., S. 23; aus handschriftlichen Aufzeichnungen von Frau Anna von Kühlmann, geb. Freiin von Redwitz

[32] Wolf 1922, S. 188

der König, wenn er bis nach Mitternacht mit ihm konferiert hatte, »bei dem Abschiede dann und wann einen im Wintergarten gepflückten Veilchenstrauß, eine reizende Schmuck- oder Nippsache«[33] mit.

Es waren also Frauen, so Werner Richter, »in denen ein mütterliches-autoritäres (vielleicht auch ließe sich sagen: männliches) Element beruhigend wirkte und Vertrauen weckte«, die anziehend auf Ludwig wirkten. Begreiflich, dass diese Damen den König in Erwiderung seiner Galanterien anhimmelten. Erstmals wurde Ludwigs ausgeprägtes Anlehnungsbedürfnis an reife, mütterliche Frauen durch seine 32 Jahre ältere und von ihm geliebte Erzieherin Sybilla Meilhaus zufriedengestellt, nachdem ihm zuvor der Tod die Amme, seine allererste Bezugsperson, unerwartet entrissen hatte. War womöglich dieser Schicksalsschlag der Beginn für seine Fixierung auf reifere Frauen, denen er sich eng verbunden fühlte?

[33] Reichold/Endl, S. 98

Ludwig wird König und zum Idol der Frauenwelt – 1864

Das erste öffentliche Auftreten des kaum 19-jährigen Ludwigs als soeben proklamierter König Ludwig II. von Bayern ereignete sich bei den Bestattungsfeierlichkeiten für seinen Vater, König Max II. »Hättest du ihn sehen können«, seufzte Julius Hey, »den blassen Jüngling, wie er gebeugten Hauptes und unsicheren, stockenden Schrittes hinter dem Sarg des geliebten Vaters herschritt.« Gerührt von diesem Anblick waren es vor allem die Frauen, deren Herzen er durch seine Ausstrahlung sofort gewann, wie Karl von Heigel berichtet: »Es war, als hätte dieses Ereignis erst seine Schönheit gereift. Wenigstens fiel sie allgemein so recht auf, als Ludwig langsamen Schrittes barhäuptig dem Sarge seines Vaters folgte. Von den großen dunklen Augen und ihrem schwärmerischen Ausdruck waren zumal die Frauen bezaubert.«[34]

Doch nicht weniger waren die Männer von seiner Erscheinung fasziniert, wie etwa Justizminister Eduard von Bomhard, der in seinem Tagebuch von dem »neunzehnjährigen Jüngling, übergossen vom Reiz jugendlicher Schöne, Adel in Antlitz und Gestalt, mit üppig dichtem braunem Haar, wahrhaft prachtvollem Auge voll Geist und Seele, in feierlich schwarzem Anzug mit Ordensstern auf der Brust«[35] schwärmt.

Doch in diesem, vom ersten Tag seiner Regierung angehimmelten Monarchen erkannte Bomhard auch einen noch unreifen Jüngling, der Wert darauf legte, »daß sein Herz rein und unverdorben war, daß er in ihm eine Keuschheit und Reinheit der Seele fand, wie sie der kostbarste Edelstein auf dem Throne sei, mit schwärmerischer Begeisterung für alles Schöne, Gute und Edle, für die erhabensten Ideale«.[36] In einem solchen Mann hatten keine Gedanken an das weibliche Geschlecht Platz. Doch die Damenwelt realisierte diesen Seelenzustand nicht.

34 Hacker-Augenzeugenberichte, S. 44
35 Ebd., S. 48
36 Ebd., S. 50

Ludwig Below betonte: »Selten ist ein König von Mädchen und Frauen so umschwärmt gewesen und vergöttert worden wie Ludwig II., was nicht Wunder zu nehmen ist, da seine ideal schöne Erscheinung selbst auf die Männer unwiderstehlich wirkte. ›Von dem Zauber seines Auges können Sie sich keinen Begriff machen. Er ist leider so schön und geistvoll, seelenvoll und herrlich, daß ich fürchte, sein Leben müsse wie ein flüchtiger Göttertraum in dieser gemeinen Welt zerrinnen‹, schwärmte Richard Wagner und eine alte Bäuerin hatte, als sie ihn zum ersten Male gesehen, nur die wenigen, aber für sie vielsagenden Worte: ›Der Kini hat so a schön's G'schau‹. Ein deutsch-österreichischer Schriftsteller, der ihn kurz nach seiner Thronbesteigung sah und mit ihm sprach, äußerte sich später über ihn: ›Er war der schönste Jüngling, den ich jemals gesehen habe. Seine hohe, schlanke Gestalt war vollkommen symmetrisch. Sein reiches, leicht gelocktes Haar und der leise Anflug eines Bartes verliehen seinem Kopfe Ähnlichkeit mit jenen großartigen antiken Kunstwerken, durch welche wir die ersten Vorstellungen von dem Begriffe gewonnen haben, den die Hellenen von männlicher Kraft hatten. Selbst wenn er ein Bettler gewesen wäre, hätte er sich meiner Aufmerksamkeit nicht entziehen können. Kein Mensch, alt oder jung, reich oder arm, konnte von dem Zauber unberührt bleiben, der von seinem ganzen Wesen ausging. Seine Stimme hatte einen angenehmen Klang. Die Fragen, die er stellte, waren klar und bestimmt. Seine Gesprächsstoffe waren wohl gewählt und geistreich; er drückte sich leicht und natürlich aus. Die Begeisterung, die er in mir weckte, hat sich niemals vermindert, im Gegenteil, sie hat mit den Jahren zugenommen. Das Bild des jungen Monarchen steht noch in unauslöschlichen Farben in meiner Seele ausgeprägt.«[37]

Ein anderer deutscher Schriftsteller, Paul Heyse, äußerte sich über ihn: »Die großen Augen waren träumerisch, der Blick gewinnend. Was er sagte, war frei von jeder Spur von Verlegenheit. Er besaß ein außergewöhnliches sicheres Urteil über diejenigen, die in seine Nähe kamen und eine Menschenkenntnis, die geradezu wunderbar erscheinen mußte in Anbetracht dessen, daß er so einsam und so fern von der Welt erzogen wurde.«[38]

[37] Below, S. 258; Hollweck, Ludwig: Er war ein König: Ludwig II. von Bayern. Erlebtes – Erforschtes – Erdichtetes von Zeitgenossen und Nachfahren, München 1979, S. 89 (künftig: Hollweck)

[38] Below, S. 258; Hollweck, S. 89

Verehrerinnen aus allen Volksschichten

»In München wußte man, wie sich die Frauen an den schönen, romantischen Königsjüngling, der ihrer aller Abgott war, herandrängten. Es ist bekannt, daß die Hartschiere [die königlichen Leibgardisten] oft gewaltsam die Frauen und Mädchen entfernen mußten, die sich in Gänge und Winkel der Residenz eingeschlichen hatten in der Erwartung, dort vom König bemerkt, vielleicht sogar angesprochen zu werden. Man weiß, daß ihn Damen der Aristokratie und der hohen Beamtenschaft mit Briefen, Blumen, Geschenken, dermaßen überhäuften, daß die Hofsekretäre sich schließlich an die Väter, Brüder oder – Gatten der betreffenden Damen mit der Bitte um Abhilfe wenden mußten. Einige Frauen trieben ihre Zuneigung wahrhaft wie einen ›Kult‹.«[39] »Manche Frau trug heimlich abgeschnittene Haare eines von Ludwig II. gerittenen Pferdes in ihrem goldenen Medaillon oder Blumen, über die sein Fuß geschritten«, versicherte Luise von Kobell. »Sein ›Augenaufschlag‹ wirkte so mächtig auf das weibliche Geschlecht, daß mehr als eine in Liebe zu ihm entbrannte und ihre vergebliche Schwärmerei durch eine Gemütskrankheit büßte.« Das bestätigte auch der Chefarzt der Kreisirrenanstalt von Oberbayern, indem er behauptete, den Augen des Königs verdankten die Psychiater etliche Patientinnen. Wegen unerfüllter Liebe nach ihm, so hieß es, wurden erst die Frauen verrückt, in späteren Jahren sei Ludwig II. dann selbst wegen unerfüllter Liebe verrückt geworden.

»Auch die Mutter der Schriftstellerin Annette Kolb war hingerissen, als ihr der junge König mit seinem Pferd bei einem Spaziergang am Starnberger See begegnete. Und über einen Ball in der von ihr geleiteten Klavierschule des adeligen Stifts in der Ludwigstraße erzählt sie: ›Der König, damals noch keineswegs menschenscheu, erschien auf eine halbe Stunde. So schlank, daß er noch größer wirkte, als er war, und von einem so tiefen Zauber, einer so unbeschreiblichen Eleganz, daß die paar jungen Mädchen, die er auffordern ließ, nach dem Tanz mit ihm ganz entgeistert an ihren Platz zurückkehrten.‹«[40]

Ludwig II. wurden auch Beziehungen zu schönen Töchtern der Landbevölkerung nachgesagt. »Alle Erzählungen von einem heimlichen Verhältnis

39 Wolf, S. 116

40 Reichold, Klaus: Zwischen Mythos und Wirklichkeit, Märchen und Alptraum. König Ludwig II. von Bayern. Stationen eines schlaflosen Lebens, München 1996, S. 21 (künftig: Reichold-Mythos)

des jungen Königs zu einer Postmeisters- oder Försterstochter in Schliersee sind erfunden«, berichtet Karl von Heigel. »Wer den königstreuen Sinn der bayerischen Gebirgsbevölkerung kennt, wird zugeben, daß König Ludwig der Unternehmende hätte sein müssen, um die Scheu vor der Majestät zu überwinden.«[41] Doch das traute man dem König nicht zu, dass er diesbezüglich die Initiative ergriff.

Der Journalist Anton Memminger hörte die Geschichte, »wie der König öfters unerkannt im Wirtshause auf der Schanz bei Ehrwald verkehrte und mit dem widerhaarigen Wirt und seiner hübschen Tochter Gundel [Kunigunde] sich unterhielt.« Memminger verarbeitete den Stoff sogar zu der damals erfolgreichen Erzählung »Die Gundel von Ehrwald«.[42]

Selbst in späteren Jahren faszinierte der König nach wie vor die Damenwelt, wie der Chevauleger und Kammerdiener Thomas Osterauer zu berichten wusste: »Majestät war es bekannt, daß immer gewisse Damen darauf ausgingen, Majestät zu begegnen oder zu sehen. Bei Ausfahrt aus dem Schloß mußte immer ein Reiter voraus und spähen, ob eine Frau in der Nähe sei. Wenn ja, dann gings Marsch, Marsch dem Fürstenweg zu. Mir ist es des öfteren vorgekommen, wenn ich in der Alpenrose ein Glas Bier trank, daß sich eine Dame an mich heranmachte, mit den Worten: ›Herr Osterauer, Sie sind doch immer bei Majestät, Sie könnten ihn doch ganz leicht auf meine Person aufmerksam machen.‹ Wieder eine andere lud mich aufs Zimmer ein und bediente mich mit Wein, Kognak und Zigarren und versprach mir alles Erdenkliche. Wenn ich dann sagte, der König will von den Frauen nichts wissen, dann meinten die Damen, oh, das kommt bloß auf Sie an, wenn Sie Majestät auf meine Reize aufmerksam machen und meine Persönlichkeit schildern, so könnte es nicht unmöglich sein. Sogar eine Berlinerin pirschte sich eines Tages an mich heran. Sie meinte, es müsse sein, daß sie zu Majestät komme. ›Meine Liebe‹, sagte ich. ›Sie haben überhaupt gar keine Aussicht, Preußen mag er nicht.‹«[43]

[41] Heigel, Karl von: König Ludwig II. von Bayern. Ein Beitrag zu seiner Lebensgeschichte, Stuttgart 1893, S. 135 (künftig: Heigel)

[42] Memminger, S. 153

[43] Osterauer, Thomas: Persönliche Erinnerungen an den König Ludwig II., in: Bayerische Heimat, Jg. 12 (1930/31), Lieferung 15 und 16, S. 114f. und S. 124f.

Comtesse Maximiliana von P.

Angeblich erhielt der junge König auch waschkörbeweise Liebesbriefe, die er bestenfalls amüsiert las, bevor er sie in den Papierkorb warf. Wie Liebesbriefe von adeligen Damen formuliert waren, zeigt das folgende überlieferte Beispiel einer Comtesse Maximiliana von P. Sie schmachtete den jungen König mit folgenden Worten an:

> »Ew. [Eure] Majestät!
> Vergeben Sie mir, Ew. Majestät untertänigsten Dienerin, daß ich es wage, diese Zeilen an Ew. Majestät zu richten. Geben Sie Befehl, daß ich vor Ihnen erscheinen darf, es bittet Sie darum eine Frau und diese wird Ihnen heißen Dank wissen für sich und im Namen aller edlen Frauen im Lande.
>
> Wollen Ew. Majestät gnädigst mich mit einem Wort beglücken, das ich hinaussenden darf in Stadt und Land, an alle Ihre weiblichen Untertanen, damit es Widerhall finde in ihren Herzen als Lebenszeichen ihres Königs.
>
> Wir Frauen Bayerns bedürfen dieses Wortes – wir harren seiner gleich einer erlösenden Offenbarung.
>
> Und so es Ew. Majestät wünschen, so will ich schweigend vor Ew. Majestät stehen – knien, nur in Deine leuchtenden Augen laß mich sehen und dann vergehen – sterben, meine Mission wäre erfüllt und mit ihr mein letzter, mein höchster Wunsch, meine Seele wird dann fröhlich in Nirwana einziehen.
>
> Du bist König, kannst nur ein König sein und thronen auf irdischen Höhen, über Fels und Firn, an deren Gestein die Wogen grauen Erdenlebens nicht hinanreichen – mußt thronen über allen Schatten, in lichten Höhen – der Sonne nahe – da ist Dein Platz.
>
> Und ist es Ihr Wille, daß ich nicht vor Ew. Majestät trete, so bitte ich, auf der Brücke zu erscheinen [gemeint ist die Marienbrücke bei Schloss Neuschwanstein] und von dort aus Ihrer Dienerin ein Zeichen zu geben als eines Königs – unseres Königs Gruß.
>
> Mit untertänigstem Danke verbinde ich den Wunsch, daß des Himmels reichster Segen auf Ew. Majestät ruhen möge als Ew. Majestät.
> tief ergebenste
> Comtesse M. v. P.«[44]

[44] Hollweck, S. 92; Memminger, S. 56ff.

Wilhelmine Maria Caroline Künsberg, Freiin von Fronberg (1841–1889)

Sie war die Halbschwester des Grafen Maximilian von Holnstein (1835–1895), der bereits in der Kindheit Ludwigs II. zu dessen engsten Bezugspersonen zählte. Der König hatte in jungen Jahren auch Kontakt zum Umfeld des Grafen, war insbesondere von dessen Halbschwester Wilhelmine sehr angetan und zeigte reges Interesse an ihr, sodass ihn Holstein bisweilen an seine Verpflichtungen erinnern musste.

Wilhelmine heiratete allerdings den Freiherrn Hugo von Sternbach. Ende 1863 kam es zwischen den Halbbrüdern Holnsteins und Hugo von Sternbach zu einem derart heftigen Streit, dass sich einer der jungen Hitzköpfe mit Sternbach duellieren wollte. Doch da bot sich Max von Holnstein an, das Duell zu übernehmen, da die beiden Halbbrüder mit Sternbach zu nahe verwandt waren. Am 27. Dezember 1863 kam es zum Pistolenduell und Graf Holnstein erschoss dabei seinen Schwippschwager. Da Duelle in Bayern offiziell verboten waren, kam es im März 1864 zum Prozess und Holnstein wurde vom Bezirksgericht Freising zu einjähriger Festungshaft verurteilt. Die geringe Strafe rührte daher, dass eine »Tötung im Zweikampf« nicht als gewöhnlicher Mord geahndet wurde, sondern als Auseinandersetzung unter Ehrenmännern. Deshalb wurde Holnstein auch nicht ins Gefängnis oder Zuchthaus gesteckt, sondern zur weniger entehrenden Festungshaft verurteilt. Diese schadete auch nicht seiner Karriere. Holnstein wurde bald vom König begnadigt, und am 29. März 1866 zum königlichen Oberststallmeister berufen, einem der angesehensten Ämter am königlichen Hof, denn im Marstall liefen alle Fäden zusammen. Holnstein errang Macht und Einfluss und erledigte für Ludwig II. die heikelsten Aufträge. Bekannt wurden seine Rollen bei der Entstehung des »Kaiserbriefes«, den der König auf Veranlassung des Grafen verfasste und bei der Entmündigung Ludwigs II. 1886.

Heiratskandidatinnen – 1864 bis 1866

Heiraten war für gekrönte Häupter aus zwei Gründen eine Pflicht. Zum einen musste ein Monarch rechtzeitig zumindest für einen Thronfolger sorgen. Weitere Söhne, aber auch Töchter sicherten das Fortbestehen der Dynastie umso mehr. Zum anderen besaß die Eheschließung auch eine politische Dimension, da sich durch die Verbindung verschiedener Dynastien die außenpolitische Einflussnahme intensivieren ließ. Bisher hatten alle bayerischen Könige bereits als Kronprinzen geheiratet, nur Ludwig nicht, obwohl er in den Herrscherhäusern seiner Zeit als besonders begehrenswerte Partie galt. »Wie immer in solchen Fällen«, so schreibt Gottfried von Böhm, »brachten Prinzessinnen und Hofdamen den Gothaer Hofkalender nicht aus der Hand, um nach einer würdigen, ebenbürtigen Lebensgefährtin für ihn zu suchen.« Und auch die bayerische Regierung und Bevölkerung bewegte ständig die Frage: »Wann wird der König endlich heiraten und wer wird die neue Landesmutter sein?«

Doch es blieb nicht nur bei dieser Frage, allerlei Spekulationen und Gerüchte machten schon bald die Runde. Zunächst amüsierte dies Ludwig, doch mit der Zeit empfand er das fortwährende Drängen auf Heirat als äußerst lästig. So wich er auch seiner Mutter aus, wenn sie das Thema Heirat ansprach, wie Joseph Ludwig Craemer in seinen »Königs-Historien« berichtet. Am 24. August 1864, am Vorabend von Ludwigs 19. Geburtstag, traf sich die Hofgesellschaft, darunter Königin Marie mit ihren Söhnen Ludwig und Otto, zu einem Picknick »im Freien vor einem Schweizerhause in nächster Nähe von Hohenschwangau, in der sogenannten Pleckenau«. Plötzlich äußerte die Königin-Mutter, »daß [...] noch etwas fehlt, was noch zur Erhöhung der Freuden des Tages beitragen könnte. (Die Königin-Mutter spielte auf eine Schwiegertochter an).« Ludwig versuchte davon abzulenken, indem er sagte: »Du meinst wohl Musik oder Gesang, Mama? Das kommt ja später noch im Schloß!« Doch Marie bohrte weiter: »Ich meinte etwas anderes, das gerade hier, heute hier in der Pleckenau fehlt und dem kleinen Feste die Krone aufsetzen würde.« Da rettete der 16-jährige Prinz Otto seinen Bruder, indem er rief: »Ich hab's, Mama! Du meinst wohl Deine Spinnradln!«, womit er auf eine Tätigkeit anspielte, die von Marie mit Leidenschaft betrieben wurde. Die Hofgesellschaft brach in Gelächter aus und beendete die für den König höchst unangenehme Situation.[45]

In Gesprächen mit dem Münchner Philosophieprofessor Johannes Huber in der Zeit von Dezember 1864 bis April 1865 kam auch einmal das Thema Liebe zur Sprache. Huber äußerte, dass die »Liebe zum Weib das Leben des Mannes nicht ausfüllen könne, dass sie für die kräftige Mannesnatur mehr oder minder eine Episode sei«, worauf der König meinte, dass bei manchem Mann diese Episode wohl gar nicht vorkomme. »Und ich merkte«, so Huber, »dass er sich damit meinte«.[46]

Der Sänger Franz Nachbaur berichtet, dass der König neben Richard Wagners Werken »auch italienische Musik, namentlich Verdi, sehr hoch schätzte. Rigoletto habe ihn z.B. stets ergriffen und die Arie des Herzogs im letzten Akt könne er auswendig. Er trällerte die ersten Takte: ›Ach, wie trügerisch sind Frauenherzen …‹ vor sich hin und ersuchte mich, die ganze Arie zu singen«,[47] in der Flatterhaftigkeit, Unbeständigkeit, ja Falschheit der Frauen besungen wird: »O wie so trügerisch / sind Frauenherzen; / mögen sie klagen, / mögen sie scherzen. // Oft spielt ein Lächeln / um ihre Züge; / oft fließen Tränen, / alles ist Lüge.«

Ludwig II. glaubte wohl an die Wahrheit dieser Worte und lehnte infolgedessen eine Heirat ab, was ihm zumindest von 1864 bis Ende 1866 auch gelang, bevor er sich dann Anfang des Jahres 1867 doch überraschend zur Verlobung entschloss. Doch bis dahin waren bereits mehrere Heiratskandidatinnen im Gespräch gewesen.

Infantin Maria Isabella von Spanien (1851–1931)

»Die erste Verlobungsente ließ schon im Sommer 1864 die Pariser Zeitung ›La Patrie‹ ausfliegen: König Ludwig wird sich mit der 13 Jahre alten Tochter der Königin Maria Isabella von Spanien verloben. Das französische Blatt erzählte unter anderem, dass die Gemahlin des Prinzen Adalbert, der ein

45 Below, S. 307f.
46 Rumschöttel, Hermann: Ludwig II. von Bayern, München 2011, S. 19
47 Böhm, S. 506

Onkel des Königs [Ludwigs II.] war und eine spanische Prinzessin zur Frau hatte, die Verbindung mit Madrid eingefädelt habe. Als nichts aus dieser Geschichte wurde, wußte der ›Pariser Figaro‹ zu berichten, der König [Ludwig II.] habe von seiner Umgebung über den Charakter der Schwiegermama, der Königin Isabella, so schlimme Auskünfte erhalten, daß er ›keinen Apfel von solchem Stamme haben wollte.‹« [48]

In der Tat hatte Königin Isabella II. von Spanien (1830–1904) keinen besonders guten Ruf. Sie regierte von 1833 bis 1868. Offiziell dankte sie 1870 ab und starb 1904 in Paris. Sie wurde zur Ehe mit ihrem frommen Cousin, Franz von Spanien (1822–1902), dem Sohn des Infanten Franz de Paula, gedrängt, dem der Sinn mehr nach Beten als nach Frauen stand. Königin Isabella war zwar keine schöne, aber eine sinnliche Frau. Sie drängte ihren Mann schon bald aus dem Bett und an den Rand ihres Lebens, indem sie ihn zum Titularkönig erklärte. Sie wurde mehrfach von unterschiedlichen Männern schwanger und sicherte so auf ihre Art die Dynastie. Verständlich, dass Ludwig II. nichts mit ihr zu tun haben wollte.

Ihre älteste Tochter, die Infantin Maria Isabella, war, wie gesagt, 1864 erst 13 Jahre alt, also zum Heiraten noch zu jung. Ludwig hätte noch drei bis vier Jahre warten müssen. Übrigens, der vollständige Taufname von Isabella lautete:

»María Isabel Francisca de Asís Cristina Francisca de Paula Fernanda Luisa Josefa Trinidad Joaquina Ana Melchora Gaspara Baltasara María del Olvido Dolores Pilar Concepción Carmen Desamparados Filomena Micaela Rafaela Gabriela Dominga de la Cogolla Tomasa Teresa Rita Lucía Águeda Bárbara Bibiana María de la Cabeza Isidra Rosalía Polonia Lugarda Ramona de Cosme Damiana Antonia de San Antón Juana Bautista Vicenta de Ferrer Genara Francisca de Borja Blasa Jacoba de Roque Caralampia y de Todos los Santos.«

Nachdem sich keine Ehe mit Ludwig II. ergab, heiratete die Infantin Maria Isabella am 13. Mai 1868 ihren Cousin, den Prinzen Gaetano von Bourbon-Sizilien (1846–1871). Die Ehe blieb kinderlos. Ihr Mann, der an Depressionen litt, beging 1871 in Luzern Selbstmord. Seine Frau starb 1931 im Alter von 80 Jahren.

[48] Memminger, S. 24

Maria Luise Prinzessin von Hohenzollern-Sigmaringen (1845–1912)

Im September 1864 meldete die Wiener »Presse« die bevorstehende Verlobung des Königs mit der Tochter des Fürsten von Hohenzollern. Man vermutete, dass dieser Nachricht ein Wunsch der Königinmutter Marie zu Grunde lag, die bekanntlich mit dem Haus Hohenzollern verwandt war und deshalb gerne eine Prinzessin aus diesem Stamm als Gemahlin ihres Sohnes Ludwig gesehen hätte.

Die am 17. November 1845 geborene Marie Luise Alexandra Karoline von Hohenzollern-Sigmaringen war drei Monate jünger als Ludwig II. Sie war das jüngste Kind des hohenzollernschen Fürsten und preußischen Ministerpräsidenten Karl Anton und seiner Gemahlin, der Prinzessin Josephine von Baden. Als Kind lebte Marie mit ihrer Familie im Schloss Jägerhof bei Düsseldorf, wo ihr Vater preußischer Divisionskommandeur war. Nachdem die Ehe mit Ludwig II. nicht zustande kam, heiratete Marie Luise am 25. April 1867 den Prinzen Philipp von Belgien.

1868 geriet die Prinzessin in den allerdings unbegründeten Verdacht, sie würde sich für die spanische Thronkandidatur ihres Bruders Leopold einsetzen, was vom französischen Kaiser Napoleon III. entschieden abgelehnt wurde. In Wahrheit wurde die spanische Krone dem Prinzen Leopold von Marschall Juan Prim angeboten, was Otto von Bismarck unterstützte. Am 2. Juli 1870 nahm Leopold das Angebot an. Frankreich forderte jedoch, Deutsche sollten auf immer auf eine Thronkandidatur in Spanien verzichten. Da dies von Deutschland abgelehnt wurde, kam es 1870 zum Deutsch-Französischen Krieg. Dazu äußerte der Journalist Anton Memminger: »Wäre die Verlobung [von Prinzessin Marie Luise mit Ludwig II.] zur Wahrheit geworden, so wäre der König gar in die Verwandtschaft des Erbprinzen Leopold von Hohenzollern geraten, durch dessen Kandidatur auf den spanischen Thron der siebziger Krieg veranlaßt worden ist. Durch diesen Prinzen wäre der König auch mit dem napoleonischen Hause und dem rumänischen Hofe verwandt geworden, eine Verwandtschaft, die der König keineswegs als Vorzüge einer Heirat betrachtet hätte.«[49]

Aus der Ehe Marie Luises mit Prinz Philipp von Belgien, die glücklich war, gingen fünf Kinder hervor. Maria Luise starb 1912 im Alter von 67 Jahren in Belgien und fand in der Liebfrauenkirche in Brüssel ihre letzte Ruhestätte.

49 Memminger, S. 24

Die Kurtisane Cora Pearl (1835–1886)

Wenn Ludwig II. schon nicht zur Heirat zu überreden war, wollte man ihm wenigstens eine Mätresse aufschwätzen, die ihn vielleicht auf diesbezügliche Gedanken bringen konnte.

Bekanntlich hielten sich Könige und Fürsten zu allen Zeiten Mätressen. Die schöne Zweitfrau gehörte zu den Insignien ihres Erfolgs. Einige dieser mehr oder weniger heimlichen Geliebten verfolgten aber eigene Pläne, mischten sich aktiv in die Politik ein und schrieben dadurch sogar Geschichte. Sie waren redegewandt und intelligent und wirkten als geschickte Diplomatinnen oder bei der Gesetzgebung mit. Eine besonders herausragende Stellung nahmen die Mätressen am Hof von Versailles ein. Als Zweitfrau des Monarchen hatten sie sogar Anspruch auf Titel, Unterhaltszahlungen und Rente. Sie beeinflussten das Leben am Hof und förderten die schönen Künste. Madame Pompadour, die Ludwig II. auch verehrte, war beispielsweise 19 Jahre an der Seite von Ludwig XV. die inoffizielle Herrscherin des Landes, die auch Minister und Generäle ernannte. Die Französische Revolution setzte der Macht der Mätressen – zumindest offiziell – ein Ende. Eine von ihnen, Jeanne du Barry, verlor ihren Kopf unter der Guillotine. Bayerns berühmteste Mätresse war die rassige Lola Montez, in die sich 1846 Ludwig I. von Bayern, also der Großvater Ludwigs II., verliebte. Als sie Einfluss, einen Titel und öffentliche Anerkennung erhielt, kam es zu revolutionären Unruhen, worauf Ludwig I. abdankte.

Auch für König Ludwig II. glaubte man eine geeignete Person gefunden zu haben: die durch ihre Schönheit berühmte Schauspielerin und Kurtisane Cora Pearl, eine Engländerin. Sie sollte dem König aufgeschwätzt werden, um ihn auf andere Gedanken zu bringen. Doch auch dafür ließ sich Seine Majestät nicht begeistern. Kurz und bündig verkündete er: »Ich nehme keine Mätresse, ich bin allein und werde es auch bleiben.«

Cora Pearl wurde als Emma Elizabeth Crouch am 23. Februar 1835 in Plymouth als Tochter eines Musiklehrers geboren. Nach einem Aufenthalt in Frankreich, wodurch sich ihre lebenslange Liebe zu Frankreich und speziell zu Paris entwickelte, kehrte sie nach England zurück und beschloss, in London Schauspielerin zu werden. Doch weniger als Schauspielerin, sondern vor allem durch ihre Wirkung auf Männer machte sie von sich reden. Zu ihren Verehrern zählten bald auch Adelige, so der Herzog von Rivoli oder Prinz Napoleon, ein Vetter des amtierenden französischen Kaisers. Ihr Kurtisanen-Dasein bescherte ihr auch ein Vermögen. So besaß Cora

Pearl drei stattliche Häuser, 60 Pferde und reichlich Personal. Ihr Betätigungsfeld erstreckte sich auf viele mondäne Badeorte. So kam sie 1864 auch nach Baden-Baden. Wohl zu dieser Zeit kam sie auch bezüglich Ludwigs II. ins Gerede. Nach dem Deutsch-Französischen Krieg 1870/71 begann der Stern der mittlerweile 36-Jährigen zu sinken und führte zum Ende von ihrer Karriere als Kurtisane. Sie starb drei Wochen nach dem Tod Ludwigs II. am 8. Juli 1886 im Alter von 61 Jahren und wurde auf dem Pariser Friedhof Batignolles beigesetzt.

Bürgersfrauen und -mädchen auf der Frankenreise 1866

»Als Ludwig II. nach dem Kriege 1866 Franken besuchte, war seine Fahrt ein immerwährender Triumphzug. Auf den ihm zu Ehren gegebenen Bällen in Nürnberg und Würzburg wurde er nicht müde, mit den Töchtern der Bürger zu tanzen. Er freute sich mit den röhlichen, nahm die Huldigungen der Frauen und Mädchen mit sichtbarem Wohlgefallen entgegen und erwiderte sie mit unermüdlichen Dankesbezeigungen.«[50]

Den Bürgerball am 1. Dezember eröffnete der König mit einer Polonaise, die er mit Frau Bürgermeister von Wächter tanzte. Weitere Tänze absolvierte er »mit Frau Bürgermeister Seiler, mit Freifrau von Tucher, mit Frau von Sternberg, mit Frau Oberstleutnant Dum, mit Fräulein von Haller und mit einigen Bürgerstöchtern«.[51] Dabei unterhielt er sich mit seinen Tanzpartnerinnen lebhaft und freundlich.

Wie sich so manches junge Mädchen fühlte, wenn der König es zum Tanz aufforderte, beschrieb der Dichter Below recht anschaulich:

»Das junge Mädchen erbebte, es stockte momentan der Schlag ihres Herzens. Ihre Wangen wechselten die Farbe, leichenhafte Blässe, dann jähe Röte überflogen sie. In ihre Augen aber trat ein strahlendes Leuchten. Ihre Rechte presste sie auf das plötzlich so ungestüm pochende Herz und ihr Atem ging schneller. Ihre Blicke senkten sich in mädchenhafter Scheu, aber unbewusst fühlten sie doch, dass sie von seinen Märchenaugen gesucht werden, dass sie auf ihr ruhen. Unsägliches Entzücken, ein überströmendes Glücksgefühl schwellte ihr das Herz. Jetzt stand er vor ihr, er, den sie mit

[50] Memminger, S. 23
[51] Schauenberg, S. 40

allen Fasern ihrer Seele gesucht. Seine Worte klangen wie Musik an ihr Ohr, während sie sich tief verneigte.

Anfangs stammelte sie verwirrt nur kurze, unzusammenhängende Worte, dann aber fasste sie sich. Langsam und zögernd entschleierte sich ihrer blauen Augen Geleucht und sie vermochte freier zu blicken und unbefangener, wenn auch noch stockend, zu antworten. Hunderte von neugierigen und neidischen Blicken flogen ihr von allen Seiten zu. Allerorts fragte man sich erstaunt, welchem Glücksumstande wohl das unbekannte, auffallend schöne, junge Mädchen diese hohe Ehre zu verdanken hatte. Sie selbst aber sah und hörte nichts von alledem, die Welt ringsum versank vor ihr, denn ihr Aug und Ohr gehörten jetzt einzig ihm. Erhobenen Hauptes, beseelt von dem Stolze, an der Seite des herrlichen Mannes schreiten zu dürfen, ließ sie sich in den Kreis der tanzenden Paare führen. [...]

Der junge König legte den Arm um die Taille des leise erbebenden Mädchens, das mit halbgeschlossenen Augen sich ganz dem Wonnegefühl, von dem herrlichen Manne geführt zu werden, hingab. Sie fühlte ihre eigene Bewegung nicht mehr, es ist ihr zu Mute, als schwebte sie von unsichtbaren Geistern getragen, durch den Raum. Jetzt verhallten die letzten Töne der Geigen. Das Mädchen erwachte jäh aus seinen seligen Träumen. Die raue Wirklichkeit trat wieder in ihre Rechte. Der König geleitete sie zu ihrem Platze. Er sprach kein Wort; ehe er aber die zarte Rechte der sich tief Verneigenden aus seinen Fingern ließ, ruhte noch einmal sein dunkles Auge mit rätselhaftem Ausdruck auf ihren holdselig verwirrten Zügen.«[52]

[52] Below, S. 10f.

Seelenfreundinnen

Sybilla Freifrau von Leonrod (1814–1881)

Zu ihr bestand eine 35 Jahre lange Seelenfreundschaft, die, wie erwähnt, in frühester Kindheit des Königs begann. Ludwig war noch nicht einmal ein Jahr alt, als Sybilla Meilhaus in sein Leben trat – siehe dazu das Kapitel »Frauen in der Kindheit«. Nach ihrem Weggang aus München 1857 riss der Kontakt zu ihrem Schützling bis zu ihrem Tod niemals ab.

Im Alter von 45 Jahren heiratete die Meilhaus am 16. August 1860 den damaligen Major August Ludwig Freiherr von Leonrod aus einem katholischen fränkischen Adelsgeschlecht. Er diente König Max II. vom 22. Mai 1851 bis zum 3. Oktober 1862 als Flügeladjutant und gehörte dadurch ebenso wie seine spätere Braut Sybilla Meilhaus zum Hofstaat.

Aus der mehr als 30-jährigen Korrespondenz zwischen Ludwig II. und der Baronin sind 82 Briefe Ludwigs erhalten, in denen er ihr sein Innerstes öffnete. Dieser Briefwechsel ist vor allem deshalb so bemerkenswert, weil Ludwig ihr darin alle privaten und amtlichen Freuden und Sorgen mit größter Offenheit mitteilte. Er thematisierte nicht nur seine Leidenschaft für das Theater, für die Opern Richard Wagners und für seine Bauprojekte wie die Schlösser Neuschwanstein und Herrenchiemsee, sondern empörte sich darin auch über die »verdammten preußenfreundlichen, deutsch-schwindlerischen Ideen im ohnehin schon angesteckten Volke«. Ludwig war froh, ihr sein »Herz ausschütten zu können«, wie er ihr einmal schriftlich versicherte. »Du weißt, wie sehr ich Dein Urteil schätze«, schrieb er ihr 1865. Und so holte sich Ludwig II. auch ihren Trost bei der Auflösung seiner Verlobung mit der Herzogin Sophie. »Tief habe ich gefühlt, welchen schweren Kampf Eure Majestät gekämpft«, schrieb ihm Frau von Leonrod, »trage aber die Überzeugung im Herzen, daß es Gottes Wille war, der Eure Majestät geleitet, und bete aus tiefster Seele, er wolle bald wieder Friede und schönes Glück in das Herz Eurer Majestät einziehen lassen.«

Auch andere bittere Enttäuschungen enthielt ihr der König nicht vor. So wird in einem Brief vom 16. September 1869 sein ganzer Lebensfrust sichtbar, wenn er ihr versichert: »[…] deshalb fühle ich mich einsam u. verlassen auf dieser Erde, wie übrig geblieben aus einer besseren Zeit, hinein gepflanzt in die jetzige, die ich hasse u. der ich immer mich fremd fühlen werde.«

Immer wieder aber beteuerte Ludwig in diesen Schreiben der geliebten Erzieherin seine große Dankbarkeit. So betonte er, vermutlich nachdem er ihr ein Geschenk hatte zukommen lassen, in einem Brief vom 30. April 1864: »Wie freute es mich, Dir meine Dankbarkeit auf jene Weise zu bezeigen; denn ich war von jeher Dein Schuldner; nie werde ich vergessen, was Du alles in meiner Kindheit für mich getan hast.«

Des Öfteren sehnte sich der König auch nach einem Wiedersehen mit ihr, um ihr im persönlichen Gespräch, wie er schrieb, sein »Herz ausschütten zu können«. Nach einem solchen Treffen im Sommer 1872 beteuerte er ihr: »Eine wahre Herzensfreude war es für mich, Dich neulich endlich wiederzusehen und länger mit Dir zu sprechen! Du verstehst mich so gut u. das tun sonst so wenige; von so vielen wurde ich und werde ich verkannt, so daß ich natürlich immer mehr von der Welt mich abgestoßen fühlte u. in mich selbst mich zurückzog; da tut es mir so wohl, wieder mit Dir zu sprechen, mit Dir, an der mein Herz von meiner Kindheit selig heiteren Tagen an in treuer u. inniger Liebe hängt.«

Es blieb aber nicht nur bei schönen Worten. Ludwig ließ ihr vor allem an Geburts- und Namenstagen und zum Weihnachtsfest, aber auch bei jeder sich bietenden Gelegenheit reichlich Geschenke und ansehnliche Aufmerksamkeiten zukommen. Und immer wieder die Versicherung, wie in seinem Brief vom 27. August 1872, dass er ihr »von frühester Kindheit an schon so viel zu verdanken habe, was ich Dir nie, nie vergessen werde«.

Aus den durchweg positiv getönten schriftlichen Reaktionen der ehemaligen Erzieherin an Ludwig ist stets von herzlichem Wohlwollen die Rede, ist auch tiefes Mitgefühl bei königlichem Kummer zu spüren, werden Wünsche für »Friede und schönes Glück« sowie Freude über Ludwigs Popularität geäußert und seine charakterlichen Qualitäten, seine Frömmigkeit und sein Gottvertrauen bewundernd erwähnt.

Den letzten Brief an sie verfasste der König im Januar 1881, wenige Monate vor dem Tod seiner Erzieherin, der mit den Worten schließt: »[…] bleibe ich stets in treuester Anhänglichkeit Dein aufrichtiger Freund Ludwig«.

Es darf ohne Übertreibung behauptet werden, dass es im Leben König Ludwigs II. keine engere und länger dauernde Beziehung gab, als die zwischen ihm und seiner »Billa« aus der Kindheit. Franz Merta nennt dafür als überzeugenden Grund: »Dieses freundschaftliche Verhältnis konnte aber nur deshalb von lebenslanger Dauer sein, weil sie nie aus der Rolle fiel und keinen Augenblick in die Versuchung kam, die trotz aller Sympathiebekundungen Ludwigs weiter fortbestehenden Schranken des Rangunterschieds durch dünkelhaftes, anmaßendes Benehmen oder durch Versuche zu verletzen, die Gunst des Königs für selbstsüchtige Zwecke auszubeuten. Für sie als die treuergebene Beschützerin seiner Kindheit blieb Ludwig stets der hoch über sie gestellte Träger der königlichen Majestät. Mit dieser Haltung unterschied sie sich in den Augen Ludwigs II. vorteilhaft von anderen ihm vorübergehend nahestehenden Personen wie z.B. von dem Schauspieler Joseph Kainz, der sich, wie der König später erklärte, seine Sympathien durch ›flegelhaftes Benehmen‹ verscherzte, ja selbst von seiner Mutter, der Königin Marie, deren ›nörgelndes Wesen‹ ihm zunehmend mißfiel, wie er ihrer Oberhofmeisterin Gräfin v. der Mühle mitteilte.«[53]

Vier Jahre vor Ludwigs Tod starb Sybilla von Leonrod am 29. April 1881 im Alter von 67 Jahren nach einem Schlaganfall. »Ihre letzten Worte sollen ein Segenswunsch für Ludwig gewesen sein«, teilt Franz Merta mit und er fügt hinzu: »In einem Handschreiben vom 30. April an ihren Gemahl brachte Ludwig II. seine tiefe Betroffenheit über das plötzliche Hinscheiden seiner verehrten Erzieherin zum Ausdruck. Dazu ließ er bei ihrer Beisetzung einen prachtvollen Trauerkranz auf ihrem Grab niederlegen, der allgemeines Aufsehen erregte.«[54]

Auf dem katholischen Friedhof in Augsburg an der Hermanstraße wurde, auf Anordnung Ludwigs, ihr zum Angedenken ein neugotisches Grabmal aus Carraramarmor errichtet:

»König Ludwig II., der treuen Pflegerin seiner Kinderjahre Sybilla von Leonrod, geb. Meilhaus, geb. den 20. August 1814 gest. den 29. April 1881« steht auf der geschliffenen Marmorfläche. Eine kleine Steintafel rechts daneben zeigt oben ein Bildnis des Königs, darunter ein Bild seiner Erzieherin. Die Grabgebühren beglich der König für alle Zeiten. 1904 wurde das Grabmal samt Grabstätte innerhalb des Friedhofs auf den heutigen Platz beim Hauptweg nahe dem großen Kreuz verlegt. Auch Ludwigs Vater hatte übrigens seiner Erzieherin, Fräulein Antonie von Täuffenbach, die ihm wie

53 Merta, Franz: Sibylle von Leonrod – die Meilhaus, in: Gestalten um den Märchenkönig. Biografische Skizzen, herausgegeben von Jürgen Bialuch, Band 1, Reutlingen 1994, S. 195 (künftig: Merta)

54 Ebd., S. 195f.

eine Mutter gewesen war, auf dem Münchner Friedhof aus Dankbarkeit einen Grabstein setzen lassen.

Der Kabinettssekretär Friedrich von Ziegler meinte, als er von der Grabinschrift für die Verstorbene erfuhr, in einer boshaften Anwandlung, anstatt »der treuen Pflegerin« wäre es zutreffender »der theuren Verzieherin« zu schreiben. Mit dieser Ansicht stand er nicht allein. Auch andere Anhänger deutsch-nationaler Gesinnung und kriegerischen Heroentums nannten Ludwigs frühe Erziehung verwöhnend und verweichlichend und lasteten die Verantwortung dafür Sybilla von Meilhaus an, aber nicht nur ihr allein, sondern auch den anderen Betreuerinnen seiner frühen Kindheit. Die Liebe, die sie dem König gab, war den Kritikern nicht der Rede wert.

Kaiserin Elisabeth von Österreich, genannt Sisi (1837–1898)

Als Kinder hatten sie angeblich gelegentlich miteinander gespielt, auch wenn Ludwigs Cousine Elisabeth, Sisi genannt, immerhin acht Jahre älter als Kronprinz Ludwig war. Genau genommen war sie ja seine Tante, doch Ludwig nannte sie stets Cousine. Der Altersunterschied brachte zunächst eher eine gewisse Distanz als Nähe mit sich, allerdings weniger von Seiten Ludwigs, der später behauptete, Sisi schon im Knabenalter verehrt zu haben, zumindest seit 1860, worauf eine Eintragung in seinem Tagebuch hinweist.

Als Ludwig neun Jahre alt war, heiratete die inzwischen 17-jährige Sisi 1854 den österreichischen Kaiser Franz Josef. Selbst Kaiserin geworden, erwachte sie allerdings nicht im siebten Himmel, sondern, wie sie das im Mai 1854 selbst formulierte »in einem Kerker, mit den Fesseln an der Hand«. Und eine der Fesseln war ihre Schwiegermutter Erzherzogin Sophie, die sie bevormundete. In nur vier Jahren brachte Elisabeth ihre ersten drei Kinder zur Welt: Sophie (1855), Gisela (1856) und den Thronfolger Rudolf (1858). Das »Katzeln«, wie sie das Gebären bezeichnete, fiel ihr leicht, das Muttersein aber machte ihr die Schwiegermama zur Hölle. Sie nahm ihr die Kinder gleich nach der Geburt mit der Begründung weg, sie sei noch zu jung, um den Erziehungsaufgaben gerecht zu werden. Wollte Elisabeth ihre Kinder sehen, musste sie sich erst bei Erzherzogin Sophie anmelden. Dagegen rebellierte sie, indem sie krank wurde. Sie litt unter Hustenanfällen und Appetitlosigkeit. Sie bekam geschwollene Füße, womöglich Hungerödeme. Während eines Besuchs in Ungarn starb ihre zweijährige Tochter Sophie an Typhus. Zudem hörte sie von Seitensprüngen ihres Mannes. Hysterische Weinkrämpfe und monatelange, schwere Depressionen waren die Folge. 1860 wurde ihr eine Kur verordnet. Sechs Monate blieb sie auf der Atlantikinsel Madeira, dann reiste sie auf die Insel Korfu, wo sie ein ganzes Jahr verbrachte. Als sie im August 1862, nach fast zweijähriger Abwesenheit an den Wiener Hof zurückkehrte, hatte sie sich deutlich verändert.

1864 wurde ihr 18-jähriger Cousin Ludwig König von Bayern und in diesem Jahr traf er die inzwischen 26-jährige Elisabeth in Bad Kissingen, wo sie sich zur Kur aufhielt. Ludwig war von ihrer Schönheit und ihrem Wesen derart geblendet – er bezeichnete sie als »Götterbild, erhaben, engelgleich« –, dass aus seinem geplantem Aufenthalt von zwei Tagen vier Wochen wurden. Danach blieben sie einander lebenslang in Freundschaft verbunden, die seither Anlass zu vielen Spekulationen gab. Manche mutmaßten, dass Ludwig sich im Januar 1867 mit Sisis jüngerer Schwester Sophie Charlotte, die ihr sehr ähnlich sah, nur deshalb verlobt habe, weil aus der Liebe zur schönen Kaiserin nichts werden konnte, da sie ja bereits seit zehn Jahren mit Kaiser Franz Josef verheiratet war. Doch noch im selben Jahr scheiterte die Verlobung, was Elisabeth zunächst empörte. Dennoch entfaltete sich zwischen ihr und Ludwig II. eine eigenwillige Seelenfreundschaft. Betroffen stellten die beiden immer wieder fest, dass sie sich in ihrem Wesen und in vielen Ansichten sehr ähnlich waren. Auch die Zeitgenossen registrierten zahlreiche Gemeinsamkeiten und exzentrische Verhaltensweisen.

Begegnungen in den späten 1870er-Jahren zwischen Ludwig und Sisi, mehrfach auch in Begleitung ihres Sohnes Rudolf, fanden in München oder am Starnberger See statt. Wenn der König in Berg weilte, besuchte er sie entweder in Feldafing oder in Possenhofen. Sie und ihren Sohn Rudolf lud er sogar zu einem Besuch in den königlichen Wintergarten auf dem Dach der Münchner Residenz ein, eine Ehre, die nur ganz wenigen, auserwählten Personen widerfuhr.

Als junge Frau huldigte Elisabeth einem exzessiven Schönheitskult. Auch am jungen Ludwig II. bewunderte man seine Schönheit, auf die er selbst großen Wert legte, indem er sich beispielsweise sein Haupthaar täglich kunstvoll legen ließ. Beide liebten die Einsamkeit, waren menschenscheu und hatten einen Hang zur Weltflucht. Beide hatten eine Abneigung gegen das strenge Hofzeremoniell, gegen Audienzen und waren Meister im Ausweichen offizieller Termine. Beide hassten ihre Residenzstadt: Ludwig München, Sisi Wien. Elisabeth schrieb böse Gedichte über den Adel und bezeichnete die Monarchie als brüchige Ruine, Damit erwies sie sich als Rebellin auf dem Kaiserthron. Auch Ludwig rebellierte auf andere Art gegen die konstitutionelle Monarchie, von der er seine Rechte beschnitten fühlte. Er sehnte sich nach einer absolutistischen Regierungsform mit uneingeschränkter Macht zurück. Beide empfanden Abscheu gegen Kriege und Gewalt. Beide waren sehr belesen und bildungsbeflissen. Beide fühlten sich am wohlsten in abgeschiedener Natur, die sie mehr als Menschen liebten. Zog sich der König in die bayerischen Alpen zurück, so die Kaiserin aufs Meer und abgelegene Inseln. Vielleicht, so wird behauptet, regte die Kaiserin ihren Cousin sogar an, sich ebenfalls außerhalb Bayerns niederzulassen.[55] 1873 ließ Ludwig durch Franz von Löher nach einem solchen Land Ausschau halten. Beide hatten auch Freude am Bauen. Elisabeth ließ auf Korfu einen Palast, das Achilleion, errichten. Der König sprach mit Bäumen und auch Elisabeth hatte in Gödöllö einen Lieblingsbaum, mit dem sie Zwiesprache hielt. Beide waren ausgezeichnete Reiter und liebten scharfe Ritte. Beide wollten alles, was sie liebten und was ihnen wertvoll war, alleine besitzen und genießen. Beide lebten ohne Rücksicht auf andere ihre Neigungen aus. Sowohl Elisabeth als auch Ludwig war es wichtig, dass niemand außer ihnen Zugang zu ihren Schlössern hatte und sie entweihte. Beide waren von einer permanenten melancholischen Grundstimmung durchdrungen. Beide hatten »geistige Beziehungen« zu Toten aufgebaut, Elisabeth zu Achill, Odysseus und dem Dichter Heinrich Heine, mit dem sie in spiritistischem Kontakt zu stehen glaubte. Auch mit ihrem Schwager »Max«, der als Kaiser Maximilian in Mexiko hingerichtet worden war und mit »Bubi«, einem früh verstorbenen Neffen, glaubte sie Verbindung ins Jenseits zu haben. Immer wieder blickte sie zur Statue des »Sterbenden Achill« auf, die vor ihrem Schloss auf Korfu stand. Auch Ludwig II. fühlte sich zu toten Frauen hingezogen, so zu Maria Stuart oder Marie Antoinette, mit denen er ebenso Zwiesprache führte wie mit bourbonischen Monarchen und ihren Mätressen. Beide fühlten sich von Geisteskrankheit bedroht, glaubten aber, »dass die Menschen, die man für wahnsinnig hält, die wahren Klugen sind«. Faszinierend fand Ludwig, dass Sisi im selben Jahr und am selben Tag – 24. Dezember 1837 – geboren war wie Cosima von Bülow und so wie diese acht Jahre älter war als er. Was Ludwig an Sisi ganz besonders schätzte, erwähnt Gottfried von Böhm: »Alle, die er sonst sah, verlangten von ihm das Unmögliche: daß er anders sein solle, als er war, Elisabeth nahm ihn ganz, wie er war.«

Weilte Elisabeth in den Sommermonaten in Possenhofen, kam es zwischen ihr und Ludwig zu »konspirativen« Treffen im dort gelegenen Schloss oder auf der Roseninsel, letztmals im Jahr 1881. Wenn Ludwig die Glocken in ei-

[55] Rummel, S. 93

ner bestimmten Art läuten ließ,[56] eilte Elisabeth zur Roseninsel, wo sie der König beglückt empfing und ihr aufwendige Diners bereiten ließ. Nachhaltigen Eindruck machte auf beide eine gemeinsame Bootsfahrt zur Roseninsel. Auch Briefe schrieben sie sich mehrfach, die sie in einer geheimen Schublade eines Sekretärs im Casino versteckten, zu der nur sie beide einen Schlüssel hatten. In ihren darin formulierten Gedichten bezeichnete Ludwig Elisabeth als See-Möve und sie ihn als Adler. Verräterisch sind des Königs an die Möve Elisabeth gerichteten Zeilen: »Und sich begegnend in stolzem Bogen, / Grüßend aneinander vorüberzogen. / Zu Bergeshöh zurückgewandt / Dankt Aar der Möve am Dänenstrand.« Trotz aller Nähe machten die beiden immer wieder »einen Bogen« um sich und zogen sich anschließend in ihre einsam gelegenen Refugien »am Meeresstrand« und »in der Bergeshöh« zurück.

Tatsächlich wurden zu häufige und enge Kontakte insbesondere der Kaiserin auch leicht zu viel. Amüsiert stellte sie etwa 1865 fest: »Er [Ludwig] hat mir die Hand so viel geküsst, daß Tante Sophie, die durch die Türe schaute, mich nachher fragte, ob ich sie noch habe!« Und 1874 schrieb sie an ihren Mann: »Wenn mich nur der König von Baiern in Ruhe läßt.« In solchen Augenblicken nutzte sie dann die Möglichkeit zum Rückzug solange, bis sie wieder Verlangen verspürte, ihren Cousin zu sehen.

Als Elisabeth in der Mitte ihres Lebens ihre Schönheit schwinden sah, verweigerte sie sich der Öffentlichkeit, versteckte ihr faltiges Gesicht hinter Schleiern, Schirmen und Fächern. Auch Ludwig zog sich in den letzten Lebensjahren wegen seines extremen Zahnverfalls und seiner zunehmenden Leibesfülle zurück und wollte sich nicht mehr dem Volk zeigen. Gegen Ende ihrer Lebenszeit befiel beide Lebensüberdruss und Todesverlangen. Elisabeth irrte nach dem Tod ihres Sohnes Rudolf nur noch als stets schwarz gekleidete Dame inkognito und hektisch durch Europa und endete als depressive einsame Frau, in sich versponnen, ähnlich wie ihr Vetter König Ludwig II. Sogar der Tod beider weist gewisse Ähnlichkeiten auf. Erlitt die Kaiserin am 10. September 1898 einen gewaltsamen Tod durch einen anarchistischen Mörder in Genf, so fand der König sein bis heute ungeklärtes Ende am 13. Juni 1886 nach einem Staatsstreich im Starnberger See bei Schloss Berg, womöglich auch durch eine Mordtat, wie bis heute vermutet wird.

Zweifelsfrei bestand eine Wesensähnlichkeit, ausgeprägte Sympathie und tiefe Freundschaft zwischen Elisabeth und Ludwig. Sie fühlten sich als Seelenverwandte, was den österreichischen Kaiser Franz Josef sogar eifersüch-

56 Böhm, S. 415

tig gemacht haben soll. »Er [Ludwig] solle doch seiner Frau nicht so die Cour machen.«[57] Es verwundert nicht, dass man am Wiener Hof tuschelte, die beiden hätten womöglich ein gemeinsames Kind. Doch für das heute nach wie vor populäre Bild einer Liebesbeziehung zwischen Ludwig II. und Sisi gibt es keine historischen Anhaltspunkte. Eine Affäre kam allein schon wegen der möglichen diplomatischen Verwicklungen nicht infrage. Sexualität spielte zwischen beiden sicher nicht die geringste Rolle, war doch Elisabeth der Ansicht: »Für mich keine Liebe, für mich keinen Wein. Die eine macht übel, der andre macht spei'n.« Mehrfach sprach sie Vertrauten gegenüber von der »vergiftenden« Wirkung körperlicher Liebe. Und Ludwig rief aus: »Nur psychische Liebe allein ist gestattet, die sinnliche dagegen verflucht. Ich rufe feierlich ›Anathema‹ über sie aus!« Die acht Jahre ältere Cousine war für Ludwig zunächst eine Respektsperson, danach empfand er für sie zwar eine tiefe emotionale, aber reine Zuneigung, bei der allenfalls eine sublime und nur ansatzweise erotische Empfindung eine Rolle spielte, wie dies Felix Philippi vermutet, dem der Schauspieler Josef Kainz, der letzte enge Freund Ludwigs II., mitteilte, der König habe ihn »in die tiefsten Falten seines Herzens blicken« lassen und dabei habe er »wenn auch aus noch so zarten und verschleierten Andeutungen« entnehmen können, »daß der König doch nicht so liebeleer dahinlebte, wie die Welt glaubte, daß er einer hohen Frau in mehr als verwandtschaftlicher Zuneigung ergeben sei«. Dabei habe er ihm einen Brief gezeigt, »den ein sehr mächtiger Monarch in einer äußerst delikaten Angelegenheit an ihn gerichtet hatte […]«.[58]

Auch wenn die Kaiserin durchaus einem Flirt mit Männern nicht abgeneigt war, etwa mit dem schneidigen ungarischen Grafen Imre Hunyady, dem »schönen Prinzen« Rudolf Liechtenstein, ihrem Cousin Edward, Prinz von Wales, dem eleganten ungarischen Grafen »Niki« Esterházy und dem Fabrikbesitzer Friedrich List Pacher von Theinburg, einer Faschingsbekanntschaft – so betrachtete sie diese Kontakte vorrangig als Spiel, bei dem sie ihre Macht über die Männer, die ihrer Schönheit verfielen, auskostete. Lediglich ihre enge Beziehung zu dem ungarischen Frauenschwarm Graf Gyula Andrássy, der sogar als Vater ihrer Tochter Valerie bezeichnet wurde, sowie ihr Kontakt zu dem schottischen Reiter William George »Bay« Middleton waren ernsthafterer Natur.

57 Böhm, S. 414

58 Philipp, Felix: Ludwig II. und Joseph Kainz und anderes aus meinem Tagebuch, Berlin 1813, S. 22 (künftig: Philippi)

Vielleicht, so immer wieder auftauchende Vermutungen, bestand Elisabeths eigentliches Interesse womöglich nur an Frauen, so wie Ludwig sich für Männer begeistern konnte. Warum sonst sammelte sie Porträts schöner Frauen aus aller Welt und verabscheute Menschen, die ihren ästhetischen Ansprüchen nicht genügten? Warum untersagte sie ihren Hofdamen Ida von Ferenczy, Marie von Festetics, Sárolta von Mailáth und Irma von Sztáray zu heiraten? Übrigens störte es auch ihren Vetter Ludwig, wenn von ihm verehrte Männer sich zur Ehe entschlossen. Selbst wenn sich für lesbische Affären Elisabeths, etwa mit ihren Hofdamen, in den einschlägigen Quellen keinerlei Belege finden lassen, so dürfe man sich doch fragen, für wen sie ihren exzessiven Schönheitskult betrieb und all die übertriebenen sportlichen Aktivitäten, den radikalen Diätwahn, das besinnungslose Reiten, die leidenschaftliche Pflege ihres Körpers und Haars. Gab es dafür wirklich nur narzisstische Beweggründe? Wem wollte sie eigentlich gefallen, nur Männern, von denen sie doch nichts mehr wissen wollte, oder nur sich selbst? Oder suchte sie vor dem Spiegel in ihrem eigenen Antlitz in Wahrheit nicht vielleicht das schöne Gesicht einer anderen Frau, die real zu begehren sie nur deshalb nicht wagte, weil das der Moral ihrer Zeit nicht entsprach? Auch Ludwig II. hatte mit seiner homoerotischen Veranlagung erheblich Probleme und suchte immer wieder davon loszukommen.

Wie dem auch sei, zu ihrem Cousin Ludwig hatte sie eine tiefe, seelische Verbindung. Wie eng diese war, zeigte sich, als ihr die Nachricht von dessen Tod überbracht wurde. Mit einem Schrei der Verzweiflung warf sie sich zu Boden, wollte es nicht glauben, dass er wirklich tot war, und ebenso wenig, dass er an einer Geisteskrankheit litt.

Vielleicht war Kaiserin Elisabeth tatsächlich die Einzige, die Ludwig II. zutiefst verstanden hat, weil sie in ihrer Exzentrik und Weltflucht ähnlich verschroben war wie er. Beide waren zwei lebenslang Suchende, voneinander immer wieder angezogen, aber letztlich ohne sich wirklich finden zu können.

Die Hofschauspielerin Marie Dahn-Hausmann (1829–1909)

Marie Hausmann, Tochter des badischen Hofschauspieler-Ehepaares Hausmann, wurde am 17. Juni 1829 in Wien geboren und zeigte anfänglich keine Neigung zur Bühne. Im Alter von 16 Jahren trat sie 1845, im Geburtsjahr Ludwigs II., erstmals in Mannheim auf. Danach wurde sie an das Frankfurter Stadttheater engagiert. Am 1. Juni 1849 folgte sie einem Engagement ans Münchner Hoftheater, wo sie bald »alle Rollen des jugendlichen Faches, sentimentale, muntere, naive, ernste wie heitere, zu spielen bekam«. König Ludwig I. war von ihr begeistert und bedichtete sie: »Da Du die Kindlichkeit selbst, sanfte Gemütlichkeit bist. Unwiderstehlich ziehet sie an, die Reinheit der Seele.« 1853 heiratete die 24-Jährige den Schauspieler Friedrich Dahn, dessen Sohn aus erster Ehe war der bekannte Dichter und Gelehrte Felix Dahn, den auch Ludwig II. bewunderte.

Der Ludwig II. Biograf Gottfried von Böhm schreibt über die erste Begegnung Ludwigs II. mit der 16 Jahre älteren Schauspielerin:

»Marie Hausmann hatte der König zum ersten Mal als Kronprinz in der Rolle der Thekla (Wallenstein) gesehen und sie hatte ihm schon damals, wie er schreibt, aufrichtige und wahre Zuneigung eingeflößt. Um ihr und ihrem Gatten ›für die große Freude, die sie ihm durch ihr meisterhaftes, geradezu unübertreffliches Spiel in Vorstellungen vom vergangenen Mai zu danken‹ und auch ihnen ›einmal eine rechte Freude zu bereiten‹ bot er ihnen 1875 Aufenthalt auf dem kurz vorher erworbenen Besitze von Herrenchiemsee an, ›aus eigener Erfahrung den Genuß des Aufenthaltes in großartiger Natur, geschieden von der Masse gemeiner, poesieloser Menschen, kennend.‹«

Ludwigs Bewunderung für Marie Dahn-Hausmann mündete in einen regen Briefwechsel, bei dem auch private Dinge zur Sprache kamen. So riet er ihr etwa ab, zum evangelischen Glauben überzutreten. Am 25. April 1876 klagte er über sein Verhältnis zur Königin Mutter: »Meine Mutter, die Königin, verehre ich, liebe sie, wie es sein muß. Daß ein intimes Verhältnis absolut unmöglich ist, bei einer solchen Natur, wie die ihrige ist, dafür kann ich nichts.« Im selben Schreiben beteuerte er Marie Dahn-Hausmann:

»Daß mein Herz nicht allen Gefühlen abgestorben ist, empfinde ich stets, wenn ich Sie, verehrte Frau, sehe, mit Ihnen spreche und Ihre Briefe lese, aus denen mir wohlthuende Wärme, ein nur Ihnen eigener Zauber weht. Seien Sie fest, für immer unerschütterlich fest davon überzeugt, daß, wenn ich auch selten schreibe, nie und nimmer meine treuen Gesinnungen Ihnen gegenüber wandelbar seien. Aufrichtig werde ich mich immerdar mit Ihnen freuen, sowie ich auch stets betrübt bin, wenn Kummer und Sorge Sie drücken. Unsere Seelen sind, ich glaube es durchzufühlen, in einem Punkte, dem Hasse gegen das Niedrige, Unrechte verwandt und das freut mich.«

Der Brief enthält auch zwei sich widersprechende Selbstbekenntnisse des Königs:

»Sie schienen gestern zu glauben, ich wäre überhaupt unglücklich. Dem ist nicht so. Im großen Ganzen bin ich froh und zufrieden, nämlich auf dem Lande, im herrlichen Gebirge – elend und betrübt, oft im höchsten Grade melancholisch, bin ich einzig und allein in der unseligen Stadt! Ich kann nicht leben in dem Hauch der Grüfte, mein Atem ist die Freiheit! Wie die Alpenrose bleicht und verkümmert in der Sumpfluft, so ist für mich kein Leben, als im Licht der Sonne, in dem Balsamstrom der Lüfte. Lange hier, in der Stadt, zu sein, wäre mein Tod!«

Nachdem sich Ludwig in diesem Brief »im großen Ganzen froh und zufrieden« nennt, tauchen in einem Schreiben vom 27. April 1876 »und in seinem Gemüte schon die dunkelsten Wolken auf« und er fügt der Übereinstimmung mit Frau Dahn im Hasse gegen das Niedrige die Worte bei:

»Daß ich oft von einem wahren Fieber des Zornes und des Hasses erfaßt und befallen werde, mich voll des Ingrimmes abwende von der heillosen Außenwelt, die mir so wenig bietet, ist begreiflich; vielleicht mache ich einstens meinen Frieden mit der Erdenwelt, wenn alle Ideale, deren heiliges Feuer ich sorgsam nähre, zerstört sein werden. Doch – wünschen Sie das nie! – Ein ewiges Räthsel will ich bleiben mir und anderen ...«. Damit zitiert er Schillers »Braut von Messina«, eine Stelle, die bis heute zu den meist zitierten Aussagen König Ludwigs II. gehört.

Besonders »herzliche Anteilnahme« nahm der König »an dem schweren Schicksalsschlage, der das Ehepaar Dahn dadurch traf, daß dessen einzige Tochter auf ihrer Hochzeitsreise von unheilbarem Wahnsinn befallen wurde. ›Daß Sie‹, schreibt der König am 10. April 1878 an die schwer getroffene Mutter, ›in Ihrem großen Kummer an mich sich gewendet haben, vertrauensvoll Ihr tiefstes Leid mir klagen, hat mich mit wahrer Rührung erfüllt. Ihr Herz hat Sie nicht betrogen, Sie wußten es, daß das meine in Freuden, wie im Leid mit Ihnen fühlt. Stets in allen Lagen des Lebens können Sie sich auf mich verlassen. Wenn nur Ihrem Gemahl die schmerzliche Botschaft nicht gefährlich ist, ihm, der selbst noch nicht lange von seinem Leiden hergestellt ist. Was ich nicht begreife, ist, daß gerade in den Tagen des Glücks und der Freude das entsetzliche Unglück über Ihr Kind hereingebrochen ist, da sonst eher Momente des Schmerzes und der Verzweiflung eine Umnachtung des Geistes zur Folge haben. Einen oder zwei Tage nach der Hochzeit erhielt ich einen Dankesbrief von Ihrer Tochter aus Innsbruck, der mich sehr erfreute; er war mit tiefer Gefühlsinnigkeit geschrieben, von wahrer Poesie durchweht [...].‹« Ludwigs große Anteilnahme an diesem Schicksalsschlag ist auch verständlich, da zu dieser Zeit bei seinem Bruder Otto die Geisteskrankheit so offenkundig wurde, dass für ihn die Internierung in Schloss Fürstenried erforderlich wurde.

Die Schauspielerin Marie Dahn-Hausmann zählte zu den Vertrauten König Ludwigs bis zu dessen Tod. Die Künstlerin starb als Ehrenmitglied der Münchner Hofbühne am 21. März 1909. Ihr Stiefsohn Felix Dahn widmete ihr folgenden poetischen Nachruf, dem auch Ludwig II. zugestimmt hätte:

»Auf ruhmbestrahlten Wegen schrittest Du,
Und Frieden suchtest du dein Leben lang;
Der Dank der Deinen hält die Wacht am Grab:
Nicht stirbt, was einmal gut und schön gewesen!«

Die russische Zarin Maria Alexandrowna (1824–1880)

Maria Alexandrowna war 21 Jahre älter als Ludwig II. Er war mit ihr über beide Eltern verwandt. Sie war die Tochter des Großherzogs Ludwig II. von Hessen-Darmstadt (1777–1848) und der Wilhelmine von Baden (1788–1836). 1841 hatte sie im Alter von erst 17 Jahren den Zaren Alexander II. (1818–1881) geheiratet. Sie sei, wie es heißt, liebenswürdig, tief religiös und mildtätig gegenüber ihren Untertanen gewesen. Sie schenkte acht Kindern das Leben. 1863 erkrankte sie an Tuberkulose, deren Folgen durch mehrere Kuraufenthalte gemildert werden sollten.

Schon Ende Juni 1864, beim ersten Besuch des russischen Kaiserpaares in Bad Kissingen, verfiel Ludwig ihrer Ausstrahlung. Die Zarin war wegen ihrer Tuberkulose-Erkrankung zur Kur gekommen. Ludwig war von ihrer Schönheit und liebenswürdigen Wesensart derart angetan, dass er seinen Aufenthalt dort auf vier Wochen ausdehnte, obwohl er ursprünglich nur vier Tage bleiben wollte. Sie war so etwas wie seine erste Jugendliebe und dies trotz seiner in diesen Jahren aufflammenden Begeisterung für Richard Wagner. Wie Tagebucheinträge von 1864 und 1868 belegen, verehrte er sie kaum weniger als den großen Komponisten.

Kaum war er nach München beziehungsweise Hohenschwangau zurückgekehrt, reiste er am 30. Juli nach Schwalbach, wo sich die Zarin zur Nachkur aufhielt, um erneut in ihrer Nähe zu sein. Als Kavalier überhäufte er sie mit Aufmerksamkeiten und begleitete sie auf Ausflügen, so auch in das nahe Biebrich, in dessen Gewächshäuser, die ihn zur Errichtung seines berühmten Wintergartens in der Münchner Residenz angeregt hatten. Er bezeichnete sie im Tagebuch als seine »wahre Mutter« und bekräftigte dies 1867 in einem von ihm verfassten Gedicht auf die Zarin, das mit den Zeilen endet:

»Nicht kann ich König heißen / Darf weilen ich bei Ihr, / Als Sohn will ich sie preisen / Ja: Mutter ist sie mir. – Ihr Danke ich mein Leben / (Diß ist nicht eitler Wahn) / Sie erst kann mich erheben / Den Knecht, den Untertan.«[59]

Wegen ihrer tiefen Religiosität bezeichnete er sie in einem Brief vom 19. Juli 1865 an den Ministerratsvorsitzenden Ludwig Freiherr von der Pfordten als »Heilige«: »Ich wollte, Sie kennen die Kaiserin von Rußland. Diese bedeutende Frau machte auf mich den Eindruck einer Heiligen. Die Glorie der Reinheit umstrahlt sie.« Dieser Frau, mit der er sich wesensverwandt fühlte, nahm es Ludwig auch nicht übel, dass sie ihn ermahnte, seine Regentenpflichten sorgfältiger zu erfüllen. Am 4. August 1868 weilte Ludwig von »4 Uhr bis ¾6 Uhr« bei der Kaiserin. Sie habe, so notiert er in sein Tagebuch, »dringende Ermahnungen an mich gerichtet, ernst u. streng u. doch engelsmild dabei, sprach so überzeugend, aus jedem Worte erkannte ich den Ausdruck des zärtlich besorgten, liebenden Mutter-Herzens; versprach Ihren Ermahnungen Folge leisten zu wollen. ›Wer bliebe kalt, hört er des Engels Flehen‹!«[60] Auch dass die Zarin Wagners Musik nicht sonderlich liebte, sah er ihr nach.

Weitere Kuren in Franken und Österreich brachten Maria Alexandrowna des Öfteren mit Ludwig zusammen. Manche vermuteten jedoch, Ludwigs Anhänglichkeit an die Zarenfamilie beziehe sich auf Maria (1853–1920), die Tochter der Kaiserin, die 1864 als 11-Jährige jedoch noch nicht im heiratsfähigen Alter war.

1867, als Ludwig bereits mit Sophie verlobt war, schrieb er der Zarin Briefe, wie den folgenden vom 19. Juli 1867, in dem er an das Treffen mit ihr in Kissingen 1864 erinnerte:

> »Theure Tante!
> Es werden nun schon in nächster Zeit drei volle Jahre, daß ich Tage verlebt habe, die mir stets unvergeßlich sein werden und mir die theuersten sind, die ich je erlebt habe, es ist dieß die glückliche Zeit, welche mir in Kissingen u. Schwalbach in Ihrer Nähe, theure Tante, verflossen ist. Drei volle Jahre!, daß ich von Ihnen getrennt sein mußte, mich will diese Zeit eine Ewigkeit dünken. – Sie wissen, geliebte Tante, daß ich an Ihnen hänge wie ein Sohn an seiner Mutter, Sie kindlich und innig liebe wie Nixa Sie liebte. O damals in jener glückseligen Zeit fühlte ich zum ersten Male was

[59] Evers, Hans Gerhard: Ludwig II. Theaterfürst, König, Bauherr, München 1986, S. 130 (künftig: Evers)

[60] Ebd., S. 131

es heißt, eine Mutter haben u. Sie wahrhaft lieben können. – Wie tief habe ich jenen Schmerz mitgefühlt, der Sie so schwer getroffen hat, wie habe ich mit Ihnen aufgejubelt, als Gott des geliebten Kaisers Leben zweimal wie durch ein Wunder gerettet hat [Das zweite Attentat auf den Zaren wurde durch den polnischen Flüchtling Anton Berezowsky in Paris am 6. Juni 1867 verübt]. Kühn darf ich es aussprechen, daß kaum ein Russe mit tiefer gewurzelter Anhänglichkeit an seinem Herrscher hängt wie ich an Ihnen u. dem Kaiser; mein sehnlichster Wunsch ist es, durch den Tod Zeugniß geben zu können, wie wahr die Liebe und Treue ist, die mich für Sie, geliebte Tante, beseelt. – Damals fühlte ich zum ersten Male was es heißt, eine Mutter zu haben und Sie wahrhaft lieben können. O diese langelange Trennung ist mir fürchterlich, seit diesen 3 Jahren habe ich Niemandem auf Erden mein Herz so ausschütten können wie Ihnen, Mutter, damals in jenen seligen Tagen. Niemals habe ich mehr seit damals solchen wahren Trost, solche Erhebung gefunden. O wäre doch eine Kürzung dieser harten Trennungszeit möglich! – Balsam war mir jedes Ihrer Worte, wie durch Sakramentes Kraft fühlte ich mich gehoben und gestärkt, bei Gott, ich übertreibe nicht! O möge der Allmächtige Ihre Gesundheit stärken u. lange, lange Sie uns noch erhalten, uns Ihren Unterthanen, zu denen ich mich rechne. O mögen Sie viele, viele Jahre glücklich leben. – Möge der gütige Gott den Kaiser stets segnen u. beschützen, sowie das ganze russische Volk, das das treueste auf Erden ist. – Und nun noch eine Bitte, Vergebung! Daß ich diese Zeilen an Sie gerichtet habe, aber ich konnte nicht anders, endlich, endlich mußte ich mein Herz wieder ausschütten. – O wäre das Ende der Trennung doch endlich da. – In Ehrfurcht küsse ich Ihnen die Hand, geliebte Tante, und bleibe bis in den Tod in inniger Anhänglichkeit und Treue Ihr tief ergebener

Ludwig

Berg, 19. Juli 1867«

In diesem Brief erinnert der König an den Sohn der Kaiserin, an Nikolaj (1843–1865), von ihr »Nixa« genannt. Nach dessen Tod 1864 empfand sich der fast gleichaltrige Ludwig als Ersatzsohn, eine Rolle, in die er sich nur zu gerne fügte. Ludwigs Verhältnis zur Zarin lässt sich in etwa mit demjenigen von Goethes Beziehung zu Frau Charlotte von Stein vergleichen, die von tiefer Freundschaft, gegenseitiger Offenheit und regem Gedankenaustausch geprägt war.

Über die Auflösung von Ludwigs Verlobung mit Prinzessin Sophie entrüstete sich die Zarin am 17. Oktober 1867 in einem Brief an ihren Bruder Alexander von Hessen: »A propos von Hochzeit fällt mir der König von Bayern ein, den gebe ich auf, er muß wahrhaftig nicht ganz bei Sinnen sein! Ich möchte wissen, was seine Mutter dazu sagt? Die einen sagen, daß er unvermögend ist, aber welcher Grund besteht denn, das zu glauben? Sein Großvater sagte zu Mary (Hamilton), daß er [Ludwig II.] glaubte, es genüge, mit einer Frau im selben Bett zu liegen, um Kinder zu haben. Ich erhielt diesen Sommer von ihm einen Brief, der ganz traurig von seiner Herzenseinsamkeit sprach, worauf ich ihm mit einer sehr warm gehaltenen Abhandlung über eheliche Liebe antwortete. Nun und jetzt, da haben wir das Resultat.«[61] Vermutete die Zarin, dass es ihre »Abhandlung über eheliche Liebe« war, die Ludwig II. zur Auflösung der Verlobung bewog?

Es sollte fast ein ganzes Jahr dauern, bis Ludwig die Zarin im August 1868 erneut begrüßen konnte. Er begab sich am 2. August 1968 zusammen mit seinem Bruder Otto nach Kissingen und blieb dort »in lebhaftem Verkehr« mit dem russischen Kaiserpaar bis zum 11. August. Am 8. August feierte er alleine mit ihr ihren Geburtstag. In seinen Tagebuchaufzeichnungen nannte er sie »meine Kaiserin«, mit der er alle Probleme, seien sie nun privater oder politischer Natur, offen diskutieren konnte. Selbst wenn intime oder religiöse Themen angesprochen wurden, schätzte Ludwig ihre Ansichten und verschloss sich auch nicht ihrer besorgten Kritik. Die Zarin nahm an Ludwigs Schicksal als Monarch tatsächlich lebhaften Anteil und ermahnte ihn, den Kontakt zur Bevölkerung zu suchen, um nicht das Ansehen seiner Dynastie zu beschädigen. Ludwig nahm sich ihren Rat zu Herzen, auch wenn mit den Jahren sein Kontakt zur Bevölkerung, vor allem in München, mehr und mehr abnahm.

Da die Kaiserin auf ihrer Weiterreise im September 1868 den Weg über München nehmen musste, lud sie Ludwig ein, ihn in Schloss Berg zu besuchen. Sie nahm die Einladung an. Und diesmal wollte Ludwig der von ihm verehrten Fürstin einen Empfang bereiten, den sie nie vergessen sollte. Am 26. September fuhr er ihr bis Pasing entgegen und geleitete sie bis Starnberg. Von dort brachte er sie auf seinem Schiff Tristan nach Berg. Ihr zu Ehren hatte er das Schloss in ein Feenschloss umgewandelt. »Als besondere Aufmerksamkeit waren die Gemächer, welche die Kaiserin in Berg bewohnte,

[61] Zarin Marie an ihren Bruder Alexander, 17. Oktober 1867, zitiert nach Conte Corti, Egon Caesar: Unter Zaren und gekrönten Frauen. Schicksal und Tragik europäischer Kaiserreiche an Hand von Briefen, Tagebüchern und Geheimdokumenten der Zarin Marie von Rußland und des Prinzen Alexander von Hessen, Graz 1953, S. 235

genau so eingerichtet, wie die ihres russischen Lieblingssitzes.«[62] Sänger des Hoftheaters und die Kapelle eines Infanterie-Regimentes standen zur abendlichen Serenade bereit. Der See war magisch beleuchtet, darüber glitten im Wind zahllose Ballons in allen Farben.

»Ein Diner, das auf der von balsamischem Blumenduft umwobenen Roseninsel eingenommen wurde, erklärte die Kaiserin für das poetischste ihres Lebens. Auch auf ihrer Heimkehr aus Italien begrüßte Ludwig II. die russische Kaiserin am 14. November 1868 an der bayerischen Grenze zu Kufstein. In München wohnte sie in der Residenz bei der Königin-Mutter, nahm am folgenden Tage teil an einer Familientafel und an einer Vorstellung der ›Meistersinger‹ im Hoftheater. Am 16. November geleitete Ludwig sie bis zur Landesgrenze bei Nördlingen.«[63]

Am 2. Dezember 1868 machte Ludwig in einem Brief an seinen Lieblings-Cousin Prinz Wilhelm von Hessen eine interessante Bemerkung über die russische Zarin. Sie »in München begrüßen zu dürfen, hat mich hoch beglückt, wie Du Dir denken kannst. Sie war so gütig u. liebevoll für mich wie immer, es ist ein Engel, wie es keinen 2ten auf Gottes weitem Erdenrund mehr gibt, o wäre sie später geboren worden oder ich früher! Nun darf ich lange suchen, bis ich eine geeignete Gattin für mich finde, an ihre Tochter Maria denke ich nun u. nimmermehr.«[64] Drei Dinge gehen aus diesen Zeilen hervor. Zum einen, dass er die Zarin so sehr verehrte, dass er sich diesen »liebevollen Engel« unter entsprechenden Bedingungen als seine Gattin hätte vorstellen können. Sie war für ihn also mehr als nur eine Mutterfigur. Zum Zweiten wird klar, dass er »nimmermehr« an eine Ehe mit der Zarentochter Maria dachte. Und zum Dritten weist die Bemerkung: »Nun darf ich lange suchen, bis ich eine geeignete Gattin für mich finde« darauf hin, dass Ludwig die Suche nach einer zu ihm passenden Lebensgefährtin auch Ende 1868 noch nicht aufgegeben zu haben schien.

Am 12. August 1874 schrieb er der Zarin in einem Brief, niemand sonst habe einen so tiefen und nachhaltigen Eindruck auf ihn gemacht als sie. »Wie durch Sakramentes Kraft« habe er sich in ihrer Nähe und durch ihre Worte erhoben und gestärkt gefühlt.

[62] Böhm, S. 412

[63] Ebd.

[64] Seitz, Maria: »Hätt ich Flügel, um mich zu Dir schwingen zu können, …«. Dokumente einer lebenslangen Freundschaft. Briefwechsel zwischen König Ludwig II. von Bayern und seinem Vetter Prinz Wilhelm von Hessen-Darmstadt, Darmstadt 2011, S. 238 (künftig: Seitz-Prinz Wilhelm-Briefwechsel)

Als Ludwig die Nachricht von dem schrecklichen Attentat auf den Zaren Alexander II. am 13. März 1881 erhielt, war er sehr erschüttert und wütend. Ganz außer sich schimpfte er über das »Sauvolk« und das Land, in dem so etwas geschehen konnte.

Nach 1868 kam die Zarin nicht mehr nach Deutschland und Ludwigs Absichten, sie in Russland zu besuchen, zerschlugen sich. Dafür waren neben einer Verschlechterung des gesundheitlichen Zustandes der Kaiserin möglicherweise auch Verdächtigungen des Kaiserhofs verantwortlich, dem Ludwigs außergewöhnliche Schwärmerei für seine Tante aufgefallen war.

Besonders schmerzte die Zarin die eheliche Untreue ihres Mannes, der ein Verhältnis mit der russischen Fürstin Katharina Dolgorukowa hatte, aus dem drei Kinder hervorgingen. Doch sie ertrug diese Demütigung ohne Klagen. Am 3. Juni 1880 erlag Zarin Alexandrowna im Alter von 56 Jahren ihrem Lungenleiden und wurde in der Familiengruft der Peter-und-Paul-Kathedrale in St. Petersburg beigesetzt.

»Verschiedentlich wird behauptet, daß König Ludwig II. von allen Frauen, die er kennenlernte, Kaiserin Elisabeth von Österreich [...] am meisten verehrt habe«, äußert Franz Merta, doch diese Behauptung erweist sich »bei genaueren Nachforschungen als sehr korrekturbedürftig. Denn aus den Tagebuchaufzeichnungen und Briefen Ludwigs II. geht eindeutig hervor, daß er auch noch andere Frauen mindestens ebenso hochgeschätzt und verehrt hat, wie Sisi. Zu ihnen gehört vor allem Kaiserin Maria Alexandrowna von Rußland, die seine Vorstellungen vom Wesen und von den Aufgaben des Königtums offenbar weit mehr beeinflusst hat als Sisi.«[65] Zweifellos muss diese Tatsache in künftigen Biografien mehr berücksichtigt werden als das bisher vielfach geschah.

Cosima von Bülow, die Frau Richard Wagners (1837–1930)

Cosima von Bülow war sieben Jahre älter als Ludwig II. und entsprach damit seinem bevorzugten Frauenbild. Bekanntlich waren es ältere Damen und Künstlerinnen, zu denen sich der König hingezogen fühlte.

[65] Merta, Franz: Kaiserin Maria Alexandrowna von Rußland, in: Gestalten um den Märchenkönig. Biografien und Skizzen, herausgegeben von Jürgen Bialuch, Band 1, Reutlingen 1994, S. 145

1857 heiratete die 20-Jährige den sieben Jahre älteren Dirigenten und Pianisten Hans von Bülow (1830–1894), dessen Schülerin sie war. Aus dieser Ehe gingen die Töchter Daniela und Blandine hervor. In die glücklose Ehe trat der 24 Jahre ältere Komponist Richard Wagner (1813–1883), den Cosima bereits 1853 bei einem Besuch ihres Vaters Franz Liszt (1811–1886) in Paris kennen gelernt hatte. Zu ihm empfand sie eine immer größere Zuneigung, je öfter sie sich sahen. Am 28. November 1863 wurden die beiden ein heimliches Liebespaar. Ein halbes Jahr später, am 4. Mai 1864, wurde der völlig mittellose Komponist erstmals von König Ludwig II. empfangen. Er versicherte Wagner, ihn von nun an beschützen und alles von ihm fernhalten zu wollen, damit er sich, ohne jede finanzielle Not, nur seinem Werk widmen könne. Auf Wagners Wunsch zog auch der Dirigent Hans von Bülow mit seiner Frau nach München und Richard und Cosima konnten ihr Doppelleben fortführen. Offiziell war sie die ehrbare Frau Hans von Bülows, von dem sie zwei Kinder hatte, inoffiziell die Geliebte Richard Wagners. Als seine Sekretärin gewann sie schon bald das Vertrauen des Königs.

Die erste persönliche Begegnung Ludwigs II. mit Cosima fand wohl Ende Dezember 1864 statt. Den ersten Brief, ein Glückwunschschreiben zum 20. Geburtstag des Königs, richtete Cosima am 20. August 1865 an ihn. Beigelegt ist eine kleine Stickarbeit von ihr mit Symbolen aus Wagners Opern »des Holländer's Schiff, Tannhäuser's Stab, Lohengrin's Schwan, Siegfried's Schwert, Tristan's Schale – ich habe sie auf dem grünen Grund der Hoffnung gestickt [...] und mit den Blumen umgeben welche dem Erlöser Parzival am Charfreitag so wunderbar entgegenblühen«.[66] Ludwig antwortete ihr am 26. August. Seither standen beide miteinander in regelmäßigem Briefverkehr. Dabei gestattete ihr Ludwig immer wieder Einblicke in seine Entscheidungen, seinen persönlichen Umgang und in sein Seelenleben.

Am 14. November 1865 versicherte der 20-jährige König der 27-jährigen Cosima: »Er, der große Freund, der innig, bis in den Tod Geliebte u. Sie, theure, hochverehrte Frau sind die Einzigen auf Erden, die mich verstehen, dieß ist sicher, wahr, so wahr, als ein Gott lebt. – Ich bin im Himmel.« Kurz darauf folgte für ihn die Hölle, als der König unter dem Druck der Regierung und seiner Familie im Dezember 1865 Richard Wagner aus München ausweisen musste.

[66] Schad, Martha (Hg.): Cosima Wagner. Ludwig II. von Bayern. Brief, München 2004, S. 28; (künftig: Schad-Briefe) Auch die folgenden Zitate sind dieser Briefsammlung entnommen.

Nun wurde Cosima zur Vermittlerin zwischen dem nunmehr in Tribschen in der Schweiz lebenden Komponisten und dem königlichen Mäzen in München. Mit den Jahren wurde das Dreierteam Ludwig II. – Richard Wagner – Cosima förmlich zusammengeschweißt. Im Mittelpunkt und als Fixstern dabei stets Richard Wagner, auf den sich der König und Cosima fokussierten. »Ich kann sie beide nicht trennen in meinem Herzen, mir wärs, als würde Ihnen gleich ihm die Seele fehlen, sollte ich Sie Beide Einzige, mir vereinzelt denken!«, gesteht Cosima im Juni 1867 dem König und weiter: »Meine Liebe zu Ihnen, Gütigster, Gnadenvollster, und zu ihm gleicht dem Fluge des Schwans, so sicher so mächtig, so zitternd.« Der König und Wagner sind für Cosima ohne einander nicht denkbar und mit der Zeit erkennt der König, dass Wagner ohne Cosima nicht leben kann.

An Cosimas Überzeugung von der engen Verbundenheit Ludwigs mit Wagner ändert auch die Tatsache nichts, dass sie den König in ihren Tagebuchaufzeichnungen einmal als »Cretin« bezeichnete, dem sie »ein stets glühendes Herz« nur vorgetäuscht habe und bei dessen »ekstatischen Phrasen« sie »Jammer erfaßt«, wie sie am 17. März 1869 ihrem Tagebuch anvertraute. Und auch Ludwigs auf Cosima bezogene Bemerkung: »Sie kann mir heimgeigen mit ihrem ganzen esprit, es ist kein echter Ton in ihr, Kuhglocken sind mir lieber«[67] steht seine Erklärung aus dem Jahr 1868 zu seinem Adjutanten Sauer gegenüber, dass »Frau von Bülow eine der verehrungswürdigsten Frauen« sei, die er kenne.

Latent bestand bei Cosima stets auch Eifersucht auf den »Rivalen« Ludwig. Wagners briefliche Äußerung an den König, dass seine »Seele ihm ewig angehöre«, schmerzte sie wie ein Schlangenbiss im Herzen. Immer wenn Ludwig in seinen Briefen solche Töne anschlug, empfand Cosima bei der Lektüre dieser »ekstatischen Phrasen« unbeschreiblichen Jammer.

Auch wenn Ludwig II. Cosima schon ab 1869 nicht mehr empfing oder aufsuchte, so sprechen ihre 127 Briefe und Telegramme an den König und seine 101 Schreiben an sie eine andere Sprache. Mehrfach vermerkte Cosima, dass sie die »wunderschönen« Briefe des Königs in Entzücken versetzten, wenngleich sie solches Lob aus Liebe zu Wagner äußerte.

»Wagner liebte Ludwig zutiefst«, wie Annette Kolb urteilte. Diese Liebe bestätigte Wagner am 23. September 1865 selbst, als er dem König beteuerte: »Sie lieben – heißt für mich das Beste sein, was ich sein kann!« Und so begannen sich die drei in einem jahrzehntelangen Liebesreigen zu drehen.

[67] Kolb, Annette: König Ludwig II. von Bayern und Richard Wagner, Amsterdam 1947

Cosima verband ihr Leben bedingungslos mit dem des Genies. Sie wurde ihm Sekretärin, Beraterin und Geliebte. Sie liebte Wagner abgöttisch und sie musste auch Ludwig lieben, weil der ihren Richard liebte. Cosima wie Ludwig wollten Wegbereiter sein für Wagners Werk und waren entschlossen, alles zu erdulden und zu erleiden, was ihnen zugemutet wurde.

Trotz der Unruhen und schlimmen Belastungen der frühen Sturm-und-Drang-Jahre in der Beziehung dieser drei Menschen von 1864 bis 1869 existierte bis zu Wagners Tod 1883 doch eine 20-jährige Freundschaft, Leidenschaft, ja Liebe, wenn diese auch merkwürdig, verwickelt und oft genug peinlich und peinigend war. Diese Gefühlsübermacht ließ selbst die »Königslüge« unscheinbar werden, in der Cosima und Richard ihre Liebesbeziehung dem König über Jahre hinweg lediglich als platonisch darstellten, was sie nicht war. Sie tat so, als sei ihre Ehe mit Hans von Bülow noch völlig in Ordnung, obwohl sie schon längst mit Wagner liiert war. Und diese Unwahrheit ließ sie sich auch noch von Ludwig II. in der Presse bezeugen. Ein Betrug, der dem König das Herz zerriss, aber letztlich nicht das Band zu Wagner und die Verbindung zu Cosima gefährden konnte.

Am 3. Januar 1866 schrieb Cosima an Ludwig II.: »Mein theurer, mein angebeteter Herr! König! Beschützer! Schirm! Engel der Hoffnung! den ich als Heiligtum bewahre [...].« Das alles war der König in der Tat für sie und ihren Richard, und Ludwig schenkte ihr um Wagners willen sein Vertrauen. Bei den immer wieder auftretenden Konfliktsituationen tauchte er allerdings unter, oft für Wochen und schwieg und bewahrte gerade durch diesen Rückzug die immer wieder belastete Freundschaft.

Als Ludwig am 8. Oktober 1867 seine Verlobung mit Prinzessin Sophie auflöste, erfuhr das Cosima drei Tage vor der offiziellen Verlautbarung. Er schüttete ihr sein Herz aus: »Wohin wäre es gekommen mit all unseren Plänen, wenn ich diese unglückliche Ehe geschlossen hätte?« Diese Pläne waren ihm also wichtiger als die Verbindung mit Sophie.

Der Ton zwischen Ludwig und Cosima wurde mit der Zeit immer vertraulicher und die seelische Nähe intensiver, aber wie hatte Ludwig seiner Ex-Verlobten Sophie beteuert: »Der Gott meines Lebens ist Wagner« und Cosima hätte dies, auf ihre eigene Person bezogen, auch nicht anders formuliert.

1867 trennte sich Cosima endlich von Hans von Bülow, um fortan mit Richard Wagner zusammenzuleben. Doch erst am 18. Juli 1870 kam es zur Scheidung. Am 25. August 1870, am Geburtstag Ludwigs II., heirateten Cosima und Wagner im schweizerischen Luzern. »Erlösung durch Liebe, möge ich würdig sein, Richards Namen zu tragen!«, schrieb Cosima an diesem Tag in ihr Tagebuch. Aus der Ehe mit Richard Wagner gingen die Kinder Isolde, Eva und Siegfried hervor. 1874 zog das Ehepaar nach Bayreuth.

Die Korrespondenz zwischen Cosima und Ludwig II. umfasste im Wesentlichen den Zeitraum vom 20. August 1865, dem Jahr der Münchner Uraufführung des »Tristan«, bis zum 27. Dezember 1868, dem »Meistersinger«-Jahr, mit einigen Nachklängen bis Juni 1869. Außerdem sind vier weitere Briefe – einer von 1874, zwei von 1878 und einer von 1885 – erhalten. In einem der letzten Briefe vom 15. März 1869 versicherte Ludwig Cosima: »[…] auch werden Sie gar nicht wissen, wie treu u. innig ich an Ihnen hänge, denn nach dem Freunde sind Sie mir das theuerste, verehrungswürdigste Wesen auf Erden. Entziehen Sie mir Ihre Freundschaft nicht, ich flehe dringend darum.«

Der König griff erst wieder 1878 ein, als sich Cosima wegen finanzieller Nöte Bayreuth betreffend an den König wandte. Der leistete seinen Beitrag zur Krönung der großen Liebe zwischen Cosima und Richard und dessen genialen musikalischen Werks, indem er den Bau des Festspielhauses auf dem Grünen Hügel in Bayreuth finanziell unterstützte. Cosima konnte ihn auch für die Schirmherrschaft der Bayreuther Festspiele seit 1882 gewinnen.

Nachdem Richard Wagner, 69-jährig, am 13. Februar 1883 im Palazzo Vendramin in Venedig einen Herzanfall erlitten hatte und starb, versicherte der König der trauernden Witwe: »Wie liebe ich Sie um der starken Liebe willen, die Sie ihm, dem Unvergeßlichen geweiht und ihm das Leben dadurch verschönt und zu einem glücklichen gemacht haben.«

Verliebt in Ludwig II. war Cosima sicher nicht, aber sie liebte ihn um Wagners willen und der sie ebenfalls um Wagners willen. Ohne Richard Wagner wären sich Cosima und Ludwig II. allerdings wohl niemals nähergekommen.

Hofschauspielerinnen

Zu den vorrangigen Interessen Ludwigs II. gehörte vor allem das Theater. Demzufolge erregten auch Schauspielrinnen, die in vom König bevorzugten Rollen, wie etwa in der Rolle der »Maria Stuart«, auftraten, seine Aufmerksamkeit. Er ließ die eine oder andere auch zum persönlichen Vortrag zu sich rufen, da er sich für eine vollendete Rezitation begeistern konnte. Annäherungsversuchen stand er jedoch ablehnend gegenüber. »Waren Damen zu Liedvorträgen, Vorlesungen oder Deklamationen erschienen, verhinderte ein Vorhang den Blick auf den König. Höchst selten richtete er schüchtern ein Wort an besonders bevorzugte, z.B. an die Schauspielerin Johanna Meyer, ferner an die berühmte Klara Ziegler und vor allem an Frau Bulyowsky.«[68] Eine Schauspielerin, die umwolkt von Wohlgerüchen zum Vortrag erschien, verabschiedete er rasch und befahl nach ihrem Weggang, das Gemach auszuräuchern.

Schon in seiner Jugend, seit ihm Theaterbesuche gestattet wurden, zollte er Schauspielern und Schauspielerinnen Bewunderung, die ihre Rollen überzeugend verkörperten. So schrieb der 17-Jährige im Februar 1863 an seine ehemalige Erzieherin Sybille Meilhaus: »Vor einigen Wochen spielte hier Frl. Janauschek aus Dresden, die das Publikum in Entzücken setzte« und die wohl auch ihn begeisterte. Über die berühmte Tragödin Fanny Janauschek (1829–1904) hieß es, dass »ihr Organ« zwar »kein volles Metall [bot] und dennoch wußte sie es zu grandioser Wirkung zu bringen. Ihre Mimik war bewunderungswürdig; ihr Spezialgebiet das Pathetische, Hochtragische und Dämonische, alles, wo es sich um ergreifenden Ausdruck der Leidenschaft handelte.« Man sagte, »sie habe geäußert: Das Publikum – das Volk – ist für mich da«.[69] Und an anderer Stelle nennt Ludwig »ihre geistige Auffassung bewundernswerth«.

Nachdem Ludwig König geworden war, waren es vor allem sechs Schau-

[68] Koch von Berneck, Max: König Ludwig II. von Bayern und Schloß Berg am Starnberger See. Eine Erinnerung an Schloß Berg. Berlin/Leipzig/Wien 1913, S. 13f. (künftig: Koch von Berneck)

[69] Sittenfeld, Ludwig: Die Geschichte des Breslauer Theaters von 1841 bis 1900, Breslau 1909, S. 119

spielerinnen, denen er sich besonders zuwandte: die Ungarin Lila von Bulyowsky, die Österreicherinnen Hermine Bland und Charlotte Wolter sowie die Münchnerinnen Clara Ziegler und Marie Conrad-Ramlo. Die sechste, die gebürtige Österreicherin Marie Dahn-Hausmann, war mehr als nur eine von ihm verehrte Hofschauspielerin. Sie wurde deshalb bereits im vorausgegangenen Kapitel »Seelenfreundinnen« vorgestellt.

Lila von Bulyowsky (1834–1909)

Die graziöse Ungarin Lila von Bulyowsky, geboren in Klausenburg, war bereits an verschiedenen Fürstenhöfen durch ihre Schauspielkunst aufgefallen. Außerdem war sie hübsch, geistreich und überhaupt nicht prüde. Als sie im März 1861 ein Gastspiel in München absolvierte, fand sie großen Anklang. Paul Heyse vermerkt in seinen Jugenderinnerungen, dass sich der »leise slawische Anklang in ihrer Sprache den Ohren einschmeichelte«. Sogar alte Professoren waren davon verzaubert und »huldigten der klugen Menschenfischerin mit jugendlichem Feuer, und Geibel besang sie in zärtlichen Versen«. Auch Ludwigs Vater, König Max II., empfand, ebenso wie sein Dichterkreis, besonders ihren Akzent, ihre ungewöhnlich tiefe Stimme und die ungenügende Beherrschung der deutschen Sprache als reizvoll. Es gelang ihm, die 30-Jährige Anfang 1864 vom sächsischen Hof, wo sie engagiert war, mit einer Summe von 3000 Gulden nach München zu locken. Als die Bulyowsky im April 1864 in der Residenzstadt ankam, war Max II. dann aber bereits kurz vorher verstorben.
Nachdem sein Sohn Ludwig König geworden war, erlebte er die elf Jahre ältere Lila von Bulyowsky mehrfach in der Rolle der Maria Stuart. Nach einer dieser Aufführungen, war er von ihrer Interpretation der Rolle derart ergriffen, dass er sich mitten in der Nacht die Allerheiligenhofkirche aufsperren ließ, um für das Seelenheil der Schottenkönigin zu beten. Außerdem beauftragte er seinen Hofmaler Franz Heigel, ein Aquarell von Frau von Bulyowsky im Kostüm der Maria Stuart zu malen.

In den folgenden Jahren bis 1872 entwickelte Ludwig II. eine schwärmerische Beziehung zu der älteren Schauspielerin, die verheiratet war und vier Kinder hatte, wie Gottfried von Böhm bemerkt. Doch von ihrem Mann war »fast nie die Rede«.[70] Unklar ist, ob sie während ihrer Beziehung zu

[70] Böhm, S. 425

Ludwig II. bereits verheiratet war und damals schon vier Kinder hatte, oder ob sie erst nach ihrer Trennung vom König 1872 im Alter von 38 Jahren heiratete und dann noch vier Kinder bekam.

Der Bulyowsky wurde nachgesagt, sie wolle eine »bayerische Pompadour« werden und sei einer »Ehe zur linken Hand«[71] nicht abgeneigt. Einer derartigen Ehe, auch als »morganatische Ehe« bezeichnet, gewährte in der Adelsgesellschaft der aus niederem Stand stammenden Frau nicht die vollen Eherechte, sondern stellte lediglich eine Sonderform des Konkubinats dar. In der Bevölkerung kursierte schon bald das Wortspiel »Lola – Lolus – Lila«. Bei Ludwigs Großvater Ludwig I. mündete dessen Verhältnis zu Lola Montez 1848 in die Revolution, 1865 musste Richard Wagner, als Ludwigs II. Lolus bespöttelt, München verlassen und bis 1872 war Lila des Königs Favoritin.

Das Verhältnis der beiden war über die Jahre hinweg von ständigen Höhen und Tiefen gekennzeichnet. Gunstbezeigungen und Ablehnung wechselten regelmäßig ab. Wurde sie einmal heimlich mitten im Winter nach Hohenschwangau beordert, so befahl ihr der König ein anderes Mal, vermutlich nach einem ungebührlichen Verhalten ihrerseits, München innerhalb von 24 Stunden zu verlassen. Mit der Begründung, sie kenne ihre Rechte, folgte sie dieser Aufforderung nicht. Bald darauf lag ihr der König schon wieder zu Füßen, bevor er ihr abermals erzürnt Auftrittsverbot erteilte. Doch wenig später lauschte er erneut ihren Rezitationen und lud sie selbst an den Tagen nach Starnberg ein, an denen er auch mit seiner Braut Sophie zusammentraf.

Fortwährend sah sich der König mit den Launen Frau von Bulyowskys konfrontiert. Einmal ließ sie Lebensmittel unberührt, die ihr der König gesandt hatte, da sie befürchtete, sie könnten vergiftet sein. Ein anderes Mal fuhr der König mitten im Winter mit ihr in sein einsames Schweizerhaus, wo er ihr »die von Bergfeuern festlich erleuchtete Landschaft zu ihren Füßen zeigte«. Doch von derartigen Spazierfahrten bei kalter Witterung war sie überhaupt nicht begeistert, was wiederum den König erboste. Ständig war sie auch besorgt, eines ihrer neuen Kleider könne zerknittert werden. Überhaupt kehrte sie stets die Grande Dame heraus, die sich nicht so leicht erobern lassen würde und gerierte sich als Künstlerin, die nichts anderes als bedeutende Rollen spielen wolle. Auf der einen Seite zeigte sie sich liebenswürdig und gutmütig, auf der anderen Seite auch wieder kleinlich, ja sogar

[71] Böhm, S. 425

berechnend. Gottfried von Böhm, der Kontakt zu ihr hatte, bezeichnete sie einerseits als »wirkliche Weltdame«, urteilte über sie aber andererseits: »Sie war nicht ohne kleine Mängel, etwas geizig, etwas snob, etwas kleinlich, aber amüsant, geistreich sogar und eine gute, anhängliche Freundin. Da sie eine sehr hübsche Frau war und viele Verehrer hatte und zuweilen einen etwas freieren Ton anschlug, wollte niemand so recht an ihre Tugend glauben; aber ich bin bereit, die Hand für sie ins Feuer zu legen, wie vielen sie auch immer die Sehenswürdigkeiten ihres reizenden blauen Schlafzimmers in der Maximilianstraße gezeigt haben mag, in dem gegenüber von ihrem Himmelbett eine große Photographie des jungen Königs im Georgiritterkostüm hing.«

Den jungen Ludwig schien vor allem ihr sprödes Verhalten zu reizen. »Nichts kann für ihre Art charakteristischer sein«, berichtet Gottfried von Böhm weiter, »als folgende Erzählung [...]. Sie war wieder einmal auf die Roseninsel eingeladen worden, wo der König sie sogar während der Zeit seiner Verlobung zuweilen sehen wollte. Nach dem Diner bot der galante Monarch [ihr] den Arm zu einem kleinen Spaziergang durch das blühende Eiland. Aber – o Schrecken! – es hatte geregnet, die Kieswege waren naß, die feinen Schuhe kamen in Gefahr, beschmutzt zu werden und, was ihr noch unheilvoller erschien, sie durfte an der Seite des Königs der Etikette gemäß die Schleppe ihres Seidenkleides nicht hinaufnehmen. Dieser Gedanke verwirrte sie nach ihrer eigenen Aussage dermaßen, daß sie mit Mühe der Unterhaltung folgen konnte und fortwährend verkehrte Antworten gab. Ludwig hatte Blumen gepflückt und ihr überreicht. Besorgt, damit nun auch noch ihre Handschuhe zu ruinieren, wußte sie nicht, wie sie sie halten und tragen sollte. Der König bemerkte es und sagte: ›Geben Sie sie mir wieder; ich will sie Ihnen in anderer Form zurückerstatten.‹ – Kein Vorschlag konnte Frau v. Bulyowsky willkommener sein; sie träumte von Diamanten und Perlen.« Sie war schockiert »als die Blumen ›in anderer Form‹ ankamen. Sie waren einfach gepresst und in Samt eingerahmt. Der Zorn der Künstlerin war groß. ›Sehen Sie nur!‹ rief sie, ›dieser Dreck! Und‹, setzte sie empört hinzu, ›kein Mensch hat mich gefragt, was mich die Fahrt gekostet hat.‹«

Trotz allem kamen sich der 25-jährige König und die 36-jährige Bulyowsky während des dreitägigen Aufenthaltes in Hohenschwangau um 1870 auch körperlich nahe. Nach einer Führung durch das Schloss gelangten die beiden ins königliche Schlafgemach, das mit erotischen Gemälden geschmückt war, was Frau von Bulyowsky entsetzte, wie Gottfried von Böhm berichtet. »›Ich habe ein Präservativ [ein Abwehrmittel] dagegen‹, sagte der König, indem er einem kleinen Altar ein Bild entnahm, das Lila v. Bulyowsky als Maria Stuart darstellte. Beide ließen sich auf den Rand des Bettes nieder und begannen ›Egmont‹ zu rezitieren. Bei der Kußszene […] wurde Lila spröde und man trennte sich endlich unverrichteter Sache.«

Angeblich soll ihr Ludwig bei dieser Begegnung, wie die Bulyowsky später Gottfried von Böhm erzählte, gestanden haben, dass er noch nie eine Frau besessen habe und er des Nachts in Gedanken an sie das Kopfkissen mit Küssen bedecke. »Als nach diesem Geständnis sein Haupt halb ohnmächtig an ihren schwellenden Busen sank, legte sie es, statt aller Antwort, ruhig auf die Seite. Wenn sie damals nicht weiter gegangen sei, beteuerte sie, so sei dies aus Abscheu vor dem Gedanken geschehen, als Frau einen jungen Mann zu verführen, sich der Verachtung der Königin-Mutter, dem Haß des ganzen Landes, dem Spott der Minister preiszugeben […].«

Über das, was bei diesem Tête-à-tête wirklich geschah, existieren drei Versionen. Nach Aussage von Frau von Bulyowsky sei sie vor dem König durch mehrere Zimmer im Schloss geflohen. Von den Dienern wurde hingegen berichtet, der König sei vor ihr geflohen, was die Bulyowsky nach ihrer Rückkehr von Hohenschwangau zu der Bemerkung verleitet habe: »Er ist kalt wie ein Fisch.« Außerdem vermutete sie später, dass sich Ludwig wahrscheinlich mit »jenem dritten [gemeint ist die Selbstbefriedigung] behelfe«, weshalb in Neuschwanstein auf dem Schreibtisch auch der warnende Hinweis »plus jamais« – »nie wieder« – zu finden sei. Als dritte Version existiert aber auch noch Ludwigs Schilderung des Vorgangs in einem Brief an den Kabinettsekretär Lipowsky, in dem er vermerkte, die Bulyowsky habe ihn derart bedrängt, dass er sich in eine Ecke des Zimmers habe flüchten müssen.

Wie dem auch sei, trotz dieser Episode brach der sonst so empfindliche König den persönlichen Kontakt zu dieser Schauspielerin nicht ab, wie man das von ihm hätte erwarten können, da er angeblich doch homosexuell war.

Vermutlich begannen über diesen dreitägigen Aufenthalt auch Gerüchte zu kursieren, denn kurz darauf befahl die Königin-Mutter die Bulyowsky zur Audienz. »Sie sagte ihr, daß der König niemals heiraten werde, so lange sie in Bayern bleibe und nahm ihr das Wort ab, daß sie ihren Kontrakt nach anderthalb Jahren nicht mehr erneuere. Lila gab es und hielt es.« Königin-Mutter Marie und der Kabinettssekretär wiesen damals aber auch Ludwig darauf hin, dass die abendlichen Treffen mit der Schauspielerin sich äußerst ungünstig auf die öffentliche Meinung auswirken würden, worauf der König die Einladungen einstellte.

Umso mehr erhielt die Bulyowsky, wie Gottfried von Böhm schreibt, »eine ganze Masse förmlicher Liebesbriefe […], gerichtet ›an die geliebte Freundin‹, gezeichnet ›von Herzens Grund‹, gespickt mit Zitaten aus Romeo und Julia, Maria Stuart u.a., vollkommen edel und maßvoll gehalten und kaum Spuren von Größenwahn verratend […]. Es sind Äußerungen schwärmerischer und poetischer Huldigung […].« Die Briefe sind unterzeichnet mit »Romeo« und »Mortimer«. »Mortimer« weist auf den Mann hin, der auf der Bühne Maria Stuart vor dem sicheren Tod zu retten versucht und sich am Ende selbst das Leben nimmt. In diesen Schreiben teilte der König ihr auch vertrauliche Dinge mit. So beklagte er sich bei ihr etwa über den mangelnden Kunstsinn seiner Braut Sophie, die nie ins Theater gehe, wenn die Mallinger singen und sie, die Bulyowsky, spielen würde. Auch über seine Entlobung unterrichtete er sie und versicherte ihr, er sei froh, von Sophies Familie losgekommen zu sein.

Diese Briefe dokumentieren aber auch die ständige Wandlung der Gefühle des Königs. Will er das eine Mal die Schauspielerin aus seinem Umfeld völlig verbannen, so nimmt er diese Befehle in einem der nächsten Schreiben wieder zurück. Am 27. November 1867 wetterte er: »Das in neuerer Zeit so unverschämt werdende Bulyowsky-Luder soll sich zum Teufel scheeren.« Doch am 11. Mai 1868 schien er sich schon wieder beruhigt zu haben: »Viel liegt mir daran, daß Sie baldigst mit Frau v. Bulyowsky sprechen und ihr sagen, daß es mir sehr leid wäre, wenn sie München auf immer verlassen würde; ich wünsche nur ihre Entfernung auf verhältnismäßig kurze Zeit, nicht auf immer; gern will ich sie wieder wie früher behandeln, vorausgesetzt, daß sie nicht wieder die Ehrfurcht verletzt, die sie dem König schuldig ist; suchen Sie, sie gut zu stimmen und vollkommen zu besänftigen, denn Weiber, welche wegen verschmähter Liebe grollen, sind wie Hyänen.« Ein halbes Jahr später, am 16. Dezember 1868 schäumte der König erneut: »Fr. v. Bulyowsky ist ein elendes Weib, nie mehr will ich sie sehen, nie auf der Bühne, sie ist ein für alle Mal in Ungnade gefallen und wird sich nie mehr erheben aus diesem tiefen, tiefen Fall.« Unklar ist, ob sie sich damals einer neuen Respektlosigkeit schuldig machte oder ob sie das Opfer einer Verleumdung oder Hofintrige wurde. Angeblich soll der König dahintergekommen sein, dass sie im Theater seinen Namen missbrauchte, um die besten Rollen zu bekommen. Gleichwohl wurde auch diese Anordnung nicht vollzogen.

Sie blieb weitere vier Jahre, bis 1872, an der Münchner Hofbühne und erhielt auch immer wieder neue Beweise der königlichen Zuneigung, bevor sich die Beziehung dann endgültig ihrem Ende entgegen neigte. Wie sie es der Königin-Mutter Marie versprochen hatte, verlängerte sie 1872 den Vertrag nicht. Als sie Abschied vom König nahm, stampfte der auf die Erde und rief: »Daran ist nur diese dumme Gans [er meinte damit seine Mutter] schuld.« Demnach wäre es dem König also recht gewesen, wäre die Schauspielerin noch weitere Jahre in München geblieben.

Nach ihrem Weggang aus München trat Lila von Bulyowsky im ungarischen Nationaltheater auf. Am 17. Dezember 1909 starb sie im Alter von 74 Jahren in Graz.

Hermine Bland (1847 oder 1852–1919)

Hermine Bland oder Steiner, wie sie eigentlich hieß, deren Geburtsdatum merkwürdig unsicher ist – es wurde zwischen 1847 und 1852 angegeben – war schon mit sechs Jahren – Ballettelevin der Hofoper ihrer Vaterstadt Wien. Ihre freie Zeit benutzte sie aber bald, um bei dem Schauspieler Gustav Conradi Unterricht zu nehmen. 1867 wurde sie als erste sentimentale Liebhaberin ans Kölner Stadttheater engagiert. Danach ging sie an das Hoftheater in Schwerin, wo sie der dortige Hoftheaterintendant Alfred von Wolzogen unter seine Fittiche nahm. Die nächsten Stationen waren die Stadttheater in Leipzig, Lübeck, Stuttgart, Wien, Breslau und Berlin.

Im August 1875 kam sie ans Münchner Residenztheater. »Mit einem lieben Gesicht, einer geradezu klassisch-schönen Figur und einer zu Herzen gehenden Stimme begabt, verkörperte sie Victor Hugos reine Königinnen und Heldinnen sowie Schiller'sche und Goethe'sche Frauen- und Mädchengestalten: die Eboli, Jungfrau von Orleans, Adelheid, Thekla, dann auch die Sappho, Hermione, Antigone, Sittah, Minna von Barnhelm, Porzia, Julia«, außerdem Berta von Bruneck in »Wilhelm Tell«, auch Doris Quinault, Esther, Marie Antoinette und Kaiserin Josephine, und sogar die indische Himmelsjungfrau Urvasi. In all diesen Rollen verzauberte sie Ludwig II., der sie immer nur in »edlen Rollen« zu sehen wünschte, wie er dem Schauspieler Josef Kainz anvertraute: »Für mich ist der Darsteller einer edlen Rolle ein edler Mensch. Fräulein Bland könnte ich z.B. keinen häßlichen Charakter darstellen sehen.« »Majestät«, widersprach Kainz, »das ist poetisch gedacht, wir Schauspieler denken anders. Ich halte mich für keinen Bösewicht und möchte sehr gerne den Franz Moor einmal spielen.« »Nein, Nein! Das dürfen sie nie«, fiel der Monarch lebhaft ein. »Sie dürfen nie einen so häßlichen Menschen darstellen. Versprechen Sie mir das gleich hier. Sie sollen überhaupt nur große schöne Aufgaben erfüllen.«[72] Und das wünschte sich der König auch von Hermine Bland, die nicht verheiratet war. »Wenn sie einen Mann geliebt, so war es ihr angebeteter König Ludwig II., in dessen Separatvorstellungen sie häufig auftrat, dem sie seine Schiller'schen Mädchen- und Frauengestalten so schön verkörperte, und der auch die von ihm hochverehrte Darstellerin reich beschenkte.«[73] Bekanntlich fanden in den Jahren 1872 bis 1885 teils im Residenztheater, teils im Nationaltheater 209 Separatvorstellungen für Ludwig II. statt, darunter seit 1878 auch 44 Opernaufführungen.

Im Juni 1898 beendete die Bland ihre Karriere. Sie blieb in München, »still und verborgen, zuletzt halb vergessen, ihre Zeit zwischen der Kirche und ihren Katzen teilend. Sie war eine überaus fromme Katholikin, von echter und tiefer Religiosität, und hatte eine Leidenschaft für Katzen. Für ihre Lieblingskatze, die beim Essen neben ihr saß, mußte, wie man sich erzählte, stets eigens wie für einen Gast gedeckt sein. Still, wie sie gelebt hatte, starb sie auch im November 1919. Für ihren Gedenkstein am Ostfriedhof, wo sie an der Seite ihrer Mutter ruht, hatte sie nur die Worte gewählt: ›Jesus, Barmherzigkeit!‹

Geraume Zeit nach ihrem Hinscheiden gab es aber eine Überraschung, die ihren Namen wieder aufleben ließ […]. Hermine Bland vermachte nämlich testamentarisch ihren ganzen Schmuck, alle Geschenke Ludwigs II., den Münchner Kindern.« Die Versteigerung wurde von einer holländischen Gesellschaft übernommen und erzielte einen Erlös von 2 144 000 Mark.«[74] 1914 wurde im Münchner Stadtteil Menterschwaige eine Straße, die »Hermine-Bland-Straße«, ihr zu Ehren benannt.

Charlotte Wolter (1834–1897)

Wie leicht Schauspielerinnen auch die Gunst Ludwigs II. verscherzen konnten, zeigt das Beispiel der berühmten Tragödin des Wiener Burgtheaters Charlotte Wolter, der nur ein kurzes Gastspiel am Münchner Hofthea-

[72] Schauenberg, S. 96f.

[73] Mensi-Klarbach, Alfred von: Alt-Münchner Theatererinnerungen, Bildnisse aus der Glanzzeit der Münchner Hofbühnen, München 1924, S. 78 (künftig: Mensi-Klarbach)

[74] Mensi-Klarbach, S. 78f.

ter vergönnt war. Als sie als Gast zu den Separatvorstellungen Ludwigs II. nach München kam, um am 9. Mai 1885 als »Pompadour« in Albert Emil Brachvogels Trauerspiel »Narciß«, das der König besonders schätzte, mitzuwirken, ereignete sich Folgendes. Ehe sie auftrat, schrieb sie an den Intendanten Ernst von Possart (1841–1921), sie sei es gewohnt, in einer Szene des Stücks auf einem Ruhebett liegend zu spielen, das sie sich in Wien extra dafür habe anfertigen lassen. Das wolle sie deshalb auch in München so haben. Natürlich passte dieses moderne, in seiner Färbung graue Möbelstück nicht zur übrigen Ausgestaltung der Kulisse. Possart riet der Künstlerin davon ab, es zu benützen, allein diese entgegnete: »Ich bin aber so sehr an die bequeme Causeuse [Liege] gewöhnt, tun Sie mir doch den Gefallen.«

»Ich, verehrte Freundin, recht gern«, entgegnete Possart, »aber ob Sie sich selbst damit vor dem König einen Gefallen tun, ist fraglich. Ich weiß, daß er jeden Gegenstand im Gemach kennt und beachtet. Sehen Sie nur einmal hin; der mausgraue Fetzen wird die Farbenharmonie des Gesamtbildes bedenklich stören und am Ende den König verstimmen.« Aber Frau Wolter beharrte eigensinnig auf ihrem Ansinnen.

Als am Abend nun die Szene des 3. Akts mit der Wolter auf ihrem eigenen Ruhebett kam, war der König, trotzdem ihn Possart über die Sache vorher verständigt hatte, wenig davon erbaut. Er ließ der Künstlerin zwar in einem schmeichelhaften Schreiben danken und verlieh ihr auch die Ludwigs-Medaille, aber eine Einladung zu weiteren Vorstellungen blieb aus. Enttäuscht verließ die Wolter daraufhin München und machte in späteren Jahren in der klassischen Atmosphäre des Burgtheaters, dem sie bis zu ihrem Tode angehörte, Karriere. Ihre Paraderolle wurde die »Iphigenie«. Wenn sie später die Geschichte mit dem Sofa erzählte, meinte sie: »Nicht wahr, das war vom König doch kleinlich.«

Obwohl es allen Mitwirkenden der Separatvorstellungen strengstens untersagt war, über diese zu sprechen, hielt sich Charlotte Wolter nicht daran, sondern erzählte, was dabei vor sich ging. Bei einer derartigen Vorstellung für den König allein versammelten sich die Schauspieler nachts um 23.30 Uhr auf der Bühne. Es herrschte absolutes Schweigen. Punkt 0 Uhr ertönte ein Glockenzeichen und der König trat in die Loge ein. Sofort ging der Vorhang auf und Charlotte Wolter blickte ins Leere. Wie sollte sie vor diesem leeren und finsteren Saal spielen? »Endlich betrat ich die Szene. Es fehlte mir der zwischen dem Publikum und den Künstlern bestehende elektrische Contakt. Was mich aufrecht erhielt, war der Gedanke, daß der unsichtbare Zuschauer wirklich einen großen künstlerischen Sinn besitzt, und daß, durch alle Phantastereien hindurch, auf dem Grunde seiner Seele wahre Leidenschaft für meine Kunst lebt. Dieser Gedanke schmeichelte mir und beruhigte mich zugleich. Ich wußte, daß der König mich nicht aus den Augen ließ, daß er in seiner Loge saß, in vollständiger Sammlung und Aufmerksamkeit und so tief versunken, daß er selbst den Athem zurückhielt, um nicht seine Anwesenheit zu verrathen, und um sich nicht selbst zu stören. Dies Alles war mir neu und fremd. Man hat über die Neigung des Königs, ausschließlich für seine Person Schauspiele aufführen zu lassen, viel gespöttelt, aber ich muß gestehen, daß ich sie vollkommen begreife. Der König hält in dieser Weise alles fern, was den Künstler und Zuhörer stören kann.« Gegen 4 Uhr morgens, nachdem der letzte Vorhang gefallen war, hatten die Schauspieler regungslos auf der Bühne zu verharren, damit der König nicht gestört wurde. Er pflegte nämlich noch einige Zeit in der Loge zu sitzen und über das Gesehene nachzusinnen, »wie Jemand, den es Mühe kostet, wieder in die Wirklichkeit zurückzukehren«.

Angeblich rächte sich die Wolter mit dieser Schilderung am König, von dem sie sich so kleinlich behandelt gefühlt hatte. Wer derartige Separatvorstellungen befahl, konnte doch wohl nicht ganz normal sein.

Charlotte Wolter, Kind einer armen Kölner Familie, hatte bereits als Zehnjährige in einer Ballettaufführung mitgewirkt und sich über Vorstadtbühnen langsam den Karriereweg nach oben erkämpft. Sie war bekannt dafür, dass sie ihre Kostüme selbst entwarf. Mit ihrer kräftigen Mezzosopranstimme, »Wolter-Schrei« genannt, begeisterte sie das Publikum.

»Wenn je eine Schauspielerin«, lautete ein zeitgenössisches Urteil, »so ist Charlotte Wolter durch die Glut der Empfindung zur tragischen Schauspielerin bestimmt. Die Natur hat ihr nicht einen scharfen Intellekt gegeben, aber dafür eine ursprüngliche Gewalt des Gefühls, welche in tiefster Seele zu erschüttern vermag und selbst gewisse Mängel des Vortrags vergessen läßt. Orsina, Medea, Sappho, Lady Macbeth, Kriemhild und andere Rollen, in welchen die Empfindung in einzelnen Szenen vulkanisch hervorbricht, brachten die mitreißende Gestaltungskraft dieser Schauspielerin am klarsten zur Geltung. Sie besaß eine erstaunlich geschmeidige Gestalt, ein vornehm schönes Antlitz, Bewegungen voller Größe und Anmut und ein Augenpaar, das jede Leidenschaft der Seele widerzuspiegeln fähig war […].«[75]

Nach ihrem Tod im Alter von 63 Jahren wurde sie wunschgemäß im Kostüm der Iphigenie, ihrer erfolgreichsten Rolle, bestattet.

[75] Memminger, S. 39

Clara Ziegler (1844–1909)

Die in München geborene Färberstochter Clara Ziegler zählte zu den größten Tragödinnen auf den Theaterbühnen des 19. Jahrhunderts. Zu den Rollen ihres Lebens gehörte die Grillparzer'sche »Medea« und »Sappho«, die Hebbel'sche »Judith«, »Iphigenie«, »Maria Stuart« und »Isabella«. Sie feierte ihre Triumphe in München, Wien und Berlin ebenso wie in Russland, Holland und der Schweiz.

1868 wurde sie ans Münchner Hoftheater engagiert, an dem sie sechs Jahre blieb und das sie 1874 auf eigenen Wunsch verließ. 1876 heiratete sie ihren Lehrer, den Hofschauspieler Adolph Christen, der aber schon 1883 starb. Danach gastierte sie in der ganzen Welt und konnte sich als internationaler Bühnenstar selbst aussuchen, wo und was sie spielen wollte. Kaiser Wilhelm I. und Zar Alexander II. huldigten ihr ebenso wie Kaiser Wilhelm II.

Die Glanzzeit der Clara Ziegler fiel in die Regierungszeit Ludwigs II. und der »Königlichen Separatvorstellungen«. Sie trat wiederholt in Dramen von Schiller und Grillparzer auf, für die der König wie die Künstlerin schwärmten, aber auch in französischen Lustspielen, etwa als Vicomte in »Vicomte von Létorières« und anderen. lhre klare, rhythmische Sprache, ihre ausdrucksvolle Gestik und Mimik, ihre würdevolle Hoheit, die Seelengröße, mit der sie den Geist jeder Dichtung zum Leben erweckte, trugen ihr Titel ein wie »Hohe Priesterin der Kunst«, »Göttin der Tragödie« und »letzte Heroine«. Die »Medea« galt als ihre bedeutendste Rolle, die sie über 300 Mal spielte. Der König verehrte sie als bedeutendes Mitglied seines Königlichen Schauspielensembles.

Philipp Fürst von Eulenburg-Hertefeld berichtet, Clara Ziegler habe erzählt, »daß sie einst in einem Drama der königlichen Separatvorstellungen zu sagen hatte: ›Diese Krone ist mir von Gott gegeben – und kein Mensch darf sie mir rauben.‹ Einige Wochen später habe sie in der Nacht um zwei Uhr einen Königlichen Befehl erhalten, unverzüglich in das Schloß zu kommen. Als die Tür zu dem großen Krönungssaal des Schlosses, in dem die goldenen Bildsäulen der bayerischen Königsahnen stehen, geöffnet wurde, stand König Ludwig in vollem Königsornat vor ihr – die Krone auf dem Haupt, den Purpurmantel um die Schultern, das Zepter in der Hand. Er zeigte, als sie eintrat, auf die Krone, indem er die Worte aus dem Drama wiederholte. ›Diese Krone ist mir von Gott gegeben – kein Mensch darf sie mir rauben‹ – und damit war die seltsame Audienz beendet. Die Türen schlossen sich. Fräulein Ziegler«, so Fürst von Eulenburg weiter, »will in diesem Begebnis eine Erklärung für die Ermordung Dr. Guddens durch den König sehen. Denn dieser habe dem König durch seine ärztlichen Gutachten die Krone genommen. Es sei der Mord ein Akt der Rache gewesen – der Rache eines Wahnsinnigen. Sie irrt jedoch [...]. Das Begebnis Clara Zieglers soll hier nur als ein Beleg zu meiner Behauptung angeführt werden, daß der König nie und nimmer zu einer Abdankung zu bewegen gewesen wäre. Denn Seine ›Krone‹ war das Heiligtum eines Wahnsinnigen geworden, das er auch mit wahnsinnigen Mitteln verteidigt haben würde.«[76]

Ludwig II. überschüttete Clara Ziegler für ihre schauspielerischen Leistungen mit Geschenken und Auszeichnungen. Die Schätze wurden nach ihrem Tod 1909 im Clara-Ziegler-Museum gezeigt, das in ihrer vornehmen Villa in der Königinstraße in München gegenüber dem Englischen Garten eingerichtet, aber bei Bombardierungen 1944 zerstört wurde. 1953 wurde das Museum im Hofgarten wieder neu eröffnet. 1979 wurde daraus das heutige Deutsche Theatermuseum. Clara Zieglers Grab – sie starb 1909 im Alter von 65 Jahren – befindet sich auf dem Alten Südlichen Friedhof in München. Im Jahr 2000 wurde ihre Büste in der Ruhmeshalle in München aufgestellt.

Marie Conrad-Ramlo, Schauspielerin und Schriftstellerin (1850–1921)

Von Ludwig II. persönlich wurde die gebürtige Münchnerin durch Verleihung der Goldenen Medaille für Kunst und Wissenschaft ausgezeichnet. Und das hatte die Ramlo auch verdient. Im März 1868 war sie erstmals auf den Brettern der Münchner Hofbühne aufgetreten. Im Mai wurde sie mit Genehmigung Ludwigs II. als königlich-bayerische Hofschauspielerin unter festen Vertrag genommen. Nicht nur den König begeisterte fortan ihre Darstellungskunst, sondern auch das Münchner Publikum. Die Ramlo besaß Charisma. Ankündigungen ihrer Auftritte zogen die Besucher magnetisch ins Münchner Hoftheater. Und Ludwig II. verpflichtete sie mehrfach für seine Separatvorstellungen. Hinreißend verkörperte sie etwa die Rolle als Nora in Henrik Ibsens gleichnamigem Stück von 1879. Ibsen selbst rühmte sie als die »genialste Darstellerin« der Nora.

1878 heiratete Marie Ramlo den im Dienste Ludwigs II. von Bayern ste-

[76] Eulenburg-Hertefeld, Philipp Fürst zu: Das Ende König Ludwigs II., Frankfurt am Main und Leipzig 2001, S. 59 (künftig: Eulenburg-Hertefeld)

henden Hofpoeten Ludwig Schneegans (1842–1922), der vor allem Stücke für die Separatvorstellungen des Königs verfasste. Aus dieser Ehe gingen die Töchter Therese und Eva hervor. Eine Affäre Maries mit dem Hoftheaterintendanten Ernst von Possart verursachte um 1882 einen Theaterskandal, worüber die Zeitungen genüsslich berichteten. 1883 kam es deshalb zur Scheidung. Possart musste sein Amt zur Verfügung stellen. Marie Ramlo durfte zwar Hofschauspielerin bleiben, verlor aber ihre beiden Töchter an den Vater, der nicht wollte, dass seine Kinder mit einer treulosen Frau wie ihr Kontakt hatten.

Bald darauf lernte sie den damals populären Schriftsteller und Parlamentarier Michael Georg Conrad (1846–1927) kennen, der selbst eine gescheiterte Ehe hinter sich hatte. Mit dem Naturalisten verstand sich Marie auf Anhieb. 1887 heirateten die beiden. Fortan betätigte sich die Ramlo auch schriftstellerisch, rezensierte in der Zeitschrift »Gesellschaft« ihres Mannes – teilweise unter ihrem (männlichen) Pseudonym »L. Willfried« – selbstbewusst Neuerscheinungen der dramatischen Literatur und war damit eine der wenigen, heute vergessenen Literaturkritikerinnen des Naturalismus.

Über Henrik Ibsens Stück »Wildente« schrieb sie beispielsweise: »Und das ist's ja, was wir brauchen im Leben, in der Kunst, auf der Bühne – Menschen, Menschen! Menschen von Fleisch und Blut, Kerls, die reden, empfinden und handeln wie Menschen – nicht wie Schablonenhelden, Schmachtlappen, oder Kladderadatschfiguren!« In ihrer Rezension von Zolas »Thérèse Raquin« äußerte sie: »Ich für mein Teil, wenn ich ins Theater gehe, will ein volles farbenglühendes Stück wirklichen Lebens sehen, keine durch die Zauberlaterne moderner Vorurteile erzeugten Nebelbilder.« Auch rabiatpolemische Äußerungen warf sie den Lesern an den Kopf: »Falls das Große auf den Geist zu drückend wirkt, so erdrückt es eben nur Schwachköpfe, der starke Geist kann es ertragen und fordert es.« Solche Statements hätte auch König Ludwig unterschrieben, doch der war bereits tot, als diese Äußerungen der Ramlo erschienen. Gemeinsam mit ihrem Mann verfasste sie auch Theaterstücke, wie das Lustspiel »Die Emanzipierten« (1888) oder die Komödie »Firma Goldberg« (1889). Eigenständig veröffentlichte sie mehrere Geschichten, unter anderem »Passionsblumen. Novellenbuch« (1891) und »Feuer! Eine Klostergeschichte« (1894).

Weiterhin trat sie aber auch auf der Bühne auf. Sie war es, die Ludwig Thoma zum Durchbruch verhalf. In der Uraufführung seines Dramas »Magdalena« verkörperte die Ramlo die Altersrolle der Mariann Mayr, die in die Theatergeschichte einging. In ihren 53 aktiven Bühnenjahren hatte sie in 5407 Aufführungen 503 verschiedene Rollen gespielt. Am 1. Oktober 1921 starb sie in ihrer Wohnung an der Ismaninger Straße 68/II. Nach der Trauerfeier auf dem Münchner Ostfriedhof wurde ihre Urne in einem Ehrengrab im fränkischen Gnodstadt, dem Geburtsort ihres Mannes Michael Georg Conrad, beigesetzt.

Audienz der Hofschauspielerin Philomene Hartl-Mitius (1852–1928)

Ludwig II. tat sich schwer, so Kabinettssekretär Friedrich von Ziegler, »Audienzen zu geben, insbesondere staatsgeschäftliche Audienzen für Offiziere, Beamte pp. Leichter ging es, wenn Schauspieler empfangen wurden; Clara Ziegler, Frau Dahn-Hausmann wurden wohl nie von der Liste gestrichen.«[77] Von der Hofschauspielerin Philomene Hartl-Mitius ist ein Bericht überliefert, wie ihre Audienz beim König ablief:

»Als ich den Vorsaal betrat, sah ich eine Menge befrackter und uniformierter Herren, die gleich mir zur Audienz befohlen waren. Ich wartete seit 5 Uhr und es wurde 6½ Uhr, bis ich an die Reihe kam. Es dämmerte, als ich klopfenden Herzens das Gemach betrat, in dem ich den König vorfinden sollte. Mit gesenktem Kopfe trat ich ein, machte die vorgeschriebenen Verbeugungen, wagte endlich aufzublicken und sah mich zu meiner Überraschung ganz allein. Der große Saal war leer. Ich wurde nun ein bißchen dreister, besah mir die Bilder an den Wänden und richtete eben den Blick auf einen goldenen Blumenkorb in der Ecke, der mit einer bis zur Decke reichenden Palme geschmückt war, als der König in Uniform mit Ordensband und Federhut hinter demselben hervorkam. Es war, als hätte er mich erst eine Weile beobachten wollen.

Eine gute halbe Stunde unterhielt er sich nun in der leutseligsten Weise mit mir, erkundigte sich nach meinem Erziehungsgange und freute sich sichtlich zu hören, daß ich in einem königlichen Institute [zu Nymphenburg] groß geworden war. Er kannte ja alle meine Lehrer und Lehrerinnen persönlich und hatte als kleiner Prinz mit seiner Mutter manche Stunde in unserem Klostergarten zugebracht. Wir besaßen also gemeinsame Kin-

[77] Kommission für bayerische Landesgeschichte (Hg.): König Ludwig II. von Bayern. Krankheit, Krise und Entmachtung. Zeitschrift für bayerische Landesgeschichte 2011, Band 74 [Heft 2], München 2011, S. 703 (künftig: Zeitschrift Landesgeschichte 2011: Ludwig II.)

dererinnerungen, und er wurde nicht müde, mit mir darüber zu plaudern. Auch über mein Stück und mein Spiel sagte mir der Hohe Herr so viel Schmeichelhaftes, daß mir das junge Köpfchen ordentlich wirbelig wurde. So klar und so liebenswürdig der König sich nun auch ausdrückte, so berauscht ich von der ganzen Unterredung war und obwohl Dämmerung in dem Gemache herrschte, ist mir doch damals schon eines aufgefallen: die großen, wunderschönen Augen des Königs glitten unstet umher und hafteten nirgends fest. Wenn sie sich aber momentan in die meinen versenkten, sah ich darin einen seltsamen Ausdruck: unheimlich, rätselhaft. Es war, als ob eine innere Unruhe den Monarchen beherrsche, eine Unruhe, die mich schließlich selbst überfiel.«[78]

Philomenes Schauspiellehrerin war unter anderem Clara Ziegler. Seit 1871 gehörte sie dem Münchner Gärtnerplatztheater an. Sie schrieb auch Volksstücke. Im Auftrag Ludwigs II. verfasste sie für seine Sondervorstellungen das Stück »Der Verstoßene«, ein Historiendrama aus dem Leben Ludwigs XV.

Dankesbrief einer Hofschauspielerin

Wenn Ludwig II. einer Schauspielerin oder einem Schauspieler eine Gabe zukommen ließ, so hatte die oder der Betreffende ihm unverzüglich einen Dankesbrief zu schreiben, gegebenenfalls sogar mitten in der Nacht. Walter von Rummel zitiert folgenden überschwänglich formulierten Dankesbrief einer namentlich nicht genannten »bekannten Münchner Hofschauspielerin«, die von König Ludwig II. eine Gunstbezeigung erfahren hatte.

> »Allerdurchlauchtigster, Großmächtigster König!
> Allergnädigster König und Herr!
> Ruhmvollste, Weiseste, Verehrungswürdigste Majestät!
> Mit tiefster Rührung danke ich Eurer Majestät für die große unverdiente Gnade, mich auch heute wieder so huldvoll auszuzeichnen. Wenn ich vor Eure Majestät treten darf, bin ich immer glücklich, und wenn es die kleinste Rolle ist. So erfüllt mich der Gedanke mit Entzücken, daß es im Dienste für Eure Majestät ist, und nur ein leises Weh schleicht sich bei,

[78] Girrbach, Wilhlem (Hg.): Das Buch Ludwig. Vom Leben und Sterben des bayerischen Märchenkönigs Ludwig II., München 1986, S. 108f.

daß ich keine größere Mühe habe, denn für Eure Majestät trüge ich mit größter Freude das Allerschwerste und Anstrengendste, alles Schwere wird mir leicht, alles Anstrengende wird mir süß, wenn es gilt, Eurer Majestät zu dienen, unserm großen, ruhmvollsten, erhabensten König und Herrn. Doch was es auch sei, ob schwer oder leicht, klein oder groß, was für Eure Majestät ist, erfüllt mich immer mit unaussprechlicher Seligkeit, es ist und bleibt das höchste Glück meines Lebens. Noch einmal lege ich meinen heißen, von ganzer Seele kommenden Dank in tiefster Demuth und Verehrung Eurer Majestät zu Füßen.

Der liebe Gott erfreue Eure Majestät für alle Gnaden, die Eure Majestät so reich, so unermessen ausspenden, mit allem Schönen und Guten der Erde und bewahre Eure Majestät vor allem Schlimmen und Leidvollen. Mögen Eure Majestät auf allen Wegen sicher und glücklich wandeln. Heil, Preis und Ruhm unserem erhabensten, edelsten König Ludwig II.!

In tiefster Ehrfurcht zeichnet Eurer Königlichen Majestät
alleruntherthänigste treu gehorsamste

N.N.

München, den 9. November 1878«

Und das ist nicht der einzige Dank- und Huldigungsbrief, der anmutet, als ob er nicht aus dem 19. Jahrhundert, sondern dem 13. oder 18. Jahrhundert entstammte.«[79]

Constanze Dahn (1814–1894)

Wie rasch Hofschauspielerinnen bei Ludwig II. in Ungnade fallen und entlassen werden konnten, zeigt der »Fall Constanze Dahn«.

Constanze war die jüngste Tochter des Kapellmeisters Charles Le Gaye und dessen Ehefrau Antoinette. Ihre musikalische Ausbildung erhielt sie am königlich-westfälischen Hof des »lustigen« Königs Jérôme in Kassel, an dem auch ihre Eltern als Musiker dienten. Mit der Rolle des Gretchens am Hamburger Thalia Theater im Sommer 1831 machte sich die 17-Jährige einen Namen. Sie war »von entzückendem Wuchs, graziös und reizvoll in ihren Bewegungen, mit einem lieblichen Gesicht und dem Stempel jung-

[79] Rummel, S. 84f.

fräulicher Züchtigkeit«[80], wie Ernst von Possart sie beschrieb. Im Juni 1833 wurde Constanze Dahn nach einem erfolgreichen Gastspiel ans königliche Hoftheater in München engagiert, wo sie König Ludwig I. auffiel. Er umwarb sie und ließ sie von Joseph Karl Stieler für die sogenannte Schönheitengalerie malen, in die sie offensichtlich jedoch nicht aufgenommen wurde.

Seit 1831 war Constanze mit dem Schauspieler Friedrich Dahn verheiratet, mit dem sie zwei Söhne und eine Tochter hatte. 1840 wurde die Ehe geschieden. 1852 heiratete Friedrich Dahn die Schauspielerin Marie Hausmann, die als jugendliche Liebhaberin Erfolge feierte und auch von Ludwig II. verehrt wurde. Das Problem war, sie stand in mehreren Stücken zusammen mit ihrem Mann und dessen geschiedener Frau Constanze auf der Bühne. Das konnte nicht gut gehen. Schon bei den Proben kam es immer wieder zu Problemen zwischen Constanze, ihrem Exmann Friedrich und seiner neuen, 15 Jahre jüngeren Ehefrau Marie. Auch bei den Aufführungen blieben die Spannungen dem Publikum nicht verborgen. Schließlich entschloss sich die Intendanz des Hoftheaters, dem König die Pensionierung der 51-jährigen Constanze mit der Begründung vorzuschlagen, »ihre beißende Kritik verschone nicht hoch, nicht niedrig«.[81] Sie würde sich über das ästhetische Verständnis des Intendanzrats Schmidt spöttisch äußern und hoffärtig gut gemeinte Ratschläge zurückweisen. Außerdem gehöre sie nicht mehr zur jungen Garde der Schauspieler.

Der König prüfte die Klagen. Auf ihn »selber war ihre Darstellung der Elisabeth in ›Maria Stuart‹ [...] ohne sonderlichen Eindruck geblieben. Das jetzige Ehepaar Dahn dagegen war hochbeliebt in den Hofkreisen wie beim Theater. Der König schenkte schließlich dem Berichte des Ressortvorstandes Glauben, und die geniale Künstlerin wurde nach 32jähriger Dienstzeit am 1. Oktober 1865 in den Ruhestand versetzt.«[82]

Constanze Dahn war wie vor den Kopf gestoßen. Nicht einmal die »Angabe eines Grundes habe sie erhalten«, äußerte sie verbittert. »Alle Angebote anderer Münchner Bühnen, sich in einigen Glanzrollen der zahllosen Gemeinde ihrer Verehrer noch einmal zu zeigen, wies sie stolz zurück.«[83] Als »Einsiedlerin von Ernsdorf« zog sich die 51-Jährige an den Chiemsee ins Privatleben zurück und »ertrug still die ihr angetane Kränkung mit

[80] Possart, Ernst von: Erstrebtes und Erlebtes. Erinnerungen aus meiner Bühnentätigkeit, Berlin 1916, S. 196f. (künftig: Possart)

[81] Ebd., S. 198f.

[82] Ebd., S. 199

[83] Possart, S. 199

einer Würde, die alle ihre starken Ausbrüche vergangener Jahre vergessen machte«.[84] 80-jährig starb sie 1894 in München, wo sie auf dem Alten Südfriedhof ihre letzte Ruhestätte fand.

[84] Ebd.

Der Verlobungsskandal – 1867

Herzogin Sophie Charlotte in Bayern (1847–1897)

Wie weit reichen die Kontakte zwischen Ludwig und Sophie zurück? Die Verbindung von Sophies Vater, des Herzogs Max in Bayern, und seiner Familie zum bayerischen Königshaus bestand durch seine Frau Ludovica. Sie war eine Halbschwester König Ludwigs I. und damit die Großtante Ludwigs II. Ihre acht Kinder, darunter die Töchter Sisi, die spätere Kaiserin Elisabeth von Österreich, und deren Schwester Sophie, waren also genau genommen Cousinen von Ludwigs verstorbenem Vater König Max II.

Es verwundert nicht, dass zu den Spielkameraden Ludwigs und seines Bruders Otto auch die Kinder der Possenhofener Herzogfamilie gehörten. Wie erwähnt, waren dies insbesondere die seinem Alter nahestehenden Mädchen Sophie, Mathilde und Marie, aber auch die beiden älteren Herzoginnen Helene und Sisi, außerdem deren Brüder Ludwig, Karl Theodor und Max Emanuel. Es kam immer wieder zu gegenseitigen Besuchen. Im Sommer vor allem in Possenhofen und im Winter in der Münchner Residenz. Wie es heißt, ging der sonst schüchterne Kronprinz Ludwig beim Spiel mit den Töchtern des Herzog Max aus sich heraus und seine Mutter Marie staunte, was die Mädchen »alles aus ihm hervorzauberten«. Bekannt ist, dass Ludwig die zwei Jahre jüngere Sophie in einem von ihm selbst verfassten kleinen Schauspiel »Faust« die Rolle des Gretchens spielen ließ.[85]

Während Kronprinz Ludwig und sein Bruder Otto in der Residenz eine strenge Erziehung genossen, herrschte in Possenhofen diesbezüglich ein Laissez-faire-Stil. Die lockere Erziehung der »Possi-Kinder« war vor allem der Mutter anvertraut. Herzog Max in Bayern war viel auf Reisen. Er wollte vor allem, dass seine Kinder »hüpfen und springen wie die Gämsen«, und das taten sie auch. Die Lehrer hatten mit den Kindern ihre liebe Not. Trotz vier Stunden Unterrichts täglich lernten sie sehr wenig. Sie sprachen bayerischen Dialekt und beherrschten die französische Konversation nur unzu-

[85] Böhm, S. 392

reichend. Sophie konnte immerhin Klavier spielen und verfügte über eine schöne Singstimme. Vor allem aber hatte sie wie ihre Schwester Sisi Spaß am Schwimmen, Reiten und Tanzen. Auch hinsichtlich ihres Aussehens – beide besaßen auffallend lange schöne Haare – ähnelten sich die beiden. Gemeinsam mit ihren Geschwistern genoss Sophie die Freiheit, die das von einem Park und dichten Wäldern umgebene ländliche Schloss Possenhofen am Starnberger See bot. Aus der freizügigen Erziehung der Possenhofener Kinderschar entwickelte sich die spätere Eigenwilligkeit und Ungezügeltheit, die vor allem auch bei Sisi und ihrer Schwester Sophie zu beobachten waren.

Wann begann eine enge freundschaftliche Beziehung zwischen Ludwig und Sophie und was war der Auslöser dafür?

Sophie war 1866 zu einer hübschen 19 Jahre jungen Dame im heiratsfähigen Alter herangewachsen und hatte auf einem Hofball sogar einmal einen »Preis der Schönheit« errungen. In diesem Jahr vertiefte sich Ludwigs Beziehung zur ihr vor allem aus folgendem Grund. Alle Jahre im Mai, wenn er sich in Schloss Berg aufhielt, besuchte er auch seine Verwandten in Possenhofen am anderen Ufer des Starnberger Sees. In Gesprächen mit Sophie entdeckte er, dass sich seine Cousine, so wie er selbst, für Oper und Theater interessierte. Was für ihn jedoch noch bedeutsamer war, sie begeisterte sich auch für Richard Wagner und dessen Opern. Nachdem der Komponist Ende 1865 aus München verbannt worden war, war es Sophie, mit der sich Ludwig über den angebeteten Freund unterhalten konnte. Mit ihr tauschte er sich auch brieflich über das »merkwürdige, ergreifende Geschick« des Komponisten aus. Sophie war seine »teilnehmende Seele«.

Als durchaus passable Pianistin und Sängerin sang sie dem König bei den Zusammenkünften in Possenhofen auch Arien aus Wagner-Opern vor, so die Arie der Elsa aus »Lohengrin«, der Senta aus dem »Fliegenden Holländer« und der Elisabeth aus »Tannhäuser«. Das ging oft bis spät in die Nacht. Konnte Ludwig wegen seiner Regierungsverpflichtungen nicht zu Besuch kommen, pflegte er mit Sophie brieflichen Kontakt. So schrieb er ihr am 10. Januar 1867: »Meine liebe Sophie, da ich weiß, welchen Antheil Du an allem, was mich betrifft so liebevoll nimmst, so drängt es mich, Dir die namenlose Freude mitzuteilen, welche mir bevorsteht. Denke nur, mein theurer, so innig geliebter Freund R. Wagner kommt in etwa 8 Tagen hieher. – Ich konnte die so entsetzlich schmerzliche Trennung nicht länger mehr ertragen und beschwor ihn zu kommen. – jüngst war das herrliche, in seiner Art einzig dastehende Modell des auf den Höhen der Isar sich einst zu erhebenden Festtheaters durch den geistvollen Architekten Semper vollendet, ich freue mich, ihn morgen zu sprechen, um mir den Plan des Baues erklären zu lassen. [...] Nun lebe wohl, meine liebe Sophie, tausend herzliche Grüße sendet Dir Dein treuer Vetter Ludwig.«[86] Wie die Briefe belegen, empfand Ludwig für Sophie aber lediglich freundschaftliche Gefühle, ohne zunächst an eine Verlobung oder gar Ehe mit ihr zu denken.

Wodurch fühlte sich Ludwig zur Verlobung mit Sophie gedrängt?

Die ständigen Zusammenkünfte ihrer Tochter Sophie mit dem König in Possenhofen und der rege Briefverkehr zwischen beiden erschienen bereits im Sommer 1865 Sophies Mutter, der Herzogin Ludovica, angeblich kompromittierend. Sie wollte nicht, dass Sophie als Gespielin des Königs ins Gerede kam und sprach diesbezüglich den König bereits am 12. August 1866 an. Ludwig fühlte sich vor den Kopf gestoßen. »Liebe Cousine!«, teilte er Sophie mit: »Wie schauderhaft misslungen war mein gestriger Besuch, wie unangenehm die Unterbrechung. Der Eindruck, den ich erhielt, war für mich ein so fataler, dass ich wahrscheinlich im ganzen heurigen Sommer nicht wieder [nach Possenhofen] hinüber kommen werde – sage das aber niemand! Um Eines ersuche ich Dich noch, zweifle deshalb nicht an meiner treuen und aufrichtigen Freundschaft für Dich. Es tut mir wirklich leid, Dich jetzt längere Zeit nicht mehr zu sehen, aber unter den gegebenen Umständen ist mir das Kommen sehr verleidet. Dir, liebe Cousine, von ganzem Herzen einen vergnügten Sommer und guten vergnügten Landaufenthalt wünschend, bleibe ich zeitlebens Dein treuer Vetter Ludwig.«[87] Doch der Sommer wurde für beide alles andere als vergnügt.

Ludovica beauftragte Sophies Bruder Karl Theodor, die Beziehung der beiden zu klären. Doch der entdeckte bei Ludwig keine Heiratsabsichten. Daraufhin bat Ludovica den König, die häufigen Besuche und den brieflichen Verkehr mit Sophie einzustellen, weil unklar sei, ob er ernste Absichten habe. Vielleicht war dies auch nur ein taktisches Vorgehen Ludovicas, um den König auf diese Weise dazu zu bewegen, sich möglichst bald zu äußern, ob er sich mit Sophie zu verloben gedenke. Ludwig aber war schockiert. Es erboste ihn, dass Sophies Mutter »in ihrer plumpen, ungeschickten Art« dachte, »es wären gewöhnliche Liebesbriefe, dass es sich um

[86] Bayerische Staatsbibliothek, Autogr. Cim. Ludwig II. V. B. 19/A/70/475

[87] Schad, Martha: Romanzen auf der Roseninsel, Rosenheim 2005, S. 43f. (künftig: Schad-Roseninsel)

rein geistige Beziehungen handelte, konnte sich dieser Drache nicht denken, denn so sind nun einmal all diese beschränkten Menschen, an alles Erhabene legen sie ihren eigenen kurzen Maßstab an«.[88]

Am 19. Januar 1867 teilte er Sophie mit: »Meine liebe Sophie! Schwer kommt es mich an, diese Zeilen an Dich zu richten, aber ich halte es für meine Pflicht, gerade jetzt Dir zu schreiben. – Schmerzlich ist es mir, sollten Wir wirklich von nun an Unsern schriftlichen Freundschaftsverkehr auf immer unterbrechen, denn (wie ich es Dir zu wiederholten Malen in meinen Briefen versicherte) nie wirst Du aufhören, mir theuer zu sein, zeitlebens werde ich Dir die aufrichtigen und innigen Gefühle meiner treuen Freundschaft bewahren. Oh, habe keinen Groll im Herzen, liebe Sophie, höre meine Bitte und bewahre mir ein gutes Andenken in Deinem Herzen, entziehe mir Deine Freundschaft nicht, oh, sie tut mir so wohl. [...] Du nahmst so herzlichen, so wahren und aufrichtigen Antheil an meinem Geschicke, liebe Sophie, daß ich Dir dafür innig dankbar sein werde, mein Leben lang. Der Hauptinhalt Unseres Verkehrs war stets, Du wirst es mir bezeugen, R. Wagners merkwürdiges, ergreifendes Geschick. – Oh, zürne mir nicht, sende mir einige freundliche Zeilen, die mir beweisen, daß Du mir gut bleibst, bedenke, Dein Freund hat vielleicht nur mehr wenige Jahre zu leben, soll seine karg bemessene Lebenszeit ihm durch den qualvollen Gedanken verbittert werden, daß eines von den wenigen Wesen, die ihn verstanden, denen er teuer war, ihn nunmehr im Stillen haßt? Oh, das verdiene ich nicht, ich darf es kühn sagen. – Lebe wohl, meine liebe Sophie; willst Du es, so schreibe ich nie wieder, lebe glücklich und gedenke mein. – In inniger Freundschaft Dein treuer, aufrichtiger Vetter Ludwig.«[89]

Insgeheim war der König sehr enttäuscht, dass der Kontakt mit Sophie so enden sollte. In einem undatierten Brief schrieb er seinem Bruder Otto: »Elsa [Sophie] will mir gar nicht aus dem Sinn und ich glaube nun fast, daß es nicht mehr lange dauern wird, bis aus dem Gefühle treuer und aufrichtiger Freundschaft, das ich für sie im Herzen trage, wahre Liebe wird und mir der Gedanke kommt, sie als meine Gattin zu sehen. Für unmöglich halte ich es nicht!

Tröste und beruhige sie vollkommen und sage ihr, daß du glaubst, meine Zuneigung wandle sich in Liebe. [...] Sollte es überhaupt möglich sein, daß eine Frau mich glücklich machen könnte, so wäre sie die Einzige und keine

[88] Schad-Cosima-Briefe, S.436f.

[89] Hacker-Augenzeugenberichte, S. 138f.

andere […].«[90] Ludwig, der in Sophie also nicht verliebt war, hoffte, dass aus seiner Freundschaft zu ihr doch noch Liebe würde.

Warum konnte sich Ludwig die Verlobung mit Sophie nun doch vorstellen?

Ludwig ließ sich, gedrängt durch das Verhalten von Sophies Mutter und »aus Rührung und wirklich aufrichtigem Mitleiden für ihre [Sophies] unglückliche Lage […] zu dem unüberlegten Schritt der Verlobung hinreißen«,[91] wie er später gestand.

Vielleicht erinnerte er sich dabei auch an seine Verehrung für Kaiserin Elisabeth, die für ihn unerreichbar war. Zwischen den Schwestern gab es eine äußerliche Ähnlichkeit, die Sophie für den König anziehend und damit gleichsam zu einem Ersatz für Elisabeth machte.

Ebenso ist nicht auszuschließen, wenn auch nicht belegt, dass Ludwig von Sisi, die mit Kaiser Franz Joseph verheiratet war und daher als Königin von Bayern nicht infrage kam, ihren Cousin Ludwig womöglich mit entsprechenden Andeutungen auf den Gedanken brachte, ob nicht möglicherweise ihre Schwester Sophie die geeignete Lebensgefährtin für ihn sein könnte.

Angeblich habe, nach Aussage des Stiftpropsts Ignaz Döllinger, sogar Sophie selbst Ludwig mit dem Hinweis zur Verlobung gedrängt, er möge sie gegen ihre Mutter schützen, die sie zur Heirat mit einem anderen, ihr nicht genehmen Mann, drängen wolle. Damit war Ludwig Viktor, der 1842 geborene Bruder des österreichischen Kaisers gemeint, der von Sophies Eltern ursprünglich als Ehemann für sie vorgesehen war, von ihr aber vehement abgelehnt wurde. Auch Herzog Philipp von Württemberg und Prinz Louis von Portugal waren schon einmal als mögliche Ehemänner für sie diskutiert worden.

Es werden auch andere Personen genannt, die den Anstoß zur Verlobung Ludwigs II. mit seiner zwei Jahre jüngeren Cousine Sophie gegeben haben könnten. So hätten, laut Gottfried von Böhm, die beiden damals engsten Freunde des Königs, Fürst Paul von Thurn und Taxis und Oberststallmeister Maximilian Graf von Holnstein, durch ihre Heirat den König angeregt, es ihnen gleich zu tun.[92] Graf Holnstein hatte im Mai 1866 Maximiliane von

[90] Böhm, S. 392; Hacker-Augenzeugenberichte, S. 139

[91] Schad-Cosima-Briefe, S. 437

[92] Böhm, S. 393

Gumppenberg geheiratet und Fürst von Taxis hatte Ende 1866 eine Liaison mit der Sopranistin Elise Kreuzer, die von ihm schwanger wurde. Doch gerade der Umgang des Fürsten mit dieser Frau führte nachweislich zum Zerwürfnis und schließlich zum Bruch mit dem König.

Des Weiteren wird Ludwigs Entscheidung zur Verlobung mit Sophie wohl auch folgende Tatsache beeinflusst haben. Gleich nach seinem Regierungsantritt war der junge König immer wieder von verschiedenen Seiten gedrängt worden, sich unter den infrage kommenden Prinzessinnen nach einer passenden Königin umzusehen, was ihm nicht sonderlich behagte. »Halten Sie es denn auch für so dringend, daß ich heirate«, fragte er 1866 seinen Justizminister Eduard von Bomhard. Der antwortete, »daß es im Interesse des Königshauses und Landes liege, die Verheiratung nicht zu lange hinauszuschieben [...]«. Doch Ludwig meinte: »Zum Heiraten habe ich überhaupt keine Zeit. Dies kann der Otto [mein Bruder] besorgen.«[93] Von 1864 an, als er König geworden war, bis Ende 1866 schob Ludwig II. seine Heirat vor sich her. Diesbezüglich wurde er sogar von seinem Großvater Ludwig I. unterstützt, der ihn warnte, sich zu früh zu binden: »Ist man in Deinen Jahren noch viel zu jung, eine Ehe einzugehen, so wäre es bei Deinem ausnehmend schnellen Wachstum nur umso mehr für deine Gesundheit bedenklich.« Er solle sich erst dann zu einer Heirat entscheiden, wenn er »mehrere Prinzessinnen gesehen« habe. »Es handelt sich um Dein häusliches Glück für die Dauer Deines ganzen Lebens, darum nicht schnell, erhalte Dir freie Hand!«[94]

Zunächst folgte Ludwig II. dem Rat seines Großvaters. Doch dann schien er aus den erwähnten Gründen zu einem diesbezüglichen Gesinnungswandel zu kommen.

Wann fand die Verlobung mit Sophie statt?

Auch wenn der König am 5. Januar 1867 in einem Brief an Cosima schreibt, dass »Sophie eine treue, theilnehmende Seele voll Geist [ist], ihr Loos hat eine gewisse Ähnlichkeit mit dem meinigen, wir Beide leben in Mitte einer Umgebung die uns nicht begreift und falsch beurtheilt, wir leben wie auf einer Oase im Sandmeer der Wüste«, so war es für alle, womöglich sogar für Ludwig selbst, eine Überraschung, als zwei Wochen später Unerwartetes geschah.

93 Böhm, S. 390f.

94 Schad-Roseninsel, S. 33f.

Am Abend des 19. Januar waren sich Ludwig und Sophie auf dem Hofball in der Residenz begegnet und zwei Tage später auf einem Ball im Hotel Bayerischer Hof am Promenadeplatz. Der König war von ihrer Erscheinung derart beeindruckt, dass er zu seiner Umgebung bemerkte: »Es waren heute viele schöne Damen da, aber es war doch keine so schön wie meine Cousine Sophie.«

An diesen beiden Tagen fasste der König nun endgültig den Entschluss, sich mit Sophie zu verloben. Noch in der Nacht schrieb er an »meine geliebte Sophie! Die Knospe, die unbewußt (als Freundschaft) in meiner Seele keimte, ist aufgegangen, ist Liebe zu dir, meine theure Sophie, innige, aufrichtige, ungetheilte Liebe! Die Katastrophe der letzten Tage, die durch deine Mutter u. Gackel [Sophies Bruder Karl Theodor] herbeigeführt wurde, war nicht zum Unheil, wie es Anfangs den Anschein hatte, o nein, denn ich lernte nun die Tiefe u. Wahrheit meiner innigen Liebe zu dir recht erkennen, wie klopfte mein Herz, als ich dir heute begegnete! Was ich damals, als ich noch kaum das Knabenalter verlassen hatte, als Kronprinz zu dir sprach (dir andeutete) wiederhole ich nun klar u. bestimmt als Mann u. König: ›Ich liebe dich u. schwöre dir Treue.‹ […] Willst du meine Gattin werden? Genossin meines Thrones? Königin von Bayern? Ich glaube fest u. sicher: Wir werden miteinander glücklich werden. Denken wir nicht an jenes finstere Geschick, es tritt vielleicht nie ein, vielleicht wendet es ein gütiger Gott von meinem Haupte. – O schreibe mir bald … Ich schließe mit den Worten, die Siegfried (in Wagners neuestem Werke) seiner Brunhilde zuruft: O Heil der Mutter, die mich gebar, Heil der Erde, die mich genährt, daß ich das Auge erschaut, das jetzt mir Seligen strahlt. – Treu u. innig liebend, Dein Ludwig.

Mchn. am 22 tn Jan., Nachts zwischen 12 u. 1 Uhr. – 1867.«

Gleich am frühen Morgen des 22. Januar erschien Ludwig bei seiner Mutter und bat sie, bei Tante Ludovica für ihn um die Hand ihrer Tochter anzuhalten. Schon um 9 Uhr kam das »Ja« von der herzoglichen Familie. Wenige Stunden später wurde von ihm selbst in großer Erregung bei der Hoftafel die Verlobung mit Sophie bekannt gegeben und bereits am Abend geleitete Ludwig anlässlich einer Vorstellung im Hoftheater zusammen mit seiner Mutter seine Braut aus der Herzogsloge in die Königsloge. Damit wusste es ganz München und Bayern, der König will – endlich! – heiraten.

Wie sich Ludwig später selbst gestand, war es jedoch nicht wahre Liebe zu Sophie, sondern lediglich Mitleid mit ihr, aber auch mit sich selbst. Sie hatte ihm geklagt, dass es ihr das Herz zerreißt, wenn sie sich nie wieder sehen dürften – für ihn ein Beweis wahrer Liebe! – und auch ihm selbst tat die Trennung in der Seele weh. Und so ließ er sich, wie er später selbst notierte, »hinreißen um Deine Hand zu werben«.

Natürlich unterrichtete der König auch Richard Wagner, aber nicht mit den banalen Worten: »Ihnen, lieber Wagner, teile Ich mit, dass ich mich verlobt habe«, sondern wie folgt: »Dem theuren Sachs teilt Walther selig mit, dass Siegfried seine Brünnhilde fand.«

Der Vermählungstag wurde zunächst auf den 25. August 1867, den Geburtstag der königlichen »Ludwige«, festgesetzt. Das sollte aber nicht so bleiben.

Wann empfand Ludwig Unbehagen gegen die Verlobung?

Ludwigs Euphorie über die Verlobung mit Sophie hatte nur kurze Zeit Bestand. Schon am 27. Januar stellte er brieflich die Frage: »Meine geliebte Sophie! Kaum waren wir nach dem Theater in die Zimmer zurückgekehrt, als meine Mutter mir sagte, sie hätte durch Deine Mama gehört, daß Du Dich einer Dame gegenüber geäußert haben sollst (sie meinte, gegen Tante) als glaubtest Du, ich liebte Dich nicht wahrhaft, als könnte etwas dazwischen kommen. – Aber, liebe Sophie, zweifelst Du also an meiner innigen treuen Liebe zu Dir, das thut mir leid, wirklich von Herzen leid. – Ich hoffe, die Sache beruht nur auf einem Mißverständnis von Seiten Deiner Mutter. – Was soll ich glauben!? Nun, von Herzen gute Nacht, meine liebe Sophie, mit tausend herzlichen Grüßen Dein treuer Ludwig.«[95]

Am 28. Januar dann folgender Brief: »Meine theure Sophie! Eben schlug es 1 Uhr; doch es drängt mich, dir zu sagen, daß ich mich durch das gegenseitige Getratsch unserer Mütter niemals werde irre machen lassen; unser Glück ist viel zu fest gegründet, als daß es durch solches Gerede könnte getrübt werden. Aber warum auch dieses ewige Einmischen und Schwätzen unserer Mütter? – Wie lästig und unangenehm; doch weg damit; die Hauptsache ist, Wir lieben Uns wahrhaft und innig und diese Liebe ist fest in unsern Herzen gewurzelt. – Nun gute Nacht. Hoffentlich schläfst Du besser, als Du vermuthest. Wie freue ich mich, Dich bald wieder zu sehen. – Schlaf süß, theuerer Engel, gedenke in Liebe Deines treuen Ludwigs.«[96]

Wie diese Zeilen zeigen, wollte der König die Liebe zu Sophie mit Gewalt herbeireden und das immer wieder.

[95] Böhm, S. 397
[96] Ebd., S. 398

Am 17. Februar dann folgendes Schreiben an Sophie: »Meine liebe Elsa! Meinen wärmsten Dank für Dein gestriges liebes Briefchen, vollkommen kann ich Dich beruhigen über Deinen am Schlusse Deines Billets ausgesprochenen Zweifel. Von allen Frauen, welche leben, bis Du mir die theuerste, von den Verwandten Wilhelm [Prinz von Hessen], von meinen Unterthanen ist mir Künsberg [Major und Kämmerer] einer der liebsten, der Gott meines Lebens aber ist, wie Du weißt, R. Wagner. [...] Tausend herzliche Grüße von Deinem treuen Heinrich, den 17. Februar 1867.«[97]

Zu Sophies 20. Geburtstag am 22. Februar 1867 richtete der König ihr zu Ehren ein Familiendiner aus. Fünf Tage später, am 27. Februar 1867, fand denn der Verlobungsball des Königs mit 750 Gästen aus den verschiedensten Ständen und Vertretern der unterschiedlichsten Presseorgane im Gebäude des Bayerischen Außenministeriums statt, bei dem die Braut dem gesamten Hofstaat vorgestellt werden sollte. Dann der erste Skandal! Um 21 Uhr erschien der König. Doch bereits gegen 22 Uhr erkundigte er sich bei Justizminister von Bomhard nach der Uhrzeit und fragte, ob er wohl noch vor Ende des Schiller-Dramas »Maria Stuart« ins Theater kommen werde. Da die Zeit ausreichte, verschwand er und fuhr in einer Kutsche in schnellem Tempo zum Hoftheater. Er ließ die Braut, vermutlich sogar ohne sich von ihr zu verabschieden, alleine zurück. Den Brauteltern und allen Anwesenden verschlug es vor so viel Unverfrorenheit die Sprache. Nach dem Ende der Vorstellung kehrte der König nicht zum Verlobungsball zurück, sondern begab sich nach Schloss Berg.

Bemerkenswerterweise fiel bei diesem Fest, dem der badische Gesandte Robert von Mohl »eine unbehagliche Atmosphäre« bescheinigte, auch die Braut unangenehm auf. »Das schöne Gesicht hatte einen Zug von Härte und Kälte, der sich selbst dann nicht verlor, wenn der König freundlich auf sie zutrat und sie anredete.«[98] Verhält sich so ein glückliches Paar etwas mehr als einen Monat nach Bekanntgabe der Verlobung?

Die Braut schien nun für den König zur Nebensache zu werden. Als seine Mutter Anfang April eine Reise nach Rom plante, um dort das Osterfest zu erleben, wollte sie Ludwig begleiten, eigenartigerweise ohne seine Braut. Am 31. Mai reiste er mit seinem Bruder Otto nach Eisenach, um die Wartburg zu besichtigen, wieder ohne seine Braut. Und am 20. Juli lockte ihn die Weltausstellung nach Paris, wo er sich am 23. Juli mit Napoleon III.

[97] Ebd.

[98] Böhm, S. 394

traf. Statt sich um seine Braut zu kümmern, bemühte er sich, ihr aus dem Weg zu gehen. Besuche bei ihr in Possenhofen fanden nur alle 14 Tage statt. Ihm wurde klar, mit der Verlobung voreilig gehandelt zu haben. Vor seiner Mutter verlor er einmal sogar die Beherrschung und »weinte schrecklich«. Dabei vertraute er ihr an, dass er mit Sophie »nur in Engelsehe zu leben vorhabe«. Sein Hofsekretär Lorenz von Düfflipp hörte ihn einmal stöhnen: »Lieber spring ich in den Alpsee ... [als zu heiraten].« [99] Die drohende Hochzeit, die er mittlerweile zu verschieben gedachte, bedrückte ihn wie eine »lebensgefährliche Krankheit«. Sein Leibarzt sollte ihm ein Zeugnis mit der Erklärung ausstellen, dass er überhaupt nicht heiraten könne.

Am 1. August, so beobachtete Franz Liszt, saß der König während einer »Tannhäuser-Aufführung« ganz allein in seiner Mittelloge, während Sophie in der herzoglichen Seitenloge Platz genommen hatte. Nur in der Pause zeigte sich Ludwig ganz kurz mit ihr. Was war seit Beginn der Verlobung eigentlich geschehen, fragten sich viele, von denen die wachsende Distanz des Königs zu seiner Braut beobachtet wurde.

Seit wann hatte Sophie eine Beziehung zu einem anderen Mann?

Wer jetzt glaubt, dass wenigstens Sophie glücklich war, mit dem bayerischen König verlobt zu sein, der irrt. Unmittelbar nach ihrer Verlobung begegnete sie nämlich einem ganz anderen Mann, in den sie sich unsterblich verliebte. Ihr Herzblatt hieß Edgar Hanfstaengl (1842–1910) und war ein blendend aussehender junger Herr von 25 Jahren, mit dem Sophie nun in den folgenden Monaten eine heftige Liebesaffäre hatte, auch wenn sich beide wegen des gravierenden Standesunterschieds von Anfang an der Aussichtslosigkeit ihrer Liebe bewusst waren. Sophie hatte nur noch Edgar im Kopf, wie mehrere erst 1980 entdeckte und erstmals 1986 veröffentlichte Briefe[100] belegen, in denen sie dem Angebeteten etwa versicherte: »Ich möchte in deinen Armen sterben und mein Name soll verklingen – die Welt soll vergessen, daß eine bayerische Königsbraut gelebt! Ich küsse dich tausendmal, vergiß mich

[99] Ebd., S. 398

[100] Fünf Liebesbriefe, die Prinzessin Sophie zwischen Juli und September 1867 an Edgar Hanfstaengl schrieb, wurden 1980 von Edgar Hanfstaengls Tochter Erna in einem Umschlag mit der Aufschrift: »Ungelesen verbrennen!« an den Münchner Journalisten Heinz Gebhardt zur Veröffentlichung übergeben. Er publizierte sie in seinem Buch: König Ludwig II. und seine verbrannte Braut. Unveröffentlichte Liebesbriefe Prinzessin Sophie's an Edgar Hanfstaengl, München 1986. Alle im Folgenden zitierten Briefe Sophies finden sich bei Gebhardt.

nicht – o wenn du wüsstest …! S.C. [Sophie Charlotte]«

Edgar Hanfstaengl war der Sohn des weithin bekannten und hoch angesehenen Münchner Fotografen Franz Hanfstaengl. Er hatte eine Ausbildung als Handelskaufmann in London und Stettin absolviert und war sogar einige Zeit als Teehändler in China aktiv gewesen. Zu Franz Hanfstaengl kam am 25. Januar, also drei Tage nach ihrer Verlobung, Prinzessin Sophie, um sich von ihm fotografieren zu lassen. Bei diesen Aufnahmen assistierte ihm sein Sohn Edgar, in den sich Sophie wohl zu diesem Zeitpunkt verliebte.

Manche sind allerdings der Ansicht, es sei nicht auszuschließen, dass Sophie und Edgar sich bereits früher begegnet seien, da sein Vater Franz Hanfstaengl zum Bekannten- und Freundeskreis von Sophies Vater Herzog Max gehörte. Vielleicht habe Sophie bereits damals ein Auge auf den jungen Mann geworfen, denn König Ludwig hatte ihr gegenüber ja stets nur freundschaftliche Gefühle, wie er immer betonte, die sich erst am 19. Januar 1867 geradezu blitzartig in angebliche Liebe wandelten und zur Verlobung führten. Es sei höchst unwahrscheinlich, dass nur diese eine Begegnung zwischen der mit dem König verlobten Sophie und Edgar am 25. Januar ausgereicht habe, um jene große Liebe zu entfachen.

Sophies Nichte, Gräfin Marie von Wallersee-Larisch, behauptete in ihren Memoiren, dass »dank den Intrigen der Hofpartei, der die Partie [gemeint ist Sophies Verlobung mit Ludwig II.] ein Dorn im Auge war«, die Verlobung zum Scheitern gebracht worden sei. »Der Oberststallmeister Graf Holnstein, ein sehr hübscher Mann, der des Königs Vertrauen und Freundschaft besaß, ließ sich als Werkzeug der Hofpartei gebrauchen und überreden, die Prinzessin zu einer Liebelei zu verlocken, um des Königs Eifersucht zu erregen. Der Hoffotograph wurde in den Plan eingeweiht und nahm heimlich einige sehr ›zärtliche‹ Photographien des Grafen und der Prinzessin auf, die dem König von den üblichen ›guten Freunden‹ mit dem natürlichen Erfolg gezeigt wurden, daß Ludwig den tiefsten Argwohn gegen seine Braut schöpfe.«[101] Diese Variante der Gräfin Wallersee, nach der die Verlobung durch eine Hofintrige mit Hilfe des Grafen Holnstein hintertrieben worden sei, der Sophie »zu einer Liebelei verlockt habe«, wird heute allerdings nicht mehr ernst genommen.

[101] Wallersee, Marie Freiin von: Meine Vergangenheit, Berlin 1913, S. 113

Warum ging Sophie dann die Verlobung überhaupt ein und löste sie nicht sofort wieder?

Sophie reagierte sicher überrascht, als Ludwigs Mutter Marie für ihren Sohn bei Ludovica um ihre Hand anhielt, hatte er doch zuvor nur stets freundschaftliche Gefühle ihr gegenüber geäußert. Ludovica sagte natürlich zu. Schon Sophies Schwester Elisabeth äußerte, als Kaiser Franz Josef um ihre Hand anhielt: »Zu einem Kaiser sagt man nicht nein.« In ähnlicher Weise dachten wohl auch Ludovica und ihre Tochter Sophie: »Dem König von Bayern gibt man keinen Korb«, wenn er um die Hand anhält. Fehlte Sophie etwa der Mut, zu gestehen, dass sie in einen anderen und dazu noch einen bürgerlichen Mann verliebt war? Was hätte das für einen Skandal verursacht?

Vermutlich sind nicht mehr alle Briefe Sophies an Edgar erhalten. Vielleicht musste er die ersten Schreiben Sophies unmittelbar nach der Lektüre wieder zurückgeben, damit sie vernichtet werden konnte oder sie auch selbst beseitigen. Wann die ersten Treffen zwischen den beiden stattfanden, lässt sich deshalb nicht nachweisen. Doch sicher fand nicht erst am 27. Juni 1867 das erste Date im Hochschloss Pähl, dem Landsitz der Familie Hanfstaengls, statt, das durch einen Brief von Sophies Hofdame Nathalie Sternbach an ihre Freundin Antonie von Kaan, einer weitläufigen Cousine Edgar Hanfstaengls belegt ist.

Der erste von den heute noch fünf erhaltenen Briefen Sophies an Edgar Hanfstaengl trägt das Datum 23. Juli 1867. Darin seufzt die Prinzessin: »Theurer, Liebster Freund! Wie glücklich war ich als mir Natalie heute Ihren Brief überreichte. […] Hoffnung gibt es keine für uns. Was bleibt uns – Entsagen. Mit Schauder blicke ich in die Zukunft, der Tag meiner Trauung steht wie ein schwarzer Schatten vor meiner Seele, ich möchte entfliehen vor dem unbarmherzigen Schicksal! Warum musste ich dich kennen lernen nun da meine Freiheit in Fesseln geschlagen ist? – Ich liebe Dich so innigst, mein Edgar, wenn Du bei mir bist, da kann ich es Dir nicht so sagen, wie tief dein liebes Bild in meinem Herzen ruht, dass ich so schmählich alle Pflichten gegen meinem armen König vergaß! Leben Sie wohl! Lebwohl mein Edgar – ich komme morgen auf wenige Stunden in Geschäften in die Stadt. Könntest Du bis ½6 Uhr in das Palais kommen, bitte nicht früher, weil bis zu dieser Stunde Leute bei mir sind. Mit dem letzten Zuge fahre ich wieder hierher. Die Zeit ist wohl kurz gemessen, aber wir müssten damit zufrieden sein. Deine S.C. Vergiss mich nicht!«

Wann auch immer die Beziehung ihren Anfang nahm, ob bereits einige Zeit vor der Verlobung mit dem König oder unmittelbar danach, sie hätte von

Sophie redlicher Weise entweder sofort offenkundig gemacht werden müssen, andernfalls blieb nur noch die Geheimhaltung. Nur Sophies Hofdame Baronin Nathalie Sternbach und deren Freundin Antonie von Kaan waren eingeweiht und unterstützten die heimlichen Treffen von Sophie und Edgar auf dem der Familie Hanfstaengl gehörenden Schloss Pähl am Ammersee, im herzoglichen Palais an der Münchner Ludwigstraße und in Edgars Wohnung in der Kanalstraße. Trotz Geheimhaltung wurde der stadtbekannte Edgar Hanfstaengl sicher von Dienern und anderen Personen gesehen, wie er mehrfach im herzoglichen Palais verschwand, das er erst nach einiger Zeit wieder verließ. Schon bald tauchten entsprechende Gerüchte auf und es ist nicht auszuschließen, dass sie auch dem König zu Ohren kamen.

Wusste Ludwig von Sophies Affäre mit Franz Hanfstaengl?

Der Ludwig-Biograf Friedrich Lampert glaubte, dass der König von dem Treuebruch seiner Braut Kenntnis hatte. Davon »blieb seinem Herzen ein Stachel eingedrückt«. Auch Max Koch spricht in seiner Wagner-Biografie von der »so wenig würdigen Braut«. »Die Waage«, meint er, »neigt sich ganz wesentlich zu Ludwigs II. Gunsten, wenn er die fürchterliche Enttäuschung der Untreue seiner Braut erleiden mußte und dann doch ritterlich den Anschein der Schuld der Auflösung der Verlobung auf sich nahm.« Nach Kochs Überzeugung seien auch durch moralische Rettungsversuche der Herzogin Sophie die Beschuldigungen über deren anstößige Beziehungen zu dem schönen Fotografen H. nicht aus der Welt zu schaffen.[102]

Über den Zeitpunkt, wann Ludwig II. Kenntnis erhielt, gibt es allerdings unterschiedliche Ansichten. Manche nehmen sogar an, dies sei womöglich erst zum Zeitpunkt der Auflösung der Verlobung im Oktober gewesen. So schrieb der König am 11. Oktober 1867 an Düfflipp: »[…] sorgen Sie dafür, dass der Hauptspektakel vermieden werde; man soll erfahren, dass mit Einverständnis beider Teile die Sache rückgängig gemacht wurde.« Manche vermuten, erst eine Anspielung im Brief des Königs vom 16. März 1868 an Wagner deute darauf hin, dass Ludwig von Sophies Affäre schon vor Beendigung der Verlobung gewusst habe. Darin heißt es: »O, mein Freund, rosig erschien mir damals die Welt, edel die Menschen; ich habe seitdem so unsäglich bittere Erfahrungen gemacht, daß es mir ganz unmöglich wurde, diese namenlos elende Welt mit Liebe zu umfassen; ich musste mich abgestoßen fühlen durch diese teuflischen Seelen, als Ich sie erkannte […].«

[102] Siehe zu Lampert, Wolf, Koch die Ausführungen in Böhm, S. 402ff.

Vielleicht wollte der König, für den ein Treueversprechen zeitlebens doch einen extrem hohen Stellenwert besaß, den Gerüchten zunächst keinen Glauben schenken. Doch sicher quälte ihn diese Nachricht, auch wenn er, wie es scheint, seltsamerweise kaum ein eifersüchtiges Verhalten zeigte.

Wie reagierte Ludwig auf Sophies Untreue?

Am 6. Mai 1867 kam es dann zu einer Art Treuebruch von Seiten Ludwigs. An diesem Tag versicherte er nämlich Richard Hornig seine tiefe Zuneigung, wie aus einem späteren Schreiben des Königs an seinen Stallmeister hervorgeht, »daß wir uns an jenem seligen 6ten Maitag 1867 kennen lernten, um uns nie mehr zu trennen, und nie von einander zu lassen bis zum Tode«. War dies womöglich Ludwigs Reaktion auf Sophies Untreue?

Erwähnenswert ist in diesem Zusammenhang auch die Beziehung des Königs zur Hofschauspielerin Lila von Bulyowsky, die ihn in der Rolle der »Maria Stuart« begeistert hatte. Der Kontakt zu ihr bestand seit Mai 1866, war zeitweise durchaus intensiv und dauerte länger als die Verlobung mit Sophie, nämlich sechs Jahre, bis ins Jahr 1872. Auch während der Verlobungszeit verzichtete der König nicht auf Lilas Gesellschaft und begegnete ihr auf der Roseninsel an Tagen, an denen er sich auch mit Sophie traf, der jedoch der starke Rosenduft zur Blütezeit nicht besonders behagte. »[...] neulich aß Fr. v. Bulyowsky auf der Roseninsel mit mir zu Mittag, was sehr unterhaltend war«[103], schrieb er am 8. August 1867 seinem Cousin Prinz Wilhelm von Hessen-Darmstadt.

Lediglich nach außen hin wahrte Ludwig weiterhin den Anschein eines willigen Bräutigams und die Hochzeitsvorbereitungen nahmen ihren Gang. So wurden in der Münchner Residenz die Hofgartenzimmer für die königliche Braut, die weit entfernt von den seinen lagen, in standgesetzt. Gedenkblätter mit dem Doppelporträt des Brautpaars wurden gedruckt und Silbermedaillen mit dem Bildnis beider geprägt. Eine goldprunkende Hochzeitskutsche für eine Million Gulden wurde in Auftrag gegeben, ebenso ein prächtiger Hermelinmantel für die Braut.

Bei den immer seltener werdenden Kontakten zu Sophie, oft bei Besuchen des Königs zu nachtschlafender Zeit in Schloss Possenhofen, kam es allenfalls zu einem brüderlichen Küsschen auf die Stirn der Braut. Der Name »Elsa«, den Ludwig in seinen Briefen Sophie gab, während er sich selbst den »treuen Heinrich« nannte, ist verräterisch: Elsa steht im »Lohengrin« nämlich als Symbolfigur für glückszerstörenden Wortbruch und Versagen in der Liebe.

[103] Seitz-Briefwechsel, S. 225

Mitte August traf sich Sophie erneut mit Edgar im Herzog-Max-Palais in München. Am 18. August 1867 stellte Ludwig am Münchner Hauptbahnhof dem Kaiser der Franzosen, Napoleon III., und dessen Gemahlin Eugénie seine Braut vor, ließ sie aber auf dem Bahnhof stehen und begleitete das Kaiserpaar, das nach Salzburg zum Kaiser von Österreich unterwegs war, alleine bis nach Rosenheim. Von dort begab er sich nach Hohenschwangau, wo er kurz darauf mit der Königinmutter – wieder ohne Sophie – seinen 22. Geburtstag feierte.

Die Begegnungen zwischen Ludwig und Sophie verliefen zunehmend frostiger. Niemand war je Zeuge einer liebevollen Umarmung oder eines innigen Kusses. Als Sophie den König nach monatelanger Verlobung einmal auf den Mund küsste[104], soll diese Aktion beinahe zum Bruch geführt haben. »Du hast so schöne Augen«, war das stereotype Kompliment, das Sophie zu hören bekam. Immer mehr nervte es ihn auch, dass während seiner Besuche bei Sophie stets Nathalie von Sternbach als Anstandsdame in Hörweite anwesend war, damit das Treffen schicklich ablief. Als der König einmal unerwartet des Nachts mit der Königinnenkrone erschien und Sophie zu einer lang dauernden und umständlichen Probe nötigte, schien auch die Braut eine ungute Ahnung zu beschleichen. Nachdem er fort war, fiel sie ihrer Hofdame Nathalie von Sternbach weinend um den Hals und rief: »Er liebt mich nicht, er spielt nur mit mir.«

Was wahre Liebe ist, wusste sie von ihrem Edgar. Und hatte der König Sophies Stellenwert in seinem Leben nicht längst unmissverständlich mit den an sie gerichteten Worten verdeutlicht, sie sei ihm zwar von allen lebenden Frauen die teuerste, »der Gott meines Lebens aber ist, wie Du weißt, R. Wagner«. Sein schlechtes Gewissen ihr gegenüber versuchte er mehrfach mit riesigen Blumenbouquets und Geschenken an sie zu beruhigen. Einladungen in den Wintergarten, die er früher an sie und ihre Mutter gerichtet hatte, unterblieben inzwischen.

Warum wollte Ludwig die Heirat mit Sophie fortwährend verschieben?

Wenn es stimmt, dass Ludwig spätestens seit Mai 1867 ahnte oder gar wusste, dass Sophie eine Beziehung zu einem anderen Mann hatte, wäre es nicht verwunderlich gewesen, wenn er die Verlobung schlagartig beendet hätte. Doch zu Ludwigs Wesen passte es eher, dass er sich verletzt zurückzog, sich von seiner Braut distanzierte und zunächst nicht aufbegehrte.

[104] Eulenburg-Hertefeld, S.68f.

Sophie schien mittlerweile ernsthaft an eine Trennung zu denken, um danach der von ihren Eltern ehemals angedachten Verlobung mit Ludwig Viktor, dem Bruder des österreichischen Kaisers, zuzustimmen. Ludwig reagierte sofort und schrieb ihr am 15. August 1867: »Wie traurig wäre es, wenn Du wirklich in Kürze von mir scheiden wolltest; ganz unbegreiflich, dass Deine Eltern Ludwig Viktor noch nicht verschmerzen können.«[105]

In der Folge verschob Ludwig die für August geplante Hochzeit weiter auf den 12. Oktober 1867, den Hochzeitstag seiner Großeltern und Eltern, was vielen durchaus einleuchtend erschien und schließlich auf den 29. November. Er tat dies womöglich mit Rücksicht auf Sophie, um ihr dadurch Zeit für eine Entscheidung einzuräumen.

Sophies letzter erhaltener Brief an Edgar trägt das Datum 10. September. »Wenn ein Mensch meine Briefe fände – schauerlicher Gedanke«, heißt es darin, »Tausend Grüße Theurer Edgar, aus innig liebendem Herzen. C. [Charlotte Sophie].« Ob nach diesem Zeitpunkt noch ein Treffen der beiden stattfand, ist nicht belegt. Es zeichnete sich nämlich deutlich die Auflösung der Verlobung ab. Nach Ludwigs Dafürhalten sollte das in beiderseitigem Einvernehmen geschehen. Oder wollte er die Initiative dazu gar Sophie überlassen, was diese tatsächlich auch versuchte, glaubt man einer Äußerung der Brautmutter Ludovica.

»Du wirst begreifen«, schrieb sie in einem Brief vom 27. September 1867 an die Mutter des Königs, »daß mich das Verschieben der Hochzeit über die Liebe des Königs für Sophie etwas ängstlich und zweifelhaft machte, umso mehr, da seine Herren Äußerungen gemacht haben, die mich in dieser Sorge noch bestärken. Sie sagten, der König würde lieber erst in einigen Jahren heirathen, er fände, er sei noch zu jung, er möchte noch seine Freiheit genießen, ja sogar, daß es besser wäre, Sophie zu veranlassen, zurückzutreten. Das hat sie vor einigen Tagen getan und ihm schriftlich sein Wort zurückgegeben; er hat es aber nicht angenommen und ist darauf eingegangen, den Hochzeitstag statt auf den 1. Dezember [1867], wie er anfangs wollte, auf die letzten Tage des Novembers festzusetzen [...].«[106]

Warum beendete Ludwig die Verlobung dann doch seinerseits?

In einem Brief vom 4. Oktober teilte Ludovica der Mutter Ludwigs mit, dass ihr genervter Gemahl, Herzog Max, dem König am 3. Oktober ein Ultima-

[105] Schad-Roseninsel, S. 44
[106] Böhm, S. 399

tum gestellt habe: »Das öfter wiederholte Hinausschieben der Hochzeit hat eine für uns ungünstige Stimmung hervorgerufen, und zu so unangenehmem Gerede Anlass gegeben, dass Max sich genöthigt glaubte, dem König zu schreiben, dass, da es sich nicht länger mit Sophiens Ehre vertrüge, er den König unterthänig bitten müsse, entweder den Termin in den letzten Tagen des November einzuhalten, oder das vor mehr als 8 Monaten gerichtete Verlangen um Sophiens Hand als ungeschehen betrachten zu wollen.«[107]

Ludwigs Mutter, durch diese Nachricht aufgeschreckt, schrieb am 5. Oktober an ihren Sohn: »Soeben von Salzburg kommend finde ich Tante Louisens [gemeint ist Sophies Mutter Ludovica] Brief und bin begierig, was Du Herzog Max antworten wirst; Gott segne die Antwort.« Ludwig war über die ungebührliche Vorgehensweise des Brautvaters ihm gegenüber höchst empört: »Geliebte Elsa!«, teilte er seiner Braut mit, »Dein grausamer Vater reißt uns auseinander. Ewig Dein Heinrich«.[108] Am 7. Oktober 1867 folgte dann der Abschiedsbrief, mit dem er die Verlobung, die 259 Tage gehalten hatte, auflöste:

> »Meine geliebte Elsa!
> Da, wie damals die Verlobung, so nun auch der Vermählungstag durchaus wie eine Treibhauspflanze gewaltsam gezeitigt werden soll, so halte ich es für meine heilige Pflicht, jetzt, da es noch Zeit ist, Dir einige Mitteilungen zu machen. Stets warst Du mir von Herzen wert und teuer, ich hänge an Dir mit inniger, wahrer und aufrichtiger Zuneigung, liebe Dich wie eine teure Schwester [...].
>
> Als wir im vorjährigen Sommer öfters uns schrieben, als ich Dir Beweise meiner Freundschaft, meines Vertrauens gab, drängte Deine Mutter zu einer Entscheidung; sie glaubte, ich hatte Dich betört, denn an ein Bestehen von Freundschaft ohne die eigentliche Liebe glaubte sie nicht; Du erinnerst Dich der Antwort, die ich Dir damals gab und Deiner Mutter durch Gackl [Karl Theodor] erteilen ließ.
>
> Als ich zu meinem tiefen Kummer erfahren mußte, wie unglücklich Dich dieselbe gemacht hat, daß Du fortmüßtest, Wir niemals Uns mehr sehen könnten, wurde ich auf das tiefste ergriffen, gerührt durch diesen Beweis wahrer Liebe, den Du mir gabst; meine Zuneigung für Dich steigerte sich, so daß ich mich hinreißen ließ, um Deine Hand zu werben. Wenn ich nun alle Vorbereitungen zur Hochzeit treffen ließ, mit

[107] Ebd.
[108] Ebd., S. 400

Dir darüber sprach und schrieb, sie hinausschob und doch nicht aufgeben wollte, so geschah dies durchaus nicht, um Dich anzuführen [...].

O nein, hintergehen wollte ich Dich nicht. [...] Ich handelte im festen Glauben, es würde alles zu einem befriedigenden Ende führen. – Ich hatte nun Zeit, mich zu prüfen, mit mir zu Rate zu gehen, und sehe, daß nach wie vor meine treue, innige Bruderliebe zu Dir tief in meiner Seele wurzelt, nicht aber die Liebe, die zur Vereinigung in der Ehe erforderlich ist.

Ich war Dir diese offene Mitteilung schuldig, liebe Elsa; ich bitte Dich um Fortdauer Deiner Freundschaft; wenn Du mir mein Wort zurückgibst und wir voneinander scheiden, so bitte ich Dich, tun wir es ohne Groll und Bitterkeit; behalte – ich ersuche Dich herzlich darum – die Andenken, die Du von mir in Händen hast, und gestatte mir, daß auch ich die von Dir erhaltenen behalte; sie werden mich stets an eine Zeit erinnern, die nie aufhören wird, mir teuer zu sein, und an eine liebe Freundin und Verwandte, für deren Glück, das mir sehr am Herzen liegt, ich täglich Gott bitten werde.

Solltest Du bis etwa in Jahresfrist niemanden gefunden haben, durch welchen Du glaubst, glücklicher zu werden als durch mich, sollte auch dieses bei mir der Fall sein, was ich nicht für ganz unmöglich halte, so können wir uns ja dann auf immer vereinigen, vorausgesetzt, daß Du dann noch Lust dazu hast; doch ist es besser, wenn wir jetzt voneinander scheiden und uns nicht durch ein bestimmtes Versprechen für die Zukunft binden; mißlich bleibt immer das plötzliche Sich-Einmischen Deiner Mutter in unsre Angelegenheit, wie sie im vorigen Winter stand, ich muß es wiederholen. [...]

Möge, dies ist mein innigster Wunsch, der Vater, der über Uns allen wacht, Dich, meine treu geliebte Elsa, das Glück finden lassen, das Du in so reichem Maße verdienst.

Und nun lebe wohl, behalte auch ferner lieb Deinen Dir von Herzen anhänglichen und treuen

Heinrich

(Willst Du so gut sein, Deinen Eltern den Hauptinhalt dieses Briefes mitzuteilen?!)«[109]

[109] Hacker-Augenzeugenberichte, S. 145f.

Sophie brach nach der Lektüre von Ludwigs Entlobungsbriefes in ihrem Zimmer ohnmächtig zusammen.[110] Die Formulierung, wenn Sophie nach einem Jahr »noch niemanden gefunden haben« würde, »durch welchen Du glaubst, glücklicher zu werden als durch mich«, könnte darauf hinweisen, dass Ludwig Kenntnis von der Beziehung zwischen Sophie und einem anderen Mann hatte – vielleicht kannte er sogar den Namen und wusste, dass dies Edgar Hanfstaengl war.

Kaum wurde die Lösung der Verlobung am 10. Oktober in München bekannt gegeben, reagierte die Bevölkerung großenteils mit Unverständnis, bedauerte die arme Herzogin Sophie und entrüstete sich über Ludwig II. Kaum einer nahm die Zeilen in einem zeitgenössischen Bericht zur Kenntnis, die unmissverständlich sagten: »Die Verlobung wurde rückgängig, weil dem König Ungünstiges über die Braut zu Ohren gekommen.« [111]

Am 23. Oktober schrieb Ludwig an seine ehemalige Erzieherin Frau von Leonrod: »Das selige Gefühl das mich erhebt jetzt, nachdem ich die lästigen Bande abgeschüttelt habe, von denen ich wußte, daß sie nur unheilbringend für mich sein würden, ich kann es nur vergleichen mit der Wonneempfindung des Wiedergenesenen, der endlich wieder frei aufathmet nach glücklich überstandener lebensgefährlicher Krankheit. – Sophie war mir immer lieb und werth wie eine Freundin und theure Schwester. Doch für meine Gattin wäre sie nie und nimmer geeignet; je näher die Vermählungszeit heranrückte, um so fürchterlicher wurde mir der vorgehabte Schritt, umso unglücklicher fühlte ich mich, so daß ich beschloß, mich aus den selbst geschaffenen Ketten und Banden zu befreien; auch für Sophie wurde es nicht besonders schwer, das Wort zurückzugeben, da sie auch es selbst einsehen mußte, daß Wir beide sicherem Unglück entgangen, und Beiden ist die Möglichkeit gegeben, eine Verbindung einzugehen, welche dauernd Unser Lebensglück begründet; mir ist nicht bange dafür, daß sie in nicht zu ferner Zeit eine glückliche Parthie findet und für mich eilt es vorläufig nicht; denn ich bin noch jung, und das Heirathen in allernächster Zeit wäre ohnehin ein verfrühter Schritt gewesen.« An welche »glückliche Parthie« für Sophie dachte der König wohl?

Wie reagierte Kaiserin Elisabeth auf die Entlobung?

Ludwigs Cousine Elisabeth, die natürlich keine Ahnung von Sophies Liebschaft mit Edgar Hanfstaengl hatte – sonst hätte sie mit Sicherheit anders

[110] Böhm, S. 400

[111] Memminger, S. 21

reagiert – war über Ludwigs Verhalten gegenüber ihrer Schwester Sophie aufgebracht. Am 19. Oktober 1867 schrieb sie aus Schönbrunn an ihre Mutter Ludovica nach Possenhofen: »Wie sehr ich über den König empört bin und der Kaiser auch, kannst Du Dir vorstellen. Es gibt keinen Ausdruck für ein solches Benehmen. Ich begreife nur nicht, wie er sich wieder kann sehen lassen in München, nach allem, was vorgefallen. Ich bin nur froh, daß Sophie es so nimmt, glücklich hätte sie weiß Gott mit so einem Mann nicht werden können.«[112]

Der Kaiserin tat ihre Schwester also leid, weshalb sie sich auch gleich nach einem Ersatzbräutigam für sie umsah. Sie dachte an den 29-jährigen Flügeladjutanten und späteren Ersten Obersthofmeister und Oberststallmeister Kaiser Franz Josephs, Rudolf Prinz Liechtenstein, der altersmäßig zur neun Jahre jüngeren Sophie gepasst hätte. Doch der österreichische Kaiser hielt diese Verbindung weder für Sophie noch für seine Familie »wünschenswert«. Auch andere Heiratskandidaten für Sophie wurden zur Sprache gebracht, so ein Prinz aus Rumänien und ein spanischer Prinz. Doch auch sie kamen schließlich nicht infrage.

Wie verhielt sich Ludwig nach der Entlobung?

Im letzten Brief vom 7. Oktober 1867 an Sophie äußerte Ludwig tiefes Bedauern über das Ende der Beziehung. Er bat um das Weiterbestehen der Freundschaft, deutete sogar an, dass es später vielleicht doch noch zu einer ehelichen Verbindung kommen könnte. Der König schien in tiefer Trauer versunken zu sein. Wie passte dazu aber jener unerwartete Aggressionsausbruch, der nun folgte?

»Bedenkt man«, so mutmaßt Georg Jacob Wolf, »daß den König eine solche Zorneswallung überkam, daß er die Büste seiner Braut wutentbrannt aus einem Fenster in den inneren Residenzhof schleuderte, daß er über die [...] Kupferplatte mit dem Bildnis Sophiens als bräutlich geschmückte Königin eine ätzende Flüssigkeit ausgoß, daß er die sofortige Einziehung der Doppelbildnisplakette und Einstampfung der Gedenkblätter anbefahl, so läßt dies doch wohl den Schluß zu, daß sein Gemüt aufgewühlt war, daß die Lösung der Verlobung nicht das Ergebnis einer langen Überlegung war, und daß die Beziehungen nicht wie von selbst einschliefen, sondern daß heftige Konflikte, akute Tatsachen vorausgegangen sein mußten. [...] War etwas an dem damals in München viel verbreiteten Gerücht, die Prinzessin

[112] Schad-Roseninsel, S. 46

habe eine Neigung, eine sehr starke Neigung zu einem anderen Mann, der nicht zu ihren Kreisen gehörte, im Herzen getragen und der König habe davon Nachricht erhalten und sei deswegen, in seiner männlichen Eitelkeit schwer gekränkt, zurückgetreten?«[113] Nachvollziehbar war demnach auch seine Anweisung, die er am 17. November dem Kabinettssekretär gab: »Ich wünsche, daß Sie in meinem Namen Frl. Mallinger das Clavier, welches ich einst der Herzogin Sophie schenkte, zustellen lassen.«[114] Gemeint ist damit die von Ludwig II. geschätzte Opernsängerin Mathilde Mallinger. Der von seiner Braut allem Anschein nach tief enttäuschte König wollte dadurch alles, was ihn an Sophie erinnerte, plötzlich radikal aus seinem Sichtfeld entfernt sehen. Seinem freundlichen Tonfall im letzten Brief an Sophie steht dieser Aggressionsausbruch diametral entgegen. Wurden ihm also erst nach diesem Schreiben die bislang herumschwirrenden Gerüchte vom Treuebruch seiner Braut von irgendjemandem mit nicht mehr anzuzweifelnden Belegen bestätigt, was ihn emotional so heftig explodieren ließ?

Dem Zornesausbruch folgte Erleichterung, wie sein Tagebucheintrag zeigt: »Sophie abgeschrieben, das düstere Bild verweht, nach Freiheit doch verlangte ich, nach Freiheit, Freiheit dürstet's mich! Aufleben nach qualvollem Alp – und weckend mich aus düstrem Traum!«[115] In einem Brief vom 19. Oktober 1867 gestand er Richard Wagner: »[...] daß ich mit Sophie unglücklich geworden wäre, [...] daß sie mein Wesen nur oberflächlich zu beurtheilen versteht, daß sie nicht die Tiefe besitzt, die ich bei meiner künftigen Gattin verlange [...]«[116] Und an Cosima schrieb er: »Sie können sich denken, wie entsetzlich für mich der Gedanke war, den Vermählungstag immer näher und näher heranrücken zu sehen, erkennen zu müssen, daß dieser Bund weder für sie noch für mich glückbringend sein könnte.«[117]

Kaiser Franz Joseph, den er auf der Pariser Weltausstellung traf, bezeichnete ihn in einem Brief vom 28. Oktober an seine Gemahlin Sisi sogar als »kreuzfidel«.[118] Am 29. November 1867 notierte der König in sein Tagebuch: »Gott sei gedankt, nicht ging das Entsetzliche in Erfüllung (mein Hochzeitstag sollte heute sein).« Und an Cosima Wagner schrieb er, dass der Tag, an dem die Hochzeit nicht stattfand, für ihn »ein Auferstehungs-

[113] Wolf, S. 113
[114] Böhm, S. 402f.
[115] Hacker-Augenzeugenberichte, S. 146
[116] Ebd., S. 148
[117] Schad-Cosima-Briefe, S. 437
[118] Mayr-Ofen, S. 198

fest im Herzen«[119] gewesen sei. Auch in anderen Briefen an sie versicherte er, dass er mit Sophie niemals hätte glücklich werden können. »Die Verbindung mit ihr wäre mein geistiger Tod gewesen«[120], betonte er am 31. Oktober und am 10. November: »[...] wir Beide taugen nie und nimmermehr zusammen. Gottlob, dass ich sie los wurde!«[121] Hätte die Verlobung nicht gelöst werden können, »so war ich fest entschlossen, mittels Blausäure meinem Leben ein Ende zu machen«,[122] beteuerte er am 30. November. Lieber als eine Ehe mit ihr wäre ihm »ein zehnfacher Tod«.[123] Was wäre, fragte er am 8. Oktober 1867, wenn sich nach der Hochzeit mit Sophie »ein Wesen [also eine Frau] gezeigt hätte, von dem ich wusste, dass das die mir von Gott Bestimmte sei, wenn nun zu dieser mich die wahre Liebe gezogen hätte, der ich hätte folgen müssen, wie namenlos elend wäre ich geworden. Alles wäre zu spät gewesen, ich hätte fortfahren müssen, mich der nun einmal angetrauten Sophie aufzuopfern: o es muss ein schreckliches Loos sein, aufgeopfert zu werden.«[124] Ludwig dachte also Ende 1867 noch daran, möglicherweise eine andere Frau zu finden, die er wirklich liebte. Noch im August 1872 entgegnete der König in einem Gespräch mit dem Dichter Felix Dahn im Königshaus auf dem Schachen auf Dahns Hinweis: »Majestät sind nicht vermählt ...« – »Ich kann jeden Tag heiraten.«[125] Und 1881 entnahm nach Auskunft von Felix Philippi der Schauspieler Josef Kainz auf seiner Reise mit Ludwig II. »aus (wenn auch noch so zarten und verschleierten) Andeutungen, daß der König doch nicht so liebeleer dahinlebe, wie die Welt glaubte, daß er einer hohen Frau in mehr als verwandtschaftlicher Zuneigung ergeben sei; da zeigte er sogar dem Freunde [Josef Kainz] einen Brief, den ein sehr mächtiger Monarch in einer äußerst delikaten Angelegenheit an ihn gerichtet hatte ...«[126] Bei der hohen Frau handelte es sich um Kaiserin Elisabeth, deren Mann, Kaiser Franz Josef, Ludwigs enge Beziehung zu Sisi nie so ganz geheuer war, sodass er ihm diesbezüglich einen Brief schrieb.

Jahre nach seiner Entlobung, als der König bei einer Fahrt zum Fernpass

[119] Schad-Cosima-Briefe, S. 459
[120] Schad-Cosima-Briefe, S. 445
[121] Ebd., S. 450
[122] Ebd., S. 459
[123] Ebd., S. 438
[124] Ebd., S. 437
[125] Hacker-Augenzeugenberichte, S. 210
[126] Philippi, Felix: Ludwig II. und Josef Kainz und Anderes aus meinem Tagebuch, Berlin 1913, S. 22 (künftig: Philippi-Tagebuch)

im »Gasthof Fernstein«, in dem er Stammgast war, übernachten wollte, bemerkte die Wirtin in einem seiner beiden Zimmer im ersten Stock, dass an der Wand neben dem Bild von Marie Antoinette noch immer das Brautbild hing, auf dem Ludwig mit Sophie abgebildet war. Erschrocken versuchte sie, es unter der Bettdecke zu verbergen, doch der König entdeckte das Bild, »betrachtete seine vormalige Braut und sich selbst gedankenvoll, legte es dann wie eine kostbare Reliquie auf das Bett zurück und reiste wortlos sofort wieder ab«.[127]

Wie verlief Sophies weiterer Lebensweg?

Sophies Gefühle waren zwiespältig. Zum einen war auch sie sicher froh, dass ihr die Entscheidung nun abgenommen und die Verlobung endlich aufgelöst war, zum anderen war sie im Gegensatz zu Ludwig höchst unglücklich, weil damit auch die Romanze mit Edgar Hanfstaengl ihrem Ende entgegenging. Die Eltern bestimmten als nächsten Bräutigam für sie Prinz Ferdinand von Bourbon-Orléans, Herzog von Alençon, den Enkel des französischen Bürgerkönigs Louis-Philippe.

Als höchst peinlich und taktlos empfand es Sophies Familie, als wenige Tage vor dem Polterabend beziehungsweise der Verlobung, die am 26. September 1868 stattfand, Ludwig II. auf Wunsch der Zarin Maria Alexandrowna, die ihrer Cousine Herzogin Ludovica einen Besuch abstatten wollte, in Possenhofen erschien und sich ungeniert über eine Stunde mit den Anwesenden unterhielt, zu denen auch Sophie, allerdings ohne den Herzog von Alençon, gehörte.[128] Der König schien keine Hemmung zu haben, vielleicht deshalb, weil, zumindest in seinen Augen, die Verlobung nicht durch seine Schuld zerbrochen war. Womöglich hatte er aber auch einen gewissen Verdacht von der Untreue seiner ehemaligen Braut. Außerdem war seit dem Ende der Verlobung fast ein Jahr vergangen.

Sophies Hochzeit mit dem Herzog von Alençon fand am 28. September 1868 statt. Prinz Hohenlohe-Schillingsfürst nahm als Staatsminister des Königlichen Hauses an der Trauung teil. »Niemand weinte«, vermerkte er in seinen Aufzeichnungen, »nur der Herzog Max [der Vater der Braut] hatte einigemale ein sehr weinerliches Aussehen. Die Braut sah sehr gleichmütig aus. […] Das ›Ja‹ der Herzogin klang, als wollte sie sagen, ›von mir aus ja‹ oder ›meinetwegen.« Das war verständlich, denn eigentlich hätte Sophie ja ihren Edgar heiraten wollen.

[127] Hausner, S. 49
[128] Böhm, S.406f.

Doch die Ehe mit dem Herzog von Alençon verlief wider Erwarten die folgenden 18 Jahre recht harmonisch. Sophie, die ihrem Mann in Briefen ihre Liebe versicherte, brachte zwei Kinder zur Welt, Louise (1869) und Emmanuel (1872). Zunächst lebte das Ehepaar, wie alle Mitglieder der Familie Orléans, in England im Exil. Reisen führten die beiden nach Belgien, Sizilien, Italien, Österreich und immer wieder auch nach Bayern. Nachdem 1871 die Verbannungsdekrete in Frankreich gegen die Familie Orléans aufgehoben worden waren, konnte das Ehepaar Alençon 1872 nach Vincennes vor den Toren von Paris heimkehren. Nach einem Besuch der Marien-Wallfahrsstätte in Lourdes und der Begegnung mit einem Angehörigen des Dominikaner-Ordens entschloss sich Sophie, ihrem Leben eine neue Richtung zu geben. 1880 trat die 33-Jährige als Schwester »Marie Madeleine« in den Dritten Orden der Dominikaner ein und kümmerte sich fortan um religiös-karitative Aufgaben.

Wie reagierte Sophie auf den Tod ihres ehemaligen Verlobten?

Zwei Wochen nach dem Tod König Ludwigs II. im Starnberger See kam Sophie am 27. Juni 1886 in Begleitung ihrer Tochter Louise und ihres Sohnes Emmanuel nach Bayern. Nach Aussage Marie Valéries sah ihre Tante Sophie »elend« aus. Sie schien »von den schrecklichen Ereignissen mehr erschüttert« zu sein, »als sie zeigen mag«. Sie habe den Toten »heiss beweint« und in aller Stille Abschied von ihrem ehemaligen Verlobten genommen. Dabei wurde sie von ihrer 28-jährigen Nichte, Marie Louise Gräfin von Wallersee-Larisch, der Tochter ihres ältesten Bruders Louis, begleitet, die folgendes überlieferte. Sophie habe am Sarg einen wundervollen Kranz mit purpurner Schleife niedergelegt, sei dann auf die Knie gefallen und habe »herzbrechend« geweint. Dann habe sie ihre Nichte angeblickt und mit einem »unbeschreiblichen Weh in der Stimme« gefragt: »Marie, glaubst du, daß er mir vergeben hat?«[129] Wenn diese Äußerung Sophies der Wahrheit entspricht, stellt sich die Frage, wofür sie Vergebung erhofft hatte? Etwa für ihre verbotene Beziehung zu Edgar Hanfstaengl? Die Larisch-Biografin Brigitte Sokop bezweifelt diese Szene und die Äußerung der Gräfin Larisch allerdings, da zwischen ihr und Sophie kein besonders enges Verhältnis bestanden habe.[130]

129 Wallersee, Marie Freiin von: Meine Vergangenheit, Berlin 1913, S. 126f.

130 Sepp, Christian: Sophie Charlotte. Sisis leidenschaftliche Schwester, München 2014, S. 149f.

Wie kam es zu Sophies Ehebruch?

Nachdem im Juni 1886 in Frankreich per Gesetz der Familie Orléans wieder einmal kein Bleiben in Frankreich vergönnt war, mussten sich auch die Alençons eine neue Heimat suchen. Während sich der Herzog von Alençon zusammen mit seinem Sohn in England aufhielt, ließ sich Sophie, die nach einer Scharlach- und Diphterie-Erkrankung noch nicht völlig genesen war, mit ihrer Tochter Louise in München nieder.

Im Winter 1886/87 schlitterte die 39-Jährige dann in den nächsten Skandal. Sie verliebte sich in den aus München stammenden Arzt Dr. Franz Glaser, den sie nach ihrer Erkrankung konsultiert hatte. »Dr. Glaser, ein wohlhabender verheirateter Mann«, so Graf Philipp zu Eulenburg, »gleicht mit seinem hochgestrichenen blonden Schnurrbart einem gewissen Photographen Hanfstängl, der in dem Leben der Herzogin – die blonden Schnurrbärten gegenüber völlig machtlos zu sein scheint – einst eine große Rolle spielte«.[131] Obwohl Dr. Glaser noch verheiratet und mehrfacher Familienvater war, strebte Sophie die Scheidung an, um diesen Mann heiraten zu können. Doch statt der Scheidung wurde sie zunächst in München in die medizinische Obhut ihres Bruders Karl Theodor gegeben, der sie von ihrer Absicht jedoch nicht abbringen konnte. Einem der Ärzte, die sie nun für unzurechnungsfähig erklären sollten, sagte sie am 5. Juni lachend ins Gesicht: »In acht Tagen ist der 13. [Juni] Wollen sie es mit mir so machen wie mit dem König [Ludwig II.]?«[132] Sophies Ahnung war berechtigt, denn mit dem Einverständnis ihres Mannes wurde sie noch im Juni 1887 in der privaten Irrenanstalt des Wiener Nervenarztes Richard von Krafft-Ebing in Maria Grün interniert. Ehebruch hielt man zur damaligen Zeit für eine sexuelle Abartigkeit und eine seelisch-geistige Störung, die behandelt werden musste. Die Diagnose Krafft-Ebings für Sophie lautete, ähnlich wie bei Ludwig II., »moral insanity« – »sittlicher Irrsinn«.

Wie reagierte Elisabeth auf den Ehebruch ihrer Schwester Sophie?

Während sich Kaiserin Elisabeth bei Sophies Entlobung noch über Ludwig II. echauffiert hatte, da sie keine Kenntnis vom Verhältnis Sophies zu Edgar Hanfstaengl besaß, fiel sie jetzt über ihre Schwester her, als sie von deren Beziehung zu dem verheirateten Dr. Glaser erfuhr. In einem ihrer Gedichte warf sie ihr vor: »Deinem guten Herrn Gemahl/Hast die Treue

131 Sepp, S. 159
132 Ebd., S. 168

Du gekündigt, / Stiessest ihm ins Herz den Stahl, / Ja, Du hast Dich schwer versündigt.«

Und in dem Gedicht »An Sophia« aus ihrem Gedichtzyklus »Winterlieder« lästerte sie:

»Mir graut vor diesem Bild, das ich heut' sehe, / Und tiefer Schmerz erfüllet meine Brust; / O wehe! ja und zehnmal wehe! / Daß zu bemeistern Du Dich nicht gewußt! [...] Du bist im Irrenhaus, Du bist gefangen, / Ein Opfer Deiner tollen Leidenschaft; / Es bricht mein Herz, denk ich der wilden bangen / Verzweiflung, die Dich packt in Deiner Haft. / Du wolltest Mann und Kinder schnöd' verlassen, / Mit dem Verführer in die Weite zieh'n; / Doch muß Dein sündhaft Hoffen nun erblassen, / Wo Du jetzt weilst, gelinget kein Entflieh'n!«

Elisabeths Doppelmoral ist bemerkenswert, denkt man daran, was sie und ihr Mann, Kaiser Franz Josef, von ehelicher Treue hielten.

Wie verliefen Sophies letzte Lebensjahre?

Sieben Monate blieb Sophie in Maria Grün. Als sie im Januar 1888 entlassen wurde, fügte sie sich wieder in die Ehe ein und lebte mit ihrem Mann in Tirol in Schloss Mentlberg nahe Innsbruck. Dr. Glaser hatte den Kontakt zu ihr längst abgebrochen, war von seiner Frau geschieden und inzwischen mit einer 18 Jahre jüngeren Majorstochter liiert. Ein erneuter Versuch Sophies, 1891 noch einmal Kontakt zu dem inzwischen wieder verheirateten Arzt aufzunehmen, scheiterte. Sophies Widerstandsgeist und damit wohl auch Lebensmut schienen nun endgültig gebrochen. Mehrere rasch aufeinander folgende Todesfälle in der Familie und Verwandtschaft verdüsterten zudem ihr Gemüt.

Acht Monate vor ihrem Tod verfasste die 49-Jährige am 4. Oktober 1896 ein Testament, in dem sich ihr depressiver Seelenzustand offenbarte und das folgenden Wortlaut hatte:

»Ich wünsche und verlange, daß, sobald ich gestorben bin, eine Ordensfrau oder eine Schwester vom Dritten Orden des Hl. Dominikus von der Verbrüderung des Klosters Faubourg St. Honoré 222 mir die Haare abschneide und sie ganz und sofort verbrenne, ohne für wen immer davon aufzubewahren, außer für meinen vielgeliebten Gatten, den Herzog von Alençon, wenn er davon wünscht; jedoch bitte ich ihn, sich gütigst meinem Wunsche zu fügen und meine Haare völlig verbrennen zu lassen. Schon in einem Brief an meinen Gatten vom April 1894, der sich in einem Carton bei meinem Ordenskleide vom Hl. Dominikus befindet, habe ich ausgesprochen, daß ich wünsche, durch eine Ordensfrau oder eine Schwester vom Dritten Orden sogleich damit bekleidet zu werden.

Ich will, daß man mir keine Blumen beigebe, und daß alles mit größter Einfachheit veranstaltet werde. Auch soll man mir den Rosenkranz, den ich stets bei mir trage, in die Hände geben, damit ich ihn mit ins Grab nehme, ebenso ein Cruzifix und die Ordensregel, die von meinem Obern unterzeichnet ist und in meiner Reisetasche sich findet.

Ich will in einem ganz einfachen Sarge, ohne Schmuck, wie eine Ordensperson beigesetzt werden, das Gesicht mit dem Schleier bedeckt. Ich will, daß ein Dominikanerpater bei meinem Begräbnis die Gebete verrichte. Auch will ich, und bitte meinen vielgeliebten Gemahl, auf mein Grab folgende Inschrift setzen zu lassen:

Sophie Charlotte, Herzogin von Alençon, Geborene Herzogin in Bayern, Schwester Marie Madeleine vom Dritten Orden der Buße des Hl. Dominicus, Datum von Geburt und Tod.«[133]

Ab 1895 hatte sich Sophie als mittlerweile gewählte Präsidentin der Wohltätigkeitsorganisation der Dominikaner unter anderem für alleinerziehende Mütter eingesetzt und immer wieder Wohltätigkeitsbasare organisiert. Ihre hohe Stellung und ihre zahlreichen Kontakte waren dabei sehr nützlich.

Bei dem von ihr organisierten »Großen Pariser Wohltätigkeitsbasar« am 4. Mai 1897 brach ein Feuer aus, verursacht durch einen in Brand geratenen Kinematografen, und verwandelte die Halle in Sekundenschnelle in ein Flammenmeer. Statt auf sich zu achten, half Sophie mehreren jungen Mädchen, dem Inferno durch ein Fenster zu entkommen. Sie selbst benutzte diesen Fluchtweg nicht. Eine Augenzeugin sah die Herzogin, womöglich in suizidaler Absicht, inmitten der Flammen auf dem Boden knien und beten. Sophie wurde von einem herabstürzenden brennenden Balken erschlagen, verbrannte bis zur Unkenntlichkeit und konnte nur anhand des Gebisses identifiziert werden. Ihre letzte Ruhestätte fand sie in der Familiengruft der Alençons in Dreux bei Paris.

Nach dem Tod ihrer Schwester erinnerte sich Kaiserin Elisabeth an eine Erscheinung, die sich nach einem Bericht ihrer Nichte Marie Larisch nach dem tragischen Ende König Ludwigs II. ereignet hatte. Damals sei ihr der König erschienen und habe zu ihr gesagt, dass er eine Frau sehe, von Feuer umgeben, in dem sie grausam verbrenne. »Ich weiß«, sagte er, »daß es eine

[133] Gebhardt, S. 181–183

Frau ist, die mich geliebt hat, und bis ihr Geschick sich erfüllt, werde ich nicht frei sein – doch nachher wirst du uns begegnen, und wir drei werden glücklich sein und im Paradies.« Damals ahnte die Kaiserin sicher nicht, dass Ludwigs Geist mit der von ihm erwähnten Frau ihre Schwester Sophie meinte, die 1897 in den Flammen tatsächlich den Tod fand.

Neue Heiratsgerüchte – 1868 bis 1884

»Kein Wunder, daß er [Ludwig] nach diesem mißglückten Versuch, in den Ehestand zu treten keinen zweiten mehr unternahm! Und daß er die Versuche, ihn zu verheiraten, die von Verwandten, von befreundeten Fürstenhöfen und selbst von den nach einer Landesmutter und damit nach Geschmeidigung [Verharmlosung] der königlichen Absonderlichkeiten verlangenden politischen Parteien des Königsreiches unternommen wurden, fortan kühl zurückwies. Er blieb höflich und ritterlich gegen die Frauen, aber hielt sich fern und hielt sie fern. Er hatte genug, es lüstete ihn nicht mehr.«[134] Dem amerikanischen Schriftsteller Lew Vanderpoole gegenüber äußerte Ludwig 1882: »Frauen machen mir den Hof, aber ich gehe ihnen aus dem Wege.«

Dennoch blieben öffentliche Spekulationen bezüglich einer möglichen Braut auch weiterhin nicht aus. Noch 1878 fragte in einer Schrift dessen anonymer Verfasser: »Warum Fürst Egon [gemeint ist Ludwig II.] sich nicht verheiratet?« Die Antwort lautete: »Weil er kein Wesen findet, das ihn um seiner selbst willen liebt. In die Schönheit seines Körpers, die sprichwörtlich ist, sind ja alle Frauen verliebt. Solche Liebe erscheint ihm aber als Lust. Weil er auf einem Thron sitzt, wird er von allen Prinzessinnen Europas begehrt und geliebt. Solche Liebe ist ihm Liebe aus Selbstsucht. Wahre Liebe, geistige Liebe, wie er sie verlangt, wird der allerdings nie finden, weil er sich nicht arm und elend machen kann, weil sein Leben auf Schritt und Tritt beobachtet wird. Er haßt das weibliche Geschlecht nicht; aber trübe Erfahrungen seines Lebens haben ihn ein gut Teil Verachtung gelehrt.«[135]

Trotz allem war bald nach der gescheiterten Verlobung mit Prinzessin Sophie erneut eine mögliche Heiratskandidatin in aller Munde, die schon früher einmal im Gespräch war.

[134] Wolf, S. 121

[135] Hollweck, S. 93

Die kindliche russische Großfürstin Marija (1853–1920)

Marija Alexandrowna Romanowa von Russland war die einzige Tochter der bereits erwähnten Zarin Maria Alexandrowna, die von Ludwig sehr verehrt wurde. Schon 1864, beim ersten Besuch des russischen Kaiserpaars in Bad Kissingen, war die damals erst 11-jährige Marija als mögliche Frau für Ludwig II. diskutiert worden, da man eine Verbindung des bayerischen Königshauses mit der russischen Zarenfamilie nur zu gerne gesehen hätte. Damals schrieb eine Zeitung: »[…] so hofft das bayerische Volk sein und seines geliebten Königs Glück von einer edlen Königin und schaut in diesem Augenblick hoffend auf die junge Großfürstin Marie, die schöne Tochter des russischen Kaiserhauses.«[136]

Doch damals hätte Ludwig noch mindestens fünf Jahre warten müssen, um etwa 1868 als 23-Jähriger die dann 16-jährige Großfürstin zu ehelichen. Es gab sogar Gerüchte, der König habe bereits Pläne für ein Schloss im moskowitischen Stil anfertigen lassen, das als Hochzeitsgabe für seine russische Braut bestimmt sei und in der Nähe von Schloss Linderhof gebaut werden solle.[137]

Jetzt, nach der gescheiterten Verlobung mit Sophie, verbreiteten im Juni 1868 die Zeitungen erneut das Gerücht, die Tochter des russischen Zaren, die mittlerweile 15 Jahre jung war, könnte nun die neue Braut des bayerischen Königs werden. Doch bald verliefen sich die Tuscheleien im Sand. Ludwig bezog in einem Brief vom 2. Dezember 1868 an seinen Cousin Prinz Wilhelm von Hessen unmissverständlich Stellung zu diesem Gerücht: an Marija, die Tochter der Zarin »denke ich nun u. nimmermehr«.[138] »Andere wollten wissen, daß der schönheitsliebende Jüngling Bedenken gefaßt hätte, weil er entdeckt habe, daß die kleine russische Kaisertochter an dem einen Fuße eine höhere Ferse hatte als an dem anderen.«[139]

Sechs Jahre später, am 23. Januar 1874, heiratete die 31-jährige Großfürstin Marija Prinz Alfred von Großbritannien und Irland, Duke of Edinburgh. Die Ehe war nicht glücklich, zumal Marija in der Londoner Gesellschaft unbeliebt war. Das Paar hatte sechs Kinder, fünf Töchter und einen Sohn. Marija war nach der Heirat nicht nur eine britische königliche Duchess. Sie

[136] Schauenberg, Georg L.: Im Banne der Rosen. König Ludwig II. in Tagebuchblättern. Diessen vor München, 1924, S. 26 (künftig: Schauenberg)

[137] Böhm, S. 410

[138] Seitz-Prinz Wilhelm-Briefwechsel: S. 238

[139] Tschudi, Clara: König Ludwig II. von Bayern, Leipzig 1911 S. 29 (künftig: Tschudi)

hatte zwei weitere Titel. Von Geburt an war sie eine russische Großfürstin und nach dem Tod Herzogs Ernst II. von Sachsen-Coburg und Gotha fiel auch noch dessen Herzogtum an seinen Neffen, den Duke of Edinburgh. Dadurch wurde Marija auch noch Herzogin von Sachsen-Coburg und Gotha.

Der einzige Sohn des Paares, Erbprinz Alfred, verursachte im Januar 1899 einen Skandal, als er sich erschießen wollte. Er überlebte und seine Eltern schickten ihn zur Erholung nach Meran, doch zwei Wochen später starb er. Marijas Leben endete im Oktober 1920 in Zürich. Sie wurde in der herzoglichen Familiengruft in Coburg bestattet.

Prinzessin Marie von Preußen (1855–1888), älteste Tochter des »Roten Prinzen«

»Im Herbste des Jahres 1871 platzten die ›Münchener Neuesten Nachrichten‹ in ihrer Nummer 250 mit der Neuigkeit heraus, dass der König mit der ältesten Tochter des Roten Prinzen sich verlobt habe. Wer aber den Prinzen Friedrich Karl von Preußen nur einigermaßen kannte, der hielt eine Einheiratung des Königs in dieses Haus für unwahrscheinlich. Der Prinz war wohl ein tüchtiger Soldat, aber hinter seinem selbstbewußten starrköpfigen Charakter steckte eine derartige Rauheit der Gesinnung und Lebensart, daß der empfindsame König absolut nicht zu ihr paßte. Auch war damals durch das Verhalten des preußischen Kronprinzen das Mißtrauen des Königs gegen das Haus Hohenzollern nicht vermindert, sondern verstärkt worden. Wohl mochte seine Mutter von der Tochter des Prinzen Karl alles Schöne berichten, aber der König ließe der Mutter sagen, sie solle das Lob für sich behalten.«[140]

Prinz Friedrich Karl Nikolaus von Preußen (1828–1885), Neffe von Kaiser Wilhelm I., galt als großer Feldherr der preußischen Armee. In drei Kriegen war er als Heerführer erfolgreich: im Krieg mit Dänemark (1864), im deutschen Krieg (1866) und im Krieg gegen Frankreich (1870/71). Für seine Erfolge verlieh ihm der preußische König am 28. Oktober 1870 den Titel eines Generalfeldmarschalls. Der »Rote Prinz« – diesen Beinamen erhielt er, weil er in seiner Militärzeit ständig den roten Uniformrock der Zieten-Husaren trug – war auch ein leidenschaftlicher Jäger.

140 Memminger, S. 49

Allein aufgrund dieser Eigenschaften war Ludwig für die älteste Tochter des »Roten Prinzen«, Prinzessin Marie Elisabeth Louise Frederika von Preußen, nicht zu begeistern. Ein Kriegsmann, leidenschaftlicher Jäger und dazu noch Preuße als Schwiegervater wäre dann doch eine zu große Zumutung für ihn gewesen.

Und so heiratete Prinzessin Marie am 24. August 1878 Prinz Heinrich von Oranien-Nassau (1820–1879), den dritten Sohn des niederländischen Königs Wilhelm II. Die Ehe blieb kinderlos. Sechs Jahre nach dem Tod ihres Mannes Heinrich ging Marie eine zweite Ehe mit Prinz Albert von Sachsen-Altenburg ein. Aus dieser Ehe, die harmonisch verlief, gingen zwei Töchter hervor. Nach der Geburt ihrer zweiten Tochter Marie starb die Prinzessin 1888 im Alter von erst 33 Jahren an den Folgen des Kindbettfiebers und wurde in der Familiengruft derer von Sachsen-Altenburg beigesetzt.

Prinzessin Elisabeth Anna von Preußen (1857–1895), zweitälteste Tochter des »Roten Prinzen«

Fürst Chlodwig von Hohenlohe-Schillingsfürst brachte auch die zweitälteste Tochter des »Roten Prinzen« ins Gespräch. Hohenlohe hatte Ende 1871 in Berlin eine Unterredung mit der preußischen Kronprinzessin Victoria (1840–1901), die »nichts von Sonderrechten Bayerns wissen, sondern für Deutschland ein einiges Reich wollte. Hohenlohe suchte ihr [...] klar zu machen, daß dies nicht ginge. Ihre zentralistische Politik hinderte sie aber nicht, an eine Heiratskuppelei mit dem König [von Bayern] zu denken. ›Vom König von Bayern – schreibt Hohenlohe am 5. Dezember 1871 – war viel die Rede, und die Kronprinzessin empfahl mir die ältere Tochter des Prinzen Friedrich Karl als eine vortreffliche Frau für den König. Die Prinzeß kam zufällig nach dem Frühstück. Es ist eine hübsche, sanft aussehende fünfzehnjährige Prinzeß. Ob sie die nötige Energie haben würde, den König zu leiten, ist mir zweifelhaft.‹ (Sie wurde später Großherzogin von Oldenburg.)«[141] Dies geschah durch ihre Heirat 1878 mit Prinz Friedrich August von Oldenburg (1852–1931). Er war der letzte regierende Großherzog von Oldenburg.

Es ist allerdings nicht auszuschließen, dass die beiden Töchter des »Roten Prinzen« – Prinzessin Marie von Preußen und Prinzessin Elisabeth Anna

[141] Memminger, S. 220

von Preußen – miteinander verwechselt wurden, da zwischen beiden nur ein Altersunterschied von zwei Jahren bestand.

Prinzessin Emma von Waldeck-Pyrmont (1858–1934)

Im Herbst 1868 besuchte Ludwig II. auf Einladung des Königs Karl von Württemberg und seiner Gemahlin Olga, nur von einem Diener begleitet, unter dem Namen »Graf von Schyren« die Sommerresidenz König Karls in Friedrichshafen. Königin Olga, eine russische Prinzessin, hatte Kenntnis von Ludwigs Schwärmerei für die russische Großfürstin Marija, mit der sie verwandt war. Nachdem dieser Kontakt jedoch resultatlos verlaufen war, schmiedete Königin Olga einen neuen Plan. Gemeinsam mit dem Bayernkönig lud sie auch die erst zehnjährige, hübsche und intelligente Prinzessin Emma von Waldeck-Pyrmont zu sich ein, die Tochter des Fürsten Georg Viktor von Waldeck und Pyrmont und dessen Gemahlin Helene von Nassau. Als die Prinzessin ankam, wurde sie König Ludwig II. vorgestellt. Da Emma musikalisch war und für Wagner schwärmte, war der Kontakt zwischen beiden rasch hergestellt. Emma war von Ludwigs stattlicher Erscheinung sehr angetan. Vor allem beeindruckten sie die schönen geistsprühenden Augen.

Die Begegnung verlief recht Erfolg versprechend. Beide saßen sogar nebeneinander am Piano. Doch am Abend erklärte Ludwig II., nun sei die Zeit seiner Abreise gekommen. Er »nahm herzlich Abschied vom König, der Königin und auch von Prinzessin Emma, versprach auch, bald wieder zu kommen und dann länger bleiben zu wollen, bestieg das Dampfschiff, winkte noch freundlich Grüße zurück, fuhr auf sein Schloss – und vergaß Friedrichshafen und Prinzessin.« [142]

Prinzessin Emma wurde 1879 im Alter von 20 Jahren die zweite Frau des 41 Jahre älteren niederländischen Königs Wilhelm III. Nach dem Tod ihres Mannes 1890 übernahm sie die Regentschaft und machte sich als Gestalterin der modernen Monarchie in den Niederlanden einen Namen. Bekannt wurde sie auch für die Einrichtung des sogenannten Emma-Fonds zur Bekämpfung der Tuberkulose, an der 1869 ihre geliebte ältere

[142] Scharrer-Schauenberg, Georg Ludwig: Unbekanntes und wenig Bekanntes aus den ersten drei Regierungsjahren König Ludwig II. von Bayern 1864–1866. Der Abgott seines Volkes. Der König und die Frauen. Goldene Tage in Nürnberg, Nr.: 0889, München 1906

Schwester Sophie gestorben war. 1898 wurde Emmas Tochter Wilhelmina Königin der Niederlande.

Königin Victorias wilde Tochter Prinzessin Louise (1848–1939)

Ein weiterer Vorschlag für eine Braut nach dem Ende der Verlobung mit Herzogin Sophie Charlotte kam aus England. Es handelte sich um Louise, eine Tochter der Königin Victoria von England (1819-1901). Graf Hompesch, der bayerische Gesandte am Londoner Hof, überbrachte dem König den Vorschlag und legte ihm auch Porträts der Prinzessin Louise vor. Ludwigs Reaktion war: »So ehrenvoll und in mannigfacher Weise ersprießlich die eventuell in Aussicht genommene Verbindung sich auch sonst darstellt, so ist der Sache eine weitere Folge nicht zu geben.« Ludwigs Ablehnung war übrigens bereits die zweite Absage des Hauses Wittelsbach ans englische Königshaus. Als erster hatte bereits sein Vater, König Max II., der Queen Victoria, also Louises Mutter, eine Absage erteilt.

Wer aber war Prinzessin Louise? Wäre womöglich sie eine geeignete Frau für Ludwig II. gewesen?

Louise Caroline Alberta wurde am 18. März 1848 im Buckingham-Palast als das sechste von Victorias neun Kindern geboren und als vierte ihrer fünf Töchter. Während die einen sie als »lebhaft, intelligent, vielseitig künstlerisch begabt, frei von Dünkel und mit ausgeprägt frühfeministischer Lebenseinstellung« bezeichneten, empfanden sie andere als »peinlich, zurückgeblieben, schwierig, aufsässig und frech«. Und während sie einige Zeitgenossen als hochgewachsene blonde Schönheit beschrieben, sprachen ihr andere ein hübsches Äußeres ab.

Die erste Liebe der 18-Jährigen war der Leutnant Walter Stirling, der gut aussehende Privatlehrer ihres bluterkranken Bruders Leopold, von dem sie im Sommer 1866 angeblich schwanger wurde, was man aber verheimlicht habe. Nach der Geburt sei ihr Sohn einem gewissen Frederic, Sohn ihres Leibgynäkologen Sir Charles Locock, zur Adoption übergeben worden. Der Junge bekam den Namen Henry Locock und wurde Offizier. Sein Tod Ende 1907 war fast so rätselhaft wie seine Geburt: Bei Kelowna in Kanada, wohin er auf der Suche nach seinem leiblichen Vater gereist war, stürzte er aus einem fahrenden Zug. Unfall, Suizid oder Auftragsmord? Sowohl Stirling als auch Frederick Locock sollen vom Hof erhebliche Geldsummen erhalten haben, angeblich Schweigegeld.

Louise ließ sich zum Unwillen ihrer Mutter durch den aus Wien stammenden, aber seit 1862 in England lebenden berühmten Künstler Edgar Joseph Böhm zur Bildhauerin ausbilden, zu dem sie auch noch nach ihrer Heirat mit dem homosexuellen Marquis Lorne eine Liebesbeziehung hatte. Im Dezember 1890 erlag der ebenfalls verheiratete Böhm im Alter von 56 Jahren in seinem Londoner Atelier beim Liebesspiel mit der 14 Jahre jüngeren Prinzessin einem Herzschlag. Louise hingegen lebte noch fast ein halbes Jahrhundert, hatte weitere Affären und machte sich als Bildhauerin, Malerin und Vorkämpferin für Frauen- und Kinderrechte einen Namen. Sie starb 1939 im gesegneten Alter von 91 Jahren.

Ob Ludwig II. mit ihr glücklich geworden wäre, ist doch sehr fraglich.

Erzherzogin Marie Valérie von Österreich (1868–1924)

Marie Valérie, Kaiserin Elisabeths viertes Kind, war ihre Lieblingstochter, die »Einzige«, wie die Kaiserin sie nannte. Sie empfand das Mädchen auch als ein Geschenk an Ungarn, was Marie Valérie in der österreichischen Bevölkerung den Beinamen »das ungarische Kind« eintrug.

Im Sommer 1880, als Elisabeth mit Ludwig in Possenhofen zusammentraf, äußerte er den Wunsch, auch ihre Tochter Marie Valérie kennenlernen zu wollen. Die Kaiserin übersandte ihm eine Fotografie ihrer Tochter. Als der König seiner Mutter davon erzählte, meinte sie lakonisch: »Also Sisi schickte Dir ein Bild von Valerie. Du willst aber noch nichts von ihr hören!! Das kann ich mir denken!«

Erst ein Jahr später lernte Ludwig II. dann die 13-jährige Marie Valérie persönlich kennen, wovon das junge Mädchen in ihren Tagebuchaufzeichnungen berichtet. Am 18. Juni 1881 habe sich der König für einen abendlichen Besuch in Possenhofen angekündigt, um die Kaiserin zu besuchen. Marie Valérie wollte von einem Fenster aus seine Ankunft beobachten und ihm zur Begrüßung einen an der Mauer hochwachsenden Geißblattzweig zuwerfen. Doch ihre Mutter meinte, Jasmin würde den König mehr erfreuen. Sie pflückte ein Jasmin-Sträußchen, das Marie Valérie dem ankommenden König mit einem Kompliment in die Hand drückte, obwohl sie sich genierte, da ihr Kleid zerknittert und nicht besonders sauber war und sie außerdem keine Handschuhe übergestreift hatte, wie sich das gehörte. Später beschrieb sie diese Situation recht humorvoll: »O! Dicker König [Ludwig II. war damals bereits korpulent] nun hast Du den Jasmin wirklich von mir!!! ... Er wollte mir die Hand küssen o! Er fragte mich, ob Nazi [Marie Valéries Bruder Rudolf] in Prag sei und ich sagte: ›J...a!‹ Er fragte mich, ob Gisela [Marie Valéries ältere Schwester] hier sei, und ich sagte: ›Nein sie ist in München.‹ [...] Er spricht sehr schnell und undeutlich und genierte sich ebenso wie ich. Mama lud uns ein, uns Du zu sagen und er sagte ›aber dann gegenseitig, nicht wahr?‹ Und dann machte ich wieder ein Compliment und gieng.‹«

Elf Tage später, am 27. Juni 1881, erschien Ludwig erneut in Possenhofen, um sich von Elisabeth zu verabschieden. Dabei unterhielt er sich auch freundlich mit Marie Valérie, bis ihre Mutter den König fragte, ob das Kind das Zimmer verlassen solle, worauf der König sagte: »Hm ... ja eigentlich schon.« Marie Valéries Kommentar zu diesem Verhalten Ludwigs: »O! wie unartig!!!«

Die Tatsache, dass Elisabeth dem König ein Foto ihrer Lieblingstochter zusandte und auch Treffen der beiden arrangierte, gab später zu der Vermutung Anlass, dass sie ihren Königsvetter womöglich als späteren Gemahl ihrer »Einzigen« in Betracht gezogen haben könnte. Marie Valérie liebte die Musik und die Künste, was dem König sicher gefiel. Andererseits schätzte er es nicht, wenn Elisabeth bei den Begegnungen mit ihm mehrmals auch ihre Tochter dabeihatte: »Ich weiß gar, was die Kaiserin mir fortwährend von ihrer Valérie erzählt, die möchte mich gern sehen, ich aber sie nicht.«

1884, im Alter von 16 Jahren, wäre Marie Valérie, so wie andere Fürstentöchter auch, heiratsfähig gewesen und hätte die Frau des dann 39-jährigen Königs werden können. Der Altersunterschied von 23 Jahren wäre für Elisabeth sicher kein Hinderungsgrund gewesen. Immerhin wäre ihre »Einzige« auf diese Weise Königin Bayerns geworden. Dass Ludwig vor zwölf Jahren die Verlobung mit ihrer Schwester Sophie aufgelöst hatte, hatte sie ihm längst verziehen. Außerdem ahnte sie sicher, dass zwischen beiden wegen der homoerotischen Veranlagung Ludwigs II. nur eine sogenannte Engelsehe bestanden hätte. Ob aber Marie Valérie an einer Heirat mit dem »dicken König«, wie sie ihn einst wenig charmant bezeichnet hatte, interessiert gewesen wäre, ist doch sehr fraglich.

Noch am 20. Juni 1885 begab sich die Kaiserin in Begleitung der 17-jährigen Marie Valérie, ihrer 23-jährigen Tochter Gisela und ihrem Neffen Albert von Thurn und Taxis auf die Roseninsel im Starnberger See, wo sich Ludwig II. gerne aufhielt. Der war allerdings nicht anwesend, weshalb Elisabeth ihm das Gedicht »Gruss von der Nordsee« schrieb: »Adler, dort hoch auf den Bergen / Dir schickt die Möve der See / einen Gruß von schäumenden Wogen / Hinauf zum ewigen Schnee [...]« Sie ließ es in einem versiegelten Brief im Casino auf der Roseninsel zurück. Der König reagierte im September mit der »Antwort von den Alpen: Der Möwe Gruß vom fernen Strand / Zu Adlers Horst den Weg wohl fand. / Er trug auf leisem Fittichschwung / Der alten Zeit Erinnerung [...]«

Vielleicht war Marie Valérie tatsächlich die letzte für den König vorgesehene, wenn auch von ihm ebenfalls nicht akzeptierte, Heiratskandidatin und das zwei Jahre vor seinem Tod. Doch dieses Vorhaben, sollte es denn überhaupt beabsichtigt gewesen sein, zerschlug sich.

Im Juni 1886 weilten die Kaiserin und ihre Tochter im Hotel »Strauch« in Feldafing. Am 10. Juni notierte Marie Valérie in ihr Tagebuch, Ludwig sei für geisteskrank erklärt worden und abgesetzt. Die Regierungsgeschäfte habe Onkel Luitpold übernommen. Am 13. Juni 1886 überbrachte Marie Valéries Schwester, Prinzessin Gisela, völlig deprimiert die Nachricht vom Tod Ludwigs II., ahnte sie doch, dass ihre Mutter, Kaiserin Elisabeth, die Schuld für das Ende des Königs ihrem Schwiegervater, dem Prinzregenten Luitpold, zuschieben würde.

Noch 1886 verliebte sich Marie Valérie in Erzherzog Franz Salvator von Österreich-Toskana, einen Cousin dritten Grades, den sie 1890 heiratete. Der Selbstmord ihres Bruders Rudolf 1889 und die Ermordung ihrer Mutter 1898 trafen Marie Valérie tief. Die anfangs harmonische Ehe war in späteren Jahren problembehaftet, da sich Franz Salvator mit anderen Frauen einließ.

1900 übernahm Marie Valérie, deren Mildtätigkeit und Güte gerühmt wurden, Verpflichtungen für das Rote Kreuz. Sie ließ Lazarette errichten und sorgte für finanzielle Zuwendungen. 1924 starb sie im Alter von 56 Jahren an Lymphdrüsenkrebs und wurde in einer Gruft hinter dem Hauptaltar der Pfarrkirche Sindelburg beigesetzt.

Künstlerinnen

Die Bildhauerin Elisabet Ney (1833–1907)

Eine der rätselhaftesten Frauengestalten, mit der Ludwig II. in seinem Leben zu tun hatte und die von ihm, so ein nicht zum Verstummen zu bringendes Gerücht, sogar ein Kind gehabt haben soll, war die Bildhauerin Elisabet Ney, eine Nichte des napoleonischen Marschalls Ney. Sicher hat Ludwig diese Dame bewundert, vielleicht sogar geliebt, womöglich war sie die Einzige, die ihm nicht nur geistig, sondern auch körperlich nahekam. Sie traf, einige Monate nachdem der König seine Verlobung mit Prinzessin Sophie aufgelöst hatte, in München ein und damit begann eine der nebelhaftesten Episoden im Leben Ludwigs II.

Am 26. Januar 1833, zwölf Jahre vor der Geburt Ludwigs II. als Elisabeth Franziska Bernhardina Wilhelmina Ney in Münster geboren, zeigte sie schon früh erhebliches Durchsetzungsvermögen. In späteren Jahren strich sie übrigens das »h« aus ihrem Vornamen Elisabeth. Am liebsten hielt sich Elisabet in der Steinmetz-Werkstatt ihres Vaters auf. Von klein auf war ihr größter Wunsch, Bildhauerin zu werden. Sie war ein begabtes, hübsches und sehr ehrgeiziges Mädchen. Im Alter von 19 Jahren trat sie in einen Hungerstreik, um bei ihren Eltern durchzusetzen, dass sie nach München durfte, um dort eine Ausbildung als Steinmetz zu beginnen. 1852 traf sie in München ein, wo sich eine neue Hürde auftat. Wilhelm von Kaulbach, der Leiter der Kunstakademie, wollte sie nur in die Malklasse, nicht aber zu den Bildhauern lassen. Seine Begründung: In dieser Abteilung habe es noch nie ein Mädchen gegeben. Doch Elisabet setzte sich durch und studierte als »weiblicher Sonderfall« bis 1854 an der Münchner Akademie der Bildenden Künste Bildhauerei. Anschließend ging die 21-Jährige nach Berlin zum damals berühmten Vertreter des Klassizismus, dem Bildhauer Christian Rauch, dessen Schülerin sie wurde.

Nach Rauchs Tod eröffnete sie im Alter von 25 Jahren ihre eigene Werkstatt in der festen Überzeugung: »Ich werde die Größen der Welt kennen lernen.« Und dies geschah auch, als sie Aufträge für Porträtbüsten von so bekannten Männern erhielt, wie von dem Märchenforscher Jacob Grimm oder König Georg V. von Hannover. Die Arbeiten trugen ihr rasch große Anerkennung ein. Bei dem alten Frauenfeind Arthur Schopenhauer, »der keinen Respekt vor dem Können und dem Charakter von Frauen hatte«, bewirkte sie 1859 einen Gesinnungswandel. »Ich habe nicht geglaubt, dass es ein so liebenswürdiges Mädchen geben würde«, gestand der 71-Jährige, nachdem er ihr Modell gesessen hatte. Auch er war von ihrem Werk hellauf begeistert. Noch etliche andere Männer, denen sie in diesen Jahren begegnete, lagen ihr zu Füßen und verliebten sich in die selbstsichere Künstlerin mit dem für die damalige Zeit ungewöhnlich kurz geschnittenen Lockenkopf und dem wachen Blick. »Meine Erfahrung hat mich gelehrt«, spöttelte sie, »dass die reine Kunstbewunderung des großhirnigen Männervolkes allzu leicht in eine affaire de cœur sich umgestaltet.«

Zeitlebens fühlte sie sich jedoch nur zu einem Mann wirklich hingezogen, zu dem schottischen Arzt Edmund Montgomery, den sie schon während ihres Studiums kennengelernt hatte. Als emanzipierte Frau verschwieg sie zeitlebens die Heirat mit ihm, die auf der Insel Madeira stattgefunden hatte. Sie trat weiterhin als »Miss Ney« auf und tat so, als lebte sie mit ihrem »besten Freund« in wilder Ehe zusammen. Immer wieder trafen sich die beiden zu gemeinsamen Reisen nach Ägypten, Griechenland, in die Türkei oder nach Italien, wo sie eine Büste von Giuseppe Garibaldi anfertigte.

Im November 1867 kehrte Fräulein Ney nach fast 13 Jahren zurück nach München und diesmal mit einem kühnen Plan, der bei wohlmeinenden Freunden nur ein Kopfschütteln hervorrief. Zwar war bekannt, dass die Ney einen einmal gefassten Vorsatz gegen alle Widerstände durchzusetzen pflegte, doch dieses Mal wollte sie nichts Geringeres, als von König Ludwig II. eine lebensgroße Skulptur zu schaffen. Dazu müsste der menschenscheue Monarch etliche Stunden Modell sitzen, was ihr sicher nicht gelingen würde.

Unterkunft fand die Ney zunächst im Schwabinger Lustschlösschen Suresnes, auch Steinheil-Schlösschen genannt, das etwas heruntergekommen war. Neben ihrer Ausstrahlung und ihrem ungewöhnlichen Aussehen war sie mit einem unbeugsamen Willen, erheblicher Energie und einem scharfen Intellekt gesegnet. Sie hielt diese Fähigkeiten nicht zurück, wie das Frauen zur damaligen Zeit meist taten. Sie zeigte ihre fortschrittliche Denkweise, was ihr fortwährend neue Aufträge und viel Anerkennung eintrug.

Bereits im Januar 1868 hatte sie in München eine erfolgreiche Ausstellung mit einer Auswahl ihrer Werke und bekam Kontakt zu dem Architekten

Gottfried von Neureuther, der vom König in baulichen Angelegenheiten oft zurate gezogen wurde. Der wusste auch gleich einen Ort, wo die von ihr geplante überlebensgroße Ludwig-II.-Statue aufgestellt werden sollte: in einer Wandnische in der Aula der Neuen Polytechnischen Hochschule, mit deren Innenausstattung Neureuther beauftragt worden war. Auch wenn es letztlich nicht dazu kam, so konnte der Architekt der Bildhauerin Ende 1868 doch den Kontakt zu Ludwig II. vermitteln, von dem sie zunächst eine Porträtbüste modellieren wollte.

Der König erschien zur ersten Sitzung, nahm Platz und wartete, dass die Bildhauerin unauffällig mit ihrer Arbeit beginnen würde. Doch es verschlug ihm die Sprache, als die Ney ohne Scheu auf ihn zukam, um mit ihren Geräten an seinem Kopf Maß zu nehmen, was er eigentlich verboten hatte. »Sie hat sein Gesicht mit Lineal und Zirkel ausgemessen!«, tuschelte das Hofgesinde. »Unerhört, Seine Majestät hat sich von einer Frau im Gesicht herum fuhrwerken lassen!«

Trotz dieser Ungeheuerlichkeit wurden ihr von Dezember 1868 bis März 1869 acht bis zu vier Stunden dauernde Sitzungen genehmigt, die ihr ausreichten, um das Tonmodell der Büste fertigzustellen. Danach fuhr sie im März 1869 zu ihrem Ehemann nach Rom und ließ dort die Büste in Marmor ausführen. Bevor ihr Kunstwerk vom 20. Juli bis zum 31. Oktober 1869 im Königlichen Glaspalast gezeigt wurde, unternahm sie mit ihrem Mann noch Reisen nach Griechenland, Ägypten und Palästina und kehrte nach der erfolgreichen Teilnahme an der Pariser Weltausstellung nach München zurück, fest entschlossen, vom schönsten Monarchen Europas nun endlich auch die Genehmigung zu erhalten, ein Standbild von ihm anfertigen zu dürfen.

Im Herbst 1869 zog die Ney in eine eigene Villa im toskanischen Stil mit einem schönen Park in der Schwabinger Grube 8, der heutigen Maria-Josepha-Straße 8. Dieses Haus, in dem sie repräsentativ untergebracht war, konnte sie sich mit finanzieller Unterstützung Ludwigs II. leisten. Es war wohl das erste Bauwerk, mit dem sich der König befasste und bei dem er, wie Pläne zeigen, auch Änderungen vornehmen ließ. Ihre feinen Schwabinger Nachbarn rümpften die Nase, wenn sie sahen, wie sich die berühmte rassige Künstlerin im Garten ihrer Villa die Haare wusch, ein für die damalige Zeit ungebührliches Verhalten, und wie sie, gehüllt in ungewöhnliche Gewänder, auf dem Kutschbock ihres Ponywagens in die Stadt jagte, wo bald jeder wusste: Das ist die Bildhauerin Ney, die vom König eine Villa geschenkt bekommen hat.

Elisabets Ziel war jedoch, ein Standbild des Königs in der Tracht eines

Hubertusritters auszuführen. Bislang hatte der Monarch dies noch abgelehnt, er sei krank und habe jetzt auch keine Zeit dazu. Doch die Ney bat den König, »allergnädigst mir Andeutung geben [zu] lassen, wann ich darauf hoffen darf«, mit der Arbeit beginnen zu dürfen.

Anfang 1870 war es dann so weit. Der König erteilte ihr seine allergnädigste Zusage zur Fertigung der von ihr ersehnten Statue. In der Münchner Residenz wurde ihr der Odysseus-Saal als Atelier zur Verfügung gestellt. Man wies sie darauf hin, sie solle sich bei ihrer Arbeit möglichst so unauffällig benehmen, dass sich Seine Majestät durch ihre Anwesenheit möglichst wenig gestört fühle. Das gefiel ihr überhaupt nicht. Diesmal wollte sie vielmehr die Barriere zwischen sich und ihrem eigenwilligen Modell endlich niederreißen. Sie hatte von der Begeisterung des Königs für die Deklamation von Texten aus den Werken Schillers und Goethes gehört. Und diese Tatsache wollte sie nutzen.

Als der König im Odysseus-Saal erschien, erwartete ihn ein höchst eigenwillig gekleidetes Fräulein Ney, gehüllt in ein griechisches Gewand mit dazu passenden Sandalen. Ihr sonst offenes rotbraunes Haar hatte sie zu einer griechischen Frisur hochgesteckt. »Nach einem kurzen erstaunten Blick nahm der König Platz, und ein Vorleser begann aus Goethes ›Iphigenie‹ zu deklamieren. Auch darauf war die listenreiche Elisabet vorbereitet, denn plötzlich unterbrach sie den etwas eintönigen Vortrag und setzte ihn mit leidenschaftlich-wohlklingender Stimme auswendig fort:

›So steigst du denn, Erfüllung, schönste Tochter
Des größten Vaters, endlich zu mir nieder!‹

Die List gelang. Der in die Klassiker verliebte König horchte auf, lächelte, lobte die Bildhauerin und meinte, so wie sie müsse Goethe sich seine Iphigenie gedacht haben. Von da an war das Eis gebrochen, des Königs persönliches Interesse an der Künstlerin war erwacht. Es gab keinen Vorleser mehr, und niemand mehr durfte die Sitzungen stören.«[143] Zwei exzentrische Persönlichkeiten hatten sich gefunden, alle beide schwärmerisch veranlagt, narzisstisch der König und aufgeschlossen die Bildhauerin. Erfahren im Umgang mit schwierigen Charakteren, war es ihr gelungen, seine ursprünglichen Befehle, ihn bei der Arbeit nicht anzuschauen und still zu sein, erfolgreich zu unterwandern.

[143] Obermeier, Siegfried: Münchens goldene Jahre, München, Gütersloh, Wien 1976, S. 79f. (künftig: Obermeier)

»Ihre Gespräche wurden später sogar in den Privaträumen des Königs fortgesetzt, zahlreiche Briefe flogen hin und her, von denen leider nur die Elisabets an den König erhalten sind. Man darf ohne Einschränkung behaupten, dass Elisabet Ney das einzige nicht mit Ludwig verwandte weibliche Wesen war, mit dem der König längere Zeit allein blieb. Elisabets zahlreiche Briefe sind zum Teil in einem sehr vertraulichen Ton gehalten und lassen darauf schließen, dass der König zu ihr in einem sehr nahen Verhältnis stand – wenn auch nur für kurze Zeit.

Das Gerücht von der schönen Künstlerin, die in der Residenz wohnte und mit dem König einen offenbar sehr vertrauten Umgang pflegte, drang durch die Mauern des Schlosses, breitete sich in Stadt und Land aus, erregte Verwunderung und Neugierde, bis sich schließlich auch die Presse des pikanten Stoffs bemächtigte. Sogar ausländische Zeitungen fanden die Affäre interessant genug, um darüber zu berichten: ›Man flüstert in München über eine weiße Gestalt, die in der königlichen Residenz in nächtlichen Stunden zu den Gemächern des Königs eilt und von keinem der diensttuenden Wächter aufgehalten wird‹, schrieb eine Zeitung.

Der mit einem Teil seines Wesens feminin empfindende König und die gewiss mit einigen maskulinen Zügen ausgestattete Künstlerin hatten aneinander Gefallen gefunden. Elisabet scheute sich nicht, dem König in ihren Briefen zu einer offeneren, volksfreundlicheren Lebensweise zu raten. Auch sehr persönliche Dinge werden angesprochen: ›Gott hat Sie geschaffen, wie Sie sind, nicht Sie selbst haben sich so gemacht, deswegen dürfen Sie es anerkennen.‹ Klammert man Gott aus, so entspricht dieser Rat durchweg den heutigen psychologischen Erkenntnissen, und er verrät, dass Ludwig mit dieser Frau recht intime Probleme erörtert haben muss. Wir wüssten mehr, wenn Ludwigs Briefe an Elisabet erhalten geblieben wären. Da sich in ihrem Nachlass keine gefunden haben, ist zu vermuten, dass sie sie vernichtet hat. Dass welche existiert haben, ist absolut sicher, da Ludwig ein eifriger Korrespondent war und selbst flüchtige Bekannte mit zahlreichen Briefen beehrte.«[144]

Im September 1869 warnte Elisabet Ney den König davor, sich zu sehr in die Einsamkeit zurückzuziehen: »[…] mit unsäglichem Trauern jedoch sehe ich«, schrieb sie ihm, »wie sich die Anknüpfungspunkte mit dem umgebenden Sein immer mehr und mehr Majestät entziehen. – Schon sind Sie ja in fast wesenlose Ferne entwichen. […] Oh, ich möchte die Kraft des Wor-

[144] Obermeier, S. 80

tes besitzen, um Ew. Majestät zu beschwören. Überwinden Sie mit einem kräftigen Willensentschluß alle Bedenken, wie feinsinnig auch, alle Empfindungen, wie zartfühlend auch, welche Ew. Majestät vereinsamen! Jetzt noch, ehe die Zeit des eigentlichen Wachstums, des begierig Einsaugenden hingeschwunden ist, ehe Ew. Majestät dann in unbefriedigender Öde einer selbst zerstörenden Pein überlassen bleiben; einer einsamen, dann nimmermehr endenden Pein – die kommen wird, bei einem solch tatglühenden Geiste.« So erfrischend offen und geradezu vorausschauend wagte die kluge und lebenserfahrene Künstlerin den jugendlich-schwärmerischen König anzusprechen.

Es verwundert nicht, dass Ludwig II., der nicht nur ihre künstlerische Arbeit, sondern mit Sicherheit auch ihre freimütigen Äußerungen zu schätzen wusste, bei ihr anfragen ließ, ob er ihr Schmuck oder etwas anderes schenken dürfe. Sie ließ ihm mitteilen: »Blumen, denn um Kostbarkeiten zu bewachen, fehlt es mir an Zeit.« Ihre kluge Bescheidenheit erstaunte den König und trug ihr seine Hochachtung ein. Daraufhin erhielt sie mehrfach stattliche Bouquets mit den schönsten und seltensten Blumen.

Inwieweit sie den König auch politisch zu beeinflussen suchte, indem sie ihn etwa auf seine Rückzugstendenzen zur Zeit des ausbrechenden Krieges zwischen Frankreich und Preußen ansprach oder mit ihm die Unterordnung Bayerns unter ein Deutsches Reich thematisierte, darüber lassen sich lediglich Vermutungen anstellen.

Nur eines steht fest, dass Elisabet Ney von Ende 1869 bis Mitte 1870 an dem Standbild des 25-jährigen Königs arbeitete. Sie hielt sich in dieser Zeit hauptsächlich in der Residenz auf, ihr Ehemann lebte seiner Gesundheit wegen in Rom. Noch während sie an Ludwigs Skulptur arbeitete und in der Residenz wohnte, wurde sie plötzlich schwanger.

Im Sommer kam es zum Bruch mit dem König, denn Elisabet wandte sich mit Fragen und Bitten nur noch an den Privatsekretär Eisenhart. »Seine Majestät«, schrieb sie an den König, »müssen nun die Gnade haben, mich zu entlassen. [...] Ich kann nicht länger warten. [...] Komme heute nicht zur Stadt. Gar zu müde. Weder Egoist, noch Knecht.« Ludwig, der mit dem im August ausgebrochenen Krieg gegen Frankreich beschäftigt war, stellte die Sitzungen ein, wollte die Künstlerin aber nicht beurlauben, worum sie ihn mehrmals bat. Doch sie wartete die gnädige Erlaubnis nicht mehr ab, sondern beendete ihre Arbeit am Standbild – dem letzten großen Werk für lange Zeit – und schickte sich an, München in aller Eile zu verlassen.

Als Gottfried von Neureuther sie aufforderte, das Gipsmodell der Statue

Ludwigs II. abzugeben, teilte sie ihm mit, dass sie das nicht tun werde, da sie dazu vertraglich nicht verpflichtet sei und nur die Marmorfassung liefern müsse. Sie brachte das Gipsmodell nach Berlin, wo es im Januar 1871 im Uhrsaal der Akademie der Künste ausgestellt wurde. Vergeblich versuchte Neureuther die Ney dazu zu bewegen, die Statue in Marmor auszuführen. Da sie sich weigerte, beschlagnahmte der bayerische Staat ihre Schwabinger Villa gleichsam als Unterpfand für ihre noch nicht vollendete Arbeit.

Elisabet Ney fuhr zu ihrem Mann nach Rom. Ende Dezember 1870 bestieg das Ehepaar ein Schiff nach Amerika, wo es im Januar 1871 ankam. Im Frühjahr brachte Elisabet Ney in Thomasville / Georgia ihren ersten Sohn zur Welt, den sie nach Schopenhauer Arthur nannte und von dem das Kindermädchen sagte: »Er ist zu schön, um lange zu leben.« Und so war es auch. Das Kind starb mit knapp 1 ½ Jahren an Diphtherie. Die verzweifelte Mutter schloss sich mit ihrem toten Sohn stundenlang ins Zimmer ein, nahm von ihm die Totenmaske ab, die sie zeitlebens mit sich führte und die seit ihrem Tod verschollen ist. Wegen Ansteckungsgefahr verbrannte sie den Leichnam, was sofort Gerüchte entstehen ließ. Die Verbrennung sei im Ofen des Farmhauses eigenhändig durch sie geschehen. Andere tuschelten, sie habe den Leichnam eingegipst und im Flur aufgestellt. Wieder andere behaupteten, sie habe das tote Kind in eine Zisterne versenkt, um es dort zu konservieren und seither spuke es im Farmhaus. Manche beschimpften sie als »Hexe« und »Kinderverbrennerin«.

Doch was geschah mit dem Tonmodell der Ludwig-Statue? Es war noch von der Künstlerin selbst dem Berliner Bildhauer Friedrich Ochs zur Ausführung in Marmor übergeben worden. Auch wenn der bayerische Staat für diese Arbeit keinen Preußen am Werk sehen wollte, Ochs rückte das Modell nicht heraus und fertigte die Marmorstatue – ein herablassend blickender König Ludwig II. – in den Jahren 1892 / 93. 1894, acht Jahre nach dem Tod Ludwigs II., war das Werk schließlich vollendet und wurde im Park von Schloss Linderhof aufgestellt. Heute befindet sich die Statue in den Beständen des König-Ludwig-Museums in Schloss Herrenchiemsee.

Nach ihrer Ankunft in Amerika unterbrach Elisabet Ney für 20 Jahre ihre künstlerische Tätigkeit und versuchte, zusammen mit ihrem Mann mehr oder weniger erfolgreich in Texas eine Plantage zu betreiben. Mit der Zeit bedauerte sie ihre künstlerische Pause immer mehr. Den Tod ihres Sohnes Arthur konnte sie nie verwinden. Belastend war auch die zunehmende Entfremdung von ihrem zweiten Sohn Lorne, der 1872 zur Welt gekommen war und der als Erwachsener seine Beziehung zu den Eltern abbrach. Als das Ehepaar die Farm in Liendo verkaufen wollte, erwies sie sich als unverkäuflich.

Ab 1890 besann sich Elisabet Ney erneut auf ihre Kunst und begann wieder als Bildhauerin zu arbeiten. Sie eröffnete ein neues Studio in Austin/Texas, startete eine beachtliche zweite Karriere und erhielt Aufträge für mehrere Standbilder texanischer Größen für die Weltausstellung in Chicago 1893.

Erst nach 25 Jahren, nachdem Elisabet Ney Ende 1870 überstürzt Bayern verlassen hatte, kehrte sie 1895 für wenige Tage nach München zurück und verkaufte ihre Villa an den Archäologen Adolf Furtwängler. 1909/10 erwarb der New Yorker Bankier und Kunstsammler James Loeb das Haus, ließ es abreißen und durch einen Neubau ersetzen, der heute noch in der Maria-Josepha-Straße 8 in München-Schwabing steht. Während ihres Aufenthalts bekam sie erstmals auch die Marmorstatue Ludwigs II. zu Gesicht, die sie vor 20 Jahren modelliert hatte. Welche Gedanken mögen ihr dabei wohl durch den Kopf gegangen sein?

Noch mit 70 Jahren reiste Ney nach Italien, um für ihr letztes Werk makellosen Marmor zu suchen. Daraus entstand als Krönung ihrer bildhauerischen Arbeit die viel gerühmte Figur der »Lady Macbeth«. Dargestellt ist die von Geltungssucht und Machtwillen getriebene Gattin des schottischen Heerführers Macbeth, wie sie, nachdem sie ihren Gatten zum Königsmord verführt hat, dem Wahnsinn verfällt.

Im Mai 1907 erlitt Elisabet Ney einen Herzinfarkt. Schon vorher hatten ihr Herzattacken zu schaffen gemacht, außerdem litt sie unter einer Lebensmittelvergiftung und einer berufsbedingten Staublunge. Am 29. Juni 1907 starb sie hochgeehrt im Alter von 74 Jahren in Austin/Texas und wurde auf der Farm Liendo in einem Eichenwäldchen vor ihrem Haus, das sie sehr liebte, zur letzten Ruhe gebettet.

Ihr Ehemann überlebte sie um vier Jahre. In seinem Nachlass fand man angeblich eine Kiste mit dem Gipsabdruck eines Kinderkörpers, so ein weiteres Gerücht. Er sei, wie es heißt, mit ihm begraben worden. Aus dem Atelierbau in Austin wurde das Elisabet-Ney-Museum, in dem ein großer Teil ihrer Werke zu sehen ist.

Bis heute aber ist das Gerücht nicht verstummt, König Ludwig II. habe einen Sohn mit der Bildhauerin Elisabet Ney gehabt. Angeblich sei es etwa im September 1870 zur Zeugung des Kindes gekommen. Vier Monate danach verließ die Ney überraschend Europa. Fünf Monate später, im Sommer – etwa Ende Mai/Anfang Juni 1871 – brachte sie ihren Sohn Arthur zur Welt, der im Alter von nur 1 ½ Jahren an Diphtherie starb. Es existiert die »Bildnisbüste eines [etwa zweijährigen] Knaben«, die Elisabet Ney um 1872/73 schuf und die, wie es heißt, möglicherweise ein Porträt Arthurs sein könne. Das Antlitz des Knaben zeige eine deutliche Ähnlichkeit mit Kinderbildnissen Ludwigs II. Doch auch das ist, wie so Vieles im Leben Ludwigs II., nur eine Vermutung.

Die Kunststickerin Mathilde Jörres (1833–1912)

Wie viele Künstlerinnen der König mit Dankesbezeigungen und Geschenken ehrte, ist nicht bekannt. Doch es müssen Dutzende gewesen sein, denn Ludwig II. versäumte es nie, jeden sorgfältig erfüllten Auftrag, und sei er noch so klein, großzügig zu belohnen. Eine dieser Damen war die Stickmeisterin Mathilde Jörres, die für ihn die herrlichsten und kostbarsten Aufträge erledigte und hiedurch ihr Kunstgewerbe zu einem Weltruf erhob.

Einmal sollte Fräulein Jörres »in anderthalb Tagen die Einbanddecke eines Albums mit Alpenrosen und Edelweiß sticken. Es war zum Geschenke für die Kaiserin von Österreich bestimmt. Viele Hände machten das Unmögliche möglich. Der König war derart befriedigt darüber, daß er augenblicklich dem Fräulein einen aus ungefähr 2000 Rosen bestehenden Strauß durch einen reitenden Boten überbringen ließ.«[145] Die Rosen stammten angeblich von der Roseninsel im Starnberger See. Fräulein Jörres sprach ihren heißen Dank für die seltene Ehrung brieflich aus.

Andere beschenkte Damen hingegen, die beabsichtigten, unter dem Vorwande, sich persönlich bedanken zu wollen, in seine Nähe zu kommen, erhielten die Antwort, »daß er sie nicht empfange, sie könnten sich schriftlich bedanken«.[146]

Die hochbegabte Stickerin Mathilde Jörres gründete 1863 im Alter von 30 Jahren in München die Firma »Mathilde Jörres. Kunststickerei und Paramente«. In nur etwa 25 Jahren vergrößerte sich die Mitarbeiterzahl ihres Ateliers auf 80 bis 100 Stickerinnen. »Zur Zeit der Deutschen Kunst- und Industrieausstellung 1876 in München nahm sie bereits nahezu eine Monopolstellung ein, u. a. wegen der kirchlichen Stickereien. Nicht zuletzt tru-

[145] Kobell, Louise von: König Ludwig II. von Bayern und die Kunst, München 1898, S. 12 (künftig: Kobell-Kunst)

[146] Memminger, S. 40f.

gen die zahlreichen Aufträge Ludwigs II. zu ihrem Renommé bei: von gestickten Tischdecken für das Jagdhaus auf dem Schachen (1869–1872), dem Indischen Königszelt für den Wintergarten Ludwigs II. in der Münchener Residenz (zwischen 1870 und 1872) bis hin zu aufwendigen Ausstattungsarbeiten für Linderhof und Herrenchiemsee. Nach dem Tod des Königs schränkte sie ihre Stickereiproduktion ein und widmete sich hauptsächlich dem sozialen Engagement für ihre Arbeiterinnen, denen sie schon früher Unterkünfte hatte erbauen lassen.«[147]

Das Blumenmalerinnen-Trio

Ludwig II. liebte nicht nur Alpenrosen und Edelweiß, sondern insbesondere auch Lilien und Jasmin. Von Blumenmalerinnen ließ er Blumen immer wieder auch malen. Eine von ihnen war Therese Weber. Sie bemalte »reizende Fächer mit den Blumen, Käfern und Schmetterlingen«. Ebenso schätzte der König die Bilder der Fanni von Pausinger »mit den leicht hingeworfenen Nelken, mit den zarten Malven oder mit den weißen in Goldornamenten gefaßten Narzissen«. Auch »die vom Strauch gepflückten, in Aquarellbildern fortlebenden Rosen der Marie Nyl« bewunderte er. »Sie hatte im Jahre 1880 ihre Erstlingsblumen im Kunstverein ausgestellt, der König ließ sich dieselben kommen und fand sie so ansprechend, daß er von dieser Zeit an, bald sich selbst, bald andere durch Nyls reizende Blumenbilder erfreute. Des Königs Wohlgefallen an ihren Arbeiten wirkte derart auf die Künstlerin, daß sie mit verdoppelter Schaffenslust ihr schönes Talent entwickelt und vervollkommnet hat.«[148]

[147] Hojer, Gerhard: König Ludwig II. – Museum Herrenchiemsee. Katalog, München 1986, S. 457

[148] Kobell-Kunst. S. 236ff.

Königin Marie von Bayern

Herzogin Ludovika in Bayern

Sybilla Meilhaus, Prinzenerzieherin

Hofdamen der Königin Marie von Bayern: (von links) Juliane Gräfin von der Mühle – Therese Freiin von Redwitz – Charlotte Gräfin von Fugger-Glött. Rechts: Königin Marie von Bayern

Ludwigs Spielgefährtinnen, die Possenhofener Herzoginnen:
Sisi (*1837) Marie (*1841) Mathilde (*1843) und Sophie (*1847)

Maria Isabella, Infantin von Spanien

Maria Luise, Prinzessin von Hohenzollern-Sigmaringen

Die Kurtisane Cora Pearl

Sybilla Freifrau von Leonrod

Elisabeth, Kaiserin von Österreich

Marie Dahn-Hausmann, Hofschauspielerin

Maria Alexandrowna, russische Zarin

Cosima Wagner, Gemahlin Richard Wagners

Lila von Bulyowsky, Hofschauspielerin

Vier Hofschauspielerinnen:
Hermine Bland

Clara Ziegler

Carlotte Wolter

Marie Conrad Ramlo

Herzogin Sophie in Bayern

Marija,
russische Großfürstin

Prinzessin Marie
von Preußen

Prinzessin Elisabeth Anna
von Preußen

Prinzessin Louise, Tochter
Queen Victorias von England

Erzherzogin Marie Valérie von Österreich

Bildhauerin Elisabet Ney

Sängerin Malvina Schnorr von Carolsfeld

Drei Hofopernsängerinnen:
Therese Vogl

Josephine Scheffsky

Mathilde Mallinger

Lili Dreßler, Sängerin

Therese Malten, Sängerin

Sophie Marie Gräfin von Voß, Autorin

Gräfin Dash

Therese Prinzessin von Bayern

Kaiserin Eugenie von Frankreich

Königin Olga vom Württemberg

Prinzessin Anna von Hessen Darmstadt

Maria de la Paz, Infantin von Spanien

Marie José von Portugal

Erzherzogin Gisela von Österreich

Marie Louise von Wallersee-Larisch-

Baronin Spera von Truchseß

Die Töchter des Schweizer Buchändlers Benziger

Wanda von Sacher-Masoch

Schauspielerin Philomene Hartl-Mitius

Johanna Meyer

die Betrügerin Adele Spitzeder

Prinzessin Liselotte von der Pfalz

Markgräfin Wilhelmine von Bayreuth

die Kurtisane Anne Ninon de Leclose

Königin Katharina Medici

Königin Maria Stuart

Königin Marie Antoinette

Duchesse de La Vallière

Marquise de Montespan

Herzogin von Frontanges

Marquise de Maintenon

Comtesse de Mailly-Nesle

Marquise de Vintimille

Duchesse de Lauraguais

Duchesse de Châteauroux

Marquise de Pompadour

Gräfin Du Barry

Marquise de Créqui

Gräfin von Egmont Pignatelli

Herzogin von Gramont

Prinzessin de Lamballe

Herzogin von Polignac

Shakuntala

Die Jüdin Esther

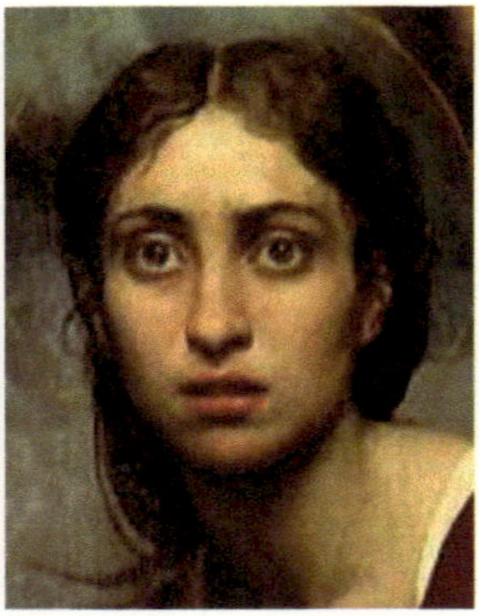

Die Jungfrau von Orleans

Prakriti

Die Göttin Venus
(Neuschwanstein)

Die Gottesmutter Maria
(Neuschwanstein)

Hl. Elisabeth von Thüringen

Die Nixe im Badersee

König Ludwig II.

Drum seinem Angedenken
Ehr und Preis
Held Ludwig war ja
Bayern's Edelweiße!

Bilder, auf denen Ludwig II. gemeinsam mit einer Frau abgebildet ist:

Es gibt nur sehr wenige Bilder, auf denen Ludwig II. gemeinsam mit einer oder mehreren Frauen abgebildet ist. Auf frühen Fotografien und Gemälden sind er und sein jüngerer Bruder Otto mit der Mutter zu sehen (oben).
Eines der letzten Bilder mit ihr stammt aus dem Jahr 1886, als Ludwig seine Mutter zu einem Besuch in Schloss Neuschwanstein empfing (unten).

Bilder, auf denen Ludwig II. gemeinsam mit einer Frau abgebildet ist:

1867 ließ sich König Ludwig II. anlässlich seiner Verlobung mit Herzogin Sophie in Bayern auf mehreren Fotografien ablichten, zwei davon sind oben zu sehen.
Ein Ausritt Ludwigs II. mit Herzogin Sophie im Park von Possenhofen.

Bilder, auf denen Ludwig II. gemeinsam mit einer Frau abgebildet ist:

1864 traf Ludwig II., gerade König geworden, in Bad Kissingen mit der russischen Zarin Maria Alexandrowna zusammen, die er besonders verehrte. Galant reicht er ihr den Arm. Im Vordergrund tänzelt ihre Tochter, die 11-jährige Großfürstin Marija, die als mögliche Braut Ludwigs II. gehandelt wurde und die er etwa sieben Jahre später hätte heiraten können. Doch auch aus dieser Verbindung wurde nichts.

Bilder, auf denen Ludwig II. gemeinsam mit einer Frau abgebildet ist:

Fotografien von Ludwig II. mit der von ihm hoch verehrten Kaiserin Elisabeth gibt es nicht, aber Postkarten-Abbildungen, auf denen beide zu sehen sind, so vor allem im Park auf der Roseninsel (oben links und rechts), wo sich die beiden mehrfach trafen. Zu Ehren der Zarin Maria Alexandrowna ließ Ludwig II. 1868 ein prachtvolles Feuerwerk bei Schloss Berg veranstalten (unten links). Und bei der Hochzeit von Erzherzogin Gisela, der Tochter von Kaiserin Elisabeth, mit Prinz Leopold von Bayern, dem Sohn des späteren Prinzregenten Luitpold, gab der König 1873 ein fürstliches Bankett in der Residenz. Ihm zur rechten Seite nimmt Gisela den Ehrenplatz ein, zu seiner linken Seite hat der Bräutigam Prinz Leopold Platz genommen.

Bilder, auf denen Ludwig II. gemeinsam mit einer Frau abgebildet ist:

Auf Postkarten wurde mehrfach die Szene dargestellt, in der sich im Wintergarten auf dem Dach der Münchner Residenz eine Kammersängerin dem König zu aufdringlich nähert, worauf sie ins Wasser stürzt. Ludwig läutet seinem Kammerdiener, der die Dame aus dem Wasser fischen muss, während Ludwig den Ort des Geschehens entrüstet verlässt.

Auf der einen von zwei anderen Postkarten (links) umgarnt eine Wassernixe den König, auf der anderen (rechts) bringen zwei recht freizügig gekleidete Damen dem Monarchen ihre Huldigung dar. Mit derartigen Darstellungen wollte man die begeisterte Verehrung der Damenwelt für den frauenscheuen König wenigstens bildlich zum Leben erwecken.

Bilder, auf denen Ludwig II. gemeinsam mit einer Frau abgebildet ist:

Eine überirdische Frauengestalt erscheint auf diesem Gemälde dem König. Es ist der Genius unsterblichen Ruhms, der Ludwig II. einen Lorbeerkranz reicht. Überrascht wendet sich der König, der wie so oft in der Nacht mit dem Studium von Prachtbänden befasst ist, der unerwarteten, engelsgleichen Erscheinung zu.

Sängerinnen

Bei der Aufführung von Richard Wagners Opern wünschte sich der König die besten Sängerinnen, die er reich mit Blumenbouquets und Geschenken ehrte und die er auch in seinen Separatvorstellungen auftreten ließ. Sogar an die berühmte italienische Adelina Patti (1843–1919) sandte er angeblich ein Telegramm, sie einladend, nach München zu kommen, um bei einer Separatvorstellung mitzuwirken. Die berühmte Diva lehnte es ab mit der Motivierung, »daß sie gewohnt sei, vor vollem Hause zu spielen, und daß sie vor dem Könige als einzigem Zuschauer keinen Ton aus der Kehle bringen würde«.[149] Adelina Patti war eine der ganz großen Koloratursopranistinnen in der zweiten Hälfte des 19. Jahrhunderts mit einer kometenhaften Karriere. Die Künstlerin sang an zahlreichen europäischen Bühnen, in Südamerika sowie an der Metropolitan Opera in New York, doch Ludwig II. gelang es nicht, sie für sich zu verpflichten. Doch es standen ja andere Sängerinnen zur Verfügung.

Hofopernsängerin Malvina Schnorr von Carolsfeld (1825–1904)

Am 10. Juni 1865 war Malvina Schnorr von Carolsfeld – geborene Malvina Garrigues, Tochter des portugiesischen Generalkonsuls in Kopenhagen – gemeinsam mit ihrem zehn Jahre jüngeren Mann Ludwig Schnorr von Carolsfeld (1836–1865) bei der Uraufführung der Wagneroper »Tristan und Isolde« im Münchner Hof- und Nationaltheater aufgetreten. Begeistert schrieb der König an Wagner: »Wie wonnevoll! – Vollkommen. So angegriffen von Entzücken! – … Ertrinken … versinken – unbewußt – höchste Lust. – Göttliches Werk.«[150] Und daran hatte das Sängerehepaar Schnorr mit ihrer eindrucksvollen Verkörperung von Tristan und Isolde maßgeblichen Anteil. Rasch folgten weitere Aufführungen. Der König schrieb dem

[149] Streißler, S. 19
[150] Herre, S. 104

Künstlerpaar, dass sie »alle seine Erwartungen glänzend übertrafen; ich nenne Ihre Darstellung eine vollkommene in allen Teilen«.[151] Der Lohn für die vier »Tristan«-Aufführungen betrug 2600 Gulden. Ludwig Schnorr erhielt außerdem Bilder aus den Nibelungensälen der Residenz und Malvina ein wundervolles Armband.

Bereits einen Monat vorher, am 1. Mai 1865, hatte der König das Ehepaar zu einem privaten Gesangsvortrag zu sich eingeladen. Zwei Stunden lang wurden sie durch Hans von Bülow am Klavier begleitet. Der König, der damals wegen einer Erkrankung das Bett hüten musste, war von dem Gesang der beiden sehr angetan.

Es war für ihn und Wagner daher ein Schock, als nur sechs Wochen nach der Premiere von »Tristan und Isolde« Malvinas Mann unerwartet im Alter von erst 29 Jahren starb. Auf dem Totenbett musste ihm seine Frau – nach deren Aussage – versprechen, den von ihm hoch verehrten Wagner stets vor Feinden und falschen Freunden zu schützen. Malvina verfiel nach dem Tod ihres Mannes in eine tiefe Depression und beschloss, nie mehr aufzutreten. Sie begann sich mit Spiritualismus zu befassen und glaubte schließlich in hochneurotischem Zustand, sie sei dazu bestimmt, Richard Wagner zu heiraten, um ihn besser schützen zu können. Und der sei verpflichtet, sie zu ehelichen, um auf diese Weise ihren verstorbenen Gatten zu ersetzen. Da ihr aber bekannt war, dass die mit Hans von Bülow verheiratete Cosima mit Richard Wagner ein geheim gehaltenes Verhältnis hatte, also Ehebruch beging, ohne dass der König davon wusste, sah sie in Cosima ihre Feindin und schwärzte sie eifersüchtig beim König an: Cosima lebe mit Wagner in Tribschen in wilder Ehe zusammen. Der König wollte dies zunächst nicht wahrhaben: »Ich kann und will es nicht glauben, daß Wagners Beziehungen zu Frau von Bülow die Grenzen der Freundschaft überschreiten. Das wäre furchtbar!« Entrüstet wies er Malvinas Informationen zurück, doch die ließ nicht locker.

Cosima tat ihrerseits alles, um Malvina beim König zu diskreditieren und beklagte sich bei ihm über diese »böse Frau«, die derartige »Gehässigkeiten« über sie verbreite und vermutete bei ihr »vollständige Geisteszerrüttung«. Auch Richard Wagner empfand die Angriffe der Sängerin als unerhört peinlich. 1867 wandte er sich an den König mit der Bitte, er möge Frau von Schnorr doch mit der Suspendierung der ihr verliehenen Pension oder mit der Ausweisung drohen, wenn sie nicht endlich aufhöre, über ihn und Cosima schlecht zu reden. Doch Malvina ließ sich nicht den Mund

[151] Böhm, S. 66

verbieten. Sie bestürmte den König weiterhin mit Briefen und beschimpfte Cosima sogar auf offener Straße. Daraufhin wurde sie wirklich ausgewiesen, allerdings nur für einige Zeit.

Dem König wurde die ganze Angelegenheit immer lästiger, aber auch andere fortwährende Forderungen der Wagnerfreunde missfielen ihm, wie er am 9. Dezember 1867 seinem Hofsekretär mitteilte: »Jüngst erhielt ich einen Brief von Richard Wagner, der mich bittet, Frau v. Schnorr zu strafen; [...] Mir sind die ewigen Streitigkeiten und Klagen von Seiten Wagners, Bülows, Porges, Fröbels und Anhang in Grund und Boden zuwider geworden. Ich habe so viel Nachsicht und Geduld mit diesen Leuten gehabt, ihnen wirklich viele Wohltaten erwiesen, so daß sie allen Grund haben, endlich zufrieden und dankbar zu sein; mein Geduldfaden beginnt endlich zu reißen.«[152]

Wie fast ganz München war auch Hofrat Lorenz von Düfflipp längst davon überzeugt, dass Wagner Ludwig II. über seine Beziehung zu Cosima in einem fort belogen hatte, und er machte den König darauf aufmerksam. Der antwortete Düfflipp vier Tage später, am 13. Dezember: »Diesen Abend erhielt ich Ihren Brief. Ich bin wie aus den Wolken gefallen.« Es »wundert mich, daß Sie meinen, die Angelegenheit zwischen Wagner, Fr. v. Bülow, Frau v. Schnorr sei nicht koscher – sollte das traurige Gerücht also wahr sein, welchem Glauben zu schenken, ich mich nie entschließen konnte, sollte also wirklich Ehebruch mit im Spiele sein! – dann wehe!«[153]

Schließlich konnte der König vor den Anschuldigungen nicht mehr länger die Augen verschließen. Die Gewissheit, dass Cosima Ehebruch begangen und ein Verhältnis zu Wagner hatte, war für ihn niederschmetternd. Er nannte, wie Cornelius berichtet, »diese jahrelange Hintergehung sein allerschmerzlichstes Erlebnis«. Er hatte sich für beide eingesetzt, Cosima 1866 sogar ein Zeugnis ausgestellt, dass sie einen moralisch einwandfreien Lebenswandel führe, worum ihn Wagner gebeten hatte. Doch beide hatten sein Vertrauen über Jahre hinweg schändlich missbraucht. Diesen Verrat und Treuebruch konnte er nicht verzeihen. Auch leidenschaftliche Liebe zwischen den beiden wollte er, der mit Leidenschaft zwischen den Geschlechtern ohnehin wenig anzufangen wusste, als Entschuldigungsgrund nicht gelten lassen. Enttäuscht zog er sich zurück und schwieg. Er unterbrach den Briefverkehr mit Wagner für fünf Monate und lehnte jede Unterredung ab, die der Komponist erbat, um sein Verhalten zu erklären. Doch

152 Böhm, S. 197
153 Ebd., S. 198

damit kam er zu spät. Noch weniger war der König bereit, sich mit Cosima zu versöhnen. Nie mehr betrat er ihr Haus, weder in Tribschen noch später in Bayreuth. Die Audienz, die sie nach Wagners Tod erbat, schlug er ab. Alle künftigen Kontakte zu den beiden bezogen sich nur noch auf Wagners künstlerisches Wirken, als dessen Eigentümer er sich sah, da die finanziellen Zuwendungen an Wagner unverändert weiterliefen.

Malvina Schnorr von Carolsfeld verschwand bald aus dem Gesichtsfeld des Königs. 2004 stellte die Prinzhorn-Sammlung[154] Heidelberg, in einer Ausstellung mit dem Titel »Irre ist weiblich«, Psychiatriepatientinnen und ihre künstlerischen Gestaltungen vor. Dabei wurden auch »drei Blätter mit feiner, von kruden Kreiskritzeleien überlagerter Damenhandschrift« gezeigt, die von Malvina Schnorr von Carolsfeld stammten. Daraus geht hervor, dass sich Malvina um 1880 einem Klinikaufenthalt in einem Sanatorium im Münchner Westen unterzogen haben muss. Ihr damals behandelnder Arzt diagnostizierte bei ihr »Paranoia, deren Anfänge wahrscheinlich auf Ende der sechziger Jahre [...] zurückreichen. Pat[ientin] hatte ein sehr ausgebautes Wahnsystem, machte ihre Zeichnungen auf halluzinatorischen ›Befehl‹ ihres 1865 gestorbenen Mannes, der ihren ganzen Tagesablauf mit bei- oder missfälligen Äußerungen begleitete.‹ Pat[ientin] konnte sich dabei äußerlich vollständig beherrschen, war durchaus gesellschaftsfähig und zeigte nur für den kundigen Beobachter eine leichte geistige Schwäche.«[155]

In späteren Jahren erteilte Malvina in Frankfurt Gesangsunterricht und veröffentlichte einige Gedichte von sich und ihrem Mann. 1904 starb sie im Alter von 78 Jahren in Karlsruhe.

Hofopernsängerin Therese Vogl (1845–1921)

Die Schullehrerstochter sang schon als Kind in Kirchenchören der Umgebung von Tutzing am Starnberger See. Hofkapellmeister Franz Lachner entdeckte 1860 das 15-jährige Mädchen und kümmerte sich um die Ge-

[154] Hans Prinzhorn (1886–1933) war ein deutscher Psychiater und Kunsthistoriker, nach dem die Sammlung Prinzhorn benannt ist, eine Sammlung von Malereien psychisch Kranker.

[155] Dippel, Roland: Die Helden-Stimme aus dem Jenseits. Dokumente aus der Klinik von Wagners erster »Isolde«, in: Unser Bayern. Heimatbeilage der Bayerischen Staatszeitung, Jg.54, Nr.2, S. 29 – 31. Feb. 2005, S. 30

sangsausbildung am Konservatorium in München. Nach ihrem gesanglichen Debüt am Hoftheater in Karlsruhe wurde Therese am 1. April 1866 an der Münchner Hofoper angestellt, wo sie ihren späteren Mann Heinrich Vogl kennenlernte, der als erster Tenor an der Hofoper arbeitete. Schon ein Jahr darauf, 1867, heirateten die beiden. In diesem Jahr wollte Ludwig II. Wagners »Lohengrin« in einer Neuinszenierung erleben. Nach Streitigkeiten mit Richard Wagner wegen der Besetzung der Hauptrollen Lohengrin und Ortrud, benannte der König dafür Heinrich Vogl und seine Frau. Dem Paar blieben nur fünf Tage, um die Rollen einzustudieren. Die Aufführung gelang und machte das Paar zu umjubelten Wagner-Interpreten, vor allem auch in dessen Oper »Tristan und Isolde«. Man sah sie als Nachfolger des Ehepaars Ludwig und Malvina Schnorr von Carolsfeld, die in der Uraufführung von Wagners »Tristan und Isolde« 1865 in München die Titelpartien gesungen hatten. Über Jahre hinweg tourten Heinrich und Therese Vogl nun als Tristan und Isolde durch Europa.

Ludwig II. ließ den beiden Sängern zahlreiche Beweise seiner Gunst zukommen. So schenkte er Therese Vogl nach der separaten »Ring«-Aufführung vom 3. bis 7. November 1879 eine goldene Kette mit Medaillons und nach der separaten »Tannhäuser«-Aufführung vom 25. April 1882 ein prächtiges Blumenbouquet. Über den Ablauf derartiger Separatvorstellungen vor dem König berichtete Therese Vogl Folgendes:

»Viel Dichtung und Wahrheit ist über die Separatvorstellungen, an denen ich selbst mitwirkte, in der Öffentlichkeit verbreitet worden. Sie fanden alljährlich im Monat April und November statt. Anfangs erschien der König pünktlich zur angesetzten Stunde, in späteren Jahren aber wurde es oft acht und neun Uhr, bis wir anfangen konnten. Der König nahm in der Mittelloge, nicht – wie es allgemein heißt – im dunkelsten Hintergrunde, sondern auf einem Vordersitze Platz, und die Loge selbst war leicht erhellt, während selbstverständlich das übrige Theater in tiefes Dunkel getaucht war. Wir Künstler hatten das unbeschreiblich glückliche Gefühl, daß der König mit seiner ganzen seelischen Anteilnahme bei der Sache war. Nach den Aktschlüssen schickte er seinen Adjutanten auf die Bühne, der uns die königliche Anerkennung übermittelte. Es stimmt nicht, daß ›Lohengrin‹ die Lieblingsoper König Ludwigs war. Diese Stelle nahm in seinem Herzen vielmehr ›Tristan und Isolde‹ ein. Ich weiß dies aus dem Munde des Königs selbst, der bei der einzigen Audienz, die er meinem Manne und mir in der Residenz gewährte, das Geständnis machte, daß ihm diese Oper über alles gehe. Ich möchte bei dieser Gelegenheit auch manches Märchen zerstreuen, das über den König selbst lange und vielleicht in manchen Köpfen auch heute noch spukt, das Märchen nämlich, daß der König ein menschenscheuer Sonderling im Benehmen anderen gegenüber war. Bei unserer Audienz zeigte sich der König von einer so gewinnenden Herzlichkeit und Anteilnahme, daß wir im Innersten gerührt waren. Wie der König die Wagner-Werke kannte, kannte bis in die subtilsten Einzelheiten, mag man daraus ersehen, daß er mit mir über die Wagnerschen Frauengestalten und ihre musikalische Vertiefung bis ins eingehendste sprach. Schon sein ganzes Äußeres war königlich in Haltung und Gebärden, aber dabei doch durchaus menschlich.«[156]

Heinrich Vogl starb am 21. April 1900 im Alter von nur 55 Jahren. Seine Frau Therese beendete ihre Karriere 1892 und starb 1921 mit 76 Jahren. Das Grab des Ehepaars befindet sich auf dem Alten Tutzinger Friedhof.

Hofopernsängerin Josephine Scheffsky (1843–1912)

In den Jahren von 1872 bis 1879 stand auch die Sängerin Josephine Scheffsky in der Gunst Ludwigs II. Die Tochter eines Hofbeamten war eine hervorragende Sopranistin und verstand es, die ihr anvertrauten Rollen und Gesangspartien zur höchsten Zufriedenheit des Königs zu gestalten. Der König empfahl sie Richard Wagner für Bayreuth, wo sie 1876 die Sieglinde sang. Ihr wenig vorteilhaftes Äußeres – sie glich einer »derben Münchner Bräuhauskellnerin« –, ihre wenig gewählte Ausdrucksweise und ihre bisweilen unsympathische Wesensart ließen Ludwig II. jedoch auf Distanz gehen.

Zwar lud er sie mehrfach zum Vorsingen in seinen Wintergarten der Residenz oder nach Hohenschwangau ein. Doch dabei habe er sie, wie es hieß, nicht sehen, sondern lediglich ihre schöne Stimme »aus dem dichtesten Gesträuch heraus hören« wollen, das heißt, dass sie sich hinter Strauchwerk verborgen halten musste. Auch die Nachtigall versteckt sich im Gebüsch, wenn sie singt.

Einmal durfte sie im Wintergarten auf dem kleinen See, im Kahn sitzend, dem König vorsingen. Es ist nicht auszuschließen, dass sie diese Situation nutzen wollte und sich absichtlich in den See fallen ließ, um vom König, der in der Nähe war, gerettet zu werden. Doch der dachte gar nicht daran und klingelte den Dienern, von denen sie dann aus dem Wasser gezogen wurde.

[156] Memminger, S. 102f.; siehe dazu Charlotte Wolters Schilderung einer Separatvorstellung, S. 81

Auch wenn manche behaupteten, die Scheffsky sei im Grunde gutmütig gewesen, so war ihre Ausstrahlung nach dem Urteil anderer nur wenig liebenswürdig. Ihre Charaktereigenschaften galten als problematisch. Sie sei nicht immer ehrlich und stets berechnend und auf ihren Vorteil bedacht gewesen, außerdem eine Intrigantin und Schwätzerin. Zudem neige sie zu Übertreibungen ihrer Erlebnisse in der Residenz.

In allen Vorzimmern von Ludwigs Schlössern befand sich eine Kassette mit einem Vorrat von Schmucksachen, die der König großzügig verschenkte. Auch die Scheffsky kam beim Vorsingen diesbezüglich nie zu kurz.

Einmal habe der König befohlen, ihr bei der Rückfahrt in die Stadt eine Zehrung aus der Hofküche und dem Hofkeller mit auf den Weg zu geben. Von der Dienerschaft wurde dieser Auftrag derart gründlich ausgeführt, dass der Wagen mit Speisen und Getränken so überladen gewesen sei, dass er bei der Abfahrt unter der Last zusammenbrach.

Auch die Klatschsucht der Sängerin war nicht besonders vertrauenerweckend. Was sie dem König über andere mitzuteilen wusste, scheint durchaus nicht immer harmlos gewesen zu sein. So intrigierte sie 1873 gegen den Hoftheaterintendanten Baron Perfall, »um an seine Stelle den Hauptmann von B. zu bringen«.[157] Sogar zur Entlassung des Kabinettssekretärs August von Eisenhart soll sie beigetragen haben, »indem sie dem König berichtete, Eisenhart erzähle überall herum, sie sei in gesegneten Umständen von ihm«. Der König scherte sich allerdings nicht darum und erzählte die Geschichte dem Sänger Franz Nachbaur »lachenden Mundes«.

Doch so harmlos waren nicht alle ihre Aktionen. Trotz der zahlreichen Gunstbeweise, mit denen sie der König verwöhnte, ließ sie sich sogar zu Betrügereien hinreißen. So habe sie an die königliche Kabinettskasse überhöhte Rechnungen für ihre Aufwendungen bei Reisen gestellt, was den König zu folgenden Maßnahmen veranlasste. Am 10. April 1879 »bekommt der Kabinettchef [Ziegler] durch den Lakai Welker vom König die schriftliche Weisung, er möge ›die Fräulein Scheffzky ja recht überwachen lassen‹. Am 11. Mai desselben Jahres wird ihm geschrieben, er möge es dahin bringen, ›daß es Fräulein Scheffzky einsieht, wie unrecht sie gehabt hat‹. Bereits am 1. Mai wird Ziegler neuerdings zu wissen gemacht, ›die Fräulein Scheffzky solle zur Unterwerfung gebracht werden. In den nächsten Tagen schon.‹ Am 5. Juli wieder will Ludwig wissen, ›wie sie sich aufführt, mit wem sie verkehrt‹.«[158]

[157] Rummel, S. 83

[158] Ebd., S. 83f.

Besondere Aufmerksamkeit erregte folgender Vorfall von 1879. Zum Namensfest des Königs hatte sie im Geschäft ihres Schwagers Rosipal einen Perserteppich gekauft, den sie dem König zum Geschenk machen wollte und von dem sie annahm, er würde Seiner Majestät gefallen. Der Teppich fand tatsächlich den königlichen Beifall. Wie es damals bei Geschenken, die Untergebene dem König machten, üblich war, ordnete Ludwig an, dass der Betrag für den Teppich der Künstlerin zurückerstattet werden solle. Doch was tat die Scheffsky? Sie ließ sich von der Kabinettskasse 1500 Mark ausbezahlen, obwohl der Teppich, wie die Originalrechnung bei einer Kontrolle zeigte, nur 300 Mark gekostet hatte. Unvorsichtigerweise intrigierte die Scheffsky damals gegen den Hofsekretär Ludwig von Bürkel. Dieser deckte den Schwindel auf. Die 1200 Mark Mehrkosten begründete die Scheffsky damit, dass sie den Teppich ja noch mit Straußenfedern verziert habe. Außerdem schwindelte sie dem König vor, ein indischer Fürst habe darauf seine Siesta abgehalten. Ludwig war über dieses frevelhafte Verhalten der Sängerin derart aufgebracht, dass er befahl, die »dumme Gans«, wie er sie in seinem Zorn titulierte, nicht nur aus dem Verband der königlichen Hofoper zu entlassen, sondern ihr auch den Titel einer Kammersängerin zu entziehen. Dies wurde ihr vor versammeltem Opernpersonal bekannt gegeben, das das Verhalten der einstigen Kollegin auf königlichen Befehl aufs Höchste zu missbilligen hatte.

Der König ließ ihr die Gage für die nächsten eineinhalb Jahre vorausbezahlen und ihr ausrichten, dass sie nicht mehr auf der Münchner Hofbühne auftreten dürfe. »Die Scheffzky«, so berichtet Kabinettssekretär Ziegler, »betheuerte, daß man ihr Unrecht gethan habe. Seine Majestät waren darüber sehr ungehalten und befahlen mir, Fräulein Scheffzky ›zur Unterwerfung zu bringen‹. Fräulein Scheffzky, bereits entlassen, war zu einem Schuldbekenntnis, umso weniger zu bringen, als man ihr durch die Vernichtung ihrer ganzen Stellung entschieden zu weh gethan hatte. Ich konnte also von ihr die schriftliche Unterwerfung nicht erreichen.«[159] Erbost über die ihr widerfahrene Behandlung verschwand die Schauspielerin aus dem Umfeld des Königs. Nach mehreren Jahren, die sie mit Gastspielreisen zubrachte, neigte sich ihre Karriere dem Ende entgegen. Am 30. November 1912 starb Josephine Scheffsky im Alter von 69 Jahren.

159 Zeitschrift Landesgeschichte 2011: Ludwig II., S. 720

Kammersängerin Mathilde Mallinger (1847–1920)

Besondere Verehrung des Königs erfuhr auch die Kammersängerin Mathilde Mallinger, die er aber nur in den Rollen der Elsa und Eva bewunderte. »Die Mallinger bekommt nach jeder Vorstellung des Tannhäuser oder Lohengrin ein offizielles Bouquet und sehr häufig ein vom König allerhöchsteigenhändig gepflücktes kleineres, eine Art platonischer selam [Gruß]«, teilte Georg von Werthern mit.

Privat stießen ihn jedoch ihre Unbildung und ihre wenig geschulten Lebensformen ab. Gleichwohl ließ er von der Sängerin eine Marmorbüste anfertigen. Seine Braut Sophie verspürte ihr gegenüber wohl so etwas wie Eifersucht, da sie nie eine Aufführung besuchte, in der die Mallinger auftrat. Nach der Entlobung schenkte der König der Sängerin ein ursprünglich für Sophie bestimmtes Klavier.

Doch zu schlechter Letzt erfuhr die Mallinger eine gehörige »Abfuhr, als sie sich mit Titeln, Ehren und Geschenken überhäuft, einbildete, den König gefesselt zu haben, aber aus dieser Einbildung jäh erwachen mußte, wie die nachfolgende Geschichte zeigt.

Sie hatte, trotzdem sie bereits öffentlich mit einem Schauspieler verlobt war, ihre Wohnung noch immer für ledige Herren der Aristokratie offengelassen und dadurch eine Szene zwischen ihrem eifersüchtigen Bräutigam und einem bekannten Grafen heraufbeschworen. Natürlich sprach sich die Sache schnell herum und die Mallinger war darum nicht wenig bekümmert, da sie annehmen musste, dass dieser Skandal dem König zu Ohren kam.

Um dem vorzubeugen oder sich zu rechtfertigen, erbat sie eine Audienz, die ihr auch gewährt wurde. Sie berichtete dem König, was man über sie herumerzähle und konnte wohl nicht leugnen, dass die Gerüchte auch einen wahren Kern hatten. Dafür bat sie nun den König um Verzeihung. Der stutzte und verlangte weitere Aufklärung. Nun musste die Mallinger alles offenlegen. Ludwig II. war über ihr Verhalten derart empört, dass er die Sängerin mit den Worten verabschiedete: ›Ein Fräulein Mallinger ist mir unbekannt, ich kenn nur eine ›Sängerin‹ dieses Namens und das wird Ihnen genügen.‹«[160]

Ab da distanzierte sich Ludwig II. von ihr, denn dass eine verlobte Frau sich auch mit anderen Männern einließ, widersprach seinem Idealbild von ehelicher Treue.

[160] Hollweck, S. 90

Mathilde Mallinger war eine Tochter des Komponisten Vatroslav Lichtenegger, von dem sie auch ihren ersten musikalischen Unterricht erfuhr. Mit seiner Unterstützung konnte die 16-Jährige 1863 am Prager Konservatorium studieren. Anschließend ging sie nach Wien. Im Oktober 1866 engagierte sie der Hofkapellmeister Franz Lachner an die Hofoper in München, wo sie bis Mitte September 1869 unter Vertrag stand. Sie debütierte in der Rolle der Norma und sang in einigen viel beachteten Uraufführungen, so am 21. Juni 1869 als Eva in Richard Wagners »Die Meistersinger von Nürnberg«. Auch in den Rollen der Elsa in »Lohengrin« und der Sieglinde in »Die Walküre« begeisterte sie das Publikum.

Ab Oktober 1869 war Mallinger an der Berliner Hofoper engagiert. 1882 verließ sie das Berliner Ensemble und unternahm bis 1895 Tourneen nach St. Petersburg und an die Staatsopern Wien und Berlin, wo sie Liederabende gab. Dabei machte sie die Bekanntschaft des Schauspielers und Theaterdirektors Otto Dühringsfeld, den sie 1890 heiratete und mit dem sie eine Tochter hatte. 1890 erhielt sie als Gesangspädagogin einen Lehrauftrag am Prager Konservatorium und später am Eichelbergschen Konservatorium in Berlin. 1916 ernannte sie Kaiser Wilhelm II. zur »Königlich Preußischen Kammersängerin«. 1920 starb die Mallinger im Alter von 73 Jahren in Berlin und fand im Alten Domfriedhof der St.-Hedwigs-Gemeinde ihre letzte Ruhestätte.

Sopranistin Therese Malten (1855–1930)

Nachdem Richard Wagner im Herbst 1881 Therese Malten in Dresden als Senta im »Fliegenden Holländer« gehört hatte, lud er sie sofort für seine Festspiele 1882 nach Bayreuth ein, um ihr in den ersten »Parsifal«-Aufführungen die Rolle der Kundry anzuvertrauen. In seinem Brief vom 10. Januar an den König schwärmte er, dass er Therese Malten »für die bedeutendste von allen meinen Sängerinnen halte«.[161] Ludwig II. konnte an den Aufführungen in Bayreuth nicht teilnehmen, da er sich »schon seit einiger Zeit nicht recht wohl fühlte«. So konnte er die Malten als Kundry erst 1883 und 1884 in seinen Separatvorstellungen hören und war ebenso begeistert von ihr wie Richard Wagner. Er ließ auch sie zum Privatvortrag erscheinen. So wie andere Sängerinnen und Sänger auch, wurde sie dafür reich beschenkt.

[161] Hommel, S. 89

Bis 1894 trat Therese Malten immer wieder bei den Festspielen von Bayreuth auf, wo man sie als Isolde im »Tristan« oder als Eva in den »Meistersingern« bewunderte. Zu ihren Paraderollen zählten unter anderen auch die Senta im »Fliegenden Holländer«, die Venus im »Tannhäuser« und die Ortrud im »Lohengrin«.

Bereits als Kind war Therese Müller – so ihr eigentlicher Name – durch ihre musikalischen Qualitäten aufgefallen. Da ihr Vater Königlich Preußischer Regierungsrat in der Kulturhauptstadt Berlin war, konnte er seine begabte Tochter von den besten Lehrern für Gesang und Schauspiel unterrichten lassen. Die 18-Jährige debütierte unter ihrem Künstlernamen »Malten« in der großen Dresdner Hofoper in der Rolle der Pamina in der »Zauberflöte«. Daraufhin bot man ihr einen Vertrag auf Lebenszeit an, den sie auch annahm, sodass sie während ihrer gesamten Karriere bis 1898 Mitglied der Dresdner Oper war. Seit 1881 wandte sie sich den Opern Richard Wagners zu und wurde eine der angesehensten Wagner-Sängerinnen. Man lobte »ihre heldenhafte Erscheinung, ihr durchgeistigtes dramatisch-bewegtes Spiel, ihre mächtige, modulationsfähige, [...] ergreifende Sopranstimme, in der sich süßer Wohllaut mit gleich ausgeglichener Kraft eint«. 1898 konnte sie ihr 25-jähriges Bühnenjubiläum feiern. Sie wurde zum Ehrenmitglied der Dresdner Hofoper ernannt, wo sie mehr als 1500 Mal auf der Bühne stand. Nach ihrem Abschied von der Bühne 1903 sang die 48-Jährige gelegentlich noch in Konzerten und Oratorien und gab Gesangsunterricht. Therese Malten bewies auch soziales Engagement, indem sie Waisenkinder, Kriegsgeschädigte und andere Bedürftige unterstützte.

Ins Gespräch kam die Künstlerin aber auch wegen ihrer schwärmerischen Beziehung zu der bekannten Philosophin Helene von Druskowitz, die sich Ende 1889 wegen eines Verfolgungswahns in nervenärztliche Behandlung begeben musste und 1890 ins Irren- und Siechenhaus eingeliefert wurde. Für ihr Leiden machte die Druskowitz »ihre Geliebte Therese Malten« verantwortlich, die angeblich auch eine Beziehung zum sächsischen König Friedrich August III. (1865–1932) gehabt haben soll, dessen Ehe 1902 gescheitert war. Der König soll der von ihm geschätzten Sopranistin gelegentlich private Besuche in ihrer Villa abgestattet und sie auch privat bei sich empfangen haben.

1930 starb Therese Malten im Alter von 75 Jahren und wurde am Trinitatisfriedhof in Dresden beigesetzt.

Sängerin Lili Dreßler (1857–1927)

Ihr dankte Ludwig II. noch nach seinem Tod.

Am Abend des 15. Juni 1886 gegen 20 Uhr wurde Ludwigs Leichnam in der alten St.-Georgs-Residenzhofkapelle aufgebahrt. Zu diesem Zeitpunkt kam die Opernsängerin Lili Dreßler durch den Verbindungsgang vom Hoftheater herüber. Sie sah, wie man den Toten die Stiege hinab in die kleine Kapelle der Residenz trug und beobachtete die Aufbahrung. Dabei wurde der König in das festliche, schwarze Gewand des Hubertusritterordens gekleidet und auf ein ungewöhnlich hohes »Paradebett« gelegt. Abschließend sollte in seine rechte, über das Herz gelegte Hand ein kleiner Jasminstrauß befestigt werden, den seine Cousine Sisi, die Kaiserin von Österreich, in Feldafing gepflückt hatte. Plötzlich wandte sich Prof. Flüggen, der die traurige Arbeit leitete, an Lili Dreßler und bat die Künstlerin um eine Sicherheitsnadel. Er benötige sie, um damit den Jasminstrauß am Gewand festzustecken. Darüber würde dann Ludwigs starre Hand gelegt werden. Zufällig hatte Lili Dreßler eine solche Nadel bei sich, die sie dem Professor bereitwillig überließ. Daraufhin nahm Flüggen eine Blume vom Sarg und reichte sie der Künstlerin mit den Worten: »Der König dankt Ihnen.« Gegen 21 Uhr war die Aufbahrung beendet und der König lag hoch oben auf dem Katafalk.

Begegnet ist Lili Dreßler, Tochter eines bayerischen Bezirksarztes, dem König zu Lebzeiten wohl kaum. Sie kam erst 1883 ans Münchner Hoftheater, wo sie am 14. März in Mozarts »Zauberflöte« als Pamina und dann als Margarethe in Gounods »Faust« auftrat. Ihre schöne Sopranstimme und ihre Darstellungskunst begeisterten das Publikum. Bald beherrschte sie alle Rollen des jugendlichen dramatischen Faches, darunter die Agathe in »Freischütz« von Weber, die Titelfigur in »Mignon« von Ambroise Thomas, die Elsa in »Lohengrin« und die Elisabeth in »Tannhäuser«, die Anna in der »Weißen Dame« von Boieldieu und Santuzza in »Cavalleria rusticana«. In »Parsifal« übernahm sie die Rolle des ersten Blumenmädchens und in Mozarts »Figaro« die Susanne oder den Cherubin. Am 29. Juni 1888 sang sie in München die Ada bei der Uraufführung von Richard Wagners erster Oper »Die Feen«, deren Partitur der Komponist Ludwig II. geschenkt hatte. 1889 übernahm sie bei den Bayreuther Festspielen die Rolle der Eva in »Die Meistersinger«. Auch als Konzertsopranistin feierte Lili Dreßler große Erfolge. Nach dem Ende ihrer Bühnenlaufbahn wirkte sie noch mehrere Jahre als Gesangspädagogin in München, wo sie im Alter von 70 Jahren starb.

Schriftstellerinnen

Ludwig II. war bekanntlich ein begeisterter Leser und leidenschaftlicher Sammler von Büchern. Tägliche Lektüre bedeutete ihm alles. Er nutzte jede freie Minute, um sich in eine Lektüre zu vertiefen. Nicht nur in seinen Schlössern und Bergresidenzen las er, sondern sogar während seiner Kutschfahrten. »O, es gehört zu den größten Freuden, den Geist in jene wundervollen Werke von Zeit zu Zeit zu versenken, gehoben, wahrhaft neu gestärkt, wendet man sich dann aufs neue dem wirklichen Leben zu!«,[162] schrieb er an seine ehemalige Erzieherin Sybilla von Leonrod. Kurt Hommel erwähnt »Bibliotheksausgaben der königlichen Kabinettskasse«, die »allein während der Zeit der Separatvorstellungen (1872–1885) [...] die Gesamtsumme von 97.307,61 Mark«[163] ergaben.

In der Bibliothek Ludwigs II. standen nicht nur Werke der deutschen Klassiker – Schiller, Goethe, Lessing, Grillparzer und Hebbel –, sondern auch der französischen Literatur – Molière, Corneille, Racine, Victor Hugo und Dumas –, die er im Original las. Auch Shakespeares und Edgar Allan Poes Werke waren ihm ein Begriff. Er las Romane, Memoiren, Briefwechsel, Publikationen über die Kunst des 17. und 18. Jahrhunderts und Reisebeschreibungen. Auch Trivialliteratur war dem König nicht fremd, wie etwa die Erzählung »Die Fischerrosl von St. Heinrich« des bayerischen Volksschriftstellers Maximilian Schmidt, genannt Waldschmidt (1832–1919) beweist, den Ludwig II. sehr schätzte. 1884 hatte er Schmidt den Auftrag gegeben, vier Geschichten zu verfassen, die in der Starnberger Gegend spielen sollten. Eine davon war »Die Fischerrosl vom Starnberger See«, in die der Autor eine Liebesgeschichte mit lokalen Sagen und Legenden verknüpfte. Der König war von dieser Erzählung so angetan, dass er sich die einzelnen Kapitel noch im Manuskript per Boten bringen ließ. Für dieses Werk wurde dem Dichter der Titel eines Hofrats verliehen. Weitere Geschichten, in denen Maximilian Schmidt die malerische Landschaft des Starnberger Sees

[162] Brief Ludwigs II. vom 22. Januar 1865 an Sybilla von Leonrod

[163] Hommel, S. 199

beschrieb, waren »Himmelbrand«, »Leonhardsritt« und »Der Musikant von Tegernsee«.

Manche glauben, der König habe nur männliche Autoren geschätzt. Doch er bewunderte auch Autorinnen. Drei von ihnen seien im Folgenden genannt.

Sophie Marie Gräfin von Voß (1729–1814)

»Daß unter den Weihnachts-Geschenken auch das Buch der Gräfin Voß Dir willkommen war hat mich sehr gefreut«, schrieb Ludwig II. am 7. Januar 1876 an seine ehemalige Erzieherin Sybilla von Leonrod. »Vor Weihnachten nahm ich das Buch auf einer meiner Schlittenfahrten mit nach Reutte u. vertiefte mich in dasselbe. Es ist das Lebensbild einer geistvollen, sittenstrengen, durch u. durch königlich gesinnten Frau, die Kopf u. Herz auf dem rechten Fleck hat. – Obwohl alle ihre Erlebnisse im verhaßten Preußen spielen, so hat es mich gefesselt u. so glaube ich, daß es auch Dich fesseln wird.«[164]

Sophie Marie Gräfin von Voß, geborene von Pannwitz, kannte noch Napoleon persönlich, mit dem sie am 6. Juli 1807 zusammentraf. Sie beschrieb ihn als »auffallend häßlich, ein dickes, aufgedunsenes, braunes Gesicht, dabei ist er korpulent, klein und ganz ohne Figur, seine großen runden Augen rollen unheimlich umher, der Ausdruck seiner Züge ist Härte, er sieht aus wie die Inkarnation des Erfolgs.« Sophie Marie war eine schöne, selbstbewusste Frau, der Ludwig II. seine Verehrung entgegenbrachte, auch wenn er sie nicht persönlich kannte.

Mit 15 Jahren wurde sie Hofdame am preußischen Hof und begleitete seither die königliche Familie und besonders die Königinnen über Jahrzehnte hinweg. »Die junge Pannwitz«, schrieb Markgräfin Wilhelmine von Bayreuth in ihren Memoiren, »war schön wie ein Engel. Als ihr der König [Friedrich der Große] auf der Wendeltreppe begegnete, die zu den Zimmern der Königin führt, und den Versuch wagte, sie zu küssen, erwehrte sie sich seiner mit einer herzhaften Ohrfeige.«

Marie Sophie heiratete 1751 den Grafen von Voß, blieb aber weiterhin Hofdame. »Neunundsechzig Jahre am Preußischen Hof«, so der Titel ihrer »Erinnerungen als Oberhofmeisterin«, die 1876 erschienen. Ludwig II. besorgte sich das Buch sofort nach Erscheinen und sandte es nach eigener Lektüre als Weihnachtsgeschenk an Baronin von Leonrod.

164 Brief Ludwigs II. vom 7. Januar 1876 an Sybilla Leonrod, Haasen, S. 93

Ludwig II. faszinierte trotz seines Preußenhasses das ereignisreiche Leben dieser geistreichen Frau. In sieben Jahrzehnten sah sie vier preußische Herrscher – von Wilhelm I. über Friedrich den Großen bis zu Friedrich Wilhelm II. und III. – kommen und gehen und jeweils neue Epochen anbrechen. Sie war geschätzte Gesprächspartnerin und Beraterin von Königinnen und Königen. In ihren teilweise heiteren, aber auch ernsten Erinnerungen entwarf sie ein sehr packendes Bild der königlichen Familie und ging auch auf die politische Entwicklung in dieser Zeit ein. Ihre Tagebuchaufzeichnungen brachten es zu zahlreichen Auflagen.

Gräfin Dash (1804–1872)

Kabinettssekretär Friedrich von Ziegler berichtete am 5. Juni 1886, dass er, als er in den Dienst Ludwigs II. trat, »vielfach dazu verwendet [wurde], um aus französischen Werken Auszüge für seine Majestät zu machen. Es waren fast lauter, theils unbedeutende, teils mittelmäßige Romane, welche in der Zeit Ludwigs XIV., Ludwigs XV. und Ludwigs XVI. spielen (viele dieser Romane waren von einer Comtesse Dash), mit Schilderungen der Schlösser dieser Fürsten und des luxuriösen Lebens ihrer Mätressen. Wie ich allmälig [sic!] bemerkte, legten Seine Majestät der König ein Hauptgewicht auf diese Schilderungen, welche auf den Bau und die Einrichtung der Schlösser in Chiemsee und Linderhof von Einfluss waren […].«[165]

Comtesse Dash stammte aus einer wohlhabenden französischen Adelsfamilie. In jungen Jahren heiratete sie den Marquis de Saint-Mars. Ihr Name lautete eigentlich »Gabrielle Anna de Cisternes de Courtiras, Vicomtesse de Saint-Mars«. Die Ehe scheint unter keinem glücklichen Stern gestanden zu haben, denn bald verlor die Gräfin ihr Vermögen, worauf sie sich gezwungen sah, für ihren Lebensunterhalt zu sorgen. Sie begann sich schriftstellerisch zu betätigen und schrieb zahlreiche Romane, die sie unter dem Pseudonym »Gräfin Dash« – Dash war der Name ihres Lieblingshundes – veröffentlichte. Darin stellte sie vor allem das höfische Leben, Intrigen und Galanterien der Zeit des Ancien Régime dar. 1864 wurde ihr Werk, das auf 34 Bände angewachsen war, veröffentlicht. Darunter waren Titel wie »Les Galanteries de la cour du roi Louis XV.« (1861) oder »Les Derniers Amours de Madame Du Barry« (1864). Auch

[165] Hacker-Königskrise, S. 704

wenn es sich bei den Werken der Gräfin Dash um Unterhaltungsliteratur handelt, arbeitete sie sogar mit dem berühmten Schriftsteller Alexandre Dumas zusammen.

Therese Prinzessin von Bayern (1850–1925)

Nach ihrer Russlandreise 1882 veröffentlichte Therese, einzige Tochter des Prinzen Luitpold, im Verlag der Cotta'schen Buchhandlung Stuttgart 1885 ihr 616 Seiten umfangreiches Buch »Reiseeindrücke und Skizzen aus Rußland«, das sie gleich nach Erscheinen auch ihrem Cousin Ludwig II. übersandte. Ihm war bekannt, dass sie sich als mutige Forschungsreisende mittlerweile einen Namen gemacht hatte. »Für seine aufrichtige Begeisterung über den Text« fand der König »spontan ganz und gar unpathetische, ja verständnis- und liebevolle Worte, die auf eine von gegenseitiger Sympathie getragene persönliche Beziehung deuten«, urteilt Thereses Biografin Hadumod Bußmann. Aus Schloss Linderhof versicherte ihr Ludwig am 5. Januar 1885 in einem Dankesschreiben:

»Liebe Cousine: [...] Noch denselben Abend, an dem Dein mir hochwillkommenes Werk in meine Hände gelangte, nahm ich es auf eine Schlittenfahrt nach einer einsam im Ammerwald gelegenen Alphütte mit und vertiefte mich in dasselbe. Schon stundenlang habe ich mit dem wachsten Interesse darin gelesen. Es bereitet mir einen großen Genuss, Deine so trefflich geschriebenen Schilderungen von Land und Leuten des ehrwürdigen Slawenreiches näher kennen zu lernen. Empfange, liebe Cousine, meinen herzlichen Glückwunsch zur Vollendung dieser gediegenen schriftstellerischen Arbeit, welche Dir gewiß für immer einen ehrenvollen Autornamen verbürgt u. Dich hiedurch für die darauf gewendete Zeit und Mühe reichlich entschädigen wird. Nochmals Dir freundlichst dankend, bin ich Dir, liebe Cousine, meine besten Grüße sendend, stets Dein getreuer Vetter Ludwig.«[166]

Die Prinzessin freute sich über dieses Lob außerordentlich.

Obwohl sie in ihrer Jugend weder ein Gymnasium noch eine Universität besuchen durfte, hatte sie im Selbststudium zwölf Sprachen erlernt und sich

[166] Bußmann, Hadumod: »Ich habe mich vor nichts im Leben gefürchtet«. Die ungewöhnliche Geschichte der Therese Prinzessin von Bayern, München 2011, S. 121 (künftig: Bußmann)

eine breitgefächerte Bildung in Geologie, Ethnologie und Botanik erworben, die sie auf ihren Reisen zwischen 1871 und 1911 nutzen konnte. Unter anderem führten sie ihre Reisen über Spanien und Portugal nach Tunis und Algerien, in den Norden Europas, nach Russland, nach Brasilien, in den Westen Südamerikas, zehnmal nach Griechenland sowie nach Nord- und Südamerika, Kanada und Südmexiko. Als Forscherin und Sammlerin machte sie sich einen wissenschaftlichen Namen, aber ebenso als Autorin. Ihre Reiseberichte, Erkenntnisse und Forschungsergebnisse erschienen in rund zwei Dutzend Schriften und Büchern. Es verwundert nicht, dass Ludwig II. seine selbstbewusste Cousine bewunderte, die unerschrocken Forschungsreisen in aller Herren Länder unternahm und dabei Entbehrungen jeglicher Art ertrug. Als erste Frau wurde sie 1892, sechs Jahre nach dem Tod des Königs, zum Ehrenmitglied der Königlich Bayerischen Akademie der Wissenschaften ernannt. 1897 erhielt sie die Ehrendoktorwürde der Ludwig-Maximilians-Universität. Eine starke Frau, die zum Vorbild der Frauen wurde und eine der Vorgängerinnen der emanzipatorischen Frauenbewegung war.

Bereits von Kindheit an hatte Prinzessin Therese Kontakte zu Ludwig, vor allem aber zu ihrem um zwei Jahre älteren Cousin Otto, zu dem sich eine tiefe Freundschaft entwickelte und später von Seiten Thereses sogar eine lebenslang währende Liebe. Sie hätte vielleicht sogar zu einer ehelichen Verbindung zwischen beiden geführt, wäre Otto nicht geistig erkrankt.

In einem 13 Tage vor seinem Tod verfassten Brief an Therese blitzt sogar so etwas wie Humor auf, wenn Ludwig seiner Cousine die von ihr erbetene Reiseerlaubnis im Bodenseeraum mit folgenden Worten erteilt: »Durchlauchtigste Fürstin, freundlich liebe Muhme! Mit Vergnügen ertheile ich Eurer Königlichen Hoheit und Liebden die in dem Schreiben vom 28. Mai nachgesuchte Erlaubniß, während des diesjährigen Aufenthaltes Eurer Königlichen Hoheit in Amsee deren Exkursionen auf die den Bodensee angrenzenden Länder sowie auf das Fürstenthum Hohenzollern-Sigmaringen zu erstrecken, und benütze gerne auch diese Gelegenheit zur Versicherung des freundlichen Wohlwollens, mit welchem ich derselben stets unterthan verbleibe. Linderhof, den 1. Juni 1886. Eurer Königlichen Hoheit und Liebden gutwilliger Vetter Ludwig.«[167]

[167] Bußmann, Hadumod: Prinzessin Dr. h.c. Therese von Bayern. Ihr Leben zwischen München und Bodensee – zwischen Standespflichten und Selbstbestimmung, München 2015, S. 87f.

Ludwigs tragischer Tod im Starnberger See war ein Ereignis, das auch Therese zutiefst erschütterte. Am 12. Juli 1886 schrieb sie an Olga von Dürckheim: »Wie viele Jahre verteidigte ich ihn voran gegen all die lieblosen Stadtgeschwätze, auf die Gefahr hin, mißverstanden zu werden! Und dazu hatte ich bei seinem Tod die Empfindung eines wirklichen persönlichen Verlustes, weil er immer gut und gnädig und gerecht gegen mich gewesen war. Was mußte ich da erst empfinden bei dieser wirklich entsetzlichen Todesart.«[168]

Therese glaubte auch nicht, dass Ludwig II. Suizid begangen habe und »lüftete 1920 in ihren Biografischen Aufzeichnungen ein über dreiunddreißig Jahre lang gehütetes Geheimnis, das ihr ›nach dem unseligen Ereigniß [...] unter dem Siegel der strengsten Verschwiegenheit‹ mitgeteilt worden war. Ihre Gewährsperson: ›eine mir sehr anhängliche Persönlichkeit, welche mir seit unserer Kindheit freundschaftlich nahe stand, sich in unmittelbarer Nähe des Königlichen Kreises befand u. zweifelsohne in diese Angelegenheit mit verwickelt war. [...]‹ Aber jetzt, ›da sämtliche dabei Betheiligten nicht mehr am Leben, u. zwar z. Th. seit langem nicht mehr am Leben sind u. ich selber alt bin, nicht weiß, ob mir noch weitere Jahre beschieden u. diese, das Andenken des Königs vom Selbstmord reinigende Aussage nicht mit in's Grab nehmen möchte, halte ich mich sogar verpflichtet zu sprechen: Eine gerade am Starnbergersee befindliche hohe Dame hatte, es läßt sich errathen wer, sie war eigenartig veranlagt wie der König, u. ein herbes Geschick wollte, daß sie geraume Zeit später durch Mörderhand fiel, also, diese hohe Dame hatte im Geheimen einen Befreiungsplan in's Werk gesetzt u. hievon den König verständigen lassen. Ein Kahn wartete den 13ten Juni Abends nicht weit vom Gartengitter von Berg, seeaufwärts, den Fliehenden aufzunehmen. Der König hatte nur beim Gitter in das Wasser zu treten, das Gitter im Wasser zu umgehen, jenseits desselben das Ufer wieder zu gewinnen oder im seichten See mit der Zeit den Kahn zu erwarten. Die weitere Flucht, dem Gebirge zu, sollte zu Wagen erfolgen. Augenscheinlich drängte der König auf seinem Spaziergang deßhalb zum Gitter, augenscheinlich wollte er daselbst nicht die Begleitung der Wärter, weil er richtig dachte, beim Fluchtversuch mit dem Arzt allein leichter fertig zu werden. Und so kam das Unglück. Sei es, daß der Arzt dachte, der König wolle in den Wellen den Tod suchen, sei es, daß er gewahr wurde, sein Schützling wolle fliehen, es kam zum zeugenlosen Kampf, in welchem

[168] Ebd., S. 124

Beide das ungewollte Ende fanden. Der Kahn wartete u. wartete … Als der angesagte hohe Flüchtling nicht erschien, suchte endlich der Kahn das Weite; die Schiffer glaubten, der Plan habe sich zerschlagen. Ja, er hatte sich zerschlagen, aber nicht in dem Sinn, den sie meinten. So endete ein einfacher Befreiungsversuch, von dem man zwar zur damaligen Zeit bald da, bald dort etwas munkelte, über den aber nie etwas Sicheres zu erfahren war. Dieser Versuch, statt die Freiheit zu bringen, brachte unbeabsichtigt, aber nach einigem Rathschluß, den Tod.‹«[169]

Mit der »hohen Dame« meinte Prinzessin Therese die Kaiserin Elisabeth. Ob diese tatsächlich »im Geheimen einen Befreiungsplan in's Werk gesetzt u. hievon den König verständigen« ließ, wird von Biografen der Kaiserin Elisabeth heute allerdings angezweifelt. Andere widersprechen dem, da Therese nie fähig gewesen wäre, die Unwahrheit zu sagen.

[169] Ebd., S. 125

Adelige Damen

Kaiserin Eugénie von Frankreich (1826–1920)

Ludwig begegnete der französischen Kaiserin Eugénie, Gemahlin Kaiser Napoleons III., einer kapriziösen Dame mit dem heißen Temperament und der Grazie der Spanierin, und war von ihr sehr angetan. Die Begegnung fand im August 1867 statt, als sich Kaiser Napoleon mit seiner Frau auf dem Weg zum »Kaisertag« in Salzburg befand. Das Kaiserpaar machte einen Abstecher nach Augsburg und traf dort am 18. August 1867 ein. Dort hatte der Kaiser als Prinz vier Jahre lang gelebt und das St.-Anna-Gymnasium besucht. König Ludwig eilte nach Augsburg, um den Gast und dessen Gemahlin Eugénie auf dem Bahnhof zu begrüßen. Er küsste ihr die Hand, »tief und ehrfürchtig, wie er es in seinem Benehmen Frauen gegenüber pflegte. Aber die Spanierin, immer noch voll Glut und mit dem schalkhaften Übermut […] zog den schönen großen Menschen zu sich heran, streckte sich und gab ihm, dem Errötenden, beinahe die Haltung Verlierenden, einen herzhaften Kuß auf die Wange. Dann stieg man in den Zug, fuhr zusammen bis München, wo Ludwig den Wagen verließ und seine Prinzen, sowie seine Sophie vorstellte. […] Nach kurzer Pause fuhr das französische Kaiserpaar dann nach Salzburg weiter, von Ludwig bis Rosenheim begleitet. […] Eugénie hatte dem König sehr gefallen. ›Sie hat mich durch ihre überaus große Liebenswürdigkeit sehr entzückt‹, schrieb er unter dem 22. August 1867 an seinen Großvater Ludwig I. aus Berg.«[170]

Vielleicht war das auch einer der Gründe, dass Ludwig gleich nach der geplatzten Verlobung mit Sophie wieder nach Paris fuhr, angeblich, um dort noch einmal die Weltausstellung vor Torschluss am 7. November zu sehen. Dort traf er auch mit dem österreichischen Kaiser Franz Joseph zusammen, der seiner Gemahlin Sisi, die nicht mitgekommen war, am 28. Oktober folgende Beobachtung mitteilte: »Eugénie ist hauptsächlich damit beschäftigt, sich des Königs Ludwig zu erwehren, der immer sehr zudringlich einen Kuß von ihr begehrt. Er ist übrigens kreuzfidel.« Und wenige Tage später schildert er

[170] Wolf, S. 102

Sisi ein weiteres Mal, wie »kreuzfidel« sich Ludwig verhalten habe. »Er und die Kaiserin tummelten sich auf der Ausstellung umher, sie seien sogar im Luftballon aufgestiegen, heimlich natürlich, da Napoleon III. in übergroßer Zärtlichkeit es der Gattin streng verboten habe; die Kaiserin tat es dennoch, und sie und Ludwig waren ›ganz enchantiert‹ [begeistert] davon. Freundlich lächelnd fügt Franz Joseph dem Bericht hinzu: ›So etwas tust du nicht hinter meinem Rücken.‹« Ludwig schien sich also nach dem »herzhaften Kuß« von Eugénie im August auf dem Augsburger Bahnhof intensiv zu ihr hingezogen gefühlt und Zerstreuung nach der missglückten Verlobung gesucht zu haben.[171]

Sicher kannte er auch die Biografie der 19 Jahre älteren Kaiserin, die voller Stolz erzählte: »Meine Mutter gebar mich während eines Erdbebens im Garten. Was werden die Alten von so einer Vorbedeutung gedacht haben? Sie hatten gesagt, daß ich gekommen sei, die Welt umzustürzen.«

Eugénie, Gräfin von Montijo, war die Tochter eines spanischen Grafen, der sich als Obst- und Weingroßhändler in Málaga niedergelassen hatte. Dem 18 Jahre älteren Kaiser Napoleon III. fiel die außerordentlich schöne und elegante Eugénie, die auch die französische Sprache perfekt beherrschte, bei einem Ball im Élysée-Palast auf. Er verliebte sich in sie und 1853 fand bereits die Hochzeit statt. 1856 kam ihr Sohn Napoléon Eugène Louis Bonaparte zur Welt.

Napoleon III. bezog seine intelligente und gebildete Gemahlin auch in seine politischen Entscheidungen ein. Ihr politischer Standpunkt war konservativ, klerikal und autoritär. Da sie die höchsten Vorstellungen vom Absolutismus hatte, sorgte sie für den Glanz ihres Hofs und für die prächtige Erneuerung der Hauptstadt Paris. Auch wenn »die Spanierin«, wie man sie nannte, im französischen Volk nicht besonders beliebt war, so war sie zumindest in Mode- und Stilfragen anerkannt.

Ihren zögerlichen Mann trieb sie mehrfach in politische und militärische Abenteuer auf der Krim, in Italien, in Mexiko und 1870 zum Krieg gegen das verhasste Preußen. Nachdem Napoleon III. in der Schlacht von Sedan gefangen genommen worden war, floh Eugénie aus Paris nach England, wo sie ab März 1871 gemeinsam mit ihrem Mann im Exil lebte.

In einem Brief an seine Erzieherin Sybilla von Leonrod bedauerte Ludwig II. das Schicksal Eugénies: »Die arme Kaiserin [...] bedaure ich, sie ist eine liebenswürdige, edle Frau u. trägt nur einen geringen Teil der Schuld ihres ehrlosen Gatten.«

[171] Mayr-Ofen, S. 198f.

Nach seinem Tod 1873 und dem Tod ihres einzigen Sohnes Louis, 1879, lebte sie zurückgezogen und verkehrte nur gelegentlich am Hof von Queen Victoria, von der sie geachtet wurde. Als letzte Monarchin Frankreichs starb sie im Juli 1920 im Alter von 94 Jahren während eines Aufenthaltes in Madrid.

In einem Brief an Cosima Wagner vom 19. Juli 1867 schreibt Ludwig II. im Hinblick auf seine Begegnung mit Kaiserin Eugénie: »[…] auch bin ich begierig auf die Kaiserin, von der ich schon viel gehört habe, kaum glaube ich, daß sie ›meinen‹ Kaiserinnen von Rußland und Oesterreich an die Seite zu stellen sein wird.«[172] Diese beiden konnte die Französin in der Tat nicht aus ihrer Favoritenrolle verdrängen.

Königin Olga von Württemberg (1822–1892)

Die russische Großfürstin Olga Nikolajewna Romanowa tat sich als Ehefrau König Karl I. von Württemberg durch großes soziales Engagement hervor. Sie gründete etliche soziale Einrichtungen und kümmerte sich um die Versorgung Behinderter und Kriegsverwundeter, was sie in der Bevölkerung sehr beliebt machte. Sie sorgte sich auch um die Bildung und Erziehung von Mädchen.

1868 versuchte sie, wie oben erwähnt, Ludwig II. mit der Prinzessin Emma zu Waldeck und Pyrmont zu verkuppeln, was ihr jedoch nicht gelang.

Seit 1870/71 gab es zwischen dem bayerischen und dem benachbarten württembergischen Königshaus Spannungen, obwohl beide zunächst gegen das Zustandekommen eines geeinten Deutschland eingestellt waren. Doch Ludwig II. fühlte sich bei den Verhandlungen wegen der Reichsgründung vom württembergischen König im Stich gelassen, während Karl I. das mangelnde Interesse Bayerns kritisierte. Bei der Kaiserproklamation, die am 18. Januar 1871 in Versailles stattfand, glänzte König Karl ebenso wie Ludwig II. durch Abwesenheit. Übrigens war Karl I. wie Ludwig II. auch homosexuell veranlagt, blieb aber im Gegensatz zu Ludwig II. wegen seiner sexuellen Orientierung unbehelligt, da diese als seine Privatangelegenheit respektiert wurde.

Anfang Juli 1876 besuchte Königin Olga die Münchner Kunstausstellung unter »strengstem Inkognito«, da sie die Zurückhaltung des bayerischen Königs kannte, Gäste zu empfangen. Sie logierte in einem Gasthof. Als ihr

[172] Schad, Martha (Hg.): Cosima Wagner. Ludwig II. von Bayern. Briefe. Eine erstaunliche Korrespondenz, München 2004, S. 406

Aufenthalt doch bekannt wurde, empfing sie bayerische Prinzen und auch Erzherzogin Gisela, die Gemahlin des Prinzen Leopold. Hingegen schlug sie eine Einladung Prinz Luitpolds zum Mittagessen aus, da sie der Ansicht war, die Abwesenheit Ludwigs II. lege ihr diese Zurückhaltung auf. Obwohl die Königin eigentlich inkognito bleiben wollte, so fragte sie bei einem Diner, zu dem sie den russischen und den württembergischen Gesandten geladen hatte, »nicht ohne Bitterkeit«, ob denn der König von Bayern von ihrer Anwesenheit in München »wirklich gar keine Notiz« nehme. Ludwig, dem diese Äußerung nach Schloss Berg hinterbracht wurde, meldete der Königin in einem Telegramm daraufhin seinen Besuch an. Am Abend des folgenden Tages erschien er in russischer Uniform mit württembergischem Band und lud die Fürstin für den nächsten Tag entweder zu einem Diner auf der Roseninsel ein oder alternativ zu einer Galatafel und einer Theatervorstellung am Münchner Hoftheater. Königin Olga entschied sich für ein Familiendiner. Im Gespräch mit Ludwig II. nahm sie kein Blatt vor den Mund und kritisierte Ludwigs zurückhaltende Lebensweise, vor allem aber seine Reserviertheit gegenüber dem Kaiser. Sie ermahnte ihn, den politischen Verhältnissen in Deutschland doch endlich gerecht zu werden und dem Kaiser jenen Respekt zu erweisen, der ihm zustehe. Nur so werde sich der Kaiser auch ihm gegenüber loyal verhalten. Ludwig versicherte der Königin, er wolle Wilhelm I. bei dessen bevorstehender Reise nach Gastein persönlich begrüßen, um auf diese Weise frühere »Unhöflichkeiten« seinerseits ungeschehen zu machen.

Doch kaum war Königin Olga abgereist, fragte sich Ludwig, ob eine Begrüßung Kaiser Wilhelms durch ihn nicht als Unterwerfung oder als »Anerkennung kaiserlicher Oberhoheit über Bayern« gedeutet werden könne. Deshalb sandte er am 19. Juli 1876 zur Begrüßung des hohen Gastes nur seinen Onkel Prinz Luitpold nach Rosenheim und ließ von ihm, was Luitpold und den Ministern höchst peinlich war, dem Kaiser lediglich ein Handschreiben überreichen. Darin nannte er dem »theuersten Oheim« als Grund für sein Fernbleiben »heftiges Gesichtsreißen«, das ihn in Hohenschwangau urplötzlich befallen habe. Ironisch betonte er, »wie sehr ich mich darauf gefreut habe, Ihnen, hochverehrter Onkel [...] persönlich meine unwandelbare Verehrung auszudrücken«, was aber bedauerlicherweise nicht möglich sei. Doch würden »meine wärmsten Glücks- und Segenswünsche Sie nach Gastein begleiten«.[173]

Diese Episode verdeutlicht zweierlei. Zum einen, dass Ludwig II. durch-

[173] Handschreiben Ludwigs II. vom 20. Juli 1876 an Kaiser Wilhelm I. Politisches Archiv des Auswärtigen Amtes Bonn (PAAA Bayern, vol 5, Abschrift)

aus bereit war, sich von einer ebenbürtigen Persönlichkeit, aber nur von einer solchen – in diesem Fall von Königin Olga – Kritik anzuhören, auch wenn ihm das noch so sehr missfiel, und er dies nur aus Höflichkeit geschehen ließ. Zum zweiten zeigt es, dass sich Ludwig nicht verpflichtet fühlte, Zugeständnisse, die ihm in Gesprächen mehr oder weniger abgerungen wurden – in diesem Fall, dem Kaiser Respekt zu erweisen und ihn zu begrüßen – auch einzuhalten, wenn es in seinen Augen triftige Gründe dagegen gab. Und solche Gründe – Anerkennung des ihm verhassten Preußenkaisers und Unterwerfung – gab es in diesem Fall in seinen Augen allemal.

Prinzessin Anna von Hessen-Darmstadt (1843–1865)

Im November besuchten Kronprinz Ludwig und sein Bruder Otto gemeinsam mit den Eltern ihre Verwandten – Großherzog Louis III. von Hessen-Darmstadt und seine Angehörigen – in der hessischen Residenz. Dort begegneten sie auch dem Bruder des Großherzogs, Prinz Karl von Hessen und seiner Familie. Ludwig und Otto freundeten sich mit den vier Kindern des Prinzen Karl an, mit Wilhelm, Louis, Heinrich und deren Schwester Anna.

Besonders mit dem gleichaltrigen Prinz Wilhelm von Hessen verstand sich Ludwig so gut, dass eine lebenslange Freundschaft entstand, wie ein intensiver Briefwechsel zwischen beiden belegt. In diesen Briefen richtete Ludwig immer wieder auch Grüße an Wilhelms Geschwister aus, vor allem an die schöne und feinsinnige Prinzessin Anna. Ihn beeindruckte Annas Begeisterung für Richard Wagners romantische Opern: »Wie freut es mich«, schrieb er am 27. April 1863 an Wilhelm, »aus Annas Brief zu sehen, daß ihr die Rollen, die ich ihr im Lohengrin als besonders schön bezeichnete, auch so sehr gefielen!«[174]

Im Herbst 1863 besuchte Anna mit ihren Eltern Ludwigs Familie in Hohenschwangau. »Du kannst dir denken«, schrieb Ludwig an Wilhelm, »wie es uns freut, Deine Eltern und Anna bei uns zu haben; es scheint ihnen in Hohenschwangau recht gut zu gefallen.«[175]

Mit seiner Cousine Anna, an der er auch ihr frommes und zurückhaltendes

[174] Seitz, Maria: »Hätt ich Flügel, um mich zu Dir schwingen zu können …«, Dokument einer lebenslangen Freundschaft. Briefwechsel zwischen König Ludwig II. von Bayern und seinem Vetter Prinz Wilhelm von Hessen-Darmstadt, Darmstadt 2011, S. 110 (künftig: Seitz)

[175] Seitz, S. 127

Wesen schätzte, unterhielt Ludwig einen eigenen Briefwechsel. So schrieb er ihr am 7. März 1864 nach einer Vorstellung, in der der Sänger Albert Niemann auftrat: »In diesen Tagen habe ich viel von Goethe gelesen und war so beschäftigt mit dem Sänger Niemann, daß ich wirklich keine Zeit zum Briefeschreiben fand. [...] Wie interessant ist alles, was Goethe schrieb! [...] Neulich veranlaßte ich jemand, ihm [Niemann] eine Menge Blumen zuzuwerfen, und ich sandte ihm ein Paar Manschettenknöpfe mit Schwänen und Brillanten; ebenso ein Kreuz, was ihm große Freude machte.« Der König verehrte Albert Niemann so sehr, dass er jede Vorstellung mit ihm besuchte und danach von ihm ins Schwärmen geriet: »Wonnevoll, Sänger Niemann Lohengrin, herrlich, unvergleichlich! – Angegriffen, Zittern, Jubeln, Schmerz, Trauer!«

Anna, die am 12. Mai 1864 in Darmstadt den Großherzog Friedrich Franz II. von Mecklenburg-Schwerin geheiratet hatte, starb bereits ein Jahr nach der Eheschließung im Alter von nur 21 Jahren nach der Geburt ihres einzigen Kindes an Kindbettfieber. Ludwig war von ihrem Tod tief betroffen und schrieb am 29. August 1865 an seinen Cousin Wilhelm: »Mit inniger Freude gedenke ich der Schwalbacher Tage. – Wer hätte damals gedacht, daß die gute Anna uns schon so früh würde entrissen werden: unvergeßlich wird mir stets ihr Andenken sein.«[176]

Ludwigs Verehrung für Prinzessin Anna war vor allem in seiner innigen Beziehung zu seinem Cousin Prinz Wilhelm von Hessen-Darmstadt begründet, der zu den wenigen Menschen gehörte, die ihn nie enttäuschten. Aus Zuneigung zu ihm wollten »Seine Majestät [...] im Jahre 1881 eine Tänzerin, welche die Geliebte des Prinzen Wilhelm war, in den Adelsstand erheben, was nur mit Mühe zu verhindern war«[177], wie Kabinettssekretär Ziegler berichtet.

María de la Paz, Infantin von Spanien (1862–1946)

Eine Schwester der Maria de la Paz, die Infantin Maria Isabel de Borbón, war 1864, wie bereits oben erwähnt, als erste mögliche Braut Ludwigs II. ins Gespräch gekommen. Damals wollte der König »keinen Apfel von solchem Stamme haben«, nachdem ihm von deren Mutter Königin Isabella II. von Spanien Ungünstiges zu Ohren gekommen war. Das hinderte ihn jedoch nicht daran einer anderen Tochter dieser Königin, María de la Paz,

[176] Seitz, S. 158
[177] Zeitschrift Landesgeschichte 2011: Ludwig II., S. 716

durchaus wohlwollend gegenüberzustehen, was allerdings vorrangig an deren Mann lag.

María de la Paz hatte 1883 im Alter von 21 Jahren in Madrid ihren Cousin, den bayerischen Prinzen Ludwig Ferdinand, einen Neffen des Prinzen Luitpold, geheiratet, der mit Erlaubnis König Ludwigs II. Medizin studieren durfte und später als Facharzt für Chirurgie und Gynäkologie wirkte. Aus dieser Ehe gingen drei Kinder hervor. Ebenso wie später ihr Sohn, der Wittelsbach-Historiker Prinz Adalbert von Bayern, war auch María de la Paz schriftstellerisch begabt, außerdem eine leidenschaftliche und talentierte Malerin. 1917 publizierte sie ihre Lebenserinnerungen unter dem Titel »Aus meinem Leben«.

Zu Personen, denen der König seinen Wintergarten auf dem Dach der Münchner Residenz zeigte, hatte er besondere Zuneigung und großes Vertrauen. Angeregt wurde er zu diesem Bau durch das Palmenhaus auf der Pariser Weltausstellung 1867. Eine der Damen, der diese Ehre widerfuhr, war die Infantin María de la Paz, die Frau seines Lieblingscousins Prinz Ludwig Ferdinand. Beide lud er am 11. Mai 1883 zu einem Souper in den Wintergarten ein. Die Prinzessin war beim Anblick des exotischen Paradieses derart verzaubert, dass sie ihrem Bruder, dem König von Spanien, ausführlich von diesem Ereignis Folgendes berichtete:

»Lächelnd hob der König den Vorhang zur Seite. Ich war verblüfft; denn ich sah einen riesigen, auf venezianische Art beleuchteten Garten mit Palmen, einem See, Brücken, Hütten und schloßartigen Bauwerken. ›Geh‹, sagte der König, und ich folgte ihm fasziniert, wie Dante Vergil ins Paradies. Ein Papagei schaukelte sich in einem goldenen Reif und schrie mir ›Guten Abend‹ entgegen, während ein Pfau gravitätisch vorüberstolzierte. Wir gingen auf einer primitiven Holzbrücke über einen beleuchteten See und sahen zwischen Kastanienbäumen vor uns eine indische Stadt. [...] Wir kamen zu einem blauseidenen, mit Rosen überdeckten Zelt. Darin war ein Stuhl, von zwei geschnitzten Elefanten getragen, und davor lag ein Löwenfell. Der König führte uns weiter auf einem schmalen Pfade zum See, worin sich ein künstlicher Mond spiegelte, Blumen und Wasserpflanzen magisch beleuchtend. [...] Wir kamen dann zu einer indischen Hütte. Fächer und Waffen dieses Landes hingen von der Decke herab. Mechanisch blieb ich stehen, bis der König wieder zum Weitergehen mahnte. Plötzlich glaubte ich mich in die Alhambra verzaubert. Ein kleines maurisches Zimmer mit einem Brunnen in der Mitte, von Blumen umgeben, versetzte mich in meine Heimat. An den Wänden zwei prächtige Divane. In einem anschließenden runden Pavillon hinter einem maurischen Bogen war das Abendessen gerichtet. Der König wies mir den Mittelplatz an und klingelte leise mit einer Tischglocke. [...] Plötzlich war ein Regenbogen zu sehen. ›Mein Gott‹, rief ich unwillkürlich aus, ›das ist doch ein Traum!‹ ›Du wirst auch mein Schloß Chiemsee sehen‹, sagte der König. Ich träumte also nicht.«

An jenem Abend pflückte María de la Paz im Wintergarten eine Blüte, die sie trocknete und in einem Medaillon aufbewahrte, das 1995 in einer Ausstellung gezeigt wurde.

Der König hielt sein Versprechen und so durften als einige der ganz wenigen Besucher, vermutlich sogar als die Einzigen, María de la Paz und ihr Gemahl Ludwig Ferdinand zu Lebzeiten Ludwigs mit dessen Erlaubnis 1883 Schloss Herrenchiemsee besichtigen. Hofrat Bürkel berichtet über diesen Besuch unter anderem: »Schon am Sonntag konnten Ihre königlichen Hoheiten ihre Sehnsucht nicht mehr unterdrücken und besuchten um ½9 Uhr das beleuchtete Schloß. Bei dieser 2½ Stunden währenden Besichtigung rief Ihre Königliche Hoheit, die Frau Prinzessin unaufhörlich: ›Oh, wie ist das schön, wie prächtig, wie erhebend‹ und Seine Königliche Hoheit Prinz Ludwig Ferdinand geruhten zu bemerken, ›daß ihm hiegegen das Schloß von Versailles wie eine halbe Ruine mit verblichenem Glanze, mit vom Rauch und Staub geschwängerten Gemälden vorkäme‹.«

Vom König erhielt die Prinzessin einen riesigen Rosenstrauß überreicht und bei der gemeinsamen Heimfahrt bestand er darauf, dass sie den ihm zustehenden Platz in der Kutsche einnahm. »Obwohl der König erkältet war«, betonte die Prinzessin, »ließ er sich nicht dazu bewegen, in meiner Gegenwart den Hut aufzusetzen.«

So freundlich Ludwig II. zu María de la Paz auch war, so verlangte er auch von ihr, dass sie sich an die Hofetikette hielt. Einmal hielt er ihr vor, sie habe sich nicht tief genug vor ihm verbeugt, wie das einem König gegenüber Sitte sei. Die Infantin entschuldigte ihren Fauxpas mit dem Hinweis, außer ihrem Vater und ihrem Bruder kenne sie kaum andere Majestäten. Der König ließ dies gelten.

María de la Paz starb 1946 im Alter von 84 Jahren in Schloss Nymphenburg.

Maria José von Portugal (1857–1943)

Maria José, Tochter des portugiesischen Königs Michael I., war seit 1874 mit Karl Theodor, Herzog in Bayern, einem Bruder der österreichischen Kaiserin Elisabeth verheiratet. Sie unterstützte ihren Mann, der Augenarzt war, in seinem Beruf und riet ihm, eine eigene Augenklinik zu gründen, in der vor allem mittellose Augenkranke unentgeltlich behandelt werden sollten. 1895 wurde in München die bis heute berühmte »Wohltätigkeitsanstalt für unbemittelte Augenkranke« errichtet. Erwerb, Umbau und Betrieb der Klinik bestritt das Paar aus seinem Privatvermögen.

Ludwig schätzte seinen Vetter Karl Theodor, den Spielgefährten »Gackl« seiner Kindheit und demzufolge auch dessen Frau. Vor allem freute er sich, dass Marie José während einer »Lohengrin«-Aufführung von dem Geschehen auf der Bühne so fasziniert war, dass sie ganz Ludwigs Anwesenheit in der Loge vergaß. »Endlich ein Menschenkind, dem der Lohengrin etwas bedeutet!«, freute sich der König. Seit diesem Ereignis empfand er auch zu Marie José besondere Zuneigung.

Erzherzogin Gisela von Österreich (1856–1932)

Warum Erzherzogin Gisela, die mit dem bayerischen Prinzen Leopold verheiratet war, in späteren Jahren angeblich die Einzige war, der Ludwig II. noch Sympathie entgegenbrachte, ist wohl darin begründet, dass Gisela eine Tochter der von ihm verehrten Kaiserin Elisabeth war. Außerdem hatte sie ein enges Verhältnis zu ihrem Bruder, dem Kronprinzen Rudolf, den Ludwig II. ebenfalls sehr schätzte.

In Giselas Kindheit kam es zu einer Tragödie. 1857, auf einer Ungarnreise mit der Mutter, erkrankten die damals erst zehn Monate alte Gisela und ihre ältere Schwester, die zweijährige Sophie, an Durchfall und Fieber. Während Gisela wieder gesund wurde, starb Sophie in Sisis Armen. Ein schwerer Schlag für die Kaiserin, von dem sie sich nie so recht erholte.

Gisela wuchs gemeinsam mit ihrem um zwei Jahre jüngeren Bruder Rudolf unter der Obhut der Großmutter Sophie auf, die Kaiserin Elisabeth für zu jung und unerfahren hielt, um für die Erziehung ihrer Kinder selbst zu sorgen. Da Elisabeth dadurch nur eingeschränkten Kontakt zu den Kindern hatte, entstand eine lebenslange Distanz, vor allem zu ihrer Tochter Gisela. Selbst an deren Hochzeit nahm sie nicht teil. Und kam sie nach München, wohnte sie stets im Hotel und nie bei ihr.

Ludwig II. hingegen bereitete Sisis Tochter 1873 eine wahrhaft königliche Hochzeitsfeier mit Prinz Leopold von Bayern (1846–1930), dem Sohn des späteren Prinzregenten Luitpold. Er stellte dem Brautpaar seinen großen Prachtgalawagen zur Verfügung, den er sich nach Versailler Vorbild hatte bauen lassen. Er gab der erst 17-jährigen Kaisertochter auch einen festlichen Empfang in der Residenz, nahm am offiziellen Bankett im Festsaalbau der königlichen Residenz teil und trank auf das Wohl der Neuvermählten. Und sogar in seinem Wintergarten empfing er das junge Paar, was eine ganz besondere Ehrung darstellte.

Von Gisela, der Ludwig »eine wahrhaft brüderliche Liebe«[178] erwies, befand sich übrigens auch eine schöne Büste in den königlichen Gemächern und regelmäßig ließ ihr der König prächtige Blumenbouquets zukommen, mehrmals sogar mitten in der Nacht. Prinzessin Gisela, aus dem Schlaf gerissen, musste den Chevauleger-Offizier, der vom Schachen oder von Linderhof herbeigeeilt war, umgehend empfangen, da dieser den königlichen Auftrag hatte, den Blumengruß unverzüglich nach seiner Ankunft in München der Prinzessin persönlich zu überreichen.

Während Gisela zu ihrer Mutter kein inniges Verhältnis hatte, bestand zu ihrem jüngeren Bruder, Kronprinz Rudolf, eine sehr enge Beziehung, die auch nach ihrer Heirat und der Umsiedelung nach Bayern erhalten blieb. In München wurde Gisela nicht nur von König Ludwig II., sondern auch von Leopolds Familie herzlich aufgenommen.

Gisela war eine zurückhaltende, stille Frau und ähnelte hierin ihrem Vater Kaiser Franz Joseph. Sie brachte vier Kinder zur Welt, zwei Töchter und zwei Söhne, zu denen Kaiserin Elisabeth ebenso wenig Kontakt suchte wie zu ihrer Tochter. Sonst war Giselas Leben von sozialem und kirchlichem Engagement bestimmt. So richtete sie beispielsweise während des Ersten Weltkriegs in ihrer Münchner Villa an der Schwabinger Landstraße ein Lazarett ein. Wegen ihres hilfsbereiten Wesens gewann sie im Volk viele Sympathien, was ihr und ihrem Mann nach der Revolution 1918 zugutekam.

Nach dem Tod Leopolds 1930 lebte Prinzessin Gisela noch zwei Jahre. 1932 starb auch sie nach einem Schlaganfall, von dem sie sich nicht mehr erholte. Ihre letzte Ruhestätte fand sie neben ihrem Mann in der Fürstengruft der St. Michaelskirche in München, wo sich auch der Sarkophag Ludwigs II. befindet.

[178] Streißler, Fr.: König Ludwig II. von Bayern. Ein deutsches Fürstenleben biographisch und charakterlich dargestellt, Leipzig/Rendnitz 1886, S. 53 (künftig: Streißler)

Marie Louise von Wallersee-Larisch (1858–1940)

»Eines Tages, da ich ungefähr fünfzehn Jahre alt war, sprachen Ludwig und mein Vater über Musik, und als Papa zufällig äußerte, dass ich eine ganz nette Stimme hätte, sagte der König sofort, er würde mich gern einmal hören. ›Schade, daß der Wintergarten nicht im Stande ist, denn sonst hätte Marie mir dort vorsingen können‹, bemerkte Ludwig ein oder zwei Tage später, als er sich sehr gnädig über meine Leistung aussprach. ›Auch ich bedauere es sehr‹, antwortete ich, ›denn ich habe den märchenhaften Garten schon lange einmal sehen wollen.‹ Der König entgegnete nichts, doch ehe er München am nächsten Tage verließ, ließ er Papa kommen und teilte ihm mit, daß der Wintergarten ausdrücklich für mich hergerichtet worden war, und daß wir ihn am Abend alle zusammen besichtigen sollten. Er sah sehr hübsch aus, und der See war recht romantisch. Der Mond stieg glatt hinter den Pappebergen hervor, und als wir Abschied nahmen, überreichte mir der Obergärtner ein großes Bukett im Namen des Königs.«[179]

Diese Episode, die um 1873 stattfand, berichtet Marie Louise von Wallersee-Larisch in ihren Erinnerungen. Wie sie gestand, hatte sie für den König »von Jugend aus eine Schwärmerei. Ich hatte ihn persönlich kennengelernt, als ich mit 14 Jahren von meinen Eltern zu einer Privataudienz mitgenommen worden war. Damals hatte mir der große, stattliche Mann in seiner Uniform riesig imponiert und einen unauslöschlichen Eindruck gemacht. Der König hatte sich für meine musikalischen Studien ganz besonders interessiert und ein paar freundliche Worte an mich gerichtet, die ich in meiner Aufregung kaum verstanden hatte.«[180]

Vier Jahre später begegnete die 19-Jährige Ludwig II. erneut. Im Sommer 1877 durfte sie ihn gemeinsam mit ihrer Tante Sisi in Schloss Berg besuchen und der König wollte sie wieder singen hören. Er »neigte freundlich sein Haupt und streckte mir die Hand entgegen. Als ich diese küssen wollte, erlaubte er es nicht, sagte aber etwas Freundliches, was ich nicht verstand.« Wie sie sich später erinnerte, lag der König »auf einer Chaiselongue [...], den Kopf in Binden und Bandagen. Den königlichen Dulder quälten Zahnschmerzen, die ihn periodisch als Folge seines Übergenusses von Zucker heimsuchten. Neben ihm stand ein kleiner Tisch voller Flaschen in allen

[179] Wallersee, Maria Freiin von: Meine Vergangenheit, Berlin 1913, S. 120 (künftig: Wallersee-Vergangenheit)

[180] Wallersee-Larisch, Marie Louise von: Kaiserin Elisabeth und ich, Leipzig 1935, S. 74 (künftig: Wallersee-Kaiserin Elisabeth)

Größen.«[181] Obwohl Marie Louise höchst nervös war, setzte sie sich »mit Todesverachtung ans Klavier und betete nur, daß es sich bewahrheiten möge, was ich immer gehört hatte, ›daß König Ludwig zwar ein begeisterter Musikenthusiast war, selbst jedoch völlig unmusikalisch‹, genau wie meine Tante«. Außerdem plagte ihn das Zahnweh. Marie Louise sang nun aus Wagners Oper Lohengrin »Elsas Klage an die Lüfte« vor, wobei sie sich auf dem Klavier begleitete. »Der König war sichtlich befriedigt, sagte etwas sicherlich Schmeichelhaftes zu mir, aber er hatte eine Art, den Kopf hochzuhalten und quasi zum Himmel hinaufzusprechen, daß ich wieder nichts verstand. Ich war nun heilfroh, so glimpflich durchgekommen zu sein.« Elisabeth verabschiedete sich vom König, »der sich von dem Sofa erhob und ihr die Hand küßte: ich konnte kaum mein Lachen bezwingen«, so Marie Louise, »denn Ludwig stand wirklich da wie ein Bild des Jammers. Er war der größtgewachsene Mann in Bayern, und da die Bandagen, mit denen sein Gesicht umwickelt war, weit herausstehende Enden hatten, sah sein Kopf aus wie der einer riesigen weißen Eule. Gnädig bot er mir die Hand zum Kusse, wobei mir ganz übel wurde von dem Schwall von Gerüchen, der ihr entströmte. Es roch lieblich durcheinander nach Laudanum, Chloroform, Nelken, Kampfer und andern Zahnheilmitteln.«[182]

»Auf dem Heimweg sagte mir die Kaiserin, der König habe den Wunsch geäußert, daß sie mich bei ihrem nächsten Besuch wieder mitbringe. Jetzt erst, als die Gefahr überstanden war, war ich stolz und freute mich.«[183] »Am nächsten Tage sandte Ludwig der Kaiserin einen wunderbaren Blumenkorb, für mich lag ein herrliches Jasminbukett bei; die begleitende Karte enthielt die vier Worte: ›Für die kleine Sängerin.‹ ›Weißt du, was Ludwig von dir gesagt hat?‹ fragte die Kaiserin. ›Er meinte, du erinnerst ihn fast schmerzlich an deine Tante Sophie. Ach – er kann sie nicht vergessen!‹«[184]

Das Leben von Marie Louise war höchst abenteuerlich. 1858 wurde sie als Bankert der kleinen Schauspielerin Henriette Mendel und des bayerischen Herzogs Ludwig in Bayern – Sisis Bruder – geboren, der Frau Mendel »zur linken Hand« heiratete und aus ihr eine »Freifrau von Wallersee« machte. Als Teenager erregte Marie Louise auf Wiener Adelsbällen wegen ihrer Schönheit Aufsehen. Keine Geringere als ihre Tante Kaiserin Elisabeth vernarrte sich in das junge Mädchen und kümmerte sich um sie. Sogar den

[181] Wallersee-Vergangenheit, S. 40f.
[182] Ebd.
[183] Wallersee-Kaiserin Elisabeth, S. 75f.
[184] Wallersee-Vergangenheit, S. 43f.

Ehemann, den Grafen Larisch, suchte sie für ihren Schützling aus. Als Hofdame begleitete sie die Kaiserin auf mehreren Reisen und war, wie erwähnt, gelegentlich auch bei Zusammenkünften mit König Ludwig II. zugegen.

In Verruf kam Marie Louise 1889 im Zusammenhang mit dem Drama von Mayerling. Damals beschuldigte man die 31-Jährige, sie habe zwischen Kronprinz Rudolf und der 17-jährigen Baronesse Mary Vetsera den Postillion d'amour gespielt und einige Rendezvous arrangiert. Dadurch habe sie sich, so warf ihr Kaiserin Elisabeth vor, an dieser Tragödie mitschuldig gemacht. In der Folge war sie am kaiserlichen Hof nicht mehr erwünscht, worauf sie sich nach Bayern zurückzog.

Nach der Scheidung von Graf Larisch heiratete sie den Opernsänger Otto Brucks, mit dessen Karriere es bald bergab ging. Er arbeitete als Theaterdirektor in Metz und starb 1914 an einer Leberzirrhose. Im Ersten Weltkrieg betätigte sich Marie Louise als Rotkreuzschwester. 1920 spielte sie in einem Stummfilm über Kaiserin Elisabeth sich selbst.

Aus chronischem Geldmangel begann sie ihre Memoiren zu schreiben, mit denen sie sich an der kaiserlichen Verwandtschaft rächen wollte. »Es ist mir ein Vergnügen, die Wahrheit zu bezeugen«, betonte sie, »und meinen hochnäsigen Verwandten Eins zu versetzen.« Kaiser Franz Joseph wollte ihre Enthüllungen verhindern und kaufte ihr die ersten Manuskripte gegen einen hohen Betrag und eine Rente ab.

1924 wanderte Marie Louise im Alter von 66 Jahren nach Amerika aus und heiratete in Florida den Farmer William Henry Meyers, der sie misshandelte. Sie floh vor ihm nach New Jersey und arbeitete dort als Köchin und Putzfrau. Mit Unterstützung eines deutsch-amerikanischen Schriftstellers, von dem sie allerdings betrogen wurde, veröffentlichte sie ihre Memoiren in zwei Bänden. Mittellos kehrte sie 1929 nach Deutschland zurück, wo sie zurückgezogen in Augsburg lebte. Völlig verarmt starb sie 1940 im 83. Lebensjahr in einem Altenheim und wurde auf dem Münchner Ostfriedhof neben ihrem Vater Herzog Ludwig beigesetzt.

In Erinnerung blieb Marie Louise Mendel-Wallersee-Larisch-Brucks-Meyers der Öffentlichkeit durch ihre Rollen als Sisis skandalöse Nichte, als Gräfin, als Gattin eines Sängers und Theaterdirektors, als Rotkreuzschwester, Filmschauspielerin, Farmersfrau und nicht zuletzt als Enthüllungsschriftstellerin, deren Memoiren bis heute umstritten sind.

Heimliche Verehrerinnen

Ludwig II. verfügte über ein höchst sensibles Gespür dafür, welche Frauen ihm eine tiefe, ehrliche Verehrung, frei von jeglichen Spekulationen, entgegenbrachten. Sobald er fühlte, dass sie mit ihrer Zuwendung zu ihm eigennützige Absichten und Ziele verfolgten, entzog er sich ihren Annäherungsversuchen sofort und wollte mit ihnen nichts mehr zu tun haben. Doch zu jenen Frauen, die sich ihm mit einer gewissen Scheu, mit Respekt und wahren Gefühlen der Verehrung näherten, verhielt er sich aufgeschlossen und freundlich.

Albina Nachbaur, Gattin des Sängers Franz Nachbaur (1845–1895)

Zu den Bühnenkünstlern, die Ludwig II. besonders verehrte, zählte neben Heinrich Vogl, Emil Rohde und Josef Kainz auch der Sänger Franz Nachbaur (1830–1903). Der König hatte den Tenor am großherzoglichen Hoftheater in Darmstadt gehört und ihn darauf ans Münchner Hof- und Nationaltheater verpflichtet. Während der Uraufführung der »Meistersinger von Nürnberg« am 21. Juni 1868 sang Nachbaur die Partie des Walter Stoltzing und eroberte nicht nur ein jubelndes Publikum im Sturm, sondern auch das Herz des Königs, der ihn nicht mehr aus München fortließ. Im Ganzen trat Nachbaur 1001 Mal in 62 verschiedenen Rollen auf, davon etwa 700 Mal auf der Bühne des Münchner Hoftheaters. Neben der Paraderolle des Walter Stoltzing soll er auch in der Rolle des Lohengrin etwa 127 Mal aufgetreten sein.

Franz Nachbaur war mit der Kaufmannstochter Albina, geborene Löbl, verheiratet. Ihr dankte der König einmal herzlich für ein Porträt ihres Mannes, das sie ihm zugeleitet hatte. Ihrem Mann schrieb er: »Hier übersende ich Ihnen das bewußte Medaillon mit meinem Bilde mit dem Ersuchen, beides Ihrer Frau Gemahlin von mir zu überweisen; leider steht es nicht in meiner Macht, Ihnen eine so große Freude zu bereiten, wie dies jenige ist, welche Ihre Frau mir bereitet hat. Sie sendete mir das Bildnis meines besten Freundes, ich kann ihr als Zeichen meiner Dankbarkeit nur das Bild eines ihr Unbekannten, der ich für sie bin, zum Geschenk machen. Mit inniger Freude gedenke ich der gestern mit Ihnen verlebten Stunden. Unsere Gesinnungen und Charaktere haben eine Ähnlichkeit, was mich immer freut. Wir beide sind Feinde alles Gemeinen und Schlechten und erglühen in heiligem gottentflammten Feuer für alles Hohe, Reine und Ideale. Deshalb wollen wir auch unser Leben lang treue und aufrichtige Freunde bleiben.«[185]

Auch eigenhändig gepflückte Blumen sandte der König an Albina Nachbaur, die sie in einer schönen Kassette aufbewahrte.[186] Dies zeigt, dass Ludwig II. den Ehefrauen der von ihm verehrten Künstler nicht grundsätzlich ablehnend gegenüberstand, wie dies mehrfach behauptet wurde. Fragwürdig ist deshalb, ob die von Gottfried von Böhm erwähnte Ablehnung von Richard Hornigs Gattin durch den König der Wahrheit entspricht, die er angeblich habe ertränken lassen wollen. Zahlreicher sind vielmehr die Huldbeweise gegenüber Ehefrauen der von ihm geschätzten Personen.

Sophie Laurentieff, die Dame mit dem Schleier

Eine gewisse Sophie Laurentieff, genannt »die Dame mit dem Schleier«, war stets in Berg, wenn der König dort war, jahre-, ja jahrzehntelang, aber sie begnügte sich damit, den König aus der Ferne anzuschwärmen. Sie hielt ihm die Treue bis über den Tod hinaus. Noch viele Jahre konnte man jeweils am 13. Juni am Sarkophag des Königs in der Gruft der St. Michaelskirche in München einen wundervollen Kranz mit der Aufschrift auf der Schleife: »Dem Unvergeßlichen – Sophie Laurentieff«[187] vorfinden.

Die geheimnisvolle Liliendame

1881 entwickelte sich ein eigenartiger Kontakt zwischen König Ludwig II. und einer Frau aus Hamburg. Die beiden begegneten sich nie persönlich. Einmal jährlich im Frühjahr sandte diese Dame dem König ein Bouquet

[185] Böhm, S. 503; zwei Briefe Ludwigs II. aus den Jahren 1872 und 1874 wurden von Nachbaur Gottfried von Böhm gezeigt, der daraus in seinem Tagebucheintrag vom 6. Januar 1879 die Worte Ludwigs II. zitiert.

[186] Ebd.

[187] Wolf, S. 116; Memminger, S. 56

mit weißen Lilien. Davon berichtet Otto Gerold in seinen »Erinnerungen eines Augenzeugen«.[188] Die Informationen dazu bekam er von Ludwigs Kabinettssekretär Ziegler, den er kannte und von einigen Lakaien. Diese Person »war das letzte weibliche Wesen, für das der König Interesse und eine Art achtungsvoller Verehrung hegte. [...] Die Umgebung des Königs wußte, daß die Beachtung für jene Dame dadurch hervorgerufen worden, daß er an ihr eine Ähnlichkeit mit Marie Antoinette entdeckt hatte.«

Die erste Liliensendung erhielt der König 1881, als er sich mit dem Schauspieler Josef Kainz in der Schweiz aufhielt. Kabinettssekretär Ziegler hatte sie ihm dorthin nachgesandt. »Der König war über die Gabe sehr erfreut«, berichtet Gerold. »Lilien waren seine Lieblingsblumen. Er konnte deren zu Sommerszeit nicht genug haben und diese kamen mehrere Monate vor der gewöhnlichen Zeit aus Hamburg, wo ein Gärtner sich der Aufgabe unterzogen, sie früher, viel früher herzustellen. Der Absender hatte hinzugefügt, daß er im Auftrage einer Dame handle, die ungenannt bleiben wolle. Es genüge ihr, wenn Se. Majestät Freude an der Gabe habe. Die zarte Art der Darbietung berührte den König wohltuend, er war es gewohnt, jede kleine Aufmerksamkeit in glänzender Weise entgelten zu müssen. Hier sollte das nun einmal nicht der Fall sein. Dennoch wollte er von Ziegler den Namen der Spenderin wissen, den dieser ihm nach einigem Zögern und mit dem Vorbehalte nannte, daß die Dame weder einen Dank noch ein Gegengeschenk wünsche. Der König bedauerte es, dass er nicht einmal danken dürfe, war aber so ritterlich, den Wunsch zu ehren.

In den darauffolgenden Jahren wartete er stets mit einer gewissen Ungeduld auf die sich wiederholenden Liliensendungen. Blieben sie seiner Meinung nach zu lange aus, so fragte er den Burgwart [Schramm]oder den Kammerlakaien [Mayr], ob der Gärtner aus Hamburg noch immer nichts gesandt habe. Wurde ihm die Ankunft derselben gemeldet, lächelte er befriedigt: ›Ah, endlich!‹« Das Schlosspersonal freute sich, wenn der König die Liliensendung erhielt, »weil es dann immer bei Seiner Majestät für einige Tage ›schönes Wetter‹ gab«, das heißt der König gut aufgelegt war. Seine »Schwärmerei für die Lilie hatte wohl auch ihren Grund darin, dass es die Blume der Bourbonen, der von ihm verehrten und beklagten Marie Antoinette war. Er pflegte unter seiner Kleidung auf der Brust ein Medaillon zu tragen, das stets ein Lilienblatt enthielt. Auch bei seinem Tod fand man ein solches bei ihm. Wo-

188 Gerold Otto: Die letzten Tage König Ludwigs II. Erinnerungen eines Augenzeugen, Zürich 1903, 4. Aufl. 1908, S. 28–31 und S. 37–42

hin dieses Medaillon gekommen ist, wusste später niemand zu sagen. Die Lilien aus Hamburg erklärte er für die schönsten, die er je gesehen und hielt sie vor allen anderen derartigen Gaben hoch. Sie standen in Vasen zu beiden Seiten seines Schreibtisches und er trennte sich nicht früher von ihnen, als bis die letzte Blüte verdorrt war.« Der König ließ die Lilien sogar an der Schlossmauer von Schloss Hohenschwangau in ein Gärtchen an der Stelle einpflanzen, wo sich »der Springbrunnen im Stile des Löwenbrunnes der Alhambra« befand. Auch wenn sie bald verdorrten, so hoffte der König doch, sich an ihrem Anblick etwas länger erfreuen zu können.

»Im Jahre 1883 waren sie wenige Tage vor seiner Abreise nach dem Linderhof eingetroffen und sollten ihn dorthin begleiten. ›Meine Lilien‹, sagte er zu den Dienern, ›wünsche ich im Linderhof wiederzusehen und ich bitte mir es aus, daß ich sie in dem gleichen Zustande dort vorfinde, wie ich sie hier verlasse.‹« Burgwart Schramm erzählte Otto Gerold, »in welche Verlegenheit die Dienerschaft durch den Befehl versetzt worden. Die kostbaren Blumen sollten noch vor Se. Majestät an Ort und Stelle sein, keine Blüte geknickt oder beschädigt werden. Zum Glück hatte der alte Schramm sich die Kiste in der sie gekommen, aufgehoben. Mit seiner und des Hofgärtners Hilfe wurden die Lilien, so gut es anging, verpackt und durch einen besonderen Boten voran gesandt. Aber auch bei der Abreise vom Linderhof trennte sich der König nicht von ihnen. Sie mußten schon halbwelk auf eine der Berghütten getragen werden, in der er einige Tage zubrachte. Oftmals beklagte der König, daß er niemals für das Geschenk danken dürfe. ›Aber sie will es ja nicht, daß ich es wissen soll, sie seien von ihr‹, äußerte er dann.«

Mit der Lilienspenderin stand der König in keiner persönlichen Beziehung. »Er begnügte sich mit einer indirekten, durch die er alles erfuhr, was die Dame betraf, sobald sie in Hohenschwangau weilte. Die Personen seiner Umgebung mußten ihm die geringsten Kleinigkeiten von ihr berichten, mit wem sie verkehre, was sie gesprochen, welch ein Kleid sie getragen, [...] sogar die Haartracht mußte ihm geschildert werden. [...] Er wußte den Tag ihrer Abreise und ihr nächstes Ziel, er wußte, woher ihre Gesellschafterin stammte, daß sie mit Vorliebe ein kleines Gasthaus an der Tiroler Grenze besuche ›Zum Schluxen‹ genannt; er ließ sich von dem alten Besitzer die kleinen Geschenke zeigen, die sie ihm zuweilen machte und fand, daß die Freundlichkeiten, die der alte Mann von ihr erfuhr ›dankenswert‹ seien. Dafür erzählte er ihm, womit sie sich in Hohenschwangau beschäftige, daß sie im Walde und am Seeufer viel zeichne und ließ sich das Fremdenbuch vorlegen, in welches sie ihren Namen eingetragen.«

Kabinettssekretär Ziegler »hatte wegen der Dame manches zu leiden. Nachdem er sich dazu verstanden, die ersten Blumensendungen zu übermitteln, begann die Sache unbequeme Seiten für ihn zu entwickeln. [...] Des Königs Neugier ihn Betreff der Dame peinigte ihn geradezu. Der Kabinettschef kam jeden fünften Tag zum Vortrage nach Hohenschwangau, traf wie gewöhnlich um zwei Uhr ein und wurde ungefähr um fünf zum König befohlen. Das Gespräch entwickelte sich häufig folgendermaßen:

›Haben Sie die Dame schon gesehen?‹

›Nein Majestät, heute noch nicht; ich fuhr direkt auf das Schloß.‹

›Werden Sie sie morgen sehen?‹

›Ebenso wenig. Ich reise schon früh um sechs zurück.‹

›Ich sah sie schon‹, konnte dann der König sagen, ›sie hatte ein weißes Kleid mit blauen Schleifen an.‹

Hatte Ziegler sie jedoch zufällig gesehen, so folgte unmittelbar die Frage:

›Wovon haben Sie mit ihr gesprochen?‹

Ziegler erzählte dann oft, was ihm gerade einfiel, da ihm vorrangig jene dienstlichen Angelegenheiten durch den Kopf gingen, die er dem König vorzutragen hatte. Doch das interessierte den König nicht.

Mit der Zeit wurde der König auf seinen Kabinettssekretär sogar eifersüchtig und das kam so: Lakaien berichteten ihm, daß Ziegler »mit der Dame verkehre, ihr bei dem Abendessen im Garten Gesellschaft geleistet und ihr einige Besuche abgestattet habe, wenn er den nächsten Vormittag in Hohenschwangau blieb«. Mit diesen Informationen »ärgerte der König seinen Kabinettchef nun bei jeder sich ergebenden Gelegenheit«.

Als der König erfuhr, daß Ziegler »bei seiner Ankunft der Dame auf dem Schloßberge begegnet und von ihr mit einem scherzenden Zurufe begrüßt worden sei, empfing er ihn sichtlich verstimmt. Die gewohnte Frage erfolgte: ›Haben sie Ihre Freundin schon gesehen?‹ Die Bezeichnung ›Freundin‹ war neu; der Kabinettchef bejahte die an ihn gerichtete Frage.

›Sie soll ja stets eine außerordentliche Freude über Ihr Kommen äußern‹, fuhr der König etwas spitz fort. Ziegler wußte nun, daß die Lakaien in der kurzen Zeit, die seit seiner Ankunft verflossen, schon wieder jenes unbedeutende Ereignis rapportiert hatten. Er sagte kühl: ›Es kann mir nur schmeichelhaft sein, wenn die Dame sich über mein Kommen freut.‹ Der König warf ihm einen finsteren Blick zu.

Dieser kleine Charakterzug war dennoch für sein ganzes Wesen bezeichnend. Ludwig II. wollte mit niemandem teilen, was er als etwas ihm allein gehörendes betrachtete. [...] Einstmals fragte er Ziegler direkt: ›Nicht wahr. Die Dame kommt doch nur ihretwegen so oft hierher?‹ […] Ziegler antwortete, daß er für die Dame einzig und allein Geltung habe, weil er Kabinettchef sei. ›Wäre ich es nicht, so würde sie sich keinesfalls um mich kümmern.‹ Mit dieser Antwort war der König offenbar befriedigt. Er fühlte sich geschmeichelt. Es berührte ihn auch angenehm, daß die Liliendame an einem Wagenunfall, den er gehabt, so viel Teilnahme geäußert.«

Am Sonntag, den 6. Juni 1886, wenige Tage vor dem Tod des Königs, »war [diesmal] aus Erfurt ein Blumenkorb gekommen, ein vergoldetes Füllhorn mit Marschall Niel-Rosen und großen sternartigen Eucharisblüten. Der König zeigte die Blumen seinem Kammerlakaien. ›Sehen Sie‹, sagte er, ›die Blumen freuen mich, die habe ich von –‹, er nannte den Namen der Lilienspenderin. Das war die letzte Freude, die er in seinem Erdenleben empfangen sollte, die nächsten Blumen legte man acht Tage später auf sein Totenlager. […]

Als er den Weg seines Todes von Neuschwanstein antrat, soll er gesagt haben: ›Ich lasse ihr für ihre Treue danken, die sie mir erhielt. Für ihre Aufmerksamkeit durfte ich ja niemals danken.‹ […]

Der Blumenkorb erhielt dann seinen Platz in dem gewohnten Speisezimmer des Königs, wo sonst ein silberner Aufsatz mit dem Schwanenritter stand, der ihm für diese Zeit weichen musste. Er stand noch dort, als sein Eigentümer das Schloß für immer verließ und ist dann andenkenlüsternen Fremden zum Opfer gefallen.«

Die Schluxen-Wirtin und die Steingadener Postwirtin

Zahlreich sind die Anekdoten darüber, wie einfache Menschen aus der ländlichen Gegend Ludwig II. verehrten, vor allem aus jenen Gebieten um seine Schlösser, und wie er ihnen seinerseits herzlich zu begegnen wusste. Auch »die Tiroler beteten ihn an; sie waren in den Tagen seines Sturzes bereit, durch Hingabe von Blut und Leben, ihm ihre Treue zu beweisen. Viel hatte die meist arme Bevölkerung ihm und seiner freigebigen Güte ja auch zu danken«, so äußert Otto Gerold. »Die Tiroler Landleute wußten nicht genug zu rühmen, wie leutselig der König sei; manches derb offene Wort wurde von ihm mit gutem Humor entgegengenommen. Immer beherrschte ihn die Überzeugung, daß die Formlosigkeit der niederen Schichten ein Beweis ihrer Aufrichtigkeit sei, […] ›wie wohltuend ist es doch‹, bemerkte er zu dem Ministerialrat Bürkel, ›wenn man die ungeschminkte Wahrheit hört‹. Gerold berichtet auch über die »Schluxenwirtschaft« bei Reutte in Tirol, wo Ludwig II. schon als Kind des Öfteren eingekehrt war. »Im oberen Stockwerke des Hauses war ein einfaches Zimmer zur Verfügung des Königs und seiner Mutter gestellt, in welchem der noch einfachere Imbiß genommen wurde. Zur Winterzeit aß der König Kartoffeln in der Schale mit frischer Butter und las dann in mitgebrachten Büchern. [...] In Erinnerung an seine Kinderjahre hatte er für das Schluxenhaus eine gewisse Pietät bewahrt, die sich in verschiedenen zarten Aufmerksamkeiten äußerte.«

Besonders verehrte die betagte Wirtin den König. Als sie »schwerkrank darniederlag, sandte er täglich einen Reitknecht mit der Anfrage nach ihrem Ergehen zu ihr. Wein und Stärkungsmittel wurden aus der königlichen Küche gespendet. ›Grüße mir die hohen Herrschaften‹, sagte die Sterbende zu ihrem Gatten, ›und ich ließ sie bitten, sie möchten dein Haus nicht meiden, wenn ich gestorben bin.‹

Der König kam kurze Zeit darauf hinaus, er reichte dem Witwer die Hand zum Kusse und sprach: ›Deines Weibes Wunsch soll nicht unerfüllt bleiben. Wir werden dein Haus nicht meiden, weil sie nicht mehr darinnen waltet.‹«[189]

Auch ins Fremdenbuch der »Schluxenwirtschaft« hatte sich Ludwig II. mehrfach eingetragen. So zitierte er darin einmal die Schiller'schen Verse aus der »Braut von Messina«: »Doch auch aus entwölkter Höhe / Kann der zündende Donner schlagen / Darum in deinen fröhlichen Tagen / Fürchte des Unglücks tückische Nähe.« Manche Eintragungen des Königs beschränkten sich nur auf seinen Namen: »Ich der König – Yo, el Rey.«

Auch im Steingadener »Gasthof zur Post« war für den König immer ein Zimmer mit Vorzimmer reserviert. Als die Wirtin dieser Gaststätte Geburtstag hatte, musste ihr eine Militärmusikkapelle auf königlichen Befehl ein Ständchen bringen. Später hörte er, dass sich die Frau wegen einer Erkrankung in München aufhielt. Da beauftragte der König seinen Leibarzt, sich persönlich um die Frau zu kümmern.

Die Töchter des Schweizer Verlagsbuchhändlers Benziger

Während seiner Schweizreise 1881 in Begleitung des Schauspielers Josef Kainz bewohnte Ludwig II. die Villa Gutenberg des Verlagsbuchhändlers

[189] Gerold, S. 53–56

Benziger. Dabei hatte er auch Kontakt zu den beiden Töchtern des Verlegers, die wie so viele Frauen den bayerischen »Märchenkönig« ebenfalls verehrten.

»Es ist die fragwürdige Behauptung gewagt worden«, schreibt der Ludwig-II.-Biograf C. Beyer, »daß der König ein Frauenfeind gewesen, und daß er den Frauen geradezu ausgewichen sei. Ein schönes Beispiel aus der Villa Gutenberg beweist jedoch, daß dieses Gerücht zum mindesten übertrieben war. Die beiden in rosafarbene Gewänder gekleideten Töchter Benzingers haben dem König einmal zwei wunderschöne Blumensträuße überreichen wollen. Mit huldvollster Freundlichkeit nahm dieser die Bouquets selbst entgegen und in liebenswürdigster Weise zeichnete er die beiden Überbringerinnen aus. Er hat sich lange Zeit mit ihnen unterhalten und sich hierbei namentlich für ihren Bildungsgang interessiert. Die beiden jungen Damen hatten ihre Ausbildung im bayerischen Städtchen Lindau vollendet, weshalb sich der König nach den dortigen Lehrern und Lehrzielen eingehend erkundigte und zutreffende Vergleiche mit den schweizerischen Lehranstalten anstellte. Beim Weggang drückte er den jungen Damen wiederholt die Hand, und, indem er elastisch dem Dampfer zuschritt, winkte er immer wieder mit Hut und Bouquets zurück.

Auf dem Schiffe wollte man dem König diese Bouquets abnehmen, aber er behielt sie noch lange in den Händen. Dann hat er sie auf einen Tisch abgestellt und später mit sich nach München genommen. Am folgenden Tag schickte der König nochmals den Damen seine Dankbezeugungen. ›Von ängstlicher Zurückhaltung‹, so bemerkte der Sohn Benzigers, ›war keine Spur bemerklich‹.«[190]

Sieben Schweizermädchen

Conrad Beyer berichtet in seiner 1897 erschienenen Schilderung über »Des Königs Aufenthalt am Vierwaldstättersee« im Sommer 1881 folgende Episode:

»Welches Zutrauen der König durch sein leutseliges, gewinnendes Wesen dem biederen Schweizervolke einzupflanzen verstanden hatte, beweist

190 Beyer, Conrad: Ludwig II. König von Bayern. Ein Charakterbild nach Mitteilungen hochstehender und bekannter Persönlichkeiten und nach anderen authentischen Quellen. Des Königs Aufenthalt am Vierwaldstättersee und sein Verkehr mit Josef Kainz, Leipzig 1897, S. 75f. (künftig: Beyer)

folgender Vorfall: An einem Feiertage meldeten sich bei [Stabskontrolleur Friedrich] Zanders sieben schmucke Schweizermädchen im Alter von 17 – 19 Jahren. Sie wünschten den König von Bayern zu sprechen, um die Geldmittel zur Auswanderung nach Nordamerika von seiner Hand zu erbitten. Da der König nicht anwesend war, so verlangte Zanders eine schriftliche Eingabe, um diese mit Bericht unterbreiten zu können. Schlagfertig hat nun eines der Mädchen nach kurzer Beratung Tinte und Feder verlangt und sofort einen Brief, wenn auch in nicht gerade schreibgewandtester Weise abgefaßt, der einen originell-drolligen, stellenweise derben Stil zu Ausdruck brachte.« Nach Ludwig Below hatte dieser Bittbrief angeblich folgenden Wortlaut:

»Hochwerter Herr König!

Wir sieben Schwyzer Maidli bitten mit diesem Schreiben den Herr König, uns tusig [tausend] Franke zu schenken, indem wir nach Amerika reisen wollen, wo wir gute Plätzle in einer Farm bekommen und es dort sehr schön und viel Geld zu verdienen, wie Herr Gunli sait, der schon drüben gsi. Bitte Herr König uns das Geld zu geben und es an die Züseli in Brunnen zu schicken. Wir grüßt Sie recht sehr! (Folgten sieben Unterschriften).«

»Zanders«, so berichtet Beyers weiter, »legte den Brief unter Schilderung des Vorkommnisses dem König vor, der, darüber lächelnd, die Antwort erteilte, er verehre und liebe das Schweizervolk viel zu sehr, um die Hand dazu zu bieten, diesem Lande sieben seiner anmutigsten Töchter zu entziehen.«[191]

Auch wenn den ausreisewilligen Schweizerinnen das Reisegeld verweigert wurde, so ließ der gebefreudige König einer jeden doch »eine goldene Uhr mit Armband« als Geschenk zukommen.

Baronin Spera von Truchseß (1839–1914)

Doña Esperanza, genannt »Spera«, entstammte dem angesehenen spanischen Adelsgeschlecht der Sarachaga de Bilbao und war eine der reichsten Frauen in Europa. Sie war die älteste Tochter des Adeligen und Diplomaten Don Jorge de Sarachaga y Uría-Nafarrondo und seiner russischen Frau Prinzessin Ekaterina Lobanov-Rostowskaja. Über diese adelige Dame zeichnet Gottfried von Böhm in seiner Ludwig-II.-Biografie ein anschauliches Bild.

»Baronin Truchseß war spanischer Abkunft. Im Jahre 1839 in Petersburg

[191] Beyer, S. 70f., Below, S. 190f.

geboren, hatte Esperanza von Sarachaga im Jahre 1862 den Freiherrn Friedrich Truchseß von Wetzhausen (1825–1894) geheiratet, der Bayern eine Reihe von Jahren am russischen Hofe vertrat. Nach dem Rücktritt des Gatten brachte das Paar den Winter in München zu, wo es ein ziemlich großes Haus besaß. Baronin Spera war eine harmlose, herzensgute, distinguierte Dame, die gern einen größeren Kreis von Gästen um sich sah. Ihre zahlreichen Empfänge gehörten eine Zeitlang zu den beliebtesten der Hofgesellschaft und auch die Prinzen und Prinzessinnen des königlichen Hauses besuchten ihre Routs [Zusammenkünfte] umso lieber, als sie wußten, mit welch ganz besonderer Liebe und Verehrung sie zu ihnen allen aufblickte.

Ein gewisses Übermaß dieses Gefühls hing mit dem periodischen Wahnsinn zusammen, der die Baronin zuweilen – einmal mitten in einem Hofkonzert – befiel und veranlaßte, einige Monate in stiller Zurückgezogenheit in der Kreisirrenanstalt zu Kaufbeuren zuzubringen, um sodann ihre Empfänge immer mit erneutem Zulauf wieder aufzunehmen.

Der Natur dieser Gefühle nach wandte die Baronin die höchsten Grade ihrer Verehrung dem Haupt des königlichen Hauses zu, das dafür am wenigsten empfänglich war. Obschon die Güter ihres Gatten in Unterfranken lagen, brachte sie immer auch einige Sommerwochen in Oberbayern und Schwaben zu. In der Hoffnung, des Anblicks des geliebten Monarchen teilhaftig zu werden, ließ sie sich gern gegenüber von Berg auf den Wellen des Starnberger Sees schaukeln und gegenüber von Neuschwanstein eine Villa bauen, die sie später einem Prinzen des Hauses zum Geschenke machte.

Im Sommer 1886 hatte sie Aufenthalt in Füssen und Hohenschwangau genommen und alarmierte in der kritischen Zeit, wie es hieß, nicht nur die Frauen der Umgebung, sondern auch die Feuerwehr, die sie besser zur Löschung ihrer eigenen unerwiderten Flamme in Anspruch genommen hätte.

Von der Alpenrose in Hohenschwangau aus unternahm sie oft schon in frühester Morgenstunde Spaziergänge, um dem König zu begegnen. Als man ihr die Ankunft der Staatskommission meldete, verlangte sie ihr Gebetbuch und nachdem sie einige Zeitlang im Gebet verharrt hatte, bestieg sie mit ihrer Jungfer und ihrer Wirtin einen großen Landauer, um, nur mit einem Regenschirm bewaffnet, zum Schutze des geliebten Königs auszurücken.

Am Eingang der Burg aranguierte sie die ihr bekannten Mitglieder der Staatskommission. Sie zählte sie mit den Fingern ab. – Es waren 12 ›Verräter‹, über die sie den Fluch sprach, weil sie sich an der Person des Gesalbten vergreifen wollten. Unheimlich klang ihr Ruf, begleitet von dem zornigen

Gekläff ihres kleinen Hündchens, durch die frühe Morgendämmerung. Dem Grafen Törring sagte sie, seine Kinder würden sich seiner einst schämen, den Baron Crailsheim, der sehr gut Klavier spielte, schalt sie einen ›mauvais tapeur‹ [üblen Schmarotzer] und dem Grafen Holnstein hatte sie, wird behauptet, gedroht, ihn nie wieder einzuladen, was er wohl am wenigsten gefürchtet hatte, denn er war kein Salonmann. Was der Staatskommission mißlang, setzte die Baronin durch; sie drang, ihren Regenschirm wie eine Toledaner Klinge schwingend, durch, entwand sich den rauhen Armen der Gendarmen und Irrenpfleger und drang endlich bis in das Vorzimmer S. M. vor.

Der König, der im Begriffe stand, sich ankleiden zu lassen, erschrak nicht wenig, als ihm auf der Schwelle die Baronin Spera zu Füßen fiel und Treue bis in den Tod gelobte. Er ließ die Reden der kranken Frau mit großer Ruhe über sich ergehen, reichte ihr die Hand und sagte in gütigem Tone: ›Wollen Sie nicht Ihren Gatten kommen lassen und unter seinem Schutz in Ihre Villa zurückkehren?‹ Die Baronin hörte nicht auf diesen Rat; sie beschwor den König, sofort nach München zu reisen und als er erwiderte: ›das werde ich auch tun, wenn auch nicht gleich heute‹, rief sie erregt: ›Aber dann begleite ich Euere Majestät.‹ Der König machte eine ablehnende Bewegung und meinte: ›Dies wird wohl nicht gut angehen.‹ Augenzeugen dieser Szene versichern, daß es von beiden nicht der König war, der in diesem Augenblick geisteskrank erschien. ›Wenn die Situation nicht zu ernst wäre‹, sagte er zu Dürckheim, ›könnte ich wirklich über die gute Baronin lachen.‹ Indessen erteilte er auf ihren Bericht hin den Befehl, zwölf Kommissionsmitglieder zu verhaften.

Sie blieb stundenlang. Der König ließ sie gewähren und als ihm ihr Aufenthalt in seinem Vorzimmer doch schließlich immer peinlicher wurde und er sie entfernt wissen wollte, gab er den ausdrücklichen Befehl, weder hart, noch roh mit ihr zu verfahren. ›Selbst in diesen schrecklichen Stunden‹, schreibt Otto Gerold, ›erinnerte er sich, daß dies der armen Kranken wehe tun konnte, die ihre Anhänglichkeit für ihn so weit getrieben hatte.‹

Auf diese Gemütserschütterung hin wurde für die Baronin wieder ein längerer Aufenthalt in Kaufbeuren nötig. Sie kehrte vollständig hergestellt nach München zurück und nahm bald ihre Empfänge wieder auf. Auch ich sah sie oft und stand in sehr freundschaftlichen Beziehungen zu ihr. Aber niemals natürlich rührte ich in der Unterhaltung mit ihr an die Erinnerung der Tage, in denen ihr periodisch kranker Geist ihr immer gleich edles Herz in die Irre geführt hatte.«[192] Wie sehr sich die Baronin dem König und Bayern verbunden fühlte, zeigt ein Eintrag ins Fremdenbuch des Hotels »Alpenrose Hohenschwangau«. »Neben ihren Namen schrieb sie: ›Spanierin von Geburt, Bayerin bis zum Tode‹.«[193]

Wanda von Sacher-Masoch (1845–1933)

1845 im selben Jahr wie Ludwig II. geboren, betätigte sie sich später als Schriftstellerin. In ihrer »Lebensbeichte«, die 1906 erschien, erzählt sie eine eigenartige Episode, die viele für eine skurrile Geschichte halten. Wanda von Sacher-Masoch, die seit 1873 mit dem Schriftsteller Leopold von Sacher-Masoch (1836–1895) verheiratet war, inspirierte ihren Mann zu seinem berühmten Buch »Venus im Pelz«. 1887 wurde das Ehepaar geschieden.

Während der Verbindung der beiden kam es angeblich zu einem merkwürdigen Abenteuer, dessen Held, wie es heißt, König Ludwig II. von Bayern gewesen sei. Der König habe sich, so das Gerücht, nach der Lektüre einer Erzählung von Sacher-Masoch mit dem Titel »Die Liebe des Plato«, die 1870 erschien, zu diesem Autor hingezogen gefühlt und ihm Briefe geschrieben.

Der Held in der Geschichte »Die Liebe des Plato« ist der junge Offizier Henryk von Tarnow. Als »Weiberfeind« will er nur »das Geistige in sich stärken«. Frauen sind in seinen Augen »rein sinnliche Wesen« und unfähig zur »geistigen Liebe«, nach der er sich sehnt. Er interessiert sich für »treffliche Bücher« und »genußreiche Gespräche« über Philosophie, Kunst und Geschichte, weshalb er »neuer Plato« genannt wird. Eines Tages begegnet Henryk der schönen jungen Gräfin Nadeschda aus Moskau. Sie ist geistreich, aber leider eine Frau, weshalb sie ihn gleichermaßen anzieht und abstößt. Nadeschda behauptet, ihr Bruder Anatol käme zu Besuch. Doch der ist in Wahrheit nur sie selbst als Mann verkleidet. Henryk fühlt sich zu Anatol alias Nadeschda hingezogen und verlebt mit ihm/ihr eine Zeit, »in der die Seelen ineinander tauchen und zu Einer Seele werden«. Selbst als Henryk klar wird, wer Anatol wirklich ist, hält er an der Liebe fest, bis Nadeschda zudringlich wird, wovon sich Henryk abgestoßen fühlt. Die Rückverwandlung Anatols in Nadeschda bedeutet den Bruch. »Ich war glücklich

192 Böhm, S. 678–680
193 Gerold, S. 51

in meinen Idealen, in der Einbildung, daß es ein Weib geben kann, das mich geistig lieben und es ertragen kann, von mir nur geistig geliebt zu werden«, klagt Henryk und zieht sich zurück. Für ihn zählt nur die Freundschaft des Mannes mit dem Manne, weil sie allein auf Gleichheit beruht und vollkommen geistig ist.

Diese Erzählung »Die Liebe des Plato«, von der man sich vorstellen kann, dass sie Ludwig II. interessiert haben könnte, spielt nun die zentrale Rolle in der Episode, von der Wanda von Sacher-Masoch in ihrer Autobiografie »Meine Lebensbeichte« berichtet.

Um 1871/72 habe ihr Mann von einem geheimnisvollen Verehrer namens Anatol schwärmerische Briefe erhalten, die sich auf »Die Liebe des Plato« bezogen. Leopold antwortete dem Unbekannten und empfand den nun einsetzenden Briefwechsel als amüsantes Spiel. Bald aber wollte er Anatol treffen, was dieser jedoch zunächst ablehnte. Schließlich kam es aber doch zu einem Rendezvous in Bruck im Hotel »Bernauer«, das in einem dunklen Zimmer stattfand. Leopold vernahm nur die tiefe Stimme Anatols und erkannte an den Umrissen, dass er eine Person von großem Wuchs vor sich hatte.

Ein zweites Treffen im Grazer »Thalia-Theater« missglückte, weshalb tags darauf ein Treffen im »Hotel zum Elefanten« in Graz anberaumt wurde, das diesmal allerdings zwischen Wanda und einer kleinen, buckligen Person stattfand, die sich Paul nannte. Der Mann klagte Wanda sein Leid wegen seiner körperlichen Verunstaltung und wurde von ihr getröstet.

Nach einem Theaterbesuch am Abend kamen Wanda und Leopold an einer Kutsche vorbei, die im Schatten der Domkirche lag. Aus dem Fester des Wagens beugte sich »ein hinter einer Halblarve verdecktes Gesicht, zwei Arme streckten sich heraus, umfassten Leopold, zogen ihn an sich, und die beiden Männer küßten sich«. Danach küsste der Fremde wortlos noch Wandas Hände, worauf die Kutsche fortrollte. Diesmal war es wieder Anatol. In einem Abschiedsbrief erklärte er, die geistige Liebe sei nun zerstört. Damit endete die rätselhafte »ménage à quatre« zwischen Leopold, Wanda, Anatol und dem Buckligen. Seither gehört sie zu den zahlreichen Legenden, die den bayerischen Märchenkönig bis heute umgeben.

Wie Wanda in ihren Erinnerungen abschließend behauptet, erfuhren sie und ihr Mann erst 1881 von einem gewissen Dr. Grandauer, Arzt und gelegentlicher Regisseur am Münchner Hoftheater, dass es sich bei dem Buckligen angeblich um einen Freund Ludwigs II., um Prinz Alexander von Oranien, »Prinz Citron« genannt, gehandelt habe. Anatol aber sei König Ludwig II. gewesen.

Betrügerinnen und Närrinnen

Ludwig II. hatte nicht nur mit Damen zu tun, deren Gesellschaft ihm angenehm war. Es gab auch Frauen, deren Verhalten er nicht akzeptierte und auf deren Bekanntschaft er gerne verzichtete. Dazu gehörten unter anderen eine Närrin, eine Hellseherin, eine Betrügerin und Hochstaplerin, aber auch weibliche Personen aus seiner engsten Umgebung.

Isidore von R., eine Närrin

Nach Gottfried von Böhm trat eine nicht näher bezeichnete »Isidore von R., eine hysterische Närrin« in Erscheinung, »welche sich durch Geisterweisung für den König bestimmt wähnte«, das heißt, sie glaubte, Geistwesen aus einer anderen Welt hätten ihr geoffenbart, sie sei die richtige Lebensgefährtin für den König. Sie sprach 1866 bei Richard Wagner vor und bat ihn, die Angelegenheit für sie zu arrangieren. »Als Wagner dieses Ansinnen mit Entrüstung zurückwies, erblickte die Närrin in Cosima eine Nebenbuhlerin und drohte, sie zu ›zermalmen‹.«[194] Doch es half ihr nichts, sie biss auf Granit und kam dem König nicht nahe. Eine Annäherung an seine Person musste auf vollkommen andere Weise geschehen, wie das etwa der oben erwähnten »Liliendame« bestens gelang.

Eine Hellseherin

Um 1872 befasste sich Ludwig II. auch mit Hellseherei, wie Luise von Kobell berichtet: »Den König beschäftigte ein Problem: Gibt es Hellseherei? Können Menschen die Schicksale anderer voraus wissen? Sind Offenbarungen einer Somnambüle stichhaltig? Er glaubte mit seinem Verstand nicht daran, aber seine Phantasie war davon erregt. Es war dem Regenten

[194] Reichold-Mythos, S. 21f.

zu Ohren gekommen, eine Somnambüle beschäftigte sich fortwährend mit ihm in ihren Visionen, und habe seinen Tod im Jahre 1873 prophezeit. Der König ärgerte sich über die Mitteilung, verwarf sie und grübelte ihr doch nach. Nachforschungen über die Somnambüle wurden auf Befehl Sr. Majestät von einem Arzte angestellt; dieser hielt sie für eine Simulantin, von anderer Seite erfuhr der Monarch, sie sei eine wahrheitsliebende arme Person. ›Natürlich glaube ich nicht daran, aber es ist mir sehr unangenehm‹, sagte der König.«[195] Zwar starb Ludwig 1873 nicht, aber für ihn, den immer wieder düstere Gedanken quälten, waren solche Ereignisse extrem belastend.

Die Betrügerin Adele Spitzeder (1832–1895)

1872 erkundigte sich Ludwig II. bei seinem Kabinettssekretär Lorenz von Düfflipp: »Ich lese in der Zeitung kürzlich von einer Spitzeder. Was hat es mit dieser Dame für eine Bewandtnis? Keinesfalls eine schöne, wie ich den Berichten entnommen?«

»Majestät meinen die Spitzeder, Adele Spitzeder, eine Betrügerin ersten Ranges, die es unter unglaublichen Vorwänden verstand, den Leuten die ersparten Groschen abzunehmen; es sind Millionen, die sie bis heute den Taschen Leichtgläubiger oder Habsüchtiger entlockt haben soll!«

»Wie ist denn Solches möglich?«

»Sie rechnete mit der Dummheit der Leute und verstand es, ihren Machenschaften ein frommes Mäntelchen umzuhängen; sie nahm jeden Betrag, den sie mit höchsten Zinsen anzulegen versprach.«

»Und ließen die Menschen alle Vorsicht außer Acht?«

»Es erhielt derjenige, der sein Eingelegtes abheben wollte, dieses und die großen Zinsen, doch verstand sie die meisten zu veranlassen, das Geld wieder einzulegen. Besonders sind es Dienstboten, Arbeiter und Kleinbürger gewesen, die durch Eigennutz verblendet ihre Ersparnisse brachten, die die Spitzeder dann zu ihrem eigenen luxuriösem Leben verwendete.«

»Da ist es dann höchste Zeit zum Einschreiten gewesen. – Ein unerquickliches Thema, Düfflipp, lassen wir es lieber. Ich danke Ihnen für die Aufklärung.«[196]

[195] Willhelm-Kobell, S. 301
[196] Schauenberg, S. 70f.

Damit war der Vortrag beendet und der König entließ auf's Freundlichste seinen Kabinettssekretär.

Wenn dieses von Georg L. Schauenberg so überlieferte Gespräch stattfand, zeigt es einmal mehr, dass sich Ludwig II. für das aktuelle Tagesgeschehen sehr interessierte.

Wer aber war diese Adele Spitzeder? Als Tochter eines Sänger- und Schauspielerehepaars wandte sich diese Dame zunächst der Schauspielerei zu, allerdings ohne rechte Engagements. Sie tingelte durch Europa und kam 1868 aus Zürich wieder nach München. 1869 gründete die 36-Jährige zusammen mit ihrer Lebensgefährtin Emilie Stier in der Münchner Dachauer Straße eine Bank. Sie versprach den Anlegern horrende Zinsen bis zu zehn Prozent, was ihrer Bank riesigen Zulauf bescherte. Bauern verkauften sogar ihre Höfe in dem Glauben, allein von den Zinsen leben zu können. Die Zinsen bestritt die Spitzeder mit dem Geld, das sie von den Neuanlegern bekam, vom Rest führte sie ein luxuriöses Leben. Sie kaufte zwölf Häuser, gründete eine Zeitung, beschäftigte 40 Hausangestellte, errichtete aber auch eine Volksküche für arme Münchner. Nachdem drei Jahre alles gut gegangen war, kam die »Schwindelbank« in Verruf. Als sich etwa 60 Gläubiger gleichzeitig ihr Geld auszahlen lassen wollten, brach die Konstruktion zusammen. Die Spitzeder wurde am 12. November 1872 wegen Betrugs verhaftet. Wie sich herausstellte, hatte sie in nur knapp drei Jahren an die 31.000 Bürger um insgesamt 8 Millionen Gulden geprellt. Viele waren bankrott, etliche begingen in ihrer Verzweiflung sogar Suizid.

»Solange dieser Mann bei mir Schulden hat, sperrt mich keiner ins Gefängnis«, so eine angebliche Äußerung Adele Spitzeders nach ihrer Verhaftung. Gemeint war mit »diesem Mann« kein geringerer als König Ludwig II. Auch er soll – was aber nicht bewiesen ist – durch einen Vermittler bei ihr Geld angelegt haben. Adele Spitzeder wurde vor Gericht gestellt und zu drei Jahren Zuchthaus verurteilt, die sie ab 1873 im Münchner Gefängnis in der Baaderstraße absaß. Ein Gesuch an den König, das Strafmaß wegen ihres angeschlagenen Gesundheitszustandes zu reduzieren, wurde vom König abschlägig beschieden.

Im Gefängnis schrieb die Spitzeder ihre Memoiren, die sie 1878 unter dem Titel »Geschichte meines Lebens« veröffentlichte. Als sie 1880 erneut ein Bankgeschäft zu eröffnen versuchte, wurde sie wieder verhaftet. Daraufhin ließ sie Geldgeschäfte bleiben und trat als »Adele Vio« – so der Name ihrer Mutter – als Volkssängerin auf. 1895 starb sie im Alter von 62 Jahren an Herzversagen. Ihr Grab liegt auf dem Münchner Alten Südfriedhof.

Auf dem schwarzen, würfelförmigen Grabstein findet sich allerdings nicht ihr Name, sondern der Name Schmid, da sich die Nachfahren umbenennen durften, um sich vor Racheakten von ehemaligen Kunden der Spitzeder zu schützen.

Hildegard Rixinger, Kurtisane und Betrügerin

Besonders hasste es Ludwig II., von Menschen angelogen oder betrogen zu werden, wie dies immer wieder geschah. Mit Hildegard Rixinger hatte er zwar nicht unmittelbaren Kontakt, aber er bekam ihre betrügerischen Aktivitäten zu spüren und das ausgerechnet in Verbindung mit einem Mann, der von Kindheit an zu seinem engsten Freundeskreis gehörte. Die Rede ist vom Oberststallmeister Maximilian Graf von Holnstein (1835–1895), dem der König ab 1864 ein hohes Amt am Hofe anvertraut hatte. Der »Rossober«, wie man ihn nannte, war für das gesamte Fahr- und Reitwesen verantwortlich, plante die Reisen des Königs, wurde darüber hinaus von ihm auch in alle wichtigen politischen und privaten Angelegenheiten und Entscheidungen als inoffizieller und offizieller Vertreter eingebunden. Bei ihm im Münchner Marstall liefen sozusagen alle Fäden zusammen.

So fiel Holnstein – er war zehn Jahre älter als der König – auch bei der Gründung des Deutschen Kaiserreiches 1870/71 eine Schlüsselrolle zu, indem er zwischen Bismarck und Ludwig II. den »Kaiserbrief« vermittelte, der von Bismarck entworfen und von Holnstein an den König zur Abschrift überbracht worden war. Mit diesem Brief trug Ludwig II. dem Preußenkönig Wilhelm die deutsche Kaiserkrone an. In der Folge wurde der König wegen der geheimen preußischen Dankeszahlungen, die an ihn gingen, von Holnstein abhängig, der sich daran auch seinerseits nicht unwesentlich bereicherte. Seit 1870 begann Holnstein am bayerischen Hof ein Doppelspiel zu spielen und gegen den König, von dem er über Jahre hinweg viele Wohltaten erfahren hatte, zu intrigieren. Es kam zum Bruch der Freundschaft. Holnstein, der dem König nun feindlich gegenüberstand, beteiligte sich in der Folge schließlich auch an dessen Entmündigung.

Inwieweit Ludwig II. von folgendem Betrugskomplott Kenntnis hatte, ist nicht überliefert. Aber eines ist sicher, dass er sich von einer gewissen Hildegard Rixinger und Holnstein, ihrem Auftraggeber, mit Abscheu abgewandt hätte.

Wie es heißt, fiel Holnstein 1883 beim König völlig in Ungnade, weil er sich geweigert habe, weitere Geldmittel für Ludwigs exzessive Bautätigkeit zu beschaffen. Doch es gab noch einen anderen Grund. Bereits 1882 schien der Graf den König erpresst zu haben, wie Philipp Fürst zu Eulenburg-Hertefeld berichtet: »Holnstein muss irgendeine wunderliche Sache des Königs wissen und diese als Waffe benutzen – der König liebt ihn nicht mehr und gehorcht ihm doch.«[197] Das erwähnte Wissen schien der »Rossober« aus etlichen Briefen des Königs bezogen zu haben, die sich in seinem Besitz befanden. »Wann & an wen diese Briefe geschrieben sind«, gesteht Georg von Werthern, der preußische Gesandte in Berlin, »weiß ich nicht, hoffe aber, es noch zu erfahren. Sie sind politischen Inhaltes & es ist darin die Rede von einer Coalition.«[198] Eine Anzahl jener Briefe, so Werthern weiter, sei auch »an Damen« geschrieben. Nach Graf Harry Kessler habe Holnstein außerdem »eine sehr kompromittierende Korrespondenz zwischen dem jungen König und dem jungen Prinzen Taxis in Händen gehabt und habe jedesmal mit dieser gedroht, wenn der König widerstand«.[199]

Wie aber kam Holnstein an diese Briefe? Aus einem Schreiben Wertherns vom 27. April 1883 an Otto von Bismarcks Sohn geht hervor, dass der Oberststallmeister erfahren hatte, der König wolle etliche seiner ihm wichtig erscheinenden handschriftlichen Briefe an hochgestellte Empfänger unbedingt zurückkaufen. Dabei kam ihm der Graf jedoch zuvor, indem er diese Dokumente selbst kaufte. Danach ließ er in betrügerischer Absicht auf den Quittungen höhere Preise einsetzen und die Unterschrift fälschen, um die Briefe gewinnbringend an den König weiterverkaufen zu können. Dies bestätigt auch von Werthern: »Da eine Anzahl jener Briefe an Damen geschrieben sein sollen, so lag es nahe, daß er sich ihrer Hand zur Fälschung der Quittungen bediente. [...] Der Beschreibung nach ist die Rixinger ganz das zu solchen Geschäften neigende Frauenzimmer.«[200]

Es handelte sich also um Briefe Ludwigs II. mit politischen und privaten

[197] Brief von Eulenberg an Herbert von Bismarck vom 26. August 1882, in: Philip Fürst Eulenberg-Hertefeld, Das Ende König Ludwigs II., herausgegeben von Klaus von See, Frankfurt am Main 2001, S. 135

[198] Von Werthern an Herbert von Bismarck, 27. April 1883, Bismarck-Archiv Friedrichsruh, B 124/1

[199] Kessler, Harry Graf: Das Tagebuch. Dritter Band 1897–1905, Stuttgart 2004, S. 548; die Witwe des mit Holnstein eng vertrauten preußischen Gesandten in München, Georg von Werthern, der mit diesem eng vertraut war, erzählte davon 1903 dem Literaten Harry Graf Kessler.

[200] Von Werthern an Herbert von Bismarck, 27. April 1883, Bismarck-Archiv Friedrichsruh, B 124/1

Inhalten. 1869 bis 1883 suchte der König zur Wiedereinführung der absoluten Monarchie in Bayern einen Art Geheimbund, genannt die »Coalition«, zu gründen, dessen Mitglieder alle Bestrebungen, die das zu verhindern suchten, unterdrücken sollten. Nachdem das Vorhaben 1883 gescheitert war, wollte der König begreiflicherweise alle diese Dokumente, wozu auch zahlreiche Briefe gehörten, wieder in seinen Besitz bringen, um sie zu vernichten.

Es gab aber auch Schreiben intimen Inhalts, darunter »Briefe an Frauen« und Briefe, die Ludwig II. in den Jahren 1864 bis 1866 an Paul von Thurn und Taxis geschrieben hatte. Auch diese Dokumente wollte Holnstein mit Quittungen, die er von Hildegard Rixinger fälschen ließ, zu überhöhten Preisen an den König verkaufen. Das Geld dazu wurde der Kabinettskasse entnommen und zwischen Holnstein und der Rixinger geteilt.

Wer aber war diese ominöse Hildegard Rixinger? Auch darüber weiß Werthern Folgendes zu berichten:

»Hildegard Rixinger, die viel bekannte Courtisane, [...] Schwester der berühmten Schwindlerin Marie Rixinger, hat ein sehr bewegtes Leben hinter sich. [...] Besonders opferte der bayerische Adel an ihrem Altare. [...] Wenige kennen die Geheimnisse des abenteuerlichen Lebens dieser Person. In München, Hamburg, Wiesbaden, Baden-Baden, Saxon am Genfer See, Monaco, New York, New Orleans, Rio de Janeiro und Wien warf sie unter den Namen Deutsch, Reich und Erkens ihre Netze aus. Nach München zurückgekehrt kam sie gerade recht, sich [...] ihrer oben bezeichneten Schwester Marie anzunehmen, welche schon im Jahre 1866 mit 4 Jahren Zuchthaus bestraft, einer neuen Verurteilung wegen Betrugs entgegensehend sich in Untersuchungshaft befand.

In dieser bedrängten Lage suchte Hildegard Rixinger alte Freunde auf, darunter den [...] Grafen Holnstein und zwar mit gutem Erfolg. [...] Zu ihr unterhielt er ein Verhältnis. [...] Das vertrauliche gegenseitige ›Du‹ scheint aus früherer Zeit zu datieren. Aber auch noch andere Vertraulichkeiten gehen auf eine frühere Zeit zurück, in welcher Graf H., plötzlich zu hohen Würden gelangt, eine mächtige Hand hatte und sich großen persönlichen Vertrauens seines Herrn erfreute [mit dem allerhöchsten Herrn ist Ludwig II. gemeint]. Damals hatte Hildegard R. auch Zutritt zum Arbeits-Cabinett des Grafen; sie scheint ihm sogar bei kleineren schriftlichen Arbeiten geholfen und Einblicke in höchst intime Angelegenheiten genommen zu haben. [...] Dieser Freundin bediente er sich außerdem, um durch Fälschungen der Unterschrift des Königs erhöhte Summen von der Kabinettskasse zu erlangen. [...] In neuerer Zeit bilden diese Affären für Hildegard R. eine ergiebige Quelle, dem Grafen H. nicht unbeträchtliche Summen abzupressen. Er suchte sie sich daher in wenig kluger Weise durch Verdächtigungen beim Polizeipräsidenten Pechmann zu entledigen«[201] und musste fürchten, dass dadurch der Betrug auffliegt. Da sich der Graf aber guter Verbindungen nach allen Seiten erfreute, kam diese Unterschlagung von Geldern aus der Königlichen Kabinettskasse nie an die Öffentlichkeit. Der Skandal wurde vielmehr bereinigt, indem »diese delicate Angelegenheit in die Hände eines discreten Polizeirathes gelegt wurde & durch denselben ist ein Abkommen dahin getroffen worden, daß die [...] Briefe an den König zurückgegeben werden, die Rixinger mit ihrer Nichte nach Amerika geht & Holnstein ihr dazu 2000 M. in München & andere 2000 M. in Hamburg zahlt.«[202]

Nannette Wagner, Hochstaplerin und Wucherin

Im Frühjahr 1886 hatte der König Angst, dass wegen seiner Zahlungsunfähigkeit seine Schlösser beschlagnahmt oder gepfändet werden könnten. »Wenn dies nicht rechtzeitig verhindert wird«, drohte er, »werde ich mich entweder sofort tödten oder jedenfalls das verfluchte Land in welchem so Schauderhaftes geschah, sofort und für immer verlassen.«

Der König griff deshalb nach jedem Strohhalm, von dem er sich Rettung in seiner desolaten Lage versprach. Etliche Kreditgeber traten auf, darunter war auch eine gewisse Nannette Wagner aus Stuttgart. Sie sei bereit, so wurde ihm zugetragen, ihm einen Kredit in Millionenhöhe zu vermitteln. Ende Februar 1886 stellte Ludwig deshalb sofort ein Handbillett mit folgendem Wortlaut aus: »Ich beauftrage und bevollmächtige Frau Nannette Wagner zur Contrahirung [Vertragsausstellung] eines Anlehens in der Höhe bis zu 25 Millionen Mark vorbehaltlich Meiner Genehmigung hinsichtlich der Bedingungen.«[203] Hofsekretär Klug, der für die finanziellen Angelegenheiten des König zuständig war, erfuhr zufällig von diesem Vorhaben. Da er von einer Nannette Wagner noch nie etwas gehört hatte, erkundigte er sich telegrafisch in ihrem Heimatort Stuttgart nach dieser Frau. Der Stadtdirektor teilte ihm daraufhin

201 Müller: »ein ewig Rätsel bleiben will ich ...«, S. 218

202 Von Werthern an Herbert von Bismarck, 27. April 1883, Bismarck-Archiv Friedrichsruh, B 124/1

203 Ludwig II., Vollmacht an Frau Nannette Wagner vom 22. Februar 1886, GHA, MKH 205

mit, dass diese Dame zwar nicht vorbestraft sei. Sie stehe »aber im Verdacht, [eine] raffinirte Hochstaplerin und Wucherin zu sein«.[204]

Inzwischen aber war Frau Wagner bereits aktiv geworden. Sie besprach den königlichen Kreditantrag mit Hermann Kleeberg, Direktor einer Frankfurter Versicherungsgesellschaft, der ebenfalls eine dubiose Person war. Dieser erklärte sich bereit, dem König eine Anleihe von 20 Millionen zu beschaffen.

Doch Hofsekretär Klug war wachsam und erkannte die Gefahr. Sofort schaltete er die Polizei ein, die der Frau Wagner den Zettel, den ihr der König geschrieben hatte, wieder abnahm. Daraufhin drohte sie: »Entschädigungsansprüche für unsere bisherigen Bemühungen und Barauslagen behalten wir uns vor.«[205]

Zum Glück verlief die Angelegenheit im Sand. Doch fast wäre der König einer Hochstaplerin und Wucherin wieder auf den Leim gegangen.

Frauen, die Ludwig verabscheute

In der Literatur wird nicht nur behauptet, dass Ludwig sich von Frauen distanzierte und den Umgang mit ihnen ablehnte, sondern dass er manchen Damen gegenüber auch aggressiv reagieren und sich sogar zu Hassausbrüchen hineinsteigern konnte, wenn sie sein Missfallen erregten oder sich ihm gegenüber ungebührlich verhielten. »Daß ich oft von einem wahren Fieber des Zornes erfaßt und befallen werde, mich voll des Ingrimms abwende von der heillosen Außenwelt, die mir so wenig bietet, ist begreiflich«,[206] gesteht er Marie Dahn-Hausmann in einem 1876 verfassten Brief. Und Philipp Fürst zu Eulenburg-Hertefeld konstatiert: »Die Gedanken des Mordes und der Gewalt beherrschten den König, sobald irgendeine Person seinen Unwillen erregte. Und er versenkte sich in solche Gedanken mit der ganzen Zügellosigkeit seiner wahnsinnigen Phantasie. Als einst die Frau eines Mannes, der kompromittierende Briefe des Königs besaß [gemeint ist die oben erwähnte Hildegard Rixinger] und deshalb von Graf Holnstein nach Amerika geschickt worden war, nach Hohenschwangau kam und auf Grund jener Schriftstücke einen neuen Erpressungsversuch beabsichtigte,

[204] Telegramm des Stuttgarter Stadtdirektors vom 17. März 1886, GHA, MKH 205

[205] Polizeiliche Vernehmung von Frau Nannette Wagner vom 18. März 1886, GHA, MKH 205

[206] Ludwig II. Brief vom 26. April 1876 an Marie Dahn-Hausmann

befahl der König, ihr zu sagen, er wolle sie spät am Abend jenseits des Alpsees empfangen. Sie solle dann unterwegs, mitten auf dem See, in das Wasser gestürzt werden. Solche Befehle gab er mit allen Details, und in diesem Falle fuhr er wirklich an den verabredeten Punkt, voller Spannung die Ausführung seines Befehls erwartend. Man sagte ihm, die Frau sei entflohen. In Wirklichkeit aber hatten die Zahlung neuer Summen und ernstliche Drohungen die gefährliche Person bestimmt, Hohenschwangau zu verlassen.«[207]

Zu jenen Frauen, die ihn derart aggressiv werden ließen, zählten mit Sicherheit Betrügerinnen wie Nannette Wagner oder Hildegard Rixinger. Letzterer bediente sich Graf Holnstein, von dem Ludwig II. überzeugt war, er sei sein Freund.

»Ich kann wahrhaftig ohne Übertreibung sagen, dass ich von Natur aus wohlwollend und großzügig bin«, äußerte der König einmal. »Und doch habe ich in meinem ganzen Leben nicht *eine* Wohltat erwiesen, die der Empfänger mich nicht später hätte bereuen lassen. Das Leben enttäuscht mich in dem Grad, wie mich die Menschen verdrießen. Ich mache die Bekanntschaft eines Menschen von angenehmem Äußeren und guten Manieren, ich glaube an die Aufrichtigkeit seines Lächelns, aber kaum fühle ich mich seiner Treue sicher, so entdecke ich an ihm irgendeine Falschheit. [...] Offenbar hat die Natur nur Platz für eine ganz bestimmte Sorte von Menschen. Wer sich behaupten will, muss rauh, rücksichtslos und unempfindlich sein. Fehlt es ihm an einer dieser Eigenschaften, so werden ihn Freunde und Feinde fallen lassen.«[208]

Es gab aber auch andere Frauen, gegen die der König eine Abneigung besaß, so etwa gegen seine Tante Amalie, der Gemahlin König Ottos von Griechenland, die »durch ihr Getratsch« es so weit gebracht habe, wie Ludwig seiner Verlobten Sophie mitteilte, »dass man in der Stadt erzählt, ich liebte Dich nicht«. Deshalb freute er sich gar nicht, als das »Griechenweib« mit ihrem Mann Ende Januar 1867 nach München kam, sondern fand es vielmehr »entsetzlich«, dass »der harthörige, ganz vernagelte König und seine plumpe, sich in Alles mischende dicke Nudel, die Königin« nahten. »Ein solches vierschrötiges, tratschendes Wesen wie jene bausbackige, unförmige griechische Majestät« gebe es kein zweites Mal. »Das verfluchte Lumpenvieh, das Griechenweib, o welch eine Lust, sie abzustechen wie ein Huhn!«[209]

Auch gegenüber Sophies Mutter Ludovica, die sich seinem Dafürhalten

[207] Eulenburg-Hertefeld, S. 51
[208] Schweiggert-Poe, S. 14f.
[209] Sepp, S. 67f.

nach ebenfalls in alles einmischte, verspürte er eine herzliche Abneigung. Bekannt ist auch sein Ausspruch, den Ignaz Döllinger überlieferte: »Ach die Weiber! Auch die Gescheidteste disputiert ohne Logik.« Ludwigs Diener Thomas Osterauer berichtet in seinen Erinnerungen, dass der König zu ihm einmal gesagt habe: »Thomas, liebe ja nie ein Mädchen, sind alle falsch, sind alle Schlangen.«

Zu den Frauen, die den König zu Zornesausbrüchen reizten, zählte immer wieder auch seine Mutter. Kabinettssekretär Friedrich von Ziegler musste nach eigenen Aussagen »oft stundenlange Klagen über Ihre Majestät die Königin anhören. Ihre ›Dummheit, Borniertheit, Geistlosigkeit, Ganshaftigkeit‹ waren stereotype Ausdrücke« des Königs. »Verschiedene Male erzählten Majestät Träume, in denen Allerhöchstdieselben Ihre Majestät die Königin mißhandelt, über eine Treppe hinabgeschleudert, ihr die Brüste herausgerissen hätten. Bei diesen Erzählungen redeten sich seine Majestät in eine wahre Wuth hinein, und allerhöchstdieselben machten mit solcher Heftigkeit und so wiederholt die Bewegung des Hinabschleuderns mit den Armen, daß ich immer an Zwangsbewegungen denken mußte.«[210]

Bekannt sind auch die bereits erwähnten Wutausbrüche gegenüber verschiedenen Künstlerinnen. So sollte sich die Schauspielerin Lila von Bulyowsky, »das in neuerer Zeit so unverschämt werdende Bulyowsky-Luder zum Teufel scheeren«. Sie sei »ein elendes Weib, das ich nie mehr sehen will«. Und die Sängerin Josephine Schefsky titulierte er in seinem Zorn als »dumme Gans«.

Dem von ihm geliebten Stallmeister Richard Hornig konnte er es nie verzeihen, dass dieser sich eine Frau genommen hatte. Wie Böhm vermerkt, sei für den König »Hornigs Verheiratung [...] ärger gewesen als das ganze Jahr 1870«, weswegen er »in seiner Geistesumnachtung« den Auftrag erteilt habe, Hornigs »junge Frau bei einer Kahnfahrt zu ertränken«.[211]

In den letzten Lebensjahren lehnte es der zunehmend menschenscheuer werdende König ab, sich plötzlich mit einer verheirateten Frau konfrontiert zu sehen. Dies erfuhr einmal sein Sekretär, der sich mit seiner Familie auf einem königlichen Landsitz aufhielt. »Ich habe das Antlitz Ihrer Frau gesehen«, herrschte der König den Mann plötzlich an, der aber nicht begriff, was er mit dieser Bemerkung anfangen sollte, worauf der König in strengem

210 Kommission für bayerische Landesgeschichte (Hg.): König Ludwig II. von Bayern. Krankheit, Krise und Entmachtung, Zeitschrift für bayerische Landesgeschichte, Band 74 [Heft 2], München 2011: Quellentexte, S. 717

211 Böhm, S. 566, Reichold, S. 31

Ton wiederholte: »Ich habe das Antlitz Ihrer Frau gesehen.«[212] Nun ging dem armen Mann ein Licht auf, dass Ludwig II. kein Interesse hatte, einer verheirateten Frau ins Gesicht sehen zu müssen. Der Mann versprach dem König, dafür zu sorgen, dass dies nie wieder geschehen werde.

Wie lässt sich dieses Verhalten Ludwigs II. mit jenem vereinbaren, dass einen Mann zeigt, der gegenüber Frauen höchst liebenswürdig, höflich, zuvorkommend und galant sein konnte? Der Philosophieprofessor Johannes Huber glaubte bereits 1865 beim noch jungen König einen tyrannischen Grundzug zu erkennen: »Es ist ohne Zweifel etwas Unheimliches in ihm bei aller Offenherzigkeit und Liebenswürdigkeit.«[213] Huber entdeckte in ihm einen ambivalenten, widersprüchlichen und zwiespältigen Charakter. Auf der einen Seite eine ausgeprägte Herzlichkeit, auf der anderen Seite kühle Distanz, neben unübersehbarer Liebenswürdigkeit eine erschreckende Rücksichtslosigkeit, neben glühender Verehrung von Frauen eine brüske Ablehnung. Die negativen Charakterzüge kamen vor allem dann zum Vorschein, wenn er auf Menschen traf, die seinen Vorstellungen nicht entsprachen, die ihn enttäuschten oder von denen er sich verletzt fühlte. Dann verfinsterte sich sein Wesen schlagartig. Wenn ihn dann der Zorn übermannte, verlor er die Selbstbeherrschung und seine Wut entlud sich unter anderem auch in wüsten Schimpfkanonaden und Rachegedanken.

»Zwei Seelen wohnten in seiner Brust«, äußerte Hofsekretär Ludwig von Bürkel über den König, »die eines Tyrannen und die eines Kindes! Grauenvolles und Zartes, Hohles und Tiefes, Prunksucht und Bescheidenheit mischten sich zu einem Charakterbilde von seltener Mannigfaltigkeit der Schattierungen. Gerade, daß sich die schroffsten Gegensätze so unvermittelt gegenüberstanden, verlieh dieser ganz einzig dastehenden Persönlichkeit einen so eigenen Reiz.«[214]

212 Streißler, S. 53

213 Rumschöttel, Hermann: Ludwig II. von Bayern, München 2011, S. 27f.

214 Philippi, Felix: Münchner Bilderbogen – Erinnerungen, Berlin 1912, S. 54–55 (künftig: Philippi)

Historische Frauen

Etwa seit 1880 mussten die Lakaien des Öfteren, wenn Ludwig II. sich zu Tisch begab, drei, vier oder mehr Gedecke neben dem seinen auflegen, obwohl er alleine speiste. Theodor Hierneis, damals als Küchenjunge in Schloss Linderhof, berichtet: »Er [der König] will [beim Essen] niemanden um sich haben. Trotzdem müssen die Diners und Soupers immer für mindestens drei bis vier Personen ausreichen. Denn wenn auch der König sich immer allein zu Tisch setzt, so fühlt er sich doch nicht allein. Er glaubt sich in der Gesellschaft Ludwigs XIV. und Ludwigs XV. und deren Freundinnen, Madame Pompadour und Madame de Maintenon. Er begrüßt sie sogar mitunter und führt mit ihnen Gespräche, als hätte er sie wirklich als Gäste bei Tisch.«

Auch andere Diener hörten durch die geschlossene Türe Gespräche, als wären tatsächlich Gäste anwesend, mit denen sich Seine Majestät unterhielt. In seiner Fantasie erwachten die Gestalten des Ancien Régime zum Leben, neben den von ihm verehrten Bourbonenkönigen immer auch längst verstorbene adelige Damen aus der französischen Geschichte. Er bezeichnete sie als seine »angenehmsten Gäste, sie kämen, wenn man sie einlade, und seien so gefällig, mit dem Reden aufzuhören und zu gehen, wenn sie anfängen [sic!], lästig zu werden«.[215] Er trank ihnen zu und führte zur Verwunderung der aufwartenden Dienerschaft anregende, oft lange dauernde Unterhaltungen mit ihnen.

Er wollte diese Gestalten, wie er seinem Hofsekretär Bürkel am 26. Dezember 1880 versicherte, in Schloss Herrenchiemsee in Form von Porträts auch bildlich vor Augen haben, so König Ludwig XIII. und seine Gemahlin Anna von Österreich, Ludwig XIV. und Marie-Thérèse, Ludwig XV. und Marie Leszczyńska, Ludwig XVI. und Marie Antoinette.

Vom König wurden auch die Herzogin de La Vallière, die Herzogin von Fontanges, die Prinzessin Lamballe, die Herzogin von Polignac, die Marquise de Montespan und die Marquise de Maintenon genannt. In den Kabinetten

[215] Zeitschrift Landesgeschichte 2011: Ludwig II., S. 696

von Schloss Linderhof befinden sich Pastellbildnisse von etlichen Damen, so im »Rosa Kabinett« von der Herzogin von Gramont, Beatrice de Choisoil-Stainville und der Gräfin Du Barry, im »Lila Kabinett« von Herzogin Marie-Anne von Châteauroux und der Marquise de Pompadour, im »Blauen Kabinett« von Gräfin von Vintimille und der Gräfin von Mailly und im »Gelben Kabinett« von der Marquise von Créquy und der Herzogin von Pignatelli.

Diese historischen Gestalten erschienen vor seinem geistigen Auge auch, wenn er allein den Thronsaal in Neuschwanstein betrat oder in Schloss Herrenchiemsee in der Spiegelgalerie im honiggelben Schein von 3000 auf Lüstern und Kandelabern brennenden Wachskerzen mit stampfenden Schritten auf und ab ging. Auch hier glaubte er sich, geblendet von dem in den geschliffenen Spiegelwänden gleißendem Lichtschein der Kerzen, inmitten der höfischen Gesellschaft, die in Schloss Versailles ehemals tatsächlich die Spiegelgalerie bevölkert hatte.

Auch in den Parks und Gärten gab es Statuen, Säulen und Bäume, die Ludwig zu umarmen oder liebevoll mit der Hand zu berühren pflegte, so oft er an ihnen vorbeikam. Kabinettssekretär Friedrich von Ziegler beobachtete, wie der König vor einer Büste der Königin Marie Antoinette, die auf der Terrasse von Schloss Linderhof stand, stets das Haupt entblößte und deren Wangen streichelte.

Zu den toten, historischen Damen gehörten vorrangig drei von ihm hoch verehrte Königinnen und etliche Mätressen und Gräfinnen, die einst den Bourbonenkönigen zu Verfügung standen. Einige von ihnen bewunderte er vor allem auch wegen ihres tragischen Schicksals, das sie mutig und gelassen zu ertragen verstanden und das ihn stets aufwühlte, sooft er es vor seinem geistigen Auge vorüberziehen ließ. Aber es gab auch noch andere Gründe, weshalb sich Ludwig II. mit diesen Frauen befasste.

Drei Königinnen

Zu Weihnachten 1880 musste Hofsekretär Ludwig von Bürkel im Auftrag des Königs Kupferradierungen französischer Schlösser sowie der Gemahlinnen der französischen Könige – Ludwigs XIII. bis Ludwig XVI. – anschaffen, also Porträts der Königinnen Anna von Österreich, Marie-Thérèse, Marie Leszczyńska, und Marie Antoinette. Dies tat Ludwig aus Verehrung für die Bourbonenkönige, deren Frauen er ebenfalls seine Bewunderung entgegenbrachte.

Unter allen ihm bekannten Königinnen hatten aber die drei folgenden einen ganz besonderen Rang in seinen Augen.

Königin Katharina von Medici (1519–1589)

Wie Walter von Rummel berichtet, zählte neben »Madame Maintenon und Elisabeth Charlotte [Liselotte von der Pfalz]« auch »Katharina von Medici«[216] zu seinen täglichen Gästen, mit denen er Gespräche führte.

Die junge Katharina von Medici, Tochter Lorenzos II., des Herzogs von Urbino, wurde 1533 im Alter von erst 14 Jahren dem französischen Dauphin angetraut, der als Heinrich II. den Thron bestieg und auf den sie einen entscheidenden Einfluss ausübte. Nach zehn unfruchtbaren Jahren wurde sie Mutter von zehn Kindern. Drei ihrer körperlich oder psychisch gestörten Söhne, die sie in enger Abhängigkeit zu sich hielt, erbten nach dem Tod ihres Vaters als Franz II., Karl IX. und Heinrich III. den Thron. Doch die eigentliche Herrscherin war nach dem Tod ihres Mannes 1559 über 30 Jahre hinweg Katharina, eine willensstarke und gebildete Frau, die sich sehr für Astronomie interessierte und sich für die Wissenschaften und die schönen Künste einsetzte. Sie war es auch, die Maria Stuart, die Witwe ihres Sohnes Franz, der nach dem Tod seines Vaters als Franz II. den Thron geerbte hatte, nach Schottland schickte.

Spektakulär war die von ihr erzwungene Heirat ihrer Tochter Margareta mit Heinrich, dem König von Navarra, dem nachmaligen König Heinrich IV. von Frankreich. Katharina benutzte das Hochzeitsfest zur berüchtigten »Pariser Bluthochzeit«, die sich in der Bartholomäusnacht vom 24. August 1572 ereignete. 2000 führende Hugenotten Frankreichs, von denen sie eine Schmälerung ihres Einflusses befürchtete, fanden bei diesem Massaker den Tod. Für die Nachwelt klebte an Katharina seither das Blut dieser barbarischen Aktion. Dabei hatte gerade sie versucht, die Religionskonflikte ihrer Zeit mit Vernunft und Toleranz zu lösen. Als Medici war Katharina an Pracht und Luxus gewöhnt. Ihre kostspieligen Bankette im königlichen Palast von Fontainebleau waren legendär. Sie war auch an Architektur interessiert und ließ die Pariser Residenz durch den Bau der Tuilerien erweitern. Katharina starb im königlichen Château

[216] Rummel, Walter von: Ludwig II. Der König und sein Kabinettchef, München 1930, S. 74 (künftig: Rummel)

Blois in Frankreich im Alter von 70 Jahren und wurde in der Basilika von Saint Denis bestattet.

Königin Maria Stuart (1542–1587)

König Ludwig II. hatte sicher davon Kenntnis, »daß er das Blut der Stuarts in sich trug, daß er tatsächlich über Generationen und Jahrhunderte hinweg mit Maria Stuart verwandt war, durch den Stuart-Prinzen Rupert vom Rhein, weshalb das Haus Wittelsbach bis zum heutigen Tag erblichen Anspruch auf Schottlands Thron erheben kann. Und seltsamerweise besteht eine gewisse Wesensverwandtschaft zwischen den Stuarts und den Wittelsbachern, besonders mit jenem Zweig, der mit Ludwig und Otto aussterben sollte. Die Stuarts waren, ebenso wie jene späten Wittelsbacher, künstlerisch begabte Romantiker; sie übten einen ganz ähnlichen persönlichen Zauber aus und auf ähnliche Art wurden ihnen Schönheit, Liebesfähigkeit, Kunstverständnis und charakterliche Lauterkeit in einer machthungrigen, berechnenden Welt zum Verhängnis.«[217] Vielleicht übte wegen dieses Wissens Maria Stuart, der ein tragisches Schicksal bestimmt war, auf Ludwig II. eine so außerordentliche Faszination aus.

Mit geradezu stoischer Ruhe betrat Maria Stuart am 8. Februar 1587 die Halle, in der das Blutgerüst stand, und stieg erhobenen Hauptes die Stufen zum Schafott empor. Ungebrochen, in wahrhaft königlicher Haltung beugte sie sich unters Henkersbeil, das ihr Haupt erst nach drei Schlägen vom Rumpf trennte. Ein bewegtes Leben war zu Ende.

1542, kaum sechs oder sieben Tage alt, wurde Maria nach dem frühen Tod ihres Vaters Königin von Schottland. Ihr Leben war geprägt vom Kampf um Macht und dem Konflikt der Protestanten gegen die Katholiken. Im Alter von nur sieben Monaten wurde sie mit dem sechsjährigen Eduard VI., dem einzigen Sohn Heinrichs VIII. von England, verlobt. Sie sollte ihn im Alter von elf Jahren heiraten, was aber nicht geschah. Als Heinrich VIII. darüber erbost in Südschottland einmarschierte, wurde Maria nach Frankreich gebracht, wo sie behütet aufwuchs. Mit 16 Jahren, 1558, wurde sie mit dem französischen Thronfolger Franz verheiratet, der ein Jahr später als Franz II. König von Frankreich wurde, aber kurz darauf starb. Mit 17 Jahren war sie bereits das erste Mal Witwe.

[217] Wedekind, Kadidja: König Ludwig und sein Hexenmeister, München 1995, S. 72

Nach dem Tod ihrer Mutter kehrte Maria 1561 als Königin nach Schottland zurück. Die 19-Jährige war zu einer schönen Frau herangewachsen. Man bewunderte ihre zarte, weiße Haut, das wallende Blondhaar und ihre schlanke, über 1,80 Meter große Gestalt.

1565 heiratete sie, inzwischen 23 Jahre alt, zum zweiten Mal, diesmal ihren Cousin Lord Darnley, den sie während dessen Masernerkrankung gepflegt hatte. Bald benahm sich der Gatte ihr gegenüber höchst anmaßend und überheblich. In einer Februarnacht des Jahres 1567 flog das Haus, in dem der wahrscheinlich an Pocken erkrankte Darnley schlief, in die Luft. Man verdächtigte Maria, sie hätte ihre Finger dabei im Spiel gehabt, was allerdings nie bewiesen werden konnte. Seltsam empfand man jedoch ihren Kontakt zu Lord Bothwell, einem bärtigen Haudegen, sechs Jahre älter als sie und ihr treu ergeben. Ihn hielt man für den Mörder Darnleys. Als Maria Bothwell heiratete, galt sie als seine Komplizin. Es kam zur Rebellion, worauf sie 1567 zugunsten ihres Sohnes Jakob VI. abdanken musste. Sie selbst flüchtete nach England zu ihrer Cousine, Königin Elisabeth I., von der sie Schutz erhoffte. Doch Elisabeth, die ebenfalls um ihren Thron fürchtete, ließ sie gefangen nehmen. Eine 18-jährige komfortable Gefangenschaft nahm ihren Anfang.

Obwohl sie von Bediensteten umgeben war, begannen zwischen ihr und Elisabeth Machtspiele. Es wurde intrigiert, spioniert, versteckt agiert, Helfer wurden bestochen und Verschwörungs- und Fluchtpläne geschmiedet und vereitelt. 1586 verübte Anthony Babington, ein Page Marias, ein Attentat auf Elisabeth. Doch das Komplott wurde entdeckt und Maria im Oktober 1586 der Beteiligung an der Verschwörung angeklagt, zum Tode verurteilt und am 8. Februar 1857 im Alter von erst 45 Jahren hingerichtet.

Dieses Drama inspirierte Friedrich Schiller zu seinem Trauerspiel in fünf Akten »Maria Stuart«, das 1800 uraufgeführt wurde. Ludwig II. erlebte eine Aufführung an einem Maiabend 1866, bei der die ungarische Schauspielerin Lila von Bulyowsky die Titelrolle übernahm. Für ihn gehörte Königin Maria von Schottland neben Marie Antoinette zu den großen Heldinnen. Lila von Bulyowsky verkörperte die Gestalt der schottischen Königin derart überzeugend, dass Ludwig den Hofmaler Franz Heigel beauftragte, zwei Porträts von ihr als Maria Stuart zu fertigen. Außerdem schrieb er Lila, die er »geliebte Freundin« titulierte, etliche Briefe, versehen mit Zitaten aus Schiller'schen Dramen und gezeichnet mit »Mortimer«. Bekanntlich bemühte sich Mortimer in Schillers Drama um die Befreiung Maria Stuarts und tötete sich nach dem Scheitern dieser Aktion.

Nach einer weiteren Vorstellung des Trauerspiels war der König derart ergriffen, dass er nachts zur Münchner Allerheiligenhofkirche eilte, die er sich aufschließen ließ, um für das Seelenheil der Schottenkönigin zu beten. Ihre Hinrichtung war für ihn ein unerhörtes Verbrechen, ein fundamentaler Anschlag gegen das Königtum von Gottes Gnaden. Ihr »unschuldig vergossenes königliches Blut« – ebenso das der Königin Marie Antoinette – besaß in seinen Augen daher sühnende Kraft.

Königin Marie Antoinette (1755–1793)

Am 14. Oktober 1793 wurde Marie Antoinette, die jüngste Tochter Maria Theresias, Königin von Frankreich, als Angeklagte vor das Revolutionstribunal in Paris gezerrt. Der Anblick der grauhaarigen, ärmlich gekleideten »Witwe Capet«, die einst als die schönste Frau von Paris galt, erschütterte selbst die leidgewohnten Richter. Nach einem 15-stündigen Verhandlungsmarathon wurde sie in allen Anklagepunkten – darunter Hochverrat, Anstiftung zum Bürgerkrieg und Unzucht – für schuldig befunden. Das Urteil stand schon vor Beginn des Prozesses fest: die Todesstrafe. Den Gang zur Guillotine trat Marie Antoinette gefasst und demonstrativ mit königlicher Würde an. Am 16. Oktober 1793 legte sie auf dem Revolutionsplatz in Paris unter den Schmährufen des Pöbels ihr Haupt unter das Beil der Guillotine.

Die letzte Königin von Frankreich polarisiert bis heute. War sie wirklich gleichgültig, oberflächlich, hochmütig und undiplomatisch? Oder war sie ein Opfer der Zeit und der Umstände? 1755 in Wien geboren, heiratete Marie Antoinette bereits im Alter von 14 Jahren den Dauphin Louis-Auguste, den späteren König Ludwig XVI. von Frankreich, und bestieg mit ihm zusammen nach dem Tod Ludwigs XV. den Thron. Nach mehrjähriger Kinderlosigkeit schenkte sie ab 1778 vier Kindern das Leben. Am Hof von Versailles fand sie sich nur schwer zurecht. Durch Verstöße gegen das Zeremoniell machte sich die lebensfrohe junge Frau am Hof schon bald unbeliebt. Durch ihre maßlose Verschwendungssucht zog sie sich den Unmut des französischen Volkes zu, aber auch ihr Eingreifen in die Politik zugunsten des verhassten Österreich nahm man ihr übel. Ihr angeblich sittenloser Lebenswandel, der späterer historischer Nachprüfung nicht standhielt, führte zu bösartigen Verleumdungen. Gleichwohl hatte sie ab 1774 ein Verhältnis zu dem schwedischen Offizier Hans Axel Graf von Fersen, der ihr Freund, Vertrauter und ihre einzige wahre Liebe wurde.

In den 1780er-Jahren litt Frankreich unter einer schweren Finanzkrise, doch Marie Antoinette dachte nicht daran, ihren luxuriösen Lebensstil einzuschränken. Ausgerechnet zu dieser Zeit wurde sie in die »Affaire du Collier«, die berühmte »Halsbandaffäre«, verwickelt. Die Hauptrolle spielte Kardinal Louis René de Rohan, der von zwei Betrügern – der Hochstaplerin Jeanne de Lamotte und dem Fälscher Joseph Balsamo alias »Cagliostro« – getäuscht wurde. Rohan wünschte sich nämlich die Zuneigung der 30-jährigen Königin, die ihm feindselig gesonnen war. Die Lamotte versprach, ihm behilflich zu sein. Sie habe beste Beziehungen zur Königin und »bewies« dies mit gefälschten Briefen. Nun kam als dritte die Prostituierte Marie Leguay ins Spiel, die der Königin ähnlich sah. Sie verkleidete sich als Marie Antoinette und spielte im Dämmerlicht der Parkanlagen von Versailles dem Kardinal vor, sie sei ihm nun wieder gewogen.

Als nächsten Schritt erschlich sich die Lamotte im Januar 1785 ein einzigartiges Diamantenhalsband, das die Pariser Juweliere Böhmer & Bassenge für die Unsumme von 160.000 Livres – heute etwa fünf Millionen Euro – zum Verkauf anboten. Doch das sündteure Stück wollte niemand haben. Da schwindelte die Lamotte dem Kardinal vor, Marie Antoinette wolle das Prachtstück besitzen. Die Königin bitte ihn, für den Kauf des Colliers zu bürgen und in eine Zwischenfinanzierung einzuwilligen. Rohan erfüllte die Bitte, verbürgte sich für die verehrte Königin bei den Juwelieren und leistete erste Zahlungen. Der Restbetrag würde von der Königin in Raten beglichen. Daraufhin erhielt er das Collier und händigte es am 1. Februar 1785 im Haus der Lamotte einem Mann aus, von dem er annahm, er sei der Kammerdiener der Königin, der es ihr überbringen würde. Nachdem mehrere Zahlungstermine verstrichen waren, forderten die Juweliere vom Königshof energisch Zahlung. Doch Marie Antoinette erklärte, sie wisse von nichts und der Betrug flog auf.

Die Lamotte war inzwischen über alle Berge, hatte die Diamanten aus dem Collier gebrochen und verkauft. Marie Antoinette forderte den König auf, den Kardinal, der nur ein geprelltes Opfer war, verhaften zu lassen. Damit war Marie Antoinette unversehens selbst in die Fälscheraffäre verwickelt. Der Skandal war perfekt. Der Hochadel, der Klerus, ja sogar der Papst forderten entrüstet die Freilassung Rohans, der im Mai 1786 freigesprochen wurde. Jeanne de Lamotte, die Auslöserin der »Halsbandaffäre«, wurde schließlich erwischt. Obwohl sie alles leugnete, wurde sie auf beiden Schultern als Diebin gebrandmarkt und zu lebenslangem Kerker verurteilt. Ein Jahr später entkam sie jedoch unter mysteriösen Umständen nach London, stürzte dort 1791 nach einer Orgie betrunken aus dem Fenster und brach sich den Hals. Cagliostro wurde mangels Beweisen freigesprochen. Letztlich blieb die »Halsbandaffäre« am französischen Königshaus hängen und bedeutete vor allem für Marie Antoinette eine schwere Niederlage. Das Volk, das ihren Hochmut und ihre Verschwendungssucht verachtete, hielt sie für die Schuldige. Die einen waren der Ansicht, sie habe aus ihrer Gier nach dem Halsband die anderen schamlos benutzt. Andere meinten, sie habe die ganze Affäre nur inszeniert, um den ihr verhassten Kardinal aus dem Weg zu räumen. Man verspottete sie »Madame Defizit« oder als »Hure« und nannte sie »L'Autrichienne«, »die Österreicherin«, wobei man das »chienne« betonte, was so viel wie »Hündin« heißt. Die »Halsbandaffäre« wurde so zu einem Vorspiel der Revolution, die ihr sieben Jahre später das Leben kosten sollte.

Bei der Erstürmung der Tuilerien durch die Revolutionäre brach die seit Langem aufgespeicherte Wut des Volkes über die Königsfamilie herein, die Anfang Oktober 1789 gezwungen wurde, von Versailles nach Paris in den Tuilerienpalast umzuziehen. Nachdem im Januar 1793 Ludwig XVI. nach einem Schauprozess hingerichtet worden war, versuchten Freunde, die Königin und ihre Kinder zu retten, was jedoch misslang. Man überstellte sie Anfang August 1793 in das Conciergerie-Gefängnis. Ihre Gefangenschaft dort ertrug sie mit Würde. Nach dem Tod ihres Mannes und der erzwungenen Trennung von ihrem Sohn und ihrer Tochter sehnte sie nur noch die Erlösung von aller irdischen Not herbei. Nach kurzem Prozess wurde sie am 16. Oktober 1793 geköpft. Sie starb im Alter von nur 38 Jahren. Der Leichnam wurde in die Kalkgrube des Magdalenen-Friedhofs geworfen.

Ludwig II. verehrte Marie Antoinette ganz besonders. Auf der Terrasse von Schloss Linderhof ließ er ihre überlebensgroße Büste in einer Nische aufstellen. Kabinettssekretär Ziegler erwähnt, dass der König davor »stets sein Haupt entblößte und oft die Wangen der Büste streichelte«.[218] In Schloss Herrenchiemsee findet sich ihr Andenken im Ankleidezimmer im Stil Ludwigs XVI. ebenso wie im Schlafzimmer in Form einer weiteren Büste. Der Kammerdiener Adalbert Welker beobachtete, »wie der König vor einem Bilde, das eine Episode darstellt, in welcher die Königin Marie Antoinette eine Rolle spielt, Zeichen der Verehrung mache, dann mit erhobenem, gläsernen Blicke zuerst langsam, dann rascher rückwärtsschreitend von dem Bilde sich entferne und schließlich wie in schmerzlichem Abschied

[218] Zeitschrift Landesgeschichte 2011: Ludwig II., S. 704

sich von demselben abwende«.[219]

Als der König einmal »bemerkte, daß sein Kabinettsekretär Ziegler lächelte, als er sich vor der Büste Marie Antoinettes verbeugte, stellte er ihn folgendermaßen zur Rede: ›Meine Huldigung vor dem stummen Bilde kam ihnen lächerlich vor und wahrscheinlich hielten sie mich für verrückt. Doch, mein lieber Ziegler‹, beruhigte der König den verwirrt Dastehenden, ›es ist Ihnen vergeben, nun hören Sie: Ich besitze, wie Sie wissen eine ausgesprochene Vorliebe für französische Literatur und so vertiefte ich mich auch in die große Revolution. Dort lernte ich die glänzendste aller Königinnen in ihrem scherzenden Glücke, dann aber auch in ihrem tiefsten Elende kennen. Und je gräßlicher dasselbe wurde, desto größer wuchs die Fürstin aus dem Schlamme des Unglücks heraus, bis sie vor den Schranken Fouquier-Tinvilles stand. Umgeben von unheilvoller Finsternis, wie im blassen Reiche der Schatten, umrauscht von den Gewässern der Unterwelt, von dem mythischen Strome der Klage, stand sie mutvoll, von aller Welt verlassen, ihren Bestien von Menschen gegenüber, auf den bleichen Zügen grenzenlose Verachtung – und doch königlich! Da hub meine Bewunderung an für das göttliche Weib und ich sprach mit dem toten Marmor, machte ihm Rettungsvorschläge, wenn auch hundert Jahre zu spät, lud ihn zu Gast und lustwandelte mit der schönen Königin. Und warum sollte ich nicht tun, was jeder echte Dichter tut: mit seinen Gestalten wandeln, mit ihnen sprechen und sie lieben, wenn sie ihm liebenswert dünken? Mit meiner Verbeugung ehre ich aber nicht nur Marie Antoinette, sondern jedes mutvolle Weib, sei es nun französisch oder deutsch!«[220]

An Frau von Leonrod schrieb er: »Eine Art von religiösem Cultus weihe ich dem Andenken dieser schönen, so tief unglücklichen Fürstin, welche aus allen Schicksalsschlägen geläutert hervorging und wahre Seelen-Größe zeigte, deren Natur so durch und durch erhaben und königlich war, auf dem ersten Thron der Christenheit, gleich wie im finstersten Kerker Elend. – nie kann ich ihre Geschichte ohne Ergriffenheit lesen.«[221]

219 Ebd., S. 690
220 Memminger, S. 44f.
221 Brief Ludwigs II. vom 16. Juli 1874 an Frau von Leonrod, in: Haasen, S. 91

Mätressen der französischen Könige

Mätressen, so wurden die weiblichen Günstlinge am absolutistischen Hof der französischen Könige genannt, besaßen oft erheblichen Einfluss, ja sogar Macht. Die Karriere dieser Kurtisanen hing von ihrer Schönheit, ihrem Geist, aber auch von ihrer Fähigkeit ab, raffinierte Intrigen zu schmieden.

Die Mätressen stammten meist aus dem Kreis der adeligen Hofdamen, aber auch bürgerliche Frauen konnte der König erwählen. Wenn sie noch keinen standesgemäßen Titel hatten, wurden sie kurzerhand geadelt, um ihnen den Zugang bei Hof zu ermöglichen. So stiegen die Geliebten des Königs zur Herzogin (Duchess), Gräfin (Comtesse), Markgräfin (Marquise) oder Baronin (Baronesse) auf.

Hatte ein Fürst mehrere Mätressen, herrschte unter ihnen eine Art Rangordnung. Der vom französischen König bevorzugten offiziellen Favoritin, der »maîtresse en titre«, kam eine besondere Stellung zu, während die sogenannten Eintagsfliegen nur vorübergehend mit der Gunst des Königs rechnen durften. Der Rang bestimmte auch den Einfluss der jeweiligen Dame am Hof und ebenso die finanzielle Zuwendung, den Wert der Geschenke sowie die Altersversorgung, die ihr der König gewährte.

Für die katholische Kirche waren Mätressen einerseits ein Stein des Anstoßes, da der König Ehebruch beging. Andererseits wurde das Verhalten auch toleriert, da bei Fürsten die Ehe vorrangig unter politischen und wirtschaftlichen Gesichtspunkten geschlossen wurde und nicht aus Liebe. Derartige Zwangsehen verstießen gegen eine Eheschließung aus freiem Willen. Deshalb neigte die Kirche dazu, bei Königen eine Ausnahme vom Gebot der Monogamie zu machen und einem Fürsten neben seiner Gattin eine Mätresse oder auch mehrere zuzugestehen, zu der er nicht selten eine engere körperliche und seelische Beziehung hatte als zur Ehefrau. Deshalb hatten Mätressen oft auch erheblichen Einfluss auf politische Entscheidungen. Manche von ihnen förderten aus eigenem Antrieb auch viele Künstler und Intellektuelle ihrer Zeit durch finanzielle Zuwendungen. Es war daher angebracht, sich mit ihnen gut zu stellen.

Für die von einem Fürsten mit einer Mätresse gezeugten unehelichen Kinder gab es folgende Regeln: War eine Mätresse verheiratet, galten die illegalen Kinder als Kinder ihres Ehemannes, der dafür fürstlich entschädigt wurde. War eine Mätresse ledig oder verwitwet, wurden ihre Kinder durch den König legitimiert. In beiden Fällen wurden die Töchter später mit Hochadeligen verheiratet, die Söhne, die von der Thronfolge natürlich ausgenommen waren, erhielten später angesehene Positionen in der Armee oder in der Kirche. Viele Königinnen tolerierten die Mätressen ihres Ehemannes, sofern sie von ihnen mit Respekt behandelt wurden. Im Gegensatz zu ihrem Mann war es einer Fürstin, obwohl sie meist ebenfalls zwangsverheiratet worden war, wegen möglicher Schwangerschaften nicht gestattet, sich einen Geliebten zu halten.

Im Laufe des 16., 17. und 18. Jahrhunderts entwickelte sich das Mätressenwesen zu einer normalen Institution und erreichte im 18. Jahrhundert seinen Höhepunkt. Der »Sonnenkönig« Ludwig XIV., der zahlreiche Geliebte hatte, heiratete nach dem Tod seiner Ehefrau seine langjährige Mätresse Madame de Maintenon sogar zur »linken Hand«. Madame de Pompadour, die berühmte Mätresse Ludwigs XV., blieb selbst dann noch am Hof, nachdem ihre sexuelle Beziehung zum König bereits beendet war.

König Ludwig II. lehnte für seine Person eine Mätresse ab, schätzte aber die Mätressen Ludwigs XIV. und Ludwigs XV., aus Verehrung für diese Monarchen. In den Kabinetten von Schloss Linderhof hängen Pastellporträts etlicher dieser Damen, mit denen er auch traute Zwiegespräche führte. Denkbare Themen waren dabei wohl deren Einfluss auf den jeweiligen Monarchen, politische Aktivitäten, Klatsch und Intrigen am Hof von Versailles sowie die interessanten und bisweilen tragischen Lebensschicksale dieser Damen. Bei den Konversationen wollte Ludwig II. absolut alleine sein und konnte dann, da er die französische Sprache perfekt beherrschte, vollkommen in die Welt der Bourbonen eintauchen.

Mätressen König Ludwigs XIV.

Der Sonnenkönig Ludwig XIV. wurde durch mehrere Mätressen bekannt, die seinem prunkvollen Hof großen Glanz verliehen. Einige davon, die König Ludwig II. besonders schätzte, werden im Folgenden vorgestellt.

Anne »Ninon« de Lenclos (1620–1705)

Sie war die intelligente Tochter eines französischen Kleinadeligen, der auf ihre Bildung großen Wert legte. Wegen ihrer Fähigkeit, geistvolle Gespräche zu führen, war sie am Hof Ludwigs XIV. sehr geschätzt. Außerdem wurde ihre Schönheit gerühmt, deretwegen sie auch zahlreiche Liebhaber hatte. Die Erziehung ihrer Kinder, die aus diesen »Caprices« – Launen – hervorgingen, überließ sie den Vätern, da sie sich damit nicht belasten wollte. Verheiratet war sie nie. Als sie bereits 60 Jahre alt war, verliebte sich einer ihrer Söhne nichts ahnend in sie. Nachdem er erfahren hatte, dass sie seine Mutter war, erschoss er sich vor ihren Augen.

Anne »Ninon« de Lenclos hatte viele Freunde, wozu Madame de Maintenon, Molière und sogar die Königin Christine von Schweden zählten. Wer aus ihrem Freundeskreis in Not geriet, wurde von ihr nicht nur mit Rat, sondern auch mit Tat und Geld unterstützt, obwohl sie selbst nicht besonders reich war und in verhältnismäßig bescheidenen Verhältnissen lebte. Als sie im Alter von 85 Jahren in Paris starb, hieß es in einem Nachruf: »Ich habe keine achtbarere und der Trauer würdigere Frau gekannt. Sie versammelte bei sich die vornehmsten Leute von Paris, die durch den Charme ihres Konversationstalentes herbeigelockt wurden. Ihr Haus war noch in der letzten Zeit ihres Lebens das einzige, wo man Geistesgaben zu würdigen verstand und wo man ganze Tage ohne Spiel und ohne Langeweile verbringen konnte.«

Der Ludwig-Biograf Friedrich Lampert berichtet von einer »Bücherstellage« in Schloss Berg, in der er unter den zahlreichen Büchern König Ludwigs II. etliche französische Bücher entdeckte, unter anderen auch über »Louis XIV., XV., XVI. […] aber auch der Ninon de l'Enclos, der Montespan, Pompadour, Vallière und andere.«[222]

Herzogin Louise Françoise de La Vallière (1644–1710)

Sie war die Tochter des Offiziers Laurent de la Baume le Blanc. Seinen Namen La Vallière leitete er von einem kleinen Grundbesitz bei Amboise her. Im Alter von 16 Jahren zog Louise mit ihrer Mutter nach Paris in das Palais du Luxembourg. Durch den Einfluss einer entfernten Verwandten, Madame de Choisy, wurde sie Ehrendame von Henrietta von England, der Frau des Bruders König Ludwigs XIV.

Als Henrietta ein zu enges freundschaftliches Verhältnis zum Sonnenkönig entwickelte, drohte ein Skandal. Rasch lenkte der König deshalb seine Aufmerksamkeit auf deren Ehrendame Louise, die kurz darauf seine

[222] Lampert, Friedrich: Ludwig II., König von Bayern – Ein Lebensbild, München 1890, S. 93

Mätresse wurde. Für die unschuldige, religiös denkende 17-Jährige war das die erste Liebesbeziehung. Völlig ahnungslos wurde sie im Februar 1662 in Hofintrigen verstrickt. So sollte dem König von dem Verhältnis zwischen Madame Henrietta und dem Comte de Guiche berichten. Doch sie weigerte sich und floh in ein Kloster in Chaillot, wohin ihr der König folgte. Das nutzten ihre Widersacher, um der Königin Maria Theresia von Louises Verbindung zum König zu erzählen, worauf sie aus den Diensten Henriettas entlassen wurde. 1663 gebar sie ihren Sohn Charles. Nun war sie am Hof wieder geduldet. Im Januar 1665 bekam sie als zweites Kind den Sohn Philippe. Doch beide Kinder starben. Ihr drittes Kind, das im Oktober 1666 zur Welt kam und den Namen Marie Anne erhielt, wurde von Ludwig XIV. erst 1674 als seine Tochter anerkannt. Die Mutter ernannte er im Mai 1667 zur Herzogin von Vallière und schenkte ihr das Gut Vaujours. Im Oktober 1667 gebar sie dann als viertes Kind den Sohn Louis de Bourbon.

Doch zu dieser Zeit war bereits Marquise de Montespan die neue Favoritin Ludwigs. Dennoch musste Louise weiterhin als offizielle Mätresse des Königs am Hof bleiben. 1671 versuchte sie in den Konvent St.-Marie de Chaillot zu fliehen, wurde aber zur Rückkehr gezwungen. Erst 1674 erhielt sie die Erlaubnis, bei den Karmelitinnen von Faubourg Saint-Jacques einzutreten, wo sie ein Jahr später ihr Ordensgelübde ablegte. Nach 35-jährigem Klosterleben starb sie im Alter von 66 Jahren.

Die Marquise de Montespan (1641–1707)

Die Montespan entstammte einer angesehenen Adelsfamilie und war im Kloster von Saintes erzogen worden. 1663 heiratete sie zunächst den Marquis de Montespan, mit dem sie zwei Kinder hatte. Sie ging mit ihm nach Paris und fiel hier wegen ihrer blendenden Schönheit dem Sonnenkönig auf. Außerdem war sie geistreich und witzig, lebhaft und stets gut gelaunt, weshalb Ludwig sie bald zu seiner Favoritin machte. Ihr behagte das luxuriöse Leben am Hof mit Zerstreuungen aller Art, Bällen, Theateraufführungen, Ballett und Feuerwerk. Der König überhäufte sie mit kostbaren Kleidern und wertvollem Schmuck. Da die Gunstbezeigungen Ludwigs XIV. auch ihrem Gatten behagten, verfiel die Montespan dem König nach und nach, doch zuletzt beherrschte sie ihn.

Wie Ludwig XIV., so war auch sie für Theater, darstellende Kunst und Musik begeistert. Sie förderte die großen Dichter der Zeit: Corneille, Racine, Lafontaine, Boileau und Molière, aber auch Komponisten, Architekten und Gartenkünstler. Bald war sie die am meisten beneidete Dame am Hof, aber wegen ihrer Rücksichtslosigkeit und ihrer scharfen Zunge auch recht unbeliebt.

Verreiste der König, ließ er sich von seinen drei Damen begleiten: von seiner Frau Marie Thérèse, von der Montespan und von der Herzogin La Vallière, der vorhergehenden Mätresse. Im Volk wurden sie spöttisch die »trois reines«, die »drei Königinnen« genannt.

1669 gebar die Montespan dem König das erste Kind. Bis 1678 wurde sie Mutter von weiteren sieben Kindern, die der König alle anerkannte und die er später sogar neben den ehelichen Nachkommen in die Erb- und Thronfolge aufnehmen ließ. Als der Ehemann der Montespan nachdrücklich, ja sogar unter Gewaltandrohung darauf bestand, seine Frau solle zu ihm zurückkehren, schickte ihn der König kurzerhand in die Verbannung.

Die Marquise konnte sich nun weiterhin dem Luxusleben widmen, das erst durch die sogenannte Giftaffäre beendet wurde. Als man munkelte, sie gehe mit Gift, Zauberei und schwarzen Messen gegen ihre Rivalinnen und sogar gegen den König vor, endete die Beziehung. 1691 verließ die inzwischen 50-Jährige freiwillig den Hof, zog sich in ein Kloster zurück und lebte als Wohltäterin der Armen bis sie 1707 im Alter von 66 Jahren in Bourbon-l'Archambault aus dieser Welt schied.

Herzogin von Fontanges (1661–1681)

Marie Angélique stammte aus einer alten Familie. Ihr Vater Jean-Rigal de Scoraille war Leutnant des Königs. Beeindruckt von ihrer Schönheit, regte ein Cousin ihres Vaters an, sie in Paris am Hof von Versailles einzuführen. Ihre Eltern, die noch weitere vier Töchter und drei Söhne zu versorgen hatten, waren damit einverstanden. Das Vorhaben gelang und bald wurde sie Ehrendame der Herzogin von Orléans, der Schwägerin Ludwigs XIV., der bald ein Auge auf sie warf. Bereits 1678 stieg sie zu seiner Mätresse auf und verdrängte die bisherige Favoritin Madame de Montespan. Anfang 1679 wurde sie offiziell als »maitresse royale en titre« bei Hof eingeführt.

Obwohl sie schön war und einen gutmütigen Charakter besaß, fehlte es ihr an geistigem Esprit, weshalb sie den König nur kurze Zeit zu fesseln vermochte. Sie schien das selbst zu bemerken und nutzte die ihr gegebene Zeit durch eine unbegrenzte Verschwendungssucht. Sie soll das Geld buchstäblich zum Fenster hinausgeworfen haben.

Nachdem sie Ende des Jahres 1679 eine Totgeburt hatte und leidend wurde, verblassten zunehmend ihre körperlichen Reize. Zwar ernannte sie der König 1680 noch zur Herzogin von Fontanges, doch seine Kontakte zu ihr nahmen ab. Angélique de Fontanges zog sich vom Hof in die Abtei Port-Royal zurück, wo sie bereits im Sommer 1681, kaum 20 Jahre alt, starb. Ihre letzten Worte galten Ludwig XIV., der sie in ihrer Todesstunde besucht hatte: »Ich sterbe zufrieden, denn meine letzten Blicke haben den König um mich weinend gesehen!« Das Gerücht, sie sei vergiftet worden, womöglich sogar von der Montespan, stellte sich als unwahr heraus. Sie war an einer Brustfellentzündung gestorben.

Bekannt blieb von ihr nur der nach ihr benannte Kopfputz, die sogenannte Fontange, der angeblich während einer Hofjagd entstand, als der Herzogin die Frisur aufgegangen war. Geschwind band sie ihr Haar über der Stirn mit einer Schleife zusammen, was der König reizend fand und was ihr die Hofdamen natürlich sofort nachmachten. In der Folge entstanden immer höher aufgetürmte Frisuren.

Die Marquise de Maintenon (1635–1719)

Zu den Gästen in den einschlägigen Pariser Salons zählte auch der Dichter Paul Scarron, der unter fortschreitender Muskellähmung litt. 1652 heiratete er das bildhübsche, 17-jährige Mädchen Françoise, das ihm durch deren geistreiche Briefe aufgefallen war. Sie war die Tochter von zwar adeligen, aber nicht wohlhabenden Eltern.

Über adelige Gäste, die auch ihretwegen in Scarrons Haus verkehrten, erhielt sie Kontakt zu vornehmen Pariser Kreisen, wo sie als angenehme Gesprächspartnerin auffiel. Darunter war auch die Marquise de Montespan, die bald darauf Mätresse König Ludwigs XIV. wurde. Nach dem Tod Scarrons 1660 geriet Françoise in finanzielle Schwierigkeiten, die durch eine Pension von 2000 Livres, die sie vom König erhielt, behoben werden konnten.

1669 wurde sie dann durch Vermittlung der Montespan, die mittlerweile »Maîtresse en titre«, also offizielle Geliebte des Königs geworden war und ihm bereits zwei Kinder geschenkt hatte, als deren Erzieherin eingestellt.

Rasch gewann sie das Vertrauen des Königs, was zu Auseinandersetzungen mit Madame de Montespan führte. Doch Ludwig XIV. wollte den Kontakt zu der stets schwarz gekleideten Erzieherin seiner Kinder nicht mehr missen. Mit diplomatischem Geschick verstand sie zunächst das Herz des Königs und langsam auch die Macht am Hofe zu erobern. Bald nannte man sie »Madame de Maintenant«, also »Madame von Heute« oder »Die Neue«. 1674 konnte sie sich von den Zuwendungen des Königs die Besitzung »Maintenon« im Westen von Paris erwerben. Sein Angebot, sie in den Rang einer Herzogin zu erheben, lehnte sie jedoch ab.

Nach dem Tod der Königin Maria Theresia im Oktober 1683 ging Ludwig mit der Maintenon heimlich eine »Ehe zur linken Hand« ein und lebte mit ihr bis zu seinem Tod zusammen. Die folgenden 32 Jahre war sie aufgrund ihrer klugen Mäßigung Frankreichs heimliche Regentin. 1685 gründete sie in der Gemeinde Saint-Cyr ein Internat für 300 Töchter verarmter Edelleute. Dorthin zog sie nach dem Tod des Königs 1715 und wohnte hier bis zu ihrem Tod. Sie starb 1719 im Alter von 84 Jahren. In dem von Ludwig II. geschätzten Schauspiel »Die Aufführung der Esther in Saint Cyr« (1876) spielt auch die Maintenon eine Rolle.

Das Mätressen-Quartett Ludwigs XV.

Wie Ludwig XIV., so hatte auch Ludwig XV. zahlreiche Mätressen in seinem Leben. Dazu gehörten auch die vier Mailly-Nesle-Schwestern: Louise-Julie, Pauline-Felicité, Diane-Adélaïde und Marie-Anne, die auch König Ludwig II. interessierten. Sie stammten aus einer alten, verarmten Adelsfamilie. Der Vater, Louis III. de Mailly-Nesle, hatte hohe Spielschulden, wodurch die Familie mit fünf Töchtern finanziell am Abgrund stand. Da beide Elternteile lockere moralische Ansichten vertraten, hatten sie nicht dagegen, dass nach Louise-Julie auch deren drei jüngere Schwestern Pauline-Félicité, Diane-Adélaïde und Marie-Anne Mätressen Ludwigs XV. wurden. Nur Hortense-Félicité, Marquise de Flavacourt (1713–1759), die Zwillingsschwester von Diane-Adélaïde, diente nicht als Mätresse am französischen Hof.

Es lässt sich gut nachvollziehen, dass der im Folgenden dargestellte interessante Lebensweg dieser Damen König Ludwig II. faszinierte.

Comtesse de Mailly-Nesle (1710–1751)

Louise-Julie de Mailly-Nesle, von der sich König Ludwig II. im blauen Kabinett in Schloss Linderhof ein Pastellporträt wünschte, wurde kurz nach ihrer Hochzeit mit Louis Alexandre, ihrem armen Cousin zweiten Grades, in der Nachfolge ihrer Schwiegermutter zunächst Hofdame der Königin Maria Leszczyńska. 1732 erregte sie die Aufmerksamkeit des gleichaltrigen 22-jährigen Königs. Ihr Ehemann war mit der außerehelichen Beziehung einverstanden.

1738 erklärte sie Ludwig XV. zu seiner offiziellen Mätresse, zur »maîtresse en titre«. Im Gegensatz zu ihren beiden Schwestern, die später ebenfalls königliche Mätressen wurden, war Louise-Julie sehr bescheiden. Sie behandelte die Königin respektvoll, nahm keinen Einfluss auf die Politik und ging dem Ränkespiel am französischen Hof aus dem Weg.

Die Lebensschicksale ihrer drei Schwestern Pauline-Félicité, Diane-Adélaïde und Marie-Anne, die von Louise-Julie an den Hof Ludwigs XV. gebracht wurden, werden in den folgenden drei Abschnitten geschildert.

Marquise de Vintimille (1712–1741)

Pauline-Félicité de Mailly-Nesle, so ihr bürgerlicher Name, die zweite Tochter von Louis III. de Mailly-Nesle wurde in einem Kloster erzogen. Auf Vermittlung ihrer älteren Schwester Louise-Julie, die bereits Mätresse Ludwigs XV. war, wurde sie 1738 an den königlichen Hof nach Versailles eingeladen. Pauline-Félicité war wie Louise-Julie nicht besonders hübsch. Im Unterschied zu ihrer Schwester strebte sie jedoch nach Macht und Geld und versuchte ihre ältere Schwester in der Gunst des Königs zu verdrängen, was ihr durch ihr unbekümmertes Wesen und mit scharfsinnigen Äußerungen auch gelang. Der König kaufte ihr 1739 Schloss Choisy, an der Seine gelegen. Allerdings ließ Ludwig XV. auch Louise-Julie nicht fallen, sodass er sich die zwei Schwestern als Favoritinnen hielt und mit ihnen eine Dreiecksbeziehung führte. Um Gerede zu vermeiden, musste Pauline-Félicité den Marquis de Vintimille, Jean-Baptiste Hubert Félix, heiraten. Der akzeptierte gegen eine Mitgift von 200000 Livres das Doppelleben seiner Frau, die seither den Titel »Marquise de Vintimille« führte.

Pauline-Félicité suchte auch die Politik des Königs zu beeinflussen, indem sie etwa 1740 zu Beginn des Österreichischen Erbfolgekriegs Ludwig XV. dazu brachte, dass sich Frankreich militärisch in dem Konflikt engagierte.

Anfang 1741 wurde Pauline-Félicité schwanger. Doch kurz darauf erkrankte sie. Sie litt an Fieber, wurde melancholisch und wollte sich nicht mehr von Ärzten behandeln lassen. Sie glaubte, man habe sie vergiftet. Am 2. September gebar sie einen Jungen, über dessen Geburt sich Ludwig XV.

freute und der nach seinem Vater Louis getauft wurde. Der Zustand der Mutter verschlechterte sich jedoch rapide. Eine Woche später starb sie im Alter von erst 29 Jahren. Der König betrauerte ihren Tod ebenso wie ihre Schwester Louise-Julie. Ihr Leichnam wurde von Versailles in das Hôtel de Villeroy überführt, wo er von einer eindringenden Volksmenge, welche die königliche Mätresse hasste, geschändet wurde. Ihr Grab fand sie in der Nähe von Versailles.

Ihr Sohn Louis de Vintimille sah dem König derart ähnlich, dass man ihn »Demi-Louis« – »halber Louis« oder »kleiner Louis« nannte. Später dachte Madame de Pompadour daran, ihre Tochter Alexandrine-Jeanne d'Étiolles mit ihm zu verheiraten, was der König jedoch verbot.

Von der »Marquise de Vintimille« wünschte sich König Ludwig II. im blauen Kabinett in Schloss Linderhof ebenfalls ein Pastellporträt.

Duchesse de Lauraguais (1713–1760)

Diane-Adélaïde war die dritte Tochter von Louis III. de Mailly-Nesle. Auf Fürsprache ihrer beiden Schwestern, Louise-Julie und Pauline-Félicité kam sie nach Versailles. Sie stand zunächst als Hofdame in den Diensten der Königin Maria Leszczyńska. Dabei wurde Ludwig XV. auf sie aufmerksam und nahm sie in die Reihe seiner Mätressen auf, ohne die Beziehung zu ihren beiden älteren Schwestern zu beenden. Eine gemeinsame Liebesnacht des Königs mit Diane-Adélaïde und einer ihrer Schwestern führte zu einem Skandal und zu ihrer Entlassung aus dem Dienst der Königin. 1742 heiratete sie Louis de Brancas, Herzog von Lauraguais (1714–1794), den etwas exzentrischen Berater des Königs. Die bibliophil veranlagte Diane-Adélaïde besaß eine bedeutende Sammlung von Büchern, deren Einbanddeckel ihr Wappen zieren. Sie starb am 20. Februar 1760 in Paris.

Duchesse de Châteauroux (1717–1744)

Marie-Anne Châteauroux, deren Pastellporträt sich im »Lila Kabinett« in Schloss Linderhof befindet, war die schönste und verführerischste der fünf Töchter des Louis III. de Mailly-Nesle. Sie heiratete bereits im Alter von 15 Jahren den Marquis Louis de la Tournelle, der acht Jahre später starb.

1740 begegnete die 23-Jährige Ludwig XV. und kam zwei Jahre später an den Königshof nach Versailles, was ihre Schwester Louise-Julie in die Wege geleitet hatte. Herzog von Richilieu wollte in höhere politische Ämter aufsteigen, wozu er seinen Kontakt zu Marie-Anne nutzte, für die sich der König immer mehr zu interessieren begann.

Marie-Anne wünschte bald die Entfernung der älteren Schwester vom Hof, um alleine die offizielle Mätresse zu sein. Ludwig XV. kam ihrer Forderung nach. 1742 musste Louise-Julie den Hof von Versailles für immer verlassen. Allerdings genehmigte ihr der König eine Rente von immerhin 40 000 Pfund, bezahlte ihre Schulden in Höhe von etwa 765 000 Pfund und wies ihr eine Wohnung zu. Louise-Julie wurde nunmehr fromm, widmete sich karitativen Werken und spendete ihre Einkünfte den Armen. Nach ihrem Tod 1751 in Paris wurde sie in einem Armengrab bestattet. Da sie keine Kinder hatte, wurde ihr Neffe Louis de Vintimille ihr Universalerbe.

Nachdem Marie-Anne erreicht hatte, dass ihre Schwester Louise-Julie den Hof verlassen musste, wurde sie offizielle Mätresse des Königs. Im Oktober 1743 verlieh ihr Ludwig XV. den Titel einer Herzogin von Châteauroux, der ihr Ansehen weiter steigerte und ihr beträchtliche finanzielle Erträge einbrachte. Als »maîtresse en titre« genoss sie zudem zahlreiche Ehrenrechte. Außerdem gefiel es ihr, sich in die Politik einzumischen. Dass Ludwig XV. auf ihr Betreiben mit Friedrich II. 1744 ein Bündnis abschloss, war ihr größter politischer Erfolg.

Im Glanz ihrer Macht führte sie sich auch gegenüber der Königin Maria Leszczyńska sehr hochmütig auf. Den Franzosen war ihre Liaison mit dem König bald ein Dorn im Auge. Immer wieder schlug ihr der Unmut der Bürger entgegen.

Als der König am 9. August 1744 erkrankte, wurde er von Marie-Anne gepflegt. Im Bewusstsein, womöglich bald sterben zu müssen, bat der König den Beichtvater zu sich und gab als reuiger Sünder seine Trennung von Marie-Anne bekannt. Doch als er sich von seiner Krankheit unerwartet erholte, traf er sich erneut mit seiner verstoßenen Geliebten. Sie aber wollte sich für die erlittenen Demütigungen rächen, vor allem an dem ihr verhassten Cousin, dem Grafen Maurepas, der sich über ihrer Entlassung sehr gefreut hatte. Sie forderte seinen Sturz, den sie beim König jedoch nicht durchsetzen konnte. Maurepas musste sie aber zur Rückkehr in ihre alte Stellung nach Versailles einladen, was für ihn eine große Demütigung darstellte.

Kurze Zeit später erkrankte Marie-Anne an einer Lungenentzündung und starb am 8. Dezember 1744 im Alter von nur 27 Jahren. Gerüchte, sie sei vergiftet worden, wurden durch eine Obduktion der Verstorbenen nicht erhärtet. Rasch wurde sie in einem heimlichen Begräbnis beigesetzt, damit ihr Leichnam von ihr missgünstig gesonnenen Personen nicht ebenso geschändet werden konnte wie der ihrer älteren Schwester Pauline-Félicité.

Der König war über ihren Tod tief betrübt, nahm sich aber einige Monate später Madame de Pompadour als neue Mätresse.

Die Marquise de Pompadour (1721–1764)

Weltweit gilt Madame de Pompadour als Synonym für »die Mätresse« schlechthin und war auch für Ludwig II. eine jener Damen, der er besondere Beachtung schenkte. »König Ludwig hatte Götter und Götzen. Zu seinen Götzen gehörte die Pompadour«, äußerte der Autor Karl Heigel. »Alljährlich zweimal ließ er sich Brachvogels Narziß vorspielen. Ich konnte nur so viel erfahren, daß diese Auszeichnung nicht dem Stück, sondern der Pompadour galt. [...] Woher der Zauber dieser Frau, die doch mehr Hetäre [Dirne], als Cythere [Liebesgöttin] war? Ich vermute, daß sie im Bilde einen starken, unvergänglichen Eindruck auf ihn gemacht habe.«[223]

Jeanne-Antoinette Poisson, so ihr bürgerlicher Name, entstammte dem Pariser Großbürgertum. Bis zu ihrem zehnten Lebensjahr wurde das hübsche Mädchen im Kloster der Ursulinen von Poissy erzogen. Eine Wahrsagerin prophezeite der 9-Jährigen, sie werde einst die Geliebte Ludwigs XV. von Frankreich werden. Als diese Ankündigung nach vielen Jahren tatsächlich wahr wurde, ließ die Pompadour dieser Frau zum Dank eine Rente aussetzen.

Im Alter von 19 Jahren heiratete Jeanne den Steuerpächter Charles-Guillaume Le Normant d'Étioles, den Neffen ihres Vormunds. Mit ihm hatte sie zwei Kinder, einen Sohn, der schon ein Jahr nach der Geburt verstarb. Da sich Jeanne gemäß der Prophezeiung der Wahrsagerin jedoch zu Höherem berufen fühlte, versuchte sie die Aufmerksamkeit des Königs zu erregen, was ihr gelang, da das Grundstück, auf dem sie lebte, an das Jagdgebiet Ludwigs XV. grenzte.

Anlässlich der Vermählung des Kronprinzen zu Beginn des Jahres 1745 wurde sie dann zu einem Maskenball am Hof des Königs eingeladen, zu dem auch Nichtadelige zugelassen waren. Mit einem Trick, der sie berühmt

[223] Heigel, Karl von: König Ludwig II. von Bayern, Stuttgart 1893, S. 313 (künftig: Heigel)

machte, zog sie die Blicke Ludwigs XV. auf sich. Sie ließ ihr Taschentuch fallen, das der König aufhob. Von diesem Zeitpunkt an war sein Interesse an ihr geweckt und als erste bürgerliche Dame überhaupt wurde sie zu seiner offiziellen Mätresse. Sie ließ sich von ihrem Mann scheiden, legte ihren ohnehin nicht schönen Familiennamen »Poisson« – das heißt »Fisch« – ab und zog ins Schloss nach Versailles.

Nachdem sie die höfische Etikette studiert hatte, wurde sie zur Marquise de Pompadour geadelt, erhielt einen Landsitz und ein eigenes Wappen. Ende 1745 wurde sie »Maîtresse en titre« und nahm damit den ersten Rang unter den Mätressen des Königs ein. Diesen Titel behielt sie dank ihres diplomatischen Geschicks auch dann noch, als die sexuelle Beziehung zum König etwa 1751 zum Erliegen kam. Der Grund dafür war, dass sie durch zahlreiche Fehlgeburten sehr geschwächt war. Außerdem fühlte sie sich, wie ihre Briefe belegen, mehr zu Frauen hingezogen – eine Neigung, die sie allerdings nie auslebte.

Madame Pompadour wurde vom König nun aber nicht in ein Kloster abgeschoben, wie das vielfach mit »ausgedienten« Mätressen geschah, sie blieb weiterhin am Hof und war als Freundin Ludwigs XV. einflussreich wie eh und je. Eines gelang ihr nämlich besonders: den zu Depressionen neigenden König aufzumuntern. Zudem beeindruckten ihn ihr Esprit und ihre Intelligenz. Er schätzte sie als wichtige Ratgeberin, die daher auch politischen Einfluss nahm. Bald nannte man sie »Frankreichs heimliche Herrscherin«.

Im einfachen Volk war sie wegen ihrer Verschwendungssucht jedoch nicht beliebt. Angeblich verschleuderte der König 50 Millionen Pfund an sie und das zu einer Zeit, als ein gewöhnlicher Franzose ein Pfund am Tag verdiente. Die Pompadour besaß mehrere Schlösser und Wohnsitze. Doch nutzte sie ihre Position auch zur Förderung bedeutender Schriftsteller und Künstler, unter anderem der Enzyklopädisten um Denis Diderot, des Spötters Voltaire, des Schriftstellers und Philosophen Jean-Jacques Rousseau sowie des Malers François Boucher, der von ihr das berühmte Porträt im Rosenkleid malte und bei dem sie auch selbst Malunterricht nahm. Als vielseitig interessierte Frau unterstützte die Pompadour unter anderem die Gründung der Porzellanmanufaktur von Sèvres und trug ebenso maßgeblich zur Entstehung der Pariser École militaire bei. Sie betätige sich auch selbst künstlerisch, trat etwa singend und tanzend auf einer Privatbühne auf, illustrierte und druckte eigenhändig bibliophile Werke, züchtete neue Pflanzen und erlernte die Künste des Kupferstechens und Gemmenschneidens. Außerdem glänzte sie als Briefschreiberin.

1754 starb ihre geliebte Tochter Alexandrine im Alter von zehn Jahren an einer Blinddarmentzündung. Im letzten Lebensjahrzehnt verschlechterte sich der Gesundheitszustand der Marquise, die von Kindheit an unter einer schleichenden Tuberkulose litt. Außerdem war sie auch durch mehrere Fehlgeburten geschwächt. Anfang des Jahres 1864 litt sie unter starkem Husten und lebensbedrohlichen Erstickungsanfällen. Einige Monate vor ihrem Tod durfte sie noch den kleinen Mozart bei einem Privatkonzert erleben.

Am 15. April 1764 erlag Madame Pompadour im Alter von erst 42 Jahren ihrer Lungenerkrankung. Sie wurde in der Kapelle des Kapuzinerklosters in Paris beigesetzt, die 1806 zerstört wurde.

In Schloss Linderhof wollte König Ludwig II. ihr Pastellporträt an der Wand des »Lila Kabinetts« sehen. Außerdem mussten sie verschiedene Schauspielerinnen in mehreren Theaterstücken auch auf der Bühne des Hoftheaters verkörpern.

Die Gräfin du Barry (1743–1793)

Ein schönes Porträt von ihr ließ Ludwig II. für das »Rosa Kabinett« in Schloss Linderhof anfertigen.

Unehelich geboren als Marie-Jeanne Bécu wurde sie 1769 unter dem Namen »Gräfin du Barry« als Nachfolgerin der Madame Pompadour offiziell die letzte Mätresse König Ludwigs XV. von Frankreich, ohne jedoch deren politischen Einfluss zu erreichen.

Marie-Jeannes Mutter war eine Näherin, der Vater ein Schrankenwärter oder ein Mönch. In Paris besuchte Marie-Jeanne bis zum 15. Lebensjahr die Klosterschule der Nonnen von St. Aure. Danach betätigte sie sich als Textilverkäuferin und Modezeichnerin und war Gesellschafterin bei einer vornehmen Witwe, deren Haus sie jedoch wegen zu intensiver Beziehungen zu deren verheirateten Söhnen wieder verlassen musste.

Bald lernte sie Jean Graf du Barry kennen, der einen Salon besaß, in dem sich angesehene Herren dem Spiel und der Liebe hingaben. Hier konnte sie als Edelkurtisane Erfahrungen sammeln und höfische Manieren erlernen, die ihr später von Nutzen waren. Graf du Barry war es auch, der sie, um selbst in der königlichen Gesellschaft Fuß zu fassen, als neue Mätresse an den alternden König Ludwig XV. vermittelte, nachdem Marquise de Pompadour im April 1764 gestorben war.

Bei der ersten Begegnung war der König von dem hübschen Mädchen derart entzückt, dass er sie sofort heimlich im Schloss einquartieren ließ, um sie ohne Aufsehen besuchen zu können. Bevor Marie-Jeanne jedoch offiziell Mätresse werden konnte, musste sie sich Ende 1768 mit Guillaume Graf du Barry, dem unverheirateten Bruder Jean Graf du Barrys, verheiraten lassen. Ihr Gatte erhielt dafür, dass er die Tochter einer Näherin zur Gräfin gemacht hatte, eine Abfindung, bevor er wieder aus ihrem Leben verschwand. Jetzt konnte sie offiziell bei Hof eingeführt werden, was am 22. April 1769 durch eine verschuldete Gräfin geschah, die für diesen Dienst eine stattliche Entlohnung erhielt.

Marie-Jeanne bekam von Ludwig XV. ein eigenes Schloss bei Versailles geschenkt und als »Maîtresse en titre«, also als inoffizielle First Lady, auch ein fürstliches Einkommen. Sie gab das Geld mit vollen Händen aus, wühlte in Perlen und Edelsteinen, ständig darauf bedacht, dass man ihre Stellung bei Hof respektierte. Doch bald geriet sie in das undurchsichtige Intrigenspiel einander befehdender Hofparteien. Für Politik interessierte sie sich im Gegensatz zu ihrer Vorgängerin, der Marquise de Pompadour, nur wenig. Positiv an ihr war ihre große Hilfsbereitschaft auch Armen gegenüber. Außerdem förderte sie großzügig Künstler und Schriftsteller.

Fünf Jahre, von 1769 bis 1774, war sie vor allem damit beschäftigt, König Ludwig XV. zur Verfügung zu stehen. Doch der hatte auch zu anderen Frauen Kontakt und wurde von einem Hirtenmädchen mit den schwarzen Pocken angesteckt. Am 10. Mai 1774 starb er im Alter von 64 Jahren, worauf die 31-jährige Gräfin du Barry nicht mehr gebraucht und deshalb vom Hof verbannt wurde. Zunächst landete sie in einem Kloster. Erst zwei Jahre später – 1776 – ließ man sie auf ihr zwischenzeitig beschlagnahmtes Schlösschen Louveciennes bei Saint-Germain, ein Geschenk Ludwigs XV., zurückkehren. Dort wurde der Herzog von Brissac für das nächste Jahrzehnt der Geliebte der noch immer verschwenderischen, schönen und begehrenswerten ehemaligen Mätresse des Königs.

Überrascht von den Wirren der Französischen Revolution (1789 bis 1799) vergrub die du Barry ihre wertvollen Juwelen im Schlosspark von Louveciennes und reiste nach London, kehrte unvorsichtigerweise aber im Herbst 1792 nach Frankreich zurück. Vielleicht tat sie das, um ihre Juwelen in Sicherheit zu bringen, vielleicht auch, um Brissac wiederzusehen. Man verdächtigte sie sogar, sich habe sich als Kurier für jene Emigranten betätigen wollen, die sich in England aufhielten.

Mit Entsetzen musste sie erleben, wie an einem Abend im September 1792 ein johlender Haufen an ihrem Schloss Louveciennes mit dem auf einer Stange aufgespießten Kopf des Herzogs von Brissac vorbeizog, der auf Befehl des Königs die Revolution niederschlagen wollte. Kurz darauf wurde auch sie verhaftet und zweieinhalb Monate lang Verhören unterzogen. Man warf ihr Verschwendungssucht auf Kosten des Volkes vor und verräterische Aktionen bei ihren Aufenthalten in London. Wegen Verschwörung gegen die Republik wurde sie vom Revolutionstribunal zum Tod verurteilt. Verzweifelt suchte sie ihr Leben dadurch zu retten, indem sie das Versteck ihrer vergrabenen Schätze verriet. Doch es half ihr nichts.

In den ersten Dezembertagen 1793 schnitten ihr die Henkersknechte der großen Revolution in der Conciergerie zu Paris das Haupthaar kurz. In der gleichen Zelle, in der sieben Wochen zuvor Marie Antoinette ihre letzten Stunden verbracht hatte, wartete nunmehr die abgehärmte 50-jährige Marie-Jeanne Gräfin du Barry auf den Befehl zum Besteigen des Schinderkarrens. Als es so weit war, flehte sie das johlende Volk um Gnade an. Als man die um ihr Leben Wimmernde, angeschnallt auf dem Karren, am 8. Dezember 1793 zur Hinrichtung karrte, gelang es ihr nicht, ihre Todesstunde in königlicher Würde und Haltung zu durchleiden. Der Henkersknecht musste die vor Angst halb Ohnmächtige vom Karren herunterheben und aufs Schafott tragen. Rasch wurde sie auf das Brett gebunden und unter die Guillotine geschoben. Ihren verzweifelten Schrei erstickte das herabsausende Fallbeil.

Marquise de Créquy (1704–1803)

»Bieten Sie alles auf, um ein Bild der Marquise de Créquy zu erhalten«, schrieb König Ludwig II. 1871 an Hofrat Düfflipp. »Ich brauche notwendig ein Pastellbild von ihr für den Linderhof, ich lese gegenwärtig in ihren sehr interessanten 7 Bändigen Memoiren.« Das Bild fand in Schloss Linderhof im »Gelben Kabinett« seinen Platz.

Die vom König erwähnte Victoire Marquise de Créquy entstammte der Familie Créquy, der mehrere angesehene Beamte und Prälaten entstammten. In ihren Memoiren berichtet sie Interessantes aus der Regierungszeit der Ludwige XIV., XV. und XVI.

Im Speisezimmer, dessen versenkbares »Tischlein-deck-dich« Ludwig erlaubte, auch während des Essens allein zu bleiben, konnte er sich in Gesellschaft der in den Pastellbildnissen der angrenzenden Kabinette repräsentierten Gestalten glauben und sich mit ihnen bei Bedarf auch unterhalten. Dazu gehörte auch die Marquise de Créquy.

Gräfin von Egmont Pignatelli (1740–1773)

Auch von der Comtesse Septimanie d'Egmont Pignatelli findet sich in Schloss Linderhof, im »Gelben Kabinett«, ein Pastellporträt. Die Gräfin galt in den 1760er-Jahren als scharfsinnige und glamouröse Dame der Pariser Gesellschaft. Ihr Vater war der Herzog von Richelieu, der Berater König Ludwigs XV. Im Alter von 15 Jahren heiratete sie Casimir Pignatelli, Comte d'Egmont, zu dessen adeligen Vorfahren die Egmonts der Niederlande und die Pignatelli von Neapel und Aragon gehörten. Sie verkehrte in den höchsten höfischen Kreisen in Versailles. Zu ihren engsten Freunden zählte der Herzog von Choiseul, Minister für auswärtige Angelegenheiten. Die Gräfin, die selbst bravourös Gitarre spielte, förderte etliche führende Künstler wie Wolfgang Amadeus Mozart sowie Geistesgrößen der Aufklärung, unter anderem Jean-Jacques Rousseau.

Herzogin von Gramont (1730–1794)

Sie, deren Pastellporträt im »Rosa Kabinett« in Schloss Linderhof zu sehen ist, wurde als ehrgeizige Frau mit starkem Charakter bezeichnet und war die Tochter des Marquis François-Joseph de Choiseul, des Marquis von Stainville. Als Schwester des Ministers Herzog von Choiseul und des Marschalls von Stainville war sie sehr angesehen. 1759 heiratete Béatrice de Choiseul-Stainville den Herzog von Gramont, der Gouverneur von Navarra und Bearn war. Ihr hochherziges Wesen kam auch noch dann zum Ausdruck, als sie, von Robespierre zum Tod verurteilt, gemeinsam mit ihrer Freundin, der Herzogin du Chastelet, vor das Blutgericht geführt wurde.

Zu dem aggressiven öffentlichen Ankläger des Revolutionstribunals Antoine Fouquier-Tinville sagte sie in vollkommener Ruhe: »Daß mein Tod beschlossen ist, nimmt mich nicht Wunder; ich habe mich in mehr als einer Hinsicht meinem Vaterlande bekannt gemacht; obwohl ich nie an irgend einem der blutigen Ereignisse der letzten Zeit Antheil nahm, kennen doch meine Landsleute meine Gesinnungen und meine Grundsätze, womit aber – hierbei zeigte sie auf ihre Freundin – hat euch dieser Engel beleidigt, dieses sanfte Wesen, das nie Unrecht gethan hat, dessen ganzes Leben nichts ist, als eine Reihe von Äußerungen der Tugend, Liebe und Wohlthätigkeit?« Doch diese Worte halfen ihrer Freundin nicht. Beide

Damen starben am 17. April 1794 unter dem Fallbeil der Guillotine gefasst und mutig. Eine solche Haltung imponierte Ludwig II.

Prinzessin de Lamballe (1749–1792)

Marie-Louise von Savoyen war die vierte Tochter des Fürsten Ludwig Victor von Savoyen-Carignan. 1767 wurde sie mit einem Urenkel Ludwigs XIV., Louis-Alexandre de Bourbon, dem Prinzen von Lamballe, verheiratet, der ein Jahr später starb. Bald kam sie an den Hof und wurde zu Marie Antoinettes Hofdame und später sogar zur Intendantin des königlichen Haushalts. 1776 wurde sie für neun Jahre von der Herzogin von Polignac in ihrer Position verdrängt. Doch die Habgier der Polignacs lehnte die Königin ab. 1785 wandte sie sich erneut Madame de Lamballe zu, die nun zu ihrer engsten Freundin wurde.

Sie verließ Marie Antoinette auch nicht während der Französischen Revolution. Bald wurde sie verdächtigt, Intrigen zu schmieden, da ihr Salon als Treffpunkt für die Königin und die Abgeordneten der Nationalversammlung diente. Am 19. August 1792 wurde sie ins Gefängnis La Force überführt und sollte den Schwur gegen König Ludwig XV. und die Monarchie ablegen. Doch sie weigerte sich. Am 3. September wurde sie dem Pöbel übergeben, der sie misshandelte, ermordete und ihren Kopf auf einer Pike vor den Fenstern des königlichen Gefängnisses umhertrug.

Marie-Louise Prinzessin de Lamballe interessierte Ludwig II. besonders wegen ihrer Nähe zu der von ihm hochverehrten Marie Antoinette.

Herzogin von Polignac (1749–1793)

Yolande Martine Gabrielle de Polastron, später Herzogin von Polignac, war die Tochter des Grafen von Polastron. Nach dem frühen Tod der Mutter wurde sie in einem Konvent für adelige Damen erzogen und im Alter von 18 Jahren mit dem Grafen Jules François Armand de Polignac verheiratet, mit dem sie vier Kinder hatte. Die Schwester ihres Mannes verschaffte ihr 1775 Zugang zum Hof von Versailles, wo Yolande rasch die Gunst der Königin Marie Antoinette gewann und die gleichaltrige Fürstin von Lamballe verdrängte. Ihr luxuriöser Lebensstil am Hofe und die Versorgung ihrer Familie auf Staatskosten trugen ihr schon bald den Neid des Hofadels und den

Hass des Volkes ein. 1780 wurden ihr Gemahl und sie in den Herzogsstand erhoben, was der Polignac-Sippe weitere Vorteile einbrachte.

1785 begann die Macht der Herzogin von Polignac jedoch zu schwinden, da die Königin deren verschwenderischen Lebensstil, aber auch deren zunehmend ungehöriges Betragen nicht mehr dulden wollte. Auch wenn sich Marie Antoinette wieder der Fürstin von Lamballe zuwandte, so mischte sich die Polignac weiterhin in die aktuelle Politik ein.

Doch die Französische Revolution ließ sich nicht mehr aufhalten. Nach dem Sturm auf die Bastille am 14. Juli 1789 flohen die Polignacs, die den Revolutionären als Prototyp des Ancien Régime und der egoistischen und verschwendungssüchtigen Aristokraten galten, in die Schweiz und nach Italien, blieben aber weiterhin in brieflichem Kontakt mit der königlichen Familie. Die Herzogin von Polignac erkrankte bald darauf an Krebs und starb 1793 während eines Aufenthaltes in Wien, nachdem sie vorher noch von der Hinrichtung Marie Antoinettes erfahren hatte.

Was bewunderte Ludwig II. an den toten Frauen?

Die 19 in diesem Kapitel erwähnten »toten Frauen« stellen nur eine Auswahl dar und waren mit Sicherheit nicht die einzigen aus der längst vergangenen Ära der Bourbonen, die Ludwig II. aus geschichtlichen Quellen kannte und mit denen er sich mehr oder weniger intensiv befasste. In seiner umfangreichen Bibliothek mit Werken aus der Zeit des Ancien Régimes hatte er die einschlägige Literatur aus dieser Epoche geradezu gehortet. Die tägliche Lektüre gehörte zu seinen Hauptvergnügungen. So pflegte er sogar während seiner Kutschfahrten zu lesen. Und dabei wurden dann alle diese Gestalten vor seinem geistigen Auge lebendig.

Vielfach wird die Frage gestellt, weshalb Ludwig nicht nur toten Königinnen, sondern auch etlichen Mätressen der französischen Könige Bewunderung und Achtung zollte. Vielleicht findet sich eine Antwort in Victor Hugos Trauerspiel »Angelo, Tyrann von Padua«, das sich Ludwig II. in der Übersetzung von Karl Heigel am 10. November 1883 in einer Separatvorstellung aufführen ließ, da er Victor Hugos Werke sehr schätzte. Darin hält die Schauspielerin Tisbe der Frau des Statthalters, die denselben jungen Mann wie sie liebt, vor: »Oh, ihr seid nicht mehr wert, als wir, meine Damen. Wir nehmen euch eure Männer, ihr nehmt uns unsere Liebhaber fort. Das ist ein Kampf! Vortrefflich. Kämpfen wir! Ihr seid Heuchelei, Schminke, Verrat, Affentugend und Niedertracht. Beim Allgerechten, ihr wiegt uns nicht auf! Wir täuschen niemand. Ihr täuscht die Welt, täuscht eure Familie, täuscht eure Gatten und würdet Gott täuschen, wenn ihr könntet! O über diese ehrbaren Frauen, die nur tiefverschleiert durch die Straßen gehen! Sie gehen in die Kirche. Machen wir Platz, verbeugen wir uns, werfen wir uns in den Staub! Nein, gehen wir kerzengerade auf sie los und reißen wir ihnen den Schleier vom Gesicht! Hinter dem Schleier ist eine Maske. Herunter damit! Hinter der Maske ist ein verlogenes Maul. Übrigens ist mir alles einerlei, ich bin die Mätresse des Statthalters und Sie sind seine Frau und ich will Sie zugrunde richten.«[224]

In diesem Drama ist die sogenannte anständige Frau der bürgerlichen Gesellschaft jener gegenübergestellt, die außerhalb steht. Die Liebe der französischen Könige zu ihren Mätressen, die sie sich selbst erwählt hatten, war großenteils ehrlicher als jene zu ihren Ehefrauen, die sie meist aus dynastischen und politischen Gründen heiraten mussten.

Studiert man die Lebensläufe der erwähnten »toten Frauengestalten«, mit denen sich Ludwig II. befasste, so entdeckt man, welche Eigenschaften es waren, die den König an ihnen beeindruckten. Alle diese Frauen verfügten über eine besondere Schönheit oder zumindest eine faszinierende Ausstrahlung, über eine selbstbewusste Haltung, eine ausgeprägte Willensstärke und einen eigenwilligen Charakter, viele zudem über eine auffallende Affinität zur Macht. Etliche waren politisch interessiert, besaßen ein diplomatisches Geschick und entwickelten beachtlichen Einfluss auf den jeweiligen Herrscher. Auch wenn die meisten Damen dem Luxus zugetan waren, so waren es vielfach deren geistige Interessen an Literatur, Kunst und Musik, die Ludwig II. aufhorchen ließen. Einige von ihnen förderten Künstler und Geistesgrößen ihrer Zeit oder betätigten sich selbst künstlerisch. Ebenso nötigten der Mut und die stoische Ruhe, mit der manche Damen herbe Schicksalsschläge oder gar den Tod ertrugen, dem König große Bewunderung ab. Auch wenn sich Ludwig II. nicht entschließen konnte, sich wie die von ihm verehrten französischen Könige selbst mit Mätressen zu umgeben, so tat er dies in der Fantasie eben mit bereits verblichenen Damen, die er sich von den französischen Herrschern für geistige Kontakte oder illusionäre Gespräche zeitweise gleichsam entlieh.

Neben den genannten historischen Frauen waren es Heroinnen aus Wagners Opern und die Heldinnen aus diversen Dramen, die auf Gemälden

[224] Heigel, Karl von: König Ludwig II. von Bayern, Stuttgart 1893, S. 329ff.

und als Skulpturen auch in zahlreiche Räume seiner Schlossbauten Eingang fanden, da Ludwig mit ihnen täglichen Umgang pflegen wollte. Alle diese Damen prägen bis heute maßgeblich des Königs fantastische Bauten. Würde man sie aus ihnen entfernen, wären den Schlössern jedenfalls wesentliche Elemente genommen.

Weibliche Bühnengestalten

Mit Ludwigs II. abgöttischer Verehrung des französischen »Sonnenkönigs« Ludwig XIV. und der beiden ihm folgenden bourbonischen Könige war auch sein großes Interesse für den weiblichen Hofstaat verbunden, darunter die erwähnten Mätressen, mit dem sich die absolutistischen Herrscher umgaben.

Aber nicht nur vom Zeitalter der Bourbonen fühlte sich Ludwig II. angezogen, sondern ebenso von der Welt des Orients, die ihm aus vielen Büchern vertraut war. Bekanntlich ließ er den Archivar Löher dort gelegene Herrschaftsgebiete erkunden. Die Täler des Hindukusch oder Gegenden in Ägypten und Afghanistan kamen deshalb infrage, weil »in diesen Ländern allein«, wie der König betonte, »die Entfaltung eines größeren Herrscherglanzes möglich erscheint«. Als Wagner die Oper »Die Sieger« nach einem orientalischen Stoff plante, die allerdings nie entstand, freute sich Ludwig: »In einem sehr fesselnden Werke über Indien, den Brahmanismus und Buddhismus fand ich zu meinem freudigen Erstaunen jene so einfache und daher so erschütternde und tief rührende Erzählung, die Sie als Stoff zu den ›Siegern‹ benutzen wollten. [...] Es wird zu den herrlichsten Ihrer Werke dereinst zu zählen sein, glauben Sie mir. Indien und der Buddhismus haben etwas für mich unaussprechlich anziehendes, Sehnsucht und selige Wonnen erweckendes.«

In Indien spielt auch Jules Massenets Oper »Der König von Lahore«, die sich Ludwig 1879 in zwei Separatvorstellungen vorführen ließ. Auch andere Opern mit orientalischen Themen, darunter Mozarts »Zauberflöte«, Karl Goldmarks »Die Königin von Saba« und Webers »Oberon« begeisterten ihn. Für Davids Oper »Lalla Rookh« ließ er 1876 das Kaschmirtal malen. Auch Kalidasas Märchen »Urvasi« kam in der Übersetzung und Bearbeitung von Karl Heigel und mit naturgetreuen Bildern des Himalaja-Gebirges ebenso zur Aufführung wie das indische Drama »Shakuntala«.

Die schöne Shakuntala

Auch die schöne Shakuntala zählte zu den von Ludwig II. bewunderten Frauengestalten, die er nicht nur geistig und in Büchern vor Augen haben, sondern auch auf der Bühne sehen wollte.

So forderte er eines Tages seinen Kabinettssekretär auf, ihm umgehend den Textband des Schauspiels »Shakuntala« zu verschaffen und auf die Pürschlingshütte bei Oberammergau nachzuschicken.

»Shakuntala«, ein Schauspiel in sieben Akten des altindischen Dichters Kalidasa, war eines der ersten Werke der indischen Literatur, das im Westen bekannt wurde. 1791 wurde es von Georg Forster aus dem Englischen ins Deutsche übersetzt und 1854 auch von Friedrich Rückert. Von dem Dichter Arthur William Symons wurde es als das schönste Drama der Welt bezeichnet. Auch Goethe, Herder und Schiller waren von »Shakuntala« fasziniert. Sicher auch deshalb war Ludwig II. von diesem Drama und der Gestalt der schönen Shakuntala so besonders beeindruckt. »Das Schauspiel ›Shakuntala‹ wurde in München 1875 erstmals aufgeführt, ab 1877 ließ es sich der König allein [in seinen Separatvorstellungen] vorspielen.«[225]

An der Gestalt der schönen Shakuntala, deren Vater ein Heiliger und deren Mutter eine Elfe ist, faszinierte Ludwig II. vor allem deren Durchhaltevermögen. Er sah sich wohl selbst in der Rolle des Bräutigams, des jungen Königs Dushyanta. Nach dem Fluch eines Priesters über Shakuntala erkennt sie ihr Geliebter, von dem sie ein Kind erwartet, nicht mehr. Doch sie bleibt ihm unerschütterlich treu, auch als sie nach der Geburt des Kindes von einer Elfe in den Wald entführt wird. Der König kämpft um seine Braut solange, bis das durch den Fluch auseinandergerissene Paar schließlich wieder zusammengeführt wird. Wie in anderen Schauspielen begeisterten den König die Motive der Treue und der Bereitschaft für den Erhalt der Liebe zu kämpfen, auch wenn die Anstrengungen erst nach einem langen Leidensweg zum Erfolg führen.

Johanna von Orléans – Kämpferin, Ketzerin, Nationalheilige

Am 24. August 1875 unternahm König Ludwig II. seine dritte Frankreichreise. In Reims wollte er am 25. August seinen 30. Geburtstag verbringen

[225] Hommel, Kurt: Der Theaterkönig. Ludwig II. von Bayern. Eine Würdigung, München 1980, S. 98

und zugleich seinen Namenstag. Im Gedenken an die von ihm bewunderte Jungfrau von Orléans besuchte er die gotische Kathedrale Notre-Dame zu Reims. Wieder galten seine Gedanken dieser ungewöhnlichen und starken Frau, die um 1412 im lothringischen Hundertseelendorf Domrémy an der Maas als Tochter eines wohlhabenden Bauern und Dorfvorstehers geboren wurde.

»Die dem Königtum mit Leib und Leben ergebene Jeanne D'Arc gehörte zu Ludwigs II. historischen Lieblingen. Sie, welche Leib und Leben für das Königtum geopfert, war eine der Haupttheiligen seines Geschichtskalenders.«[226] Natürlich wollte der König von ihr auch ein Bild besitzen. »Er hatte eine Abbildung des in Paris ausgestellten Gemäldes gesehen und wünschte, der Künstler möge es noch einmal für ihn malen. Der Termin der Ablieferung, welchen der Maler feststellte, blieb weit hinter des Königs Ungeduld zurück und da zerschlug sich die Sache. Nun ward der Hofphotograph Joseph Albert nach Paris geschickt mit dem Auftrage, eine Aufnahme des Gemäldes in großem Format zu erwerben und dieselbe dann genau nach dem Vorbilde zu kolorieren. Im Ausstellungsraum durfte aber nicht kopiert werden und so blieb Albert nichts übrig, als sich partienweise die Farben zu notieren! In seinen vier Wänden ging es dann ans Ausarbeiten. Obgleich die Aufgabe bei dieser figurenreichen Komposition eine recht schwierige war, lieferte er dennoch vor anberaumter Frist sein Werk zur Freude des Königs ab.[227]

Jeanne d'Arc hatte von Kindheit an in der vom 100-jährigen Krieg erschütterten Region fortwährende Plünderungen und Zerstörungen erlebt. England und Frankreich kämpften um die Vorherrschaft in Westeuropa. Im Alter von 13 Jahren glaubte sie, die Stimmen der Heiligen Katharina und Margarethe sowie des Erzengels Michael vernommen zu haben, die sie in mehreren wiederkehrenden Visionen im Auftrag des Himmelskönigs aufforderten, die Stadt Orléans aus der Belagerung englischer Truppen zu befreien und den Dauphin zur Königskrönung nach Reims zu führen. Aber Johanna war doch nur ein einfaches junges Mädchen, das vermutlich nicht einmal lesen noch schreiben konnte. Sie nannte sich selbst »Jeanne la Pucelle«, »Johanna, die Jungfrau«.

Karl VI. galt seit 1392 als geisteskrank und so war Frankreich ohne regierungsfähigen König. Die Tatsache, dass es zwischen den Verwandten,

[226] Kobell-Kunst, S. 15f. und S. 45

[227] Ebd.

insbesondere zwischen den Herzögen von Orléans und Burgund, zum Machtstreit kam, nutzte der englische König Heinrich V., um seine Besitzungen auf französischem Boden zu mehren. Er besetzte die wichtigsten Städte des Landes, darunter auch die Hauptstadt Paris und die Krönungsstadt Reims.

Nach dem Tod Karl VI., 1822, bestanden hinsichtlich der Thronfolge ungeordnete Verhältnisse. In dieser verfahrenen Situation gelang es der 17-jährigen Johanna, den Dauphin, also den französischen Kronprinzen, von ihrem Sendungsbewusstsein zu überzeugen, dass sie von Gott den Auftrag erhalten habe, die Engländer zu vertreiben und Frankreich zu einen. Was zunächst unmöglich schien, nämlich dass das französische Heer, geführt von einem Teenager in Kriegsrüstung, in den Kampf zog, gelang.

Johanna führte die Truppen nach Orléans, das von den Engländern eingeschlossen war und befreite am 8. Mai 1429 diese strategisch wichtige Stadt. Auch ihren zweiten Auftrag konnte sie erfüllen. Sie schaffte es, dass der Dauphin am 17. Juli 1429 im mittlerweile befreiten Reims zum französischen König Karl VII. gekrönt wurde.

Nun wollte das erfolgreiche Mädchen auch noch Paris aus englischer Hand befreien. Doch das misslang und sie wurde im Mai 1430 von den Engländern gefangen genommen. Ein geistliches Gericht machte der Königsmacherin den Prozess und verurteilte sie als Ketzerin zum Tode. Am 30. Mai 1431 wurde sie auf dem Marktplatz von Rouen verbrannt. Ihre Asche streute man in die Seine.

Die Franzosen wollten es nicht dulden, dass König Karl VII. seinen Thron einer Ketzerin verdankte. In einem Revisionsprozess 1456 in Paris wurde das Urteil des Inquisitionsgerichts für ungültig erklärt. Statt einer Ketzerin wurde Jeanne d'Arc, die Jungfrau von Orléans, jetzt zur nationalen Symbolfigur erhoben, die im 100-jährigen Krieg eine entscheidende Wende herbeigeführt und das französische Königtum erneuert hatte. Seither ist weltweit das Bild des lothringischen Bauernmädchens bekannt, wie es hoch zu Ross, gerüstet mit Helm und Schwert in kämpferischer Pose, das französische Heer zum Sieg führt. Bis heute wird sie sowohl als Stadtpatronin von Rouen und Orléans als auch als Landespatronin Frankreichs verehrt.

Wie begeistert wäre König Ludwig II. gewesen, wenn er es noch erlebt hätte, wie die von ihm verehrte Johanna 1920 durch Papst Benedikt XV. sogar heiliggesprochen wurde.

Die Jüdin Esther

Im Eingang von Schloss Linderhof steht bekanntlich die Bronzestatue Ludwigs XIV. Vom Plafond darüber strahlt eine künstliche Sonne. »Über ein paar Stufen gelangt man in die Treppenhalle, wo auf einer von Napoleon III. geschenkten Sèvres-Vase Esther vor Ahasverus dargestellt ist. [Gemeint sind die Jüdin Esther und der persische König Ahasverus.] Dies jüdische Glückskind gehört zu den historischen Lieblingen Ludwigs II., ist es doch die Titelheldin der Dichtung, welche Madame de Maintenon für die von ihr gegründete weibliche Erziehungsanstalt Saint Cyr eigens von Racine verfassen ließ. Alljährlich erlebte diese religiöse Tragödie dort mehrere Aufführungen, jedes Fräulein von Saint Cyr wußte sie auswendig, und der ganze Hof bewunderte sie.«[228] So berichtet Louise von Kobell über die von Ludwig II. verehrte Bühnengestalt Esther.

Die Handlung der Tragödie »Esther« in drei Akten des französischen Dichters Jean Racine (1639–1699) beruht auf dem biblischen Buch »Esther«. Die Jüdin Esther lebt mit ihrem Onkel Mordechai im Exil in Persien und wird von König Xerxes I. zu seiner Hauptfrau erwählt. Doch der hinterhältige königliche Berater Haman hasst Mordechai, der ihm den Respekt verweigert hat. Er beabsichtigt, alle Juden im Perserreich an einem Tag auszurotten, da sie angeblich gegen die Gesetze verstoßen. Doch das Gegenteil ist der Fall. Mordechai hat sogar einen Mordanschlag auf Xerxes verhindert. Deshalb befiehlt Xerxes Haman, Mordechai dafür zu ehren, was dieser nur widerwillig tut. Mordechai hat inzwischen von Hamans Ausrottungsplan erfahren und Esther informiert. Sie lädt König Xerxes und Haman zu einem Gastmahl ein und berichtet ihrem Mann von Hamans Plan, die Juden zu vernichten, obwohl sie gesetzestreu seien. Daraufhin wird Haman vom König zum Tode verurteilt und Mordechai neuer königlicher Berater. Gemeinsam mit Esther setzt er sich für die jüdische Bevölkerung in Persien ein.

Madame de Maintenon, Mätresse Ludwigs XIV., beauftragte Racine, nach dieser Geschichte eine Tragödie zu verfassen. König Xerxes heißt in seiner Tragödie allerdings Ahasverus. Die Uraufführung fand am 26. Januar 1689 im Mädchenpensionat von Saint-Cyr statt.

200 Jahre später las Ludwig II. Racines Tragödie. An der Jüdin Esther bewunderte er ihren Mut und ihre Entschlossenheit bei der Rettung der

[228] Kobell-Kunst, S. 55

jüdischen Bevölkerung. Er wollte wissen, ob das Thema nicht auch schon von einem deutschsprachigen Autor behandelt worden sei. Dabei stieß er auf das Fragment »Esther« des österreichischen Dichters Franz Grillparzer, für das er sich begeisterte. »›Das Fragment Esther ist wundervoll, bieten Sie alles, alles auf, damit Grillparzer es vollende‹, schärfte er einmal seinem Kabinettsekretär Eisenhart ein.«[229] Da Grillparzer sein Stück nicht vollendete, beauftragte der König damit seinen Hofdichter Karl Heigel. Dessen Stück mit dem Titel »Die Aufführung der Esther in Saint Cyr« zeigt Ludwig XIV. und seinen Hofstaat bei einer Aufführung von Racines Tragödie »Esther«. Zugegen ist auch Marquis de Louvois, der kriegslüsterne Minister des Sonnenkönigs, der die eroberte Pfalz verwüsten will. Außerdem hatte er sich den Hass der Madame de Maintenon zugezogen, da er die öffentliche Bekanntgabe ihrer Heirat zur linken Hand mit Ludwig XIV. verhinderte. In der Figur des hinterhältigen Haman hält Racine dem Marquis de Louvois einen Spiegel vor. »Der Sonnenkönig aber, der um jene Greuel nicht wußte [...], ergrimmte in königlichem Zorn, und Louvois' Sturz war besigelt.«[230]

Diese interessante Konstellation faszinierte Ludwig II. Bei der angeordneten Separatvorstellung schaute er aus seiner Loge auf die Bühne des Hoftheaters, auf der Ludwig XIV., seine Gäste und der Hofstaat des Sonnenkönigs auf die Bühne des Mädchenpensionats von Saint-Cyr blicken, auf der gerade Racines Tragödie mit König Ahasverus und seinem intriganten Berater Haman dargestellt wird, womit Racine aber Ludwig XIV. und dessen intriganten Minister Louvois meinte.

Von der Uraufführung des Schauspiels war der König sehr angetan, bemängelte allerdings, dass die Anordnung der Figuren auf der Bühne nicht historisch getreu gelungen sei. »Können Sie mir bis übermorgen«, fragte er den Theaterintendanten Ernst von Possart, »die Szene so herstellen, daß sie dem historischen Vorgang entspricht?«. Possart erklärte, dass das möglich sei, in diesem Fall aber Ludwig XIV. und die englische Königin »durch die hinter ihnen aufgestellte Hofgesellschaft vollständig verdeckt würden und Seine Majestät demnach von diesen beiden Hauptfiguren hier bloß den Rücken und die Allongefrisur zu sehen bekäme«. Darauf erhielt Possart die Nachricht: »Es sei seiner Majestät vollkommen gleichgültig, ob die Gesich-

[229] Kobell-Kunst, S. 56

[230] Possart, Ernst von: Erstrebtes und Erlebtes. Erinnerungen aus meiner Bühnentätigkeit, Berlin 1916, S. 262ff. (künftig: Possart)

ter Ludwigs XIV. und der Königin von England in dieser Szene von ihm gesehen würden oder nicht; er wolle nur den historischen Vorgang wahrheitsgetreu dargestellt wissen.«[231] Possart ging an die Arbeit und der König war mit der nunmehr historisch genauen Darstellung zufrieden, auf die er bei allen Schauspielen stets größten Wert legte.

Prinzessin Liselotte von der Pfalz (1652–1722)

Liselotte von der Pfalz wurde durch ihre Schlagfertigkeit und ihren Humor bekannt, den sie sich auch am Hof von Versailles bewahrte. In dem Theaterstück »Elisabeth Charlotte«, das Ludwig II. schätzte, wurde sie verewigt. Dem König gefiel besonders jene Szene, in der Ludwig XIV. auf dem Throne sitzend den Grafen von Wied empfängt.

Lieselotte von der Pfalz wurde in einem der schönsten Renaissanceschlösser Deutschlands, dem zu Heidelberg, 1652 als Elisabeth Charlotte geboren. Sie war die Tochter des Kurfürsten Karl Ludwig von der Pfalz. Als echtes Pfälzer Kind war sie geradlinig, humorvoll, erdverbunden und ohne Allüren. 1671 verheiratete sie ihr Vater aus politischen Überlegungen mit dem Bruder des französischen Königs, Philipp von Orléans, um damit die Verbindung zu Frankreich zu festigen. Weinend nahm die 19-jährige Lieselotte Abschied von ihrer geliebten Heimat.

Die Ehe, aus der zwei Kinder hervorgingen, war höchst unerfreulich und seit 1676 zerrüttet, da ihr Mann homosexuell veranlagt war. Liselotte fühlte sich immer mehr als Fremdkörper in Frankreich, durfte aber auch nach dem Tod ihres Mannes 1701 das Land nicht verlassen. Am Hof zu Versailles war sie eine der wenigen, die ihrem Schwager, dem gottähnlichen »Sonnenkönig«, unverblümt ihre Meinung sagte.

Ihre Gedanken und Beobachtungen notierte sie in Tausenden von Briefen, vor allem an ihre Tante Sophie. Schätzungen sprechen von bis zu 60 000 Briefen, ungefähr 5000 davon sind noch erhalten und stellen ein offenherzig verfasstes Zeitdokument dar. Ob es nun um den König ging, die Politik, den Klatsch und die Intrigen, sie schrieb alle ihre Beobachtungen am Hof in der ihr eigenen kräftigen, deutlichen und deftigen Sprache nieder. 1722 starb sie 70-jährig.

231 Ebd., S. 264

1879 beauftragte Ludwig II. seinen Hofsekretär Bürkel, für die Restaurierung der Eremitage bei Bayreuth und deren Anlagen Sorge zu tragen, »weil es allzu schade wäre, diesen reizenden Aufenthalt mehr und mehr herunter kommen zu sehen, was leider nur allzusehr geschah, es kann jedenfalls geschehen, ohne zu große Kosten zu verursachen. Die Zimmer sollen wieder so werden wie dieselben in den Memoiren der berühmten Markgräfin von Bayreuth beschrieben sind, im Hauptgebäude der Eremitage selbst sowie im Sonnentempel sind vor allem neue Vergoldungen notwendig, auch muß das Schadhafte der Gartenanlagen und vor allem an den Wasserwerken repariert werden. Ich lege Ihnen diese Angelegenheit sehr ans Herz. Ich verlasse mich darauf.«[232]

Die Beschäftigung mit Bayreuth lenkte die Aufmerksamkeit des Königs auf die wohl bekannteste Persönlichkeit der Markgrafschaft Ansbach-Bayreuth, Markgräfin Wilhelmine, die »geistreiche Schwester Friedrichs des Großen«, wie sie Ludwig bezeichnete. Er war von dieser Frau fasziniert, die als Bauherrin, Opernintendantin und großzügige Förderin von Kunst, Musik und Wissenschaft wesentlichen Anteil an der Modernisierung ihres Landes hatte. Wie ihr Bruder Friedrich der Große hatte auch sie unter dem strengen Regiment ihres Vaters, des preußischen Soldatenkönigs, gelitten. Die begabte Wilhelmine bildete ihre musischen Talente aus, komponierte selbst die Oper »Argenore«, führte mit Voltaire einen regen Briefwechsel über philosophische Themen und holte die besten Künstler und Wissenschaftler ihrer Zeit nach Bayreuth. Die Früchte ihrer regen Bautätigkeit, bekannt als »Bayreuther Rokoko« sind bis heute eine Attraktion. Vor allem das Markgräfliche Opernhaus gilt als wahres Juwel.

Ludwig II. beauftragte den Dichter Karl Heigel, ein Theaterstück – »Die Memoiren der Markgräfin« – zu verfassen, dessen Szenen in der Bayreuther Eremitage spielen sollten. Auch »der Besuch Friedrichs des Großen, in dessen Gefolge sich Voltaire befand, soll darin vorkommen«, ordnete der König an. Außerdem wünsche er, »daß der Dichter in dem Stück recht viel feurigen französischen Esprit entwickle«.[233]

Am 20. April 1880 teilte Ludwig II. seinem Kabinettssekretär Friedrich

[232] Ludwig an Bürkel, Hohenschwangau, 6. August 1879: Bürkeliana 36 (no 1-96), hier no. 20

[233] Ebd.

von Ziegler mit: »Im vorigen Sommer [1879] las ich, wie Ihnen bekannt ist, viel über die Markgräfin Wilhelmine, Friedrichs des Großen berühmte Schwester und über Voltaire, auf meine Anregung hin schrieb Heigel ein Stück über jene Zeit, welches demnächst vor mir gegeben werden wird, ich schicke es Ihnen zum lesen da es für Sie von Interesse sein dürfte. – Es spielt zum Theil in der Eremitage und im Musikzimmer, in welchem Sie mir im J. 1876 vorgetragen haben!«[234]

Ludwig II. verehrte Wilhelmine, die eine gebildete Fürstin und eine der letzten wahren Prinzessinnen Europas war und Bayreuth zu einer der prunkvollsten deutschen Städte des 18. Jahrhunderts gemacht hatte.

Weitere historische Frauen in Schauspielen für Ludwig II.

Auch zu anderen Bühnenheldinnen entwickelte Ludwig II. vielfach eine enge emotionale Beziehung. Mit dem Lustspiel »Die Gräfin du Barry« begann er am 6. Mai 1872 seine Separatvorstellungen. Etwas später kam das Intrigenstück »Der Fächer der Pompadour« zur Aufführung. Besonders liebte der König Albert Emil Brachvogels Trauerspiel »Narciß«, in dem abermals die Pompadour eine wichtige Rolle spielte und das er sich zwölfmal aufführen ließ. Das Drama »Frau von Montarcy« behandelte eine tragische Liebesgeschichte aus den Hofkreisen Ludwigs XIV. In dem Schauspiel »Salvoisy oder Der Anbeter der Königin« wurde die Errettung der unglücklichen Marie Antoinette vor der Verfolgung der Jakobiner thematisiert. Die Hauptpersonen des Schauspiels »Unter den Lilien« waren Ludwig XV. und die Gräfin du Barry. In jedem Stück hatte der König seine Lieblingsfiguren. »Nach Aufführungen«, berichtet Kabinettsekretär Friedrich von Ziegler, »erhielten jene Darsteller, welche die ›vornehmsten‹ Personen des Stückes oder die Seiner Majestät am meisten sympathischen Personen agirt [sic!] hatten, kostbare Geschenke. Der im Stück vorkommende König oder eine Mätresse erhielten, selbst wenn die Rolle klein war, ein bedeutenderes Geschenk als der Darsteller einer großen Rolle, wenn er eine Person von geringem Range repräsentierte«[235] oder eine Gestalt, die dem König missfiel.

Neben Friedrich Schillers »Maria Stuart« und »Die Jungfrau von Orléans« kamen »Die Zarin« und »Josefine Bonaparte« von Karl Heigel und von Ludwig

[234] Rummel, S. 143f.

[235] Zeitschrift Landesgeschichte 2011: Ludwig II., S. 712

Schneegans »Marie, Königin von Schottland« auf die Bühne. Weitere Stücke waren: »Die Herzogin von Châteauroux«, »Gräfin Lea«, »Eine Heirat unter Ludwig XV.«, »Die Marquise von Lowood«, »Die Erzählungen der Königin von Navarra« und »Gräfin Charlotte«, um nur einige zu nennen. Er wollte alle seine Vorbilder leibhaftig vor Augen sehen, sie sprechen hören, sie gewissermaßen bei sich empfangen. Ganz besondere Aufmerksamkeit schenkte der König den Gestalten in Jean Racines Tragödie »Esther in Saint Cyr«. Da bei der Aufführung nicht sämtliche Details peinlichst beachtet worden waren, verlangte der König eine erneute Aufführung in historisch wahrheitsgetreuer Darstellung. Denn auf eines legte er stets den größten Wert. Er »wollte interessante Vorgänge, die beim Studium der Geschichte sein Gemüt in Wallung versetzt hatten, getreu auf der Bühne verkörpert sehen«, berichtet der Intendant Ernst von Possart. »Seine umfassende Kenntnis der einschlägigen literarischen wie der hervorragendsten architektonischen Werke machte ihn fähig, hier eine genaue Kontrolle zu üben; nicht der geringste Fehler entging seinem Blick. Die dramatische Konzeption aber war ihm Nebensache. Hatte der König einmal, angeregt durch die Lektüre eines Biografischen Werkes, besonderes Interesse für diese oder jene geschichtliche Persönlichkeit [darunter auch von ihm verehrte Frauengestalten] gefaßt und war der Wunsch in ihm rege geworden, diese in ihrem historischen Milieu auf der Bühne zu sehen, so ließ er zunächst nachforschen, ob bereits irgendein Dichter den Stoff dramatisch behandelt hatte. War dies der Fall, dann prüfte der König das gewählte Stück auf seine geschichtliche Treue. Die Schönheit der Diktion, die Genialität der poetischen Erfindung bestimmten erst in zweiter Linie die Aufführung.«[236]

Nicht selten wurden derartige Bühnenheldinnen, wie etwa Maria Stuart, Marie Antoinette oder die Pompadour dann auch außerhalb der Schauspiele vom König in die Gruppe der von ihm verehrten Damen aufgenommen. Er ließ Bilder von ihnen anfertigen und sie erwachten in seinen Schlössern für ihn zum Leben. In der Folge bat er sie in seine Gemächer und es kam zu Zwiegesprächen mit den Damen, bei denen er nicht gestört werden wollte.

Die Frauen in Richard Wagners Opern

Für Ludwig II. hatten nicht nur Frauengestalten in den von ihm geschätzten Dramen enorme Bedeutung, sondern noch mehr jene in Richard Wagners

[236] Hollweck, S. 121

Opern. Sie begleiteten sein Leben. Es sind dies: Senta im »Fliegenden Holländer«, Elisabeth im »Tannhäuser«, Elsa im »Lohengrin«, Isolde in »Tristan und Isolde«, Eva in »Die Meistersinger«, Kundry in »Parsifal« und Brünnhilde im »Ring des Nibelungen«. Die Motive, die Wagner bei seinen Frauengestalten aufgreift, werden auch zu Motiven im Leben Ludwigs II.: bedingungslose Hingabe an den geliebten Menschen, Selbstaufgabe und Aufopferung bis zum bitteren Ende, Erlösung durch unbedingte Treue bis in den Tod.

Im »Fliegenden Holländer« äußert sich der Eros im dunklen sexuellen Todestrieb Sentas. Sie gelobt dem »Fliegenden Holländer«, auf dem ein Fluch lastet, Treue und nimmt den Tod auf sich, um ihn zu erlösen.

Im »Tannhäuser« findet die Liebe in bedingungsloser Opferbereitschaft Elisabeths ihren Ausdruck. Sie erlöst Tannhäuser, der sich versündigt hat und dem die Befreiung von seiner Schuld verweigert wird, indem sie seine Schuld mit ihrem Tod sühnt.

Im »Lohengrin« ist der Eros fortwährend bedroht. Elsas Liebe zu Lohengrin wird durch ihr zweifelndes Verhalten zerstört und bringt ihr den Tod. Der finsteren Gegenspielerin Ortrud gelingt es, das Vertrauen zwischen den Liebenden zu zerstören.

Im »Tristan« steht der Eros am selbstmörderischen Abgrund. Tristan und Isolde lieben sich schrankenlos sinnlich in den Tod wie kein anderes Paar der Kulturgeschichte. Isoldes »Liebestod« am Ende ist gleichsam ein musikalischer Orgasmus, wenn sie ihr »Aus ihm tönend, in mich dringend ... in dem wogenden Schwall ... – ertrinken, versinken – unbewusst – höchste Lust« singt und sich in ihrer Fantasie mit Tristan vereint.

In den »Meistersingern« sucht die Liebe ihr Heil in resignierter Fügung in die Ehe zwischen Eva und Walther von Stolzing.

Im »Parsifal« wird dem Eros ekstatisch abgeschworen, stattdessen die asexuelle Leidenschaft gepriesen, die von der rätselhaften Verführerin Kundry bedroht wird, die einmal hündisch den Gralsrittern dient und dann wieder Parsifal ins Verderben zu locken sucht. Doch auch ihr wird durch den reinen Tor Parsifal Erlösung zuteil, bevor sie stirbt. Interessant ist, dass Ludwig II. das Parsifal-Motto »Stark ist der Zauber des Begehrenden, doch stärker der des Entsagenden«[237] nicht nur in einem Brief an Wagner zitiert, sondern auch im Tagebuch, dort als Mahnung für seine Person. Nach Vergeistigung der Liebe strebte der König bekanntlich Zeit seines Lebens.

[237] Grein, Edir (Hg.): Ludwig II., König von Bayern. Tagebuchaufzeichnungen, Tagebuch I, Blatt 7, Schaan 1925, S. 23 (künftig: Grein)

Zielen die genannten sechs Opern Wagners auf die Unmöglichkeit der Liebesbeziehung, so zeigt der »Ring« in Brünnhildes Auffassung von Liebe einen Ausweg. Zwar entwickelt sich Brünnhilde, eine der Walküren, Tochter des Wotan und Geliebte Siegfrieds, im Laufe der Opernhandlung auch zu einer aufopferungsbereiten Frau. Doch die Walküren sind auch eine Gruppe starker Frauen, die als Kämpferinnen unabhängig von Männern leben. Sie stellen damit einen Gegenentwurf zum bürgerlichen Ideal der sich aufopfernden Frau dar. Brünnhilde erkennt, wenn man seiner Liebe treu bleiben will, dann sollte man sie niemals in den Mittelpunkt seines Lebens stellen, sondern ihr diese zentrale Bedeutung versagen. Wahre Liebe gedeiht nur, wenn die Liebenden auch das Scheitern der Beziehung akzeptieren. Nur dadurch stellt sich eine Liebe ein, die auch die vergänglichen, aber darum nicht weniger erhabenen menschlichen Errungenschaften befürwortet. In Wagners »Ring« wird Brünnhilde zur Verfechterin dieser Einstellung. So gesehen sind Wagners Frauenfiguren trotz ihrer freiwilligen Unterwerfung menschlich vielschichtig und faszinierend, weit mehr als die Männer.

Schon als 13-Jähriger hatte sich Kronprinz Ludwig mit dem Schaffen Richard Wagners befasst und dessen erste theoretischen Schriften kennengelernt. 1861, im Jahr der Pariser Erstaufführung des »Tannhäuser«, erlebte er in München mit »Lohengrin« auch die erste Aufführung eines Wagner-Werkes, nachdem ihm dies 1859 vom Vater noch untersagt worden war. Im August 1859 überreichte Graf La Rosée »Oper und Drama« dem Prinzen als Geschenk, der am 2. Februar 1861 in München die Wiederaufführung von »Lohengrin« besuchen durfte. Als 15-Jähriger »vergoß [er] darüber Tränen höchsten Entzückens, lernte in der Einsamkeit seines Zimmers und des Parkes das Textbuch und die übrigen Dramen Wagners auswendig und las mit brennender Begierde auch die Prosaschriften Wagners, besonders ›Das Kunstwerk der Zukunft‹, das er anläßlich eines Besuches bei Herzog Max in Bayern auf dem Klavier liegen sah«.[238] 1863 entdeckte Ludwig dann die kurz vorher veröffentlichte »Ring«-Dichtung. Wagners Opern waren ihm bereits damals in Fleisch und Blut übergegangen.

Es verwundert nicht, dass Ludwig II. etliche Frauen, denen er begegnete, zu Gestalten aus Wagners Opern stilisierte und sie in Bezug auf ihr Wesen und ihren Charakter mit diesen verglich. Dazu gehörten auch Sängerinnen, in denen er vorrangig die Rolle sah, die sie verkörperten. Dieses »Rollenspiel« übertrug er aber auch auf seine nächste Umgebung. So benannte er

[238] Böhm, S. 42f.

seine Verlobte Sophie sogar mit allen wichtigen Frauenfiguren der Wagner-Werke, wie ein Brief Ludwigs an die Braut belegt: »So sei mir aus ganzer Seele gegrüßt, meine liebe Senta, Elisabeth, Elsa, Isolde, Eva, Brünnhilde, und nimm meinen wärmsten Dank aus der Tiefe des Herzens entgegen, das treu für Dich schlägt.«[239]

Richard Wagner wurde nachgesagt, er sei der Dämon Ludwigs II. gewesen, der »gleich dem Klingsohr in seinem Parsifal, ihn ganz und gar in seine unheilvolle Gewalt gebracht«[240] und ihn sogar wahnkrank gemacht habe. Viele widersprechen dem vehement, doch eines streitet niemand ab, dass Wagners Opern von Menschen Besitz ergreifen und sie süchtig machen können. Wagner kann Glaubenssache und Weltanschauung werden, wie das bei Ludwig II. der Fall war und mit den Frauengestalten in seinen Opern prägte er auch dessen Frauenbild.

Das Mädchen Prakriti

Eine besondere Anziehungskraft auf Ludwig II. hatte Wagners nie ausgeführter Opernplan für eine buddhistische Oper mit dem Titel »Die Sieger«, die er bereits im Mai 1856 in Zürich konzipierte und die ihn zeitlebens nicht mehr loslassen sollte. Grundlage dafür war eine altindische Legende, die der Komponist in dem Buch »Introduction à l'histoire du buddhisme indien« von Eugène Burnouf entdeckte. Der Inhalt ist folgender: Prakriti, ein Mädchen aus einer niederen Kaste, verliebt sich in den Mönch Ananda. Sie bittet Buddha, ihr zu erlauben, sich mit diesem Buddha-Jünger vereinigen zu dürfen. Buddha erlaubt es ihr, aber auf andere Weise als sich das Prakriti vorstellt. Sie soll sich mit Ananda dadurch vereinigen, dass sie dessen Keuschheitsgelübde mit ihm teilt. Prakriti ist verzweifelt, doch Buddha erklärt ihr den Grund für seine Entscheidung. Sie habe in einem früheren Leben dadurch Schuld auf sich geladen, dass sie einen Verehrer einst hochmütig verhöhnt habe. Dadurch, dass sie nun selbst den Schmerz unerfüllter Liebe durchleiden müsse, könne sie diese Schuld büßen. Prakriti entsagt der sinnlichen Liebe, wird von ihrer Schuld erlöst und ein Mitglied in Buddhas Gemeinde.

239 Hacker-Augenzeugenberichte, S. 142

240 Lampert, Friedrich: Ludwig II. König von Bayern. Ein Lebensbild, München 1890, S. 44

Bis zu seinem Lebensende beschäftige Richard Wagner der Plan für eine Oper zu diesem Drama, wie ein Brief Ludwigs II. vom 17. Juli 1882 an ihn belegt, in dem der König beteuert: »Etwas in Ihrem letzten, theuren Briefe hat mich sehr erschreckt und mich betrübt: daß Sie, angebeteter Meister, die ›Sieger‹ ganz aufgegeben zu haben scheinen: ach, das wäre zu traurig! Erst vor kurzem hörte ich, daß Sie noch an jene Schöpfung ernstlich denken und ihr Geist sie nicht aufgeben will.«[241] Doch dazu kam es nicht mehr. Zum einen verarbeitete Wagner die »Sieger«-Thematik in seinem letzten Bühnenwerk »Parsifal«, zum anderen hatte der Komponist nur noch ein halbes Jahr zu leben. Er starb am 13. Februar 1883.

Warum Ludwig II. »erschreckt« und »betrübt« war, lag daran, dass den König insbesondere Werke interessierten, in denen Entsagung sinnlicher Lust und sexuelle Askese thematisiert waren. Auch im »Parsifal« ist die Überwindung sexueller Begierde wesentlicher Leitgedanke. Kundry, die Frauenfigur in dieser Oper, büßt wie Prakriti Schuld aus einem früheren Leben. Wie es heißt, habe sie einst Jesus auf dem Kreuzweg verlacht statt Mitleid zu zeigen. Seither durchwandert sie ein Leben nach dem anderen, das heißt, das Karma zwingt sie zu ständig neuen Wiedergeburten. Erst Parsifal – das Pendant zu Ananda – gelingt es sie von diesem Fluch zu erlösen. Sowohl in »Parsifal« wie in »Die Sieger« faszinierte Ludwig II., dass sinnliche Liebe überwunden werden muss, da sie stets nur neues Leid mit sich bringt.

241 Hommel, S. 85

Mythologische und mystische Frauengestalten und Heilige

Die Liebesgöttin Venus

Ludwig II. begleitete die Entstehung seiner Schlösser mit höchster Aufmerksamkeit. »In Abwesenheit der Künstler«, berichtet Luise von Kobell, »prüfte er kritisch die Arbeiten und verschmähte es nicht, bisweilen zu diesem Zweck auf Leiter oder Gerüst zu steigen.« Dabei erschien ihm dann etwa bei Malereien »die Perspektive unrichtig, die Flächen waren krumm und verschoben, auch wollte der König eine andere Reihenfolge der Bilder«. Dem König entging dabei kein einziges Detail. In seinen Schlössern gab es nichts, was er nicht selbst in Auftrag gegeben hatte und das exakt so gestaltet werden musste, wie er das wollte.

Bemerkenswert ist deshalb, wie viele Bilder und Skulpturen von Venus, der römischen Göttin der Liebe und des erotischen Verlangens, in seinen Schlössern zu sehen sind. Nicht nur im Arbeitszimmer von Schloss Neuschwanstein findet sich das laszive Gemälde »Tannhäuser bei Venus im Hörselberg«. Auch in der Ikonografie von Schloss Linderhof spielt die nackte Venus eine zentrale Rolle. Am Plafond des Spiegelzimmers ist die Geburt der Venus dargestellt, sie beherrscht auch das Wasserbassin und im Baderaum ist das Bild der dem Bad entsteigenden Venus zu sehen. Im Speisesaal zeigen sich zudem »Amor und Psyche« als Liebespaar. Im Schlosspark befindet sich im sogenannten Venus-Tempelchen die Figur der Göttin. Auf Schloss Herrenchiemsee schmückt sie den Spiegelsaal als Nachbildung der Venus d'Arles und einer Venus antique. Außerdem zweimal im Schlafgemach und in Stein und Bronze im Park. Auch im Casino auf der Roseninsel prangt ein Bild der Göttin. Und am königlichen Schlitten fallen Venus und ihre Schwestern als nackte Gallionsfiguren ins Auge. Bis heute fragen sich Besucher immer wieder, ob das alles nur Zufall ist. Doch in den Schlössern Ludwig II. gibt es keine Zufälligkeiten. Hier ist nur das zu finden, was der König detailliert in Auftrag gegeben und wozu er seine ausdrückliche Genehmigung erteilt hat. Manche vermuten sogar, die Abbildungen der nackten Venus und anderer unbekleideter Frauen seien womöglich sogar ein Hinweis darauf, dass der König doch heterosexuell veranlagt gewesen sei.

Besonders augenfällig ist die 1876/77 errichtete Venusgrotte, die der Tannhäuser-Sage gewidmet ist. Die künstliche Tropfsteinhöhle mit See und Wasserfall wurde nach dem Vorbild des Hörselberges aus dem ersten Akt der Wagner-Oper »Tannhäuser« gestaltet. Ludwig orientierte sich aber nicht nur an Wagners Bühnenanweisungen, sondern auch an der tatsächlichen »Venushöhle« im Hörselberg nahe der Wartburg. Der Ursprungsort der Tannhäuser-Sage in Thüringen hatte Wagner zu seinem Werk inspiriert. Die Grotte ließ der König mithilfe von Farbgläsern verschiedenfarbig beleuchten. Eine Wellenmaschine bewegte den kleinen künstlichen See, dessen Wasser, wie auch die ganze Grotte, beheizbar war, um eine angenehme Badetemperatur zu erreichen. Hier hielt sich der König häufig allein auf, immer wieder aber auch mit Besuchern, denen er besonders gewogen war.

Die Aufenthalte liefen nach einem bestimmten Zeremoniell ab, wie Luise von Kobell berichtet: »Zuerst fütterte der Monarch zwei aus den Schlossbassins herbeigeschaffte Schwäne, hernach bestieg er mit einem Lakai einen vergoldeten und versilberten Kahn in Form einer Muschel, und ließ sich auf dem durch einen unterseeischen Apparat bewegten Wasser herumrudern. Unterdessen hatten sich der Reihe nach die fünf Beleuchtungen abzulösen, jeder waren zehn Minuten zugemessen, damit der König den Anblick genügend genießen könne. Fantastisch schimmernde Wellen, Felsenriffe, Schwäne, Rosen, das Muschelfahrzeug und der dahingleitende Märchenkönig«, dessen Blicke auf der entblößten Venus und ihren nackten Gespielinnen ruhten und auf Tannhäuser, der seinen Kopf in den Schoß der Liebesgöttin gebettet hat.

Die *Venusgrotte* ist Schauplatz der Wagner-Oper »Tannhäuser oder Der Sängerkrieg auf der Wartburg«. Der Inhalt der Oper ist bekannt. Zwischen der lasterhaften Venus und der tugendhaften Elisabeth steht der Minnesänger Heinrich von Ofterdingen, genannt Tannhäuser. Er hat sich in den Venusberg begeben, wo die heidnische Göttin Venus regiert und gibt sich hemmungslos dem sündhaften Treiben hin. Das Gegenbild zu Venus ist Elisabeth, die Nichte des Landgrafen Hermann, die Tannhäuser in reiner Liebe zugetan ist. Beim Sängerwettstreit auf der Wartburg preisen die Sänger die Liebe als etwas Reines und Tugendhaftes, doch Tannhäuser verherrlicht die sinnliche Liebe, die er bei Venus genossen hat. Dies sorgt für Empörung und man fordert Tannhäusers Tod für diesen Tabubruch. Doch Elisabeth verteidigt ihn, da nur Gott allein das Recht habe, zu strafen und zu verzeihen. Tannhäuser erkennt sein Unrecht und lässt sich zu einer Pilgerreise nach Rom zum Papst bewegen, um dort von Gott Vergebung für sein sündhaftes Leben zu erlangen. Doch der Papst verweigert sie ihm mit den Worten: »So wenig wie der dürre Stab in meiner Hand jemals wieder grüne Blätter austreibt, so wenig wirst du der ewigen Verdammnis entgehen.« Elisabeth, die auf Tannhäusers Rückkehr wartet, bittet Gott, ihr Leben als Sühne für dessen Schuld hinzunehmen und ihm zu verzeihen. Ihr Opfer wird angenommen und sie stirbt. Tannhäuser will sich wieder dem amoralischen Lebenswandel bei Venus hingeben, doch die Nennung von Elisabeths Namen verhindert dies. Die Nachricht von ihrem Tod bedeutet auch für Tannhäuser das Ende. Da trifft die Botschaft aus Rom ein, dass der dürre Stab des Papstes Grün ausgetrieben habe, ein Zeichen dafür, dass Gott Elisabeths Opfer angenommen und Tannhäuser vergeben hat. Seine Seele ist gerettet.

Im Dezember 1861 erlebte der 16-jährige Ludwig erstmals Wagners Oper »Tannhäuser«. Legationsrat Leinfelder, der mit dem Kronprinzen in der Loge saß, spricht von »einer wahrhaft dämonischen Wirkung« auf den Kronprinzen, dessen Reaktionen sich während der Vorstellung geradezu ins Krankhafte gesteigert hätten. »So geriet zum Beispiel sein Körper bei der Stelle, wo Tannhäuser wieder in den Venusberg tritt, in förmliche Zuckungen. Das war so arg, daß ich einen epileptischen Anfall befürchtete.«

Ludwigs auffallende Affinität zur Venus hat zweifellos mit seiner sexuellen Einstellung zu tun.

Zur Gestaltung der Grotte dienten Ludwig zwei Vorbilder. Je nach Beleuchtung wollte er sich dort entweder in die rot beleuchtete heterosexuelle *Venus-Grotte* aus Wagners »Tannhäuser« hineinversetzen. Blau beleuchtet ist sie die *Lohengrin-Grotte* und eine Hommage an die blaue Grotte auf der italienischen Insel Capri, die bereits im 19. Jahrhundert eine »Wallfahrtsstätte« für Homosexuelle war.

Von Venus, von der Lust und Last der freien Liebe konnte sich Ludwig II. nie befreien. Wie Tannhäuser sich von der Liebesgöttin loszureißen versucht und nach den bei ihr genossenen Liebeswonnen Buße tun will, so fühlte sich auch Ludwig. Während seines ganzen Lebens suchte er verzweifelt nach Reinheit zu streben, konnte aber wegen seiner homosexuellen Einstellung, die damals als Todsünde verurteilt wurde, keine Erlösung finden.

Nach dem Scheitern seiner Verlobung mit Sophie war er glücklich, wie er aus Hohenschwangau nach Tribschen Richard Wagner mitteilte, dem falschen Glück des Venusberges entronnen zu sein. Doch es war nur ein kurzes

Glück. Wie Tannhäuser hatte auch er sich bis zum Tod mit seinem als sündhaft empfundenen Leben auseinanderzusetzen. Waren also die zahllosen Venusbildnisse in den Schlössern und ebenso die Venusgrotte bei Schloss Linderhof für den König letztlich nichts anderes als unübersehbare Warnhinweise, dass überall die Verlockungen der sinnlichen Liebe lauern, denen er sich täglich auf's Neue zu entziehen versuchte, da er sie verdammte?

Auch der von ihm gepflogene Grals-Kult in seinen Schlössern ist nichts anderes als ein Sühnekult. Nicht ohne Absicht thematisieren im Sängersaal des Schlosses Neuschwanstein Bilder von Spieß, Piloty und Munsch zu Eschenbachs Epos »Parzival« die Suche nach dem Heiligen Gral. Wer mit einem Makel oder einer Schuld behaftet ist, der scheitert bei der Gralssuche. Doch Ludwig II. strebte wie die von ihm verehrten mythischen, reinen Gestalten aus Wagners Opern verzweifelt nach Befreiung von Schuld und Sünde.

Die Gottesmutter Maria

Am 21. August 1869 besuchte Ludwig II. die romantische Burg Trausnitz, hoch über der Stadt Landshut gelegen. Er ordnete einige bauliche Veränderungen an und eine gründliche Renovierung der alten Georgskapelle. Prof. Joseph Knabl erhielt den Auftrag, eine Madonna mit Kind zu fertigen, vor der die Figur eines Ritters in Hubertusrittertracht kniet. Ihr hatte der Bildhauer auf königliche Anordnung die Gesichtszüge des jungen Ludwigs II. zu geben. Auf diesem Holzrelief zeigt sich der König nicht als Monarch in Herrscherpose, sondern demütig knieend vor dem Jesuskind, das Maria, die »Patrona Bavariae«, auf ihrem Schoß hält. Das Gotteskind als König des Himmels und der Erde heißt Bayerns König, der ganz nahe vor ihm kniet, mit offenen Armen willkommen. Ludwig blickt ihm ehrfurchtsvoll in die Augen. Seine linke Hand drückt er an die Brust, wo sich sein Herz befindet.

Die Darstellung erinnert daran, dass nach dem Tod des Königs, so sein ausdrücklicher Wunsch, sein Herz in einer Herzurne in die Gnadenkapelle nach Altötting gebracht werden müsse. Dadurch demonstrierte er seine tiefe Verbundenheit mit Maria und dem Gotteskind, wie dies auch schon seine Vorgänger im Königsamt taten.

Bereits am 9. August 1866 bezog sich ein Tagebucheintrag des Königs auf ein Mariengebet von Friedrich Wilhelm Weber aus dessen Gedichtsammlung

»Marienblumen«, in dem es heißt: »Maria, Mutter, reine Magd, / All unsere Not sei Dir geklagt, / Denn Du bist voll der Gnaden; / [...] Du kennst des Lebens Bitterkeit, / Den harten Drang, den schweren Streit / Auf diesen Erdenpfaden. / Maria, Mutter, reine Magd, / All unsere Not sei Dir geklagt, / Denn Du bist voll der Gnaden.« Des Lebens Bitterkeit und Not erfuhr Ludwig II. in mancherlei Hinsicht, was ihn immer wieder Zuflucht im Gebet zur Gottesmutter nehmen ließ, die er als machtvolle Fürsprecherin bei Gott verehrte.

Marienbilder finden sich in vielen Wohnbereichen des Königs, so in seinem Schlafzimmer in der Residenz eine Kopie der »Madonna della Sedia« von Rafael. Auch im Schlafzimmer in Schloss Neuschwanstein prangt über dem Kopfende des Bettes ein Marienbild und im Thronsaal erscheint die Gottesmutter knieend als Vermittlerin der göttlichen Gnade.

Schon in die Grundsteinlegungsurkunde von Schloss Neuschwanstein ließ Ludwig II. die Worte einfügen: »Wir befehlen diesen Bau in den Schutz Gottes, der heiligen Maria als der Patrona Bavariae, und des heiligen Ludwig.« Außerdem prangt die Madonna an der Palas-Fassade von Neuschwanstein als Patrona Bavariae mit Krone, Zepter und dem Gotteskind. Damit stellte Ludwig nicht nur den Schlossbau, sondern auch sich selbst als Schlossherrn und das gesamte Königreich Bayern unter den Schutz der von ihm verehrten Gottesmutter.

Man kann sich kaum ein größeres Gegensatzpaar vorstellen als die Göttin Venus als Sinnbild der Sinnlichkeit und Sünde auf der einen Seite und die Gottesmutter und Himmelskönigin Maria, als Sinnbild von Reinheit und göttlicher Gnade auf der anderen Seite. Sie, die ihm Vorbild und Fürsprecherin zugleich war, flehte der König auch in seinen Tagebuchaufzeichnungen an, so am 21. Januar 1886: »[...] wieder geschworen vor dem Bild der Heiligen Jungfrau und des Jesuskindes [...] das Böse zu überwinden und die Sinne zu besiegen.«[242] Oder am 15. April 1886: »Schwur vor dem Bild der unbefleckten Heiligen Jungfrau, nahe des Bettes, Schwur.«[243]

Elisabeth von Thüringen (1207–1231)

Der Name Elisabeth war Ludwig II. bereits aus der Wagner-Oper »Tannhäuser« bekannt. »Elisabeth die tief beleidigte, rettet den Geliebten, der ihr

[242] Grein, S. 109f.

[243] Ebd., S. 113f.

das Herz durchstach«,[244] notierte er in sein Tagebuch. Die reine Liebe dieser Frau als Sühne für die sinnliche Schuld Tannhäusers beeindruckte den König zutiefst. In der Folge befasste er sich mehr mit ihr. So notierte er im November 1865: »Erlösung durch die Reine, Heilige, der er, der Sünder, das Herz gebrochen, Macht der Liebe, der alles duldenden, der niemals zürnenden, die mild verzeihende! – Selig der Sünder, dem *Sie* geweiht!«

Für Ludwig wurde Elisabeth sowohl zum Vorbild in seinem Streben nach Reinheit und Heiligkeit als auch das Idealbild der verzeihenden Liebe. Anfang Mai 1867 faszinierte ihn das Oratorium »Die Legende der heiligen Elisabeth« von Franz Liszt, das er als »herrliches, läuternd und wahrhaft erhebendes Werk« bezeichnet, aus dem er sich die Verse notierte: »Der Schmerz ist aus, die Bande weichen, die Hülle bleibt in Erdenruh, die Seele steigt als Unsresgleichen unsterblich reinem Lichte zu – und alle Thränen die geflossen, sind Gnadentropfen, Himmelsthau, und Himmelsrosen sind entsprossen, der qualerfüllten Dornenau.«[245] Diese Worte entsprachen seiner Sehnsucht nach dem »unsterblich reinen Lichte«.

Einige Wochen später besuchte er die Wartburg, jene »heilige Stätte, wo St. Elisabeth gelebt«[246] hatte. Tief beeindruckt war er von der karitativen Mildtätigkeit der Heiligen Elisabeth, die ihm zum Vorbild wurde und die er immer wieder auch anflehte, wie im Mai 1869: »Heilige Elisabeth, bitte für mich!«[247] Ein Bild dieser Heiligen wurde auf seine Anordnung hin im Thronsaal von Schloss Neuschwanstein ausgeführt. Links, neben der Tür zum Söller, ist die Fürstin dargestellt, wie sie Werke der Barmherzigkeit übt.

Daneben findet sich die Darstellung einer weiteren Heiligen, der Königin Clothilde von Frankreich (474–544), die ihren Gatten, den Merowingerkönig Clodwig I., zum Christentum bekehrte. Er ließ sich 498 als erster germanischer Herrscher zusammen mit 3000 Franken in Reims von Bischof Remigius katholisch taufen. Auch die heilige Clothilde war für ihre Mildtätigkeit Armen gegenüber bekannt und wurde für Ludwig zum Vor-

244 Schmitt, Markus: König Ludwig II. und die katholische Kirche, Diplomarbeit, München 2011, S. 64–66. Darin: Ludwigs II. Tagebucheintrag vom 5. Dezember 1864. GHA Kabinettsakten König Ludwigs II. 67. Auch die folgenden Tagebucheinträge

245 Tagebucheintrag vom 10. Mai 1867. GHA Kabinettsakten Ludwigs II. 70.

246 Tagebucheintrag vom 31. Mai 1867. GHA Kabinettsakten Ludwigs II. 70.

247 Tagebucheintrag vom 17[?]. Mai 1869. GHA Kabinettsakten König Ludwigs II. 70. Im Original Hervorhebung durch Großschreibung und lateinische Schrift

bild, wie seine großzügigen und oft spontanen Zuwendungen an Bedürftige und Arme belegen, zu denen er sich regelmäßig entschloss. Unter anderem ließ er mehrere Jahre hindurch 1000 Arme in 10 Münchner Gaststätten am Ostersonntag auf seine Kosten verköstigen. Zu Neujahr schenkte er in Linderhof dem Pfarrer von Ettal Jahr für Jahr 400 Mark zur Verteilung an die Ortsarmen. Außerdem unterstützte er in Not geratene Bürger, ließ etwa bei Bränden Verunglückten und geschädigten Feuerwehrmännern Geldunterstützungen übermitteln. Er übernahm das Protektorat bei der Gründung des »Hauptverband[es] bayerischer Frauen und Jungfrauen zur Beischaffung von Verbandsmitteln für das vaterländische Heer« – des heutigen Bayerischen Roten Kreuzes – und steuerte 10000 Gulden als Grundstock bei. Er reformierte 1870/71 den St.-Georgs-Ritterorden, der sich verpflichtete karitative Einrichtungen und Krankenhäuser zu errichten, so etwa 1874 in Nymphenburg und 1880 in Bad Brückenau, wozu Ludwig II. beträchtliche Summen aus seiner Privatschatulle beisteuerte.

Wie Franz Merta zu Recht betont, spendete Ludwig II. in der Absicht »Bedrängten und Notleidenden direkt und unmittelbar zu helfen [...] offenbar so großzügig Almosen an Bedürftige, dass [...] manchmal das mitgeführte Geld auszugehen drohte«.[248]

Die Nixe im Badersee

Dabei handelt es sich um eine rätselhafte, noch heute existierende Frauengestalt, die ihr Dasein König Ludwig II. verdankt. Bekanntlich fühlte sich Ludwig zur Bergwelt hingezogen, wo er sich am liebsten aufhielt und in der er während des ganzen Jahres unterwegs war.

Wie es heißt, sei er eines Tages im Werdenfelser Land, unterhalb der Zugspitze, in Begleitung des zuständigen Revierförsters unterwegs gewesen, der ihn zu einem See geführt habe, den er noch nicht kannte, zum Badersee. Der König ließ sich auf dem See herumrudern und war von dem Gewässer hellauf begeistert. In dem kristallklaren Wasser konnte man bis auf den Grund sehen und den reichen Fischbestand aus Forellen und Saib-

[248] Merta, Franz: »Und dieser König stirbt in Wahrheit nicht«. Das Herrscherethos König Ludwigs II., in: Peter Wolf/Richard Loibl/Evamaria Brockhoff (Hg.): Götterdämmerung. König Ludwig II. und seine Zeit. Aufsätze zur Bayerischen Landesausstellung 2011 (Veröffentlichungen zur Bayerischen Geschichte und Kultur 59), Augsburg 2011 (179–183), S. 181

lingen bewundern. Inmitten des Sees erhob sich eine mit Fichten und Farnen malerisch bewachsene Insel, an deren Ufer eine Fischerhütte stand. Was für ein Juwel, ging es dem König durch den Kopf. Der See, so erzählte ihm der Förster, wird aus unterirdischen warmen Quellen gespeist, weshalb er im Winter eisfrei bleibt. In der Fantasie des Königs erstand an diesem herrlichen Platz bereits ein Schloss mit Venusgrotte und Wasserspielen. Doch der Förster erklärte ihm, dass der See weder Zu- noch Abfluss habe und für Wasserspiele und Fontänen der Wasserdruck viel zu niedrig sei.

Ludwig verwirklichte seine Pläne später deshalb bei Schloss Linderhof. Doch der Badersee ging ihm nicht mehr aus dem Kopf. Er ließ eine Nixe modellieren, sie zum Badersee transportieren und in etwa fünf Metern Tiefe auf einem Felsplateau versenken, wo man sie seither durch das glasklare Wasser hindurch erkennen kann. Auf ihren linken Arm gestützt, reckt sie den rechten Arm geradezu flehentlich zur Wasseroberfläche hinauf, so als ob sie den Betrachter zu sich in die Tiefe winken oder ziehen wollte.

Sooft der König sich in dieser Gegend aufhielt, musste ihn der Fischer zur Nixe rudern, zu der Ludwig wie gebannt jeweils lange Zeit schweigend hinunter blickte.

Wie es heißt, erinnert das Gesicht der Nixe angeblich an Lola Montez, mit der Ludwig II. jedoch nichts zu tun hatte. Die Montez war bekanntlich die Geliebte König Ludwigs I., seines Großvaters, der ihretwegen zurücktreten musste. Auch wenn sein Enkel den Skandal um die Tänzerin und seinen Großvater kannte, so wäre es doch sehr verwunderlich, wenn er der Nixe im romantischen Badersee ausgerechnet deren Antlitz hätte geben lassen.

Was die Figur dem König wirklich bedeutete, ist bis heute nicht geklärt. Vielleicht habe er damit das Weibliche in die Tiefe verbannen wollen. Andere vermuten, die Figur sei ihm möglicherweise ein Symbol für die Unerreichbarkeit der Frau gewesen. Wieder andere meinen, beim Anblick der winkenden Nixe habe sich der von allen Menschen missverstandene Monarch nach dem Tod im Wasser gesehnt. Nachdem Ludwig II. im Starnberger See ertrunken war, gab es auch Postkarten, auf denen eine Nixe abgebildet war, die den toten König unter Wasser in ihren Armen hält.

Die Bergfee im Spiegelsaal von Schloss Herrenchiemsee

Ludwig II. wäre nicht von Kaiserin Elisabeth als »Märchenkönig« bezeichnet worden – ein Name, der sich bis heute erhalten hat –, wenn nicht auch das Märchenhafte, das Fantastische und Traumbilder mit seiner Person eng verbunden wären. In vielen märchenhaften Geschichten, die sich mit seiner Person befassen, kommen auch märchenhafte Frauengestalten vor. So schildert Marie von Wallersee-Larisch, Nichte der Kaiserin Elisabeth von Österreich, in ihren Lebenserinnerungen ein traumhaftes »Geisterdiner«, das sich im Spiegelsaal des Schlosses Herrenchiemsee zugetragen haben könnte:

»Kurz vor Mitternacht schimmerte die wundervolle Galerie im sanften Lichte vieler Kerzen und verwandelte die Kristallkandelaber in Ketten glitzernder Diamanten. Der mit goldenem Besteck, kostbarem Glas und Blumen geschmückte Tisch war für dreizehn Gäste gedeckt; fünf Minuten vor Mitternacht betrat König Ludwig den Saal, ihre Ankunft zu erwarten.

Als die Uhr zwölf schlug, öffneten sich die großen Flügeltüren, und der Zeremonienmeister meldete – Königin Marie Antoinette. Ludwig ging ihr entgegen, und was sah er? Eine märchenhaft schöne Frau in zarter Seide, das gepuderte Haar mit Perlen und Rosen umwunden, und um den Hals einen dünnen blutigen Strich. Denn der König bildete sich ein, daß auf seine Einladung hin der Geist der Königin wieder das irdische Aussehen aus den prunkvollen Tagen von Versailles annahm, freilich verdüstert durch das grausame Zeichen der Guillotine. Ludwig XIV., mit wallender Perücke und einem Gewande aus steifem, goldgesticktem Brokat, kam mit kleinen Schritten auf hohen roten Absätzen seinem Gastgeber entgegen. Dann blickte die Königin Mary von Schottland, lieblich anzuschauen in ihrem schwarzen Samtkleide, den roten Kuß des Todes auf dem Nacken, dem Könige tief in die Augen und bezauberte seine Seele. Katharina die Große, im Glanz ihrer stolzen Gewänder, brachte einen Hauch von Blut und Sinnlichkeit in den strahlenden Raum, und der romantische Troubadour Wolfram von Eschenbach, der hinter der hohen Dame herschritt, erschauerte, als er aus Versehen ihren Arm streifte.« Nachdem sieben weitere männliche Gäste den Raum betreten hatten »blickte der König besorgt drein, denn ein Gast fehlte.

Doch endlich schwebte die Fee der Berge in den Saal. Sie war schön wie das Morgenrot im Gebirge, und ihre Augen waren tiefblau wie stille Gletscherseen. Unter einem Kranze von Eiszapfen fiel ihr langes, blondes Haar über die weißen Schultern herab; ihre durchsichtigen Gewänder prangten in Blumen und samtenem Moose. Der König lächelte der Fee zu; sie küßte ihn mit kalten, feuchten Lippen, die von der Reinheit des Alls fern vom Menschengewühl raunten. Dann legte sie ihm die Hand auf die Stirn und erweckte in ihm süße Erinnerung an die Wälder und an die wilden Tiere, die er so liebte und deren Leben ihm heilig war.

Jetzt ging man zu Tisch, und dreizehn Diener bedienten die Gäste, deren Unterhaltung alle Weiten der Welt und des Geistes umspannte, wie es sich für eine Versammlung der Großen aller Zeiten gebührte. Die Gebirgsfee aber saß neben dem König und sprach von ihrem fernen Heim, in dem flüchtige Bäche über smaragdene Wasserpflanzen huschen. Sie erzählte ihm von dem Geheimnis, das der Wind den Tannen zuflüstert an dunklen Wintertagen, und verriet ihm, daß die harzigen Tränen, die sie im Sommer vergießen, den Augen der Dryaden entquellen, die in ihren Herzen eigeschlossen sind. Sie atmete ihm den Duft des blumigen Mooses ihres Gewandes entgegen, und der entzückte König hatte wenig Aufmerksamkeit übrig für Marie Antoinette, die Nichtigkeiten vom Trianon und den Versailler Fontainen erzählte. Zum Schlusse hielt Ludwig einen Trinkspruch auf seine Gäste, und als die große vergoldete Uhr eins schlug, zerschellte er sein Glas, auf daß es niemals wieder Verwendung finde zu einem Toast auf weniger erlauchte Gäste. Dann verschwand leise und schwebend die gespenstische Versammlung, und der König schritt hinter ihr drein.

Ludwig glaubte fest an die Wirklichkeit dieses Diners, und seine Dienerschaft bestärkte seine Einbildung, indem sie die Speisen aufzehrte, sobald sie abgetragen waren. Als der König daher durch das Dienerzimmer kam und sah, daß alles wirklich vertilgt war, war er mehr denn je von der Wahrheit seines Traumgesichtes überzeugt. [...]

Des Nachts weckte der König – wahrscheinlich auf die geisterhafte Einladung der Gebirgsfee – oft seinen Haushalt aus dem Schlafe, um nach einem seiner Jagdschlösser zu sprengen. Und Bauern, die den Lärm seines Trosses durch die Dunkelheit dahinstieben hörten, bekreuzten sich voll Grauen und glaubten, der wilde Jäger mit seinem gespenstischen Gefolge sei unterwegs.«[249]

[249] Wallersee, Marie Freiin von: Meine Vergangenheit, Berlin 1913, S. 114–118

Posthume weibliche Verehrung König Ludwigs II.

Liebe über den Tod hinaus

Unter den Menschen, die ab dem 15. Juni 1886 dem aufgebahrten König die letzte Ehre erwiesen, waren auch zahlreiche Frauen aus allen Schichten der Bevölkerung. »Der Andrang des trauernden Bayernvolkes zur alten Kapelle in der Residenz dauert ungeschwächt fort«, meldete am 17. Juni 1886 eine Zeitung. »Eine in Ohnmacht gefallene Dame wäre beinahe zertreten worden. Im Ganzen wurden gestern etwa 20 Frauen ohnmächtig, und ein ganzer Berg von verlorenen Zöpfen und Tournüren [Unterwäsche], zerbrochenen Schirmen und dergleichen zeigte von dem Kampf, der zu bestehen war.«[250] Auch Helene Raff, die zugegen war, berichtet in ihren Lebenserinnerungen: »Ich habe, mitten unter der geduldig wartenden Menge im Regenguß stehend, einen mich besonders ergreifenden Ausspruch aus dem Munde einer alten Bauersfrau gehört. Sie stand unweit von mir, weinte öfters leise in sich hinein, was einen der zugereisten Fremden, einen feingekleideten Herrn, zu folgender Anrede bewog: ›Aber liebe Frau, Sie können doch unmöglich so großen Kummer um den König haben. Gewiß haben Sie ihn nie gesehen, also gar nicht gekannt und nicht wirklich gern gehabt.‹ Die Frau: ›So, moana S'? Unsern Herrgott sieht ma aa nie und hat ean doch so gern.‹« [251]

Nach der »Königskatastrophe« wurde der »Neuen Bayerischen Landeszeitung« vorgeworfen, sie betreibe »Weiberpolitik«. Das Blatt habe sich von »Frauen und Mädchen bestimmen lassen, die alle in den König ›vernarrt‹ gewesen seien«, eine verkitschte, »romanhafte Darstellung der ganzen Katastrophe« zu bringen. Die Zeitung verteidigte sich gegen diesen Vorwurf wie folgt:

»Die Frauen entwickeln sehr oft, auch im gewöhnlichen Leben, mehr Kenntnis der Menschen und mehr Einblick in die Verhältnisse, mehr natür-

[250] Sailer, Anton: Bayerns Märchenkönig – Das Leben Ludwigs II. in Bildern, München 1977, S. 140

[251] Raff, Helene: Blätter vom Lebensbaum, München 1938, S. 113ff.

lichen Scharfblick und unverdorbenes Verständnis als eine recht große Zahl von Männern. [...] Die allermeisten Frauen haben den König persönlich nie gesehen. Allenfalls kennen sie eine Photographie aus früheren Tagen. Nun mögen sie von der äußeren Erscheinung des Königs eingenommen sein. Auch die Männer sind es nicht minder. Aber worin jene das starke Geschlecht weit überragen, das ist die Hochschätzung der Eigenart dieses Fürsten. Dass er kein alltäglicher Mensch war, kein hausbackener Fürst, sondern ein über die gewöhnliche steifleinene und scheingebildete Mittelmäßigkeit weit hinausragender Mann, der selbst eigene Ideen hatte und für höhere Bestrebungen opfermütig und selbstlos sich begeisterte, das war es, was ihm die Sympathien der Frauen auch dann noch erhielt, als der Sonnenbrand der Phantasie seinen Geist zu verzehren begonnen hatte. Und als das Unglück über ihn hereingebrochen war, als Missgunst, Niedertracht, Kleinlichkeit, Bosheit, Lüge und Herrschsucht eine wahre Hetzjagd gegen ihn unterhielten, als endlich die Wogen über dem moralisch zu Tode gehetzten König zusammenschlugen – da gebot es den Frauen schon das angeborene Gefühl für Takt und Schicklichkeit, Anstand und gute Sitte, das Bessere an dem Dahingegangenen anzuerkennen und den eigenen menschlichen Zug nicht an einem Toten zu verleugnen. Es war nicht das bloße Mitleid, das die wärmsten Sympathien und die heißen Tränen der Frauen dem unglücklichen König zuwenden ließ, es war der sittliche Zug nach gerechter Beurteilung einer seltenen und großen Erscheinung, welcher ihre einhellige Meinung beeinflusste und bestimmte. Die Verleumdung, welche an dem lebenden König systematisch verübt wurde, die Behandlung, welche dem gewesenen König zu Teil ward, die Schmähung, welche auf dem Grabe desselben als saftiges Unkraut gepflegt wird – das war es, was das edler denkende Frauengeschlecht empörte. Darum Respekt vor den Frauen! Sie haben ein bestimmtes Urteil und eine bewundernswerte Energie, ihre Ansicht zu bekunden, selbst wenn das Mitleid ihr Herz erfüllt und ihre Augen in Tränen glänzen.«[252]

Erscheinungen und Träume

Mehrere zuverlässige Zeugen versichern, dass Kaiserin Elisabeth von Österreich nach Ludwigs Tod Erscheinungen ihres Cousins gehabt habe. Anlässlich eines dieser Vorfälle drang sogar Wasser des Starnberger Sees in das kaiserli-

252 »Neue Bayerische Landeszeitung« vom 26. Juni 1886

che Schlafgemach ein. Der Ablauf war folgender: Als sie im Bett lag, hörte Elisabeth vor der Türe »ein monotones Tropfen von Wasser [...] wie das Gurgeln von Wasser gegen den Strand. [...] Allmählich«, so zitiert Sisis Nichte Marie Louise von Wallersee-Larisch die Kaiserin, »erfüllte dieses sanfte Sickern das ganze Zimmer, und ich durchlebte alle Nöte des Ertrinkens. Ich röchelte und erstickte und rang nach Luft, dann schwand das Grauen, mit letzter Kraft setzte ich mich im Bett auf und atmete wieder frei. [...] Da sah ich, wie die Tür sich langsam öffnete, und Ludwig kam herein. Seine Kleider waren schwer von Wasser, das an ihm herabtriefte und kleine Lachen auf dem Parkett bildete. Sein feuchtes Haar klebte um sein weißes Gesicht, doch es war Ludwig, wie er im Leben ausgesehen hatte.«[253] Wie Sisi ihrer Nichte weiter erzählte, habe sie sich nun mit Ludwigs Geist unterhalten. Der König sprach dabei von einer Frau, die ihn geliebt habe und die verbrennen würde. Bis sich ihr Geschick nicht erfüllt habe, werde er nicht frei sein. Ihnen beiden werde hernach Sisi begegnen und zu dritt würden sie dann glücklich sein im Paradies.

Tatsächlich verbrannte Sophie, Ludwigs ehemalige Verlobte, im Jahr 1897 in Paris, und ein Jahr später wurde Sisi erdolcht.

Und wie endete nun die Erscheinung? »Doch während ich sprach«, so die Kaiserin weiter, »verschwand die Gestalt; wieder hörte ich das Tropfen eines unsichtbaren Wassers und das Gurgeln des Sees gegen das Ufer. Entsetzen fasste mich, denn ich fühlte die Nähe der Schatten jener anderen Welt, die ihre gespenstischen Arme nach dem Trost der Lebenden ausstrecken.«

Bis in die Träume hinein verfolgte der König auch so manch andere seiner Verehrerinnen. Immer wieder gab es medial begabte Frauen, die versuchten, Kontakt zum toten König herzustellen, um zu erfahren, wie er wirklich zu Tode gekommen sei oder wie es ihm in der anderen Welt gehe. Auch Kaiserin Elisabeth, die sich mit den Geheimnissen des Okkulten befasste, versuchte in spiritistischen Sitzungen ihren toten Cousin zu beschwören und eine Verbindung zu ihm aufzubauen.

Fanpostkarten und Liebesgeschichten

Als eines der ersten äußeren Zeichen der Verehrung nach Ludwigs Tod tauchten etliche Postkarten auf, auf denen Frauen aus dem Volk dem Bild des Königs entweder einen verzehrenden Blick zuwerfen oder sein Kon-

253 Wallersee, Marie Freiin von: Meine Vergangenheit, Berlin 1913, S. 130–133

terfei im Herzen tragen. Darunter Verse wie: »Du brauchst kein Standbild von Stein, / Du brauchst kein Denkmal aus Erz. / Dein Bild wird ewig leben / im treuen Bayernherz.« Auf einer dieser Postkarten küsst eine Dame eine Ludwig-II.-Büste sogar auf den Mund, was der König allerdings niemals gestattet hätte.

Auf dem Gemälde von A. de Courten mit dem Titel »Nicht darüber reden« schwebt über dem Wasser eine Engelsgestalt, die ihre Lippen mit dem Zeigefinger verschließt. Sie wacht darüber, dass dem König jene Ruhe zuteilwird, die ihm zu Lebzeiten nicht vergönnt war. Auf einem Kunstdruck von 1887 gleitet über dem König, der samt Zepter und Krone auf dem Grund des Starnberger Sees ruht, eine Wassernixe, darunter erzählt das »EINE VISION« betitelte Gedicht: »Allnächtlich auf des Sees Grund, / Wenn Luna glänzt in stiller Stund, / Erschauet man ein Königs-Bild, / Fast schemenhaft, im Schilfgefild. // Und händeringend klagt im See / Die schöne Nixe laut ihr Weh. – / Erst wenn der frühe Morgen graut, / Verstummet auch ihr Klagelaut.« Es kursieren außerdem etliche Abbildungen, auf denen unverhüllte weibliche Wassergeister den König, der über den Wassern des Starnberger Sees schwebt, in die Tiefe zu ziehen drohen, während ihn himmlische Wesen nach oben ins Paradies zu entführen trachten.

Nach dem Tod König Ludwigs II. erschienen auch zahlreiche erdichtete Edelschnulzen und rührselige Liebesgeschichten über den Märchenkönig. Eine davon verfasste Johanna Baltz (1849–1918) unter dem Pseudonym »Joseph Bajovar« mit dem Titel »Alpenrosen und Gentianen« bereits 1887. Dieser Roman erlebte immerhin 21 Auflagen. Er erzählt von der erfundenen Liebe des Freifräuleins Elisabeth von Rebach, die Ludwig II. mit Alpenrosen und Gentianen für sich gewinnen will, worauf Ludwig mit den Versen reagiert: »Rosen gibst du und Gentianen, / Scheues fremdes Kind! / Und durch meine Seele lind / Zieht ein wundersames Ahnen.« Doch dieses »wundersame Ahnen« endet im Unglück. Bei dem Versuch, den königlichen Freund in einer eisigen Winternacht vor dem drohenden Sturz in die Tiefe zu bewahren, zieht sich das Freifräulein eine tödliche Erkältung zu. Selbstlos bittet sie in der Todesstunde den König, sich ein Weib zu suchen, das ihn liebt und dem bayerischen Volk eine treu sorgende Königin sein kann.

1890 verfasste der japanische Arzt und Schriftsteller Mori Ôgai (1862–1922), der 1886/87 in München studiert hatte, die Novelle »Utaka noi ki« – »Wellenschaum«. Die Story handelt von der glücklosen Beziehung der Mutter des Blumenmädchens Marie zu Ludwig II. Nach dem Tod der Mutter lernt Marie in München den japanischen Maler Kose kennen, mit dem sie – ausgerechnet am 13. Juni 1886 – auf dem Starnberger See in der Nähe von Schloss Berg eine Kahnfahrt unternimmt. Plötzlich erscheint am Ufer Ludwig II. in Begleitung Dr. Guddens. Der König erblickt Marie und glaubt im Wahn, deren Mutter zu sehen. Er stürzt sich in den See, um zu Marie zu kommen. Die wird ohnmächtig und fällt ins Wasser. Der König und Dr. Gudden kommen, miteinander ringend, in den Fluten ums Leben. Marie wird zwar aus dem Wasser geborgen, stirbt aber kurz darauf. »Das Leben ist vergänglich wie Schaum der Wellen«, mit diesen elegischen Worten lässt Mori Ôgai die Novelle enden.

1911 veröffentlichte Hedwig Courths-Mahler (1867–1950) unter dem Pseudonym Hedwig Brand die Erzählung »König Ludwig und sein Schützling«. Der Schützling ist das brave Burgerl, das eine berühmte Sängerin wird und ihren König über alles liebt, aber vergeblich nach ihm schmachtet, da Ludwig aus Edelmut diese Liebe leider nicht erwidern kann.

1927 publizierte der Knaur-Verlag zum Preis von 1 Mark George Delamares Roman »Der Mitternachtskönig«, in dem sich der König in die Abenteuerin Sabine Sorelli verliebt. Beim Fluchtversuch mit ihr wird er von einem kräftigen Mann im Wasser erdrosselt.

Auch in den Folgejahrzehnten erschien noch die eine oder andere Liebesgeschichte. So verfasste 100 Jahre nach Ludwigs Tod, 1886, auf der Grundlage mündlicher Überlieferungen Thea Sommer den schmalen Roman »Die heimliche Geliebte des Märchenkönigs«, in der sich die liebreizende Müllerstochter Fini in den schmucken Jägersmann Wiggerl verliebt, ohne zu ahnen, dass dies Ludwig II. ist. Auch diese Liebe findet keine Erfüllung und endet mit Ludwigs und Finis Tod. Die Autorin war überzeugt, dass des Königs Liebe zur Müllerstochter einer der Gründe war, weshalb er unverehelicht blieb.

Alle diese Geschichten fanden zahlreiche treue Leserinnen. Ähnlich, wie die Frauenwelt den Märchenkönig während seines Lebens anhimmelte, so widerfuhr ihm das auf verklärende Weise auch nach seinem Tod.

Sehnsucht, dem König in den Tod zu folgen

Die wohl bekannteste Frau, die – zumindest in einigen Gedichten – äußerte, Ludwig in den Tod folgen zu wollen, war Kaiserin Elisabeth von Österreich. Der Starnberger See besaß für sie eine magische Anziehungskraft.

Etwa ab Mitte der 80er-Jahre des vergangenen Jahrhunderts äußerte sie mehrfach Selbstmordabsichten, wie im folgenden Gedicht:

»Ich saß und sah zu lange am Gestad, / Berückend klang der grünen Wasser Rauschen, / Zu lockend hat Versuchung sich genaht, / Und zwang der Nyxen Worte mich zu lauschen. / Und jede Welle flüstert leis mir zu: / Vergönne doch in uns'rem grünen Grunde / Dem müden Körper endlich Rast und Ruh; / Der Seele Freiheit bringt dann diese Stunde. / Mir dünkt, daß selbst die Sonne schmeichelnd spricht: / Und steigst hinab du jetzo ohne Zagen, / Bedeckt dein grünes Grab mein goldnes Licht – / Dem Geiste aber wird ein hell'res tagen. / Die Stunde der Versuchung ist gewichen, / Ein feiger Hund, bin ich nach Haus geschlichen.«

Und in einem anderen Gedicht sieht sie sich nach erfolgter Tat im See liegen:

»Nun liegt mein Körper unten / Im tiefsten Meeresgrund, / Die Riffe dort, die bunten, / Die rissen ihn noch wund. // In meinen Zöpfen betten / Die Seespinnen sich ein; / Ein schleimig Heer Maneten / Besetzt mir schon die Bein'. // Auf meinem Herzen kriechet / Ein Tier, halb Wurm, halb Aal; / Die Fersen mir beriechet / Ein Lobster-Kardinal. // Es haben mir umschlungen / Medusen Hals und Arm; / Und Fische, alte, junge, / Die nähern sich im Schwarm. // An meinem Finger saugen / Blutegel, lang und grau, / In die verglasten Augen stiert mir der Kabeljau. // Und zwischen meine Zähne / klemmt sich ein Muscheltier. – / Kommt wohl die letzte Träne / Als Perle einst zu dir?«

Aufgrund dieser Gedichte mutmaßten manche, dass Elisabeth, wäre sie 1898 nicht von einem Attentäter erstochen worden, ihre Selbstmordabsichten doch noch wahr gemacht hätte und ihrem Königsvetter Ludwig womöglich in den Starnberger See gefolgt wäre.

Seit dem Tod Ludwigs II. übte der See mehrfach auf Menschen, die mit ihrem Leben nicht mehr zurechtkamen, eine verlockende Anziehungskraft aus, darunter vor allem auf Frauen. Sie verspüren Sehnsucht, mit dem Märchenkönig im nassen Tod vereint zu sein. Besonders die Stelle unweit des Kreuzes, wo der König im See zu Tode kam, hat eine geradezu magische Wirkung.

Eine Touristin aus dem Ausland, die man noch rechtzeitig retten konnte, wurde gefragt, weshalb sie sich gerade diesen See gesucht habe. Sie erklärte: »Ich war früher schon einmal im Urlaub hier. Dieser See ist so weit, so ruhig, so weich. In ihm kann man zur Ruhe kommen. Der See ist zum Sterben schön.« Im Chiemsee suchte eine 26-jährige Schweizerin nach einem

Besuch des Schlosses Herrenchiemsee den Tod. 1984 hatte ein 15-jähriges Mädchen aus Norddeutschland ihren Eltern in einem Abschiedsbrief angekündigt, sie wolle wie Bayerns Märchenkönig sterben. Polizei und Wasserwacht rund um den See standen daraufhin in höchster Alarmbereitschaft. Zum Glück führte die Jugendliche ihr Vorhaben dann doch nicht aus.

Fantasien, ein Kind Ludwigs II. zu sein

Das erste Gerücht, Ludwig II. sei Vater eines Kindes, bezog sich, wie bereits erwähnt, auf seine Begegnung mit der Bildhauerin Elisabet Ney. Ludwig II. war damals 25 Jahre alt. Besonders nach Ludwigs Tod tauchten weitere Legenden von einer Vaterschaft Ludwigs II. auf. Mittlerweile ist in schöner Regelmäßigkeit auch von angeblichen Enkelkindern und Urenkeln des Königs die Rede.

Um 1930 behauptete in Amerika Gräfin Zanardi-Landi, geborene Lili Kaiser, ein Kind Ludwigs und der Kaiserin Elisabeth zu sein.[254] Doch allein aufgrund der von ihr angegebenen Daten konnte ihre Aussage nicht stimmen.

Im Juni 1986 erzählte der 71-jährige Allgäuer Hotelier Peter Hartung, er sei ein Enkel König Ludwigs II. Seine 1840 geborene Großmutter Anna soll ein Techtelmechtel mit Ludwig gehabt haben. 1879 habe sie die uneheliche Tochter Clementine zur Welt gebracht, die spätere Mutter von Peter Hartung. Schlagkräftige Beweise für Ludwigs Großvaterschaft konnte der Hotelier allerdings nicht vorlegen.

1991 fragte die Presse dann, ob in Garmisch ein Ururenkel König Ludwigs lebe. Am 25. August 1879, seinem Geburts- und Namenstag, soll der König mit dem bildhübschen Partenkirchener Hirtenmadl und Zimmermädchen Marianna Rieger im Königshaus auf dem Schachen einen Fehltritt begangen haben. Dieser erblickte dann am 27. Mai 1880 unter dem Namen Johann R. Schreiner – als Vater wurde von der verängstigten Mutter nämlich ein Besenmacher dieses Namens angegeben – das Licht der Welt. 82-jährig starb der Mann im April 1962. Der Sohn seines Sohnes sei deshalb eindeutig der Urenkel König Ludwigs II., allein schon deshalb, weil der ihm gleichsehe: »Dasselbe gewellte schwarze Haar, die braunen Augen, dieselbe Nase, dieselben Wangen.«

[254] Böhm, S. 697f.

Die Sehnsucht einiger Frauen, von Ludwig II. ein Kind zu haben oder sein Kind zu sein, führte dazu, dass es mittlerweile vier angebliche Nachkommen gibt: zwei Söhne, zwei Töchter und in der Folge nun auch schon Enkel und Urenkel.

Was zieht Frauen bis heute zu Ludwig II. hin?

Viele fragen sich, weshalb sich bis heute zahlreiche Frauen ausgerechnet für König Ludwig II., der sich doch vorrangig für Männer interessierte, also homosexuell gewesen sei, so sehr interessieren.

Wie wissenschaftliche Studien belegen, fühlen sich Frauen nicht selten zu homosexuellen Männern hingezogen und dies aus mehreren Gründen. Als erstes spüren sie, dass bei ihnen kein sexuelles Interesse besteht und dass diese deshalb ein darauf abzielendes Verhalten oder entsprechende Annäherungsversuche unterlassen. Homosexuellen geht es beim Aufbau einer Freundschaft zu Frauen tatsächlich nur um eine platonische Beziehung. Deshalb sind sie in ihrem Verhalten entspannter und natürlicher, wirken nicht gekünstelt und akzeptieren ihrerseits die Frauen so, wie sie sich geben. Jegliches »Balzverhalten« zwischen ihnen unterbleibt, wie dies auch bei Ludwig II. in seinen Beziehungen zur Kaiserin Elisabeth und der Zarin Maria Alexandrowna, aber auch zu seiner Braut Sophie der Fall war.

Des Weiteren werden Homosexuelle von Frauen als aufmerksam und einfühlsam empfunden. Vielfach sind sie besonders emotional, sensibel, auch intelligent und kreativ und können besser zuhören. Frauen haben das Gefühl, von einem solchen Mann besser verstanden zu werden, während viele heterosexuelle Männer oft zu sehr damit beschäftigt sind, sich selbst zu verstehen und in den Vordergrund zu spielen.

Auch die Ausdrucksweise und die Sprachgewandtheit homosexueller Männer beeindrucken Frauen. Darüber hinaus haben sie ein angenehmes Äußeres, weil sie oft mehr Wert auf ein gepflegtes Erscheinungsbild legen als Heteromänner. Ludwig II. »verwendete schwere Parfums mit den damals üblichen Kopf-, Herz- und Basisnoten Bergamotte, Zitrone, Patschuli, Vetivergras, Eichenmoos, Sandelholz, Rose und Jasmin – aber auch das leichte, frische Eau de Cologne aus der Fabrikation des Kölner Unternehmens Johann Maria Farina«.[255]

[255] Reichold/Endl, S. 100

Bekanntlich ließ sich Ludwig ab 1862 auch täglich sein Haar zu der berühmten Märchenkönig-Frisur ondulieren. Sonst schmecke ihm das Essen nicht, wie er einmal äußerte. Von Natur aus besaß er nämlich glattes Haar. »Der Friseur war deshalb bis zuletzt einer der wichtigsten Männer am Hof. In der Folge galt der König als ›un peu trop bien coiffé‹ – ›ein wenig zu gut frisiert‹ –, wie der französische Schriftsteller Catulle Mendès 1882 spitz bemerkte.«[256]

Homosexuelle Männer sind auch dafür bekannt, dass sie einen besonderen Modegeschmack und einen ausgeprägten Sinn für Stil besitzen. Dies sei auch bei Ludwig II. der Fall gewesen. Er besaß die »Idealgestalt des jungen, göttlichen Adonis, dessen berückende Schönheit Tausende von Frauenherzen mit magischer Kraft erglühen ließ«, betonte der Redakteur Julius Waldemar Grosse. »Ja, es gab wohl keine größere Familie in Bayern, in welcher nicht eine Frau, ein Fräulein oder selbst ein Backfisch von heimlicher Leidenschaft für den Monarchen ergriffen war und wenigstens mit seinem Bilde verschwiegenen Kultus trieb [...].«[257] Und Philipp zu Eulenburg-Hertefeld nannte den König »einen Goldfasan zwischen all den Haushühnern« in seiner Umgebung.

Angeblich belegen wissenschaftliche Untersuchungen, dass homosexuelle Männer fähig seien, eine Situation sowohl aus dem Blickwinkel des Mannes als auch aus dem der Frau zu betrachten. Sie würden von Frauen als Freund oder wie eine Freundin empfunden, mit dem/der man über alles reden könne. Sie seien so, wie Frauen selbst sind, das heißt ihre Wesensart sei den Frauen sehr vertraut und der ihren sehr ähnlich. Wie Frauenfreundschaften hielten Freundschaften zwischen einer Frau und einem homosexuellen Mann, wie es heißt, sogar oft wesentlich länger als Ehen.

Etliche dieser Merkmale und Eigenschaften lagen wohl auch bei König Ludwig II. vor. Viele Frauen spürten sie instinktiv und fühlten sich daher zu ihm hingezogen. Es verwundert nicht, dass bei Empfängen Damen angeblich gleich reihenweise in Ohnmacht gesunken sein sollen. Je unnahbarer Ludwig II. mit den Jahren wurde, umso anziehender wurde der »rätselhafte« Monarch für sie.

Eine Umfrage bei passionierten Ludwig-II.-Verehrerinnen der Gegenwart ergab, dass auch von ihnen etliche der erwähnten Wesenszüge des Königs als verehrungswürdig angeführt wurden. Sie lieben den »jungfräulichen

[256] Ebd.

[257] Hacker-Augenzeugenberichte, S. 131

König« wegen seiner ausgeprägten Sensibilität, seines edlen Charakters, seiner faszinierenden Ausstrahlung und seines unerklärlichen Charismas. Als königlicher Adonis von berückender Schönheit fasziniert er sie durch seine männliche und zugleich weibliche Ausstrahlung. So ist Ludwig II. bis heute ein besonders von Frauen verehrter Fürst geblieben, über den sie deshalb nichts kommen lassen und dessen Ehre sie vehement verteidigen.

Es gibt auch heute noch glühende Verehrerinnen, die sich in jeder freien Minute mit Ludwig II. befassen, Archive durchstöbern und jedes Detail aus dem Leben des Königs recherchieren. Sie sammeln alle Bücher und Devotionalien über den Monarchen und horten sie in der Wohnung. Sie besuchen sämtliche ehemaligen, Aufenthaltsorte des Königs, ziehen sogar in die Nähe der Königsschlösser und buchen regelmäßig Sonderführungen in ihnen. Bisweilen richten sie eine eigene Ludwig-II.-Web-Seite ein und verlangen sogar von ihrem Lebenspartner, er müsse die Beziehung zu ihr mit Ludwig II. teilen.

Ludwigs II. Idealvorstellung von einer Frau

Richard Wagner wollte vom König einmal wissen, was er denn unter einer idealen Frau verstehe. Da meinte Ludwig: »Eine schöne Seele in einem schönen Kleide, mit einer Stimme wie Akkorde und umwoben vom Duft der Lilien.« Als Wagner zu bedenken gab: »Aber das wird doch nie Wirklichkeit!«, entgegnete ihm Ludwig: »Wozu auch? Man kann's erträumen!« Der König »stellte sich in seinem idealen Sinne das Weib als ein höheres Wesen vor, als einen wirklichen Engel, dem nur die Flügel fehlten«,[258] konstatierte der Redakteur Anton Memminger.

Eine wesentliche Voraussetzung für den Umgang mit einer Frau war für den König stets deren Schönheit. »Bekannt ist, daß der Kronprinz schon als Kind eine geradezu nervöse Abneigung gegen häßliche Physiognomien und mißgestaltete Menschen zeigte, indem er den Kopf gegen die Wand wendete, wenn ihm solche begegneten. Für ihm unangenehme Besucher wendete er das gleiche Verfahren an und es bedurfte energischer Zurechtweisung seitens der Erzieher, bis sich der Prinz herbeiließ, den Besucher anzusehen, womit indessen ein freundliches Entgegenkommen noch lange nicht verbunden war.«[259]

Der Romantiker auf dem Königsthron

Ludwigs Idealvorstellung von einer Frau passt zu der ihm verliehenen Bezeichnung »Romantiker auf dem Königsthron« ebenso wie seine eigenwillige Lebensweise, etwa sein Rückzug aus der Wirklichkeit und seine Hinwendung zu einer Traumwelt, seine Liebe zur unberührten Natur und Bergwelt, seine verzauberten Schlittenfahrten und märchenhaften Schlossbauten. Mehr als mit dem Verstand öffnete er sich mit seinem Gemüt der Welt, die ihn umgab.

[258] Memminger, S. 28
[259] Steinberger-Prien, S. 29

»Ruft das Wort ›Romantik‹ in uns nicht Empfindungen und Vorstellungen einer Naturphilosophie, einer mittelalterlich-katholischen Religiosität, einer stimmungsvollen dramatischen und lyrischen Dichtung hervor?«, fragt der Theaterwissenschaftler Kurt Hommel. »Findet die Romantik ihren eigentlichen Ausdruck nicht in der Musik? Sind nicht Abkehr von der Welt, Selbstgenuss, Verlangen nach Erlösung Ziel der romantischen Lebensauffassung? Ist dem Wesen und der Idee der Romantik nicht die Darstellung eines Höchstmaßes des Schönen eigen und verwirft sie somit nicht jede Verzerrung, Verunstaltung und Hässlichkeit, alles Schreckliche, wenn auch nicht das Geheimnisvolle? Und was die Sprache angeht: Ist die Sprache der Romantik nicht die Sprache des Geheimnisses? Die Romantiker lieben das Nebelhafte, das Unbestimmte, das Unerreichbare, Sich-Verlierende in endlose Fernen, die Sehnsucht nach dem Unendlichen und schließlich die Unendlichkeit selbst. [...] Auch das haben die Romantiker für sich: Sie sind Rückwärtsblickende *und* Propheten. Blick in die Vergangenheit – Blick in die Zukunft. Umgestaltend wiederholt sich bei ihnen alles, besonders das Gute, das zurückgeblieben.«[260] Alles Merkmale, die sich auch bei Ludwig II. finden lassen.

Gleichwohl war sich der König bewusst, in einer Welt des gesellschaftlichen Umbruchs und des wissenschaftlich-technischen Fortschritts zu leben. Doch »obwohl er sich diesen oder jenen technischen und geistigen Neuerungen [...] nicht völlig verschloss [...], gewiss ist, dass er vom Zeitgeist weitgehend Abstand nahm. [...] Den Zwiespalt der Welt erlebte König Ludwig II. in der Zwiespältigkeit seiner Person und seines Charakters. Konnte er denn in dieser zusehends materialistischer werdenden Welt an seinen hohen Idealen und Maßstäben festhalten und seine künstlerische Lauterkeit bewahren? Seine Zukunftspläne waren nicht annähernd so wirklich wie phantastisch. Er geriet in Gefahr, eine wunderliche Randgestalt des neuen Zeitalters zu werden. Das Geschehen in den Bereichen der technischen, wirtschaftlichen, sozialen und politischen Entwicklungen war ihm von untergeordnetem Nutzwert, war ihm nicht Bedürfnis, machte ihm keine Sorgen. Er überließ es den Gelehrten, Wissenschaftlern und Fachleuten. Und nachdem er den Zusammenhang mit seiner Umwelt verloren zu haben schien, wurde dieser wirklichkeitsferne Monarch seines Reiches einsamster Mann – mit einer Anlage zur Gemütskrankheit. Der Wille zum Ich wurde ihm heilig.«[261]

Auch das Frauenbild Ludwigs II. war romantisch geprägt, wonach die

[260] Hommel, S. 48 und S. 52
[261] Ebd., S. 55

Frau in männlicher Sichtweise als das »andere Geschlecht« existiert und deshalb in vielen Bereichen von den Männern nach wie vor unterdrückt und von ihnen als untergeordnetes Naturwesen betrachtet wurde. Der Mann sah sich als der dominant Erwachsene, während die Frau für ihn oftmals nur kindliche Eigenschaften aufwies. Eine gleichberechtige oder gelegentlich übergeordnete Funktion hatte sie nur als Ehefrau, Schwester und Freundin. Als solche hatte sie dem Mann physische und psychische Unterstützung zu leisten.

»Mythologische oder mystisch verklärte Frauenfiguren bedeuteten dem König einiges, vornehmlich in Wagners Musikdramen: Elisabeth im ›Tannhäuser‹, Elsa von Brabant im ›Lohengrin‹ oder Tristans Geliebte Isolde. In Hohenschwangau hatte er edle Frauengestalten in Fresken vor Augen, beispielsweise im Agnes-Zimmer die Bilder häuslicher Burgherrinnen, von Luise von Kobell interpretiert: ›Man sieht die Frauen, wie sie damals waren und wie sie nach manches Mannes Meinung noch heute sein sollten, weibliche Arbeiten und Werke der Barmherzigkeit übend, und nicht wie gegenwärtig der Weltverbesserung und der Vereinsmanie frönend.«[262]

Typisch für die Epoche der Romantik war andererseits aber auch die veränderte Rolle der Frau. Sie war nicht mehr länger nur »schön anzusehen«, sondern durchaus auch anregender Mittelpunkt des geistig-geselligen Lebens. Beliebte Treffpunkte der politischen und literarischen Welt wurden für diese emanzipierten Frauen die Salons, in denen reger Gedankenaustausch stattfand. Kluge Frauen wie Rahel Varnhagen von Ense (1771–1833), Dorothea Schlegel (1754–1839) oder Bettine von Arnim (1785–1859) nahmen in Gesprächen und mit eigenen Arbeiten am literarischen Leben teil. Fanny Lewald (1811–1889) bestand bereits auf Gleichberechtigung in Bildung und Ausbildung. Andere forderten völlige Selbstbestimmung des weiblichen Individuums in den Bereichen Liebe, Ehe und Religion und wandten sich gegen jede männliche Bevormundung. Andererseits legten immer noch viel zu wenige Frauen den überlieferten bürgerlichen Lebensstil ab. Selbst jene, die als selbstständig galten und sich ihrer Individualität als Frau bewusst waren, konnten und wollten sich oft nicht von der Rolle als »Untergebene« des Mannes trennen und zeigten neben ihrem kritischen Denkvermögen und ihrem Interesse an kulturellen Aktivitäten, dass sie ihre althergebrachten Rollen als Ehefrau, Mutter und Hausfrau nicht vernachlässigten.

262 Herre, Franz: Ludwig II. von Bayern – Sein Leben – Sein Land – Seine Zeit, Stuttgart 1986, S. 145 (künftig: Herre)

Diese Ambivalenz spiegelte sich auch in Ludwigs romantischem Frauenbild wider: Zum einen akzeptierte er das althergebrachte, von männlicher Dominanz geprägte Bild der Frau, zum anderen sehnte er sich nach der emanzipierten Frau, die sich der männerdominierten Welt nicht unterordnete, sondern sich ihr durch eine selbstbestimmte Lebensweise entzog.

Sehnsucht nach selbstbewussten Frauen

Lässt man die Frauengestalten, zu denen sich Ludwig II. während seines Lebens besonders hingezogen fühlte, Revue passieren, so waren es in der Tat besonders eigenwillige, selbstbewusste und starke, bisweilen androgyne Persönlichkeiten, die oft bewusst gegen die Spielregeln der Gesellschaft verstießen, in der sie lebten, die fähig waren, allein und unabhängig zu leben und die ein kämpferisches Naturell besaßen. Kaiserin Elisabeth von Österreich war nicht nur eine Verfechterin der politischen Liberalisierung Ungarns und eine heimliche Sympathisantin einer republikanischen Staatsform, sondern auch eine Vorreiterin der weiblichen Emanzipation.

Auch Frauen, die sich durch besondere geistige Fähigkeiten und Intellekt auszeichneten und mit denen er sich über Religion, Politik und das Wesen der Monarchie unterhalten konnte, wie dies etwa bei der Zarin Maria Alexandrowna der Fall war, zogen ihn an. Sie empfand er sogar als seine »wahre Mutter«. Überhaupt mütterliche, reife Frauen, denen er sein Herz ausschütten konnte wie seiner ehemaligen Erzieherin Sybilla Meilhaus bewahrte er auch noch dann meist lebenslange Treue und Anhänglichkeit, wenn diese verheiratet waren.

Wenn Gottfried von Böhm des Königs Kontakte zu Frauen lediglich für »vorübergehende Schwärmereien, kleine Flirts, vielleicht sogar zuweilen nur ein Komödienspiel« hielt und der Ansicht war, diese Beziehungen hätten sich auf dem »sterilen Boden der Wirklichkeit [...] als nichts« erwiesen, seien nur »als Versuche eines sich selbst unklaren Triebes« zu bewerten, um »es anderen gleich zu tun«,[263] so übersah er dabei Ludwigs Fähigkeit zu lang anhaltender Treue gegenüber einigen von ihm wirklich verehrten Frauen, die eben nicht nur »kleine Flirts« waren.

1897 behauptete der Arzt und Sexualforscher Magnus Hirschfeld, Ludwig habe für Sophie und andere Frauen »niemals Liebe« empfinden kön-

[263] Böhm, S. 390

nen, »wenn er es auch selbst anfänglich dafür hielt«. Es handelte sich nach Hirschfelds Ansicht lediglich um Freundschaft: »[...] er liebte sie, wie man ein schönes Kunstwerk liebt, die Venus von Milo oder Raffaels Madonna Sixtina, diese Liebe war frei von jeder Sinnlichkeit, ein kameradschaftliches Verstehen. Die Natur hatte ihm versagt, ein Weib so zu lieben, wie es ein Mann lieben muß, denn seine Seele war so wenig männlich, wie seine zarte Schönheit männlich war.«[264] Auch wenn Ludwigs Beziehungen zu Frauen »frei von jeder Sinnlichkeit« waren, so war in seinen Augen die platonisch-geistige Liebe zu erheblich tieferen Empfindungen fähig als es eine sinnliche Liebe je hätte erzielen können. Zu Recht hielt Hirschfeld Ludwigs Entlobung deshalb für »die Tat eines Ehrenmannes, verständlich nur für den, der tiefer in das menschliche Seelenleben einzudringen vermag.«[265]

Ein wesentlicher Aspekt war für Ludwig II. stets die Integrität und die Reinheit der Frau. »Ich unterschätze der Frauen Wert nicht«, betonte er. Doch »bei den meisten jungen Leuten mischt sich Sinnlichkeit in ihre Neigung zum anderen Geschlecht; diese verdamme ich«.[266] Denn, so eine weitere Äußerung Ludwigs: »Nur psychische Liebe allein ist gestattet, die sinnliche dagegen verflucht. Ich rufe feierlich ›Anathema‹ über sie aus!«[267] Deshalb wehrte er sich auch zeitlebens gegen diese Sinnlichkeit mit verzweifelter Kraftanstrengung, dies vor allem auch deshalb, weil er von der göttlichen Berufung seiner Person als König und dem damit verbundenen Gottesgnadentum überzeugt war, das von ihm auch in sittlicher Hinsicht eine tadellose Lebensführung, frei von allen sinnlichen Gelüsten, forderte.

Die Frauen waren für ihn in der Tat »geschlechtslose, verehrungswürdige Geschöpfe, zartfühlende Partnerinnen gemeinsamer Schwärmerei oder weltschmerzlicher Wehmut, unentbehrliche Statistinnen des Hoflebens oder Kunstvermittlerinnen der Bühne, denen man ritterliche Distanz und reiche Gaben schuldet«.[268] Oder, wie dies Georg Jacob Wolf formulierte: »Der Zauber der Frauen wirkte auf ihn nicht animalisch, nicht triebhaft, weckte in ihm nicht das Verlangen nach Besitz, sei es legitim oder in freier

264 Hirschfeld, Magnus: Das Rätsel im Leben der Herzogin Sophie von Alençon, in: Der Hausdoctor: Wochenschrift für naturgemäße Lebens- und Heilweisen, Nr. 392, S. 417–418, Berlin, 1897, S. 417 (künftig: Hirschfeld: Das Rätsel der Herzogin)

265 Hirschfeld: Das Rätsel der Herzogin, S. 417

266 Hacker-Augenzeugenberichte, S. 149

267 Ebd., S. 250f.

268 Gollner, W. E.: Ludwig II. von Bayern. Psychopathologische Entwicklung und Kosmogramm, in: Kosmobiologisches Jahrbuch, Band 29, S. 36–50, Aalen 1958, S. 43

Verbindung, auf. Er begegnete […] den Frauen, als ob er einem schönen Bild gegenüberträte. Es war ihm ein Genuß unter diesen prachtvollen hohen Frauengestalten […] zu weilen und zu atmen, aber es war ein ausgesprochen artistischer Genuß, nicht anders, als er für ihn von Wagners Musik ausging.«[269]

Der Minnedienst Ludwigs II.

»Das war es, was er suchte. Schöne Frauen, die ihn wie einen Schwanenkönig, wie einen Lohengrin verehrten und denen er entfliehen konnte, wenn eine auf die Idee verfiel, die verhängnisvolle Frage zu stellen. Er begehrte keine irdische Frau. Er wollte der Minnesänger sein, der ewige Verehrer und Anbeter, der aus der Einsamkeit kam und in die Einsamkeit verschwand.«[270]

In der Tat erinnert des Königs Einstellung zu Frauen an den Minnedienst eines mittelalterlichen Ritters, wie er an den Höfen Frankreichs, Deutschlands, Italiens und Englands um 1200 n. Chr. üblich war. Darunter verstand man die nicht erwiderte Liebe einer edlen Dame, der sich der Ritter mit aller Hingabe widmete, ohne wirklich auf Erhörung zu hoffen. Das Glück der unglücklichen Liebe war ihm genug. Die »Minne«, abgeleitet aus dem lateinischen »mens« – »Geist« – und »memini« – »gedenken« – meint die geistige Liebe, die der Minnesänger unter anderem auch im Minnesang, der Liebeslyrik des Mittelalters, zum Ausdruck brachte. Lyrische Spuren finden sich auch in vielen von Ludwigs Briefen an von ihm angebetete Damen.

In der »hohen Minne« stand die Hingabe an die reine Frau im Mittelpunkt, die man durch eine Eroberung nicht erniedrigen durfte. Wies die verehrte adelige Dame den Liebenden auch immer wieder zurück, so bewahrte er ihr aller Zurückweisung zum Trotz seine Treue und Beständigkeit. Auch Ludwig II. schien sich zum Minnedienst verpflichtet gefühlt zu haben, also zur Verehrung von ihm besonders geschätzter hochgestellter, oft auch verheirateter Damen, die für ihn unerreichbar waren. Es ging ihm nicht darum, eine derartige Frau zu besitzen, sondern sie durch seine ehrerbietige Aufmerksamkeit und Treue zu erhöhen und zu idealisieren.

Hätte sich Ludwig II. zu einer Heirat entschließen können, hätte er sich allenfalls zu einer »Engelsehe« mit einer wesentlich älteren, mütterlichen Frau,

[269] Wolf, S. 94

[270] Grössing, Sigrid-Maria: Kaiserin Elisabeth und ihre Männer, München 2000, S. 91

einer Mischung aus Kaiserin Elisabeth, Zarin Alexandrowna, Sybilla Meilhaus, Elisabet Ney und Lila von Bulyowsky bewegen lassen. Diese waren zwischen zehn und 20 Jahre älter als er. Die für ihn in Betracht gezogenen sieben Lebenspartnerinnen waren jedoch acht bis 23 Jahre jünger als er. Jüngere Ehepartnerinnen für gekrönte Häupter waren im 19. Jahrhundert üblich. Auch seine königlichen Vorfahren waren mit wesentlich jüngeren Frauen verheiratet, so etwa sein Vater Max II. mit der 14 Jahre jüngeren Prinzessin Marie, die ihm schon im zarten Alter von erst 16 Jahren das Ja-Wort gab. Junge Frauen befanden sich im gebärfähigen Alter und konnten so über viele Jahre hinweg zahlreiche Nachkommen zur Welt bringen, die für die Thronfolge und den Erhalt der Dynastie erforderlich waren. Doch Ludwig II. fühlte sich nur zu wesentlich älteren, abgeklärten und mütterlichen Frauen hingezogen und nicht zu jungen Prinzessinnen, denen er sich überlegen fühlte.

»Wenn ich einmal heirate«, äußerte er, »so suche ich eine Königin, eine Landesmutter, und keine Herrin«, also keine Frau, die bestimmend in sein Leben eingegriffen hätte. Eine solche Dame hätte ihm jeweils immer dann zur Verfügung stehen müssen, wenn er das Bedürfnis gehabt hätte, sie zu verehren oder ihr sein Herz auszuschütten, um Trost und Zuspruch von ihr zu erfahren. Ansonsten hätte er Abstand zu ihr gewahrt und sie hätte ein eigenständiges Leben führen müssen, wobei sie aber von ihm durchaus fortwährend mit Aufmerksamkeiten und Geschenken überhäuft worden wäre.

Andererseits vertraute der König seinem Hofsekretär Ludwig von Bürkel einmal »leise und wehmütig flüsternd« an: »Manchmal, wenn ich mich müde gelesen habe und alles so stille ist, dann habe ich das unwiderstehliche Bedürfnis, eine menschliche Stimme zu hören. Dann lasse ich mir irgendeinen Lakai oder Vorreiter rufen, der muß mir von seiner Heimat oder seiner Familie erzählen ... Ich würde ja sonst das Sprechen ganz verlernen.«[271] »Wäre ihm«, so Bürkel weiter, »eine resolute, vernünftige Frau zur Seite gestanden, die ihm Ehe- und Kindersegen geschenkt hätte, es wäre alles anders gekommen!« Doch eine solche Frau ließ der König nicht an sich heran. Nach seinen eigenen Worten gab es nur einen einzigen Menschen auf Erden, den er liebte und der ihm wirklich nahestand: »Ich liebe kein Weib, keine Eltern, keinen Bruder, keine Verwandten, niemanden innig und von Herzen, aber Richard Wagner, ihn, meinen Angebeteten, meinen Einzigen!« Für ihn wollte er sogar einmal alles aufgeben: »Wenn es des teuren Wagners Wunsch und Wille gewesen wäre«, beteuerte er, »so hätte ich mit Freuden

[271] Hacker-Augenzeugenberichte, S. 280

auf die Krone und den öden Glanz verzichtet, wäre zu ihm gekommen, um nimmer mich von ihm zu trennen.«

Doch Richard Wagners große Liebe war Cosima, am König faszinierte ihn nur dessen Interesse an seiner Musik und dass ihn der Monarch finanziell immer wieder tatkräftig unterstützte, sodass er seine musikalischen Projekte sorgenfrei verwirklichen konnte. Er kannte die Großzügigkeit Ludwigs II. und nutzte dessen homoerotische Veranlagung ebenso für sich aus wie dessen Hang, sich in Fantasiewelten zu flüchten. Ludwig aber glaubte an die Liebe zwischen sich und dem Meister. Doch auch aus diesem Traum gab es ein böses Erwachen, als es später zur Entfremdung kam, was den König unendlich verletzte.

Illusionäre Frauen

Ludwig II. war ein Anhänger des Illusionären oder, exakter formuliert, ein Illusionsfanatiker. Überall wollte er Illusionen haben: im Theater, in seinen Schlössern, in seinen Kontakten zu Mitmenschen, in seinen Freundschaften und das auch bezogen auf Frauen.

Deshalb versetzte er sich bei seinen Separatvorstellungen förmlich in Trance und erlaubte keine Störungen dieser Illusionen. Jedes Geräusch hatte zu unterbleiben, selbst ein Hüsteln war nicht gestattet. Nach der Aufführung hatten die Schauspielerinnen und Schauspieler regungslos auf der Bühne zu verharren, damit der König beim Nachsinnen über das Gesehene nicht gestört wurde und es ihm möglich war, langsam wieder in die Wirklichkeit zurückzukehren.

Seine Schlösser durften nur auserwählte Personen und auch nur mit seiner Erlaubnis und in seiner Begleitung betreten und das auch nur gelegentlich. Größeren Gesellschaften blieben die Traumschlösser versperrt, denn das hätte die Illusionen des Schlossherrn zerstört.

Auch Beziehungen zu Männern und Frauen mussten dem König die Möglichkeit zu Illusionen bieten. Eine Störung derselben führte sofort zum Abbruch des jeweiligen Kontaktes. Verräterisch ist seine briefliche Bemerkung der Oberhofmeisterin Gräfin von der Mühle gegenüber: »Ich bin keine Natur, mit der ein Kompromiß möglich ist. Man hat zu sein, wie ich will, daß man ist; ist es nicht der Fall, so hat man auf den Umgang mit mir zu verzichten.«[272]

[272] Böhm, S. 445

Vollkommene Illusionen waren nur mit Personen möglich, die gleichsam Wachs in Ludwigs Händen waren und sich von ihm je nach Bedarf formen und gestalten ließen. Sie mussten so sein, wie er wollte, dass sie sind. Besonders glückte ihm das bei toten Menschen, bei historischen Gestalten aus dem Ancien Régime, bei längst vergangenen französischen Königen und deren Mätressen. Diese lud sich Ludwig II. gerne zur Hoftafel, wo nur er allein zugegen war. Diese imaginären Gestalten reagierten garantiert stets so, antworteten ihm stets so, wie er das wollte, weil deren Reaktionen und Antworten in seiner Illusion die seinen waren. Und sie zogen sich auch widerspruchslos zurück, wenn er das wünschte.

In dem biografischen Essay Guy de Pourtalès' über Ludwig II. von 1928 »Louis II de Bavière ou Hamlet-Roi« findet sich der Gedanke: »Was Ludwig II. [...] an seinen Liebhabereien entzückte, war eine Schönheit, die einzig er den Dingen lieh, die nur für ihn Wertgeltung hatten.«[273] Diese seine Einstellung wandte der König auch auf Menschen an, ob es nun Männer oder Frauen waren. Was ihn auch an beiden »entzückte, war eine Schönheit, die einzig er diesen Personen lieh, die nur für ihn Wertgeltung hatten«. In der Tat blieb es »geistig sein einziges Streben, seine fantastische Einbildungskraft zu verwirklichen. Ihr spiegelndes Prunken »verzerrte« alles, auch die Liebe, »die niemand ihn je gelehrt«. Ludwig »ersann sie sich selbst und ließ sie, reich ausgeschmückt, seinem Hirn entspringen. [...] All das Pathetische seines Wesens, die Kunst, die er förderte, seine Liebe, all dies entsprang seiner außergewöhnlichen Illusionsfähigkeit, die ans Geniale grenzte.«[274]

[273] Pourtalès, Guy de: König Hamlet. Ludwig II. von Bayern, Freiburg 1929, S. 192
[274] Ebd., S. 212–214

Das Liebesleben König Ludwigs II. von Bayern

In der Literatur über Ludwig II. wird dessen Sexualleben bis heute höchst unterschiedlich diskutiert. Dabei hört man immer wieder die Forderung, Ludwigs Sexualität solle man als seine Privatangelegenheit doch aus dem Spiel lassen und nicht ständig darin herumstochern. Doch des Königs Sexualität spielt im Hinblick auf mehrere Aspekte eine wesentliche Rolle, weshalb sie nicht beiseitegeschoben werden darf. Sie beeinflusste seine psychische Entwicklung in einem Maße, dass sie sich in der Folge auf andere Bereiche seines Lebens prägend auswirkte, so auf seine politischen und künstlerischen Aktivitäten und Entscheidungen. Außerdem spielte sie bei der Entmündigung eine zentrale Rolle. Deshalb darf Ludwigs Sexualität bei der Betrachtung seines Lebens und Wirkens nicht ausgeklammert werden, da sonst dem Verständnis seiner breit gefächerten Persönlichkeit ein wesentliches Element entzogen würde.

Ist der Großteil der Ludwig-II.-Biografen mittlerweile überzeugt, der König sei homosexuell gewesen, bezeichnen ihn andere als »nur« homoerotisch. Wieder andere sprechen davon, er habe sich als narzisstische Persönlichkeit vorrangig autosexuell verhalten. Oder war er nach dem Urteil einiger womöglich unterschwellig doch heterosexuell oder sogar bisexuell?

Bis heute diskutieren Sexualwissenschaftler die grundlegende Frage: Ist dem Menschen eine bestimmte Sexualität überhaupt angeboren? Oder ist sie ausschließlich das Ergebnis von Umwelteinflüssen? Oder eine Mischung aus beidem? Seit dem 19. Jahrhundert bemühen sich die Experten, die Sexualität des Menschen zu vermessen. Der berühmte amerikanische Sexualforscher Alfred Charles Kinsey (1894–1956) führte seinerzeit eine siebenteilige Skala ein, die von ausschließlich heterosexuellem Verhalten mit der Ziffer null bis zu ausschließlich homosexuellem Verhalten mit der Ziffer sechs reichte. Wer nach der Kinsey-Skala eine Drei bekam, durfte sich bisexuell nennen. Wer eine Fünf bekam, wurde als ein kleines bisschen »bi« eingestuft.

Doppelmoral im 19. Jahrhundert

Ludwig II. hatte wie viele seiner Zeitgenossen empfindlich unter der Doppelmoral des 19. Jahrhunderts zu leiden, die auf der einen Seite Sexualität nur in der Ehe für moralisch einwandfrei hielt, auf der anderen Seite aber Männern, denen ein stärkerer sexueller Trieb als den Frauen bescheinigt wurde, stillschweigend den Besuch von Prostituierten beziehungsweise Bordellen zugestand, auch wenn dies mit »gewissen« Gefahren verbunden war, da Geschlechtskrankheiten wie die Syphilis und ein daraus resultierendes schreckliches Ende drohten. Sicherer war es deshalb, sich mit einem Dienstmädchen oder einer kleinen Schauspielerin einzulassen, da man hierbei kaum eine Ansteckung riskierte. Adelige konnten sich aufgrund ihrer finanziellen Möglichkeiten auch eine Geliebte oder Kurtisane halten. Allerdings bestand hier die Gefahr, oft jahrelang für ein lediges Kind Alimente zahlen zu müssen, weil man solche »liederlichen« Mädchen ja nicht gut heiraten konnte.

Dafür gab es dann die sogenannten anständigen Frauen, für die Prostituierte einen Schutz darstellten, an denen sich die späteren Ehemänner heimlich »ihre Hörner abstoßen« konnten, während die anständigen Frauen in ihrer Jugend von männlichen Zudringlichkeiten verschont blieben. Der Mann wurde durch sein Freierleben weder in seiner Ehre noch in seinem sozialen Status gefährdet und konnte später als »anständiger« Mann eine »anständige« Frau heiraten. Kontrolliert, bestraft und sozial ausgegrenzt wurden allein die amoralischen Prostituierten, nicht aber die Freier, die ihre Dienste in Anspruch nahmen. Für die behütete junge Frau hingegen begann das Geschlechtsleben erst in der Hochzeitsnacht, in das sie der Gatte aufgrund der gemachten Erfahrungen oft recht brutal einweihte.

Männer, die den Besuch von Prostituierten verweigerten, wie dies bei Ludwig II. der Fall war, konnten sich entweder eine Geliebte halten, was der König ebenfalls ablehnte, oder es blieb nur die Selbstbefriedigung, die allerdings verteufelt wurde, da sie nach damaliger Ansicht, wie erwähnt, angeblich zu allen nur denkbaren Krankheiten bis hin zu Irrsinn und Tod führte. Und auch Homosexualität wurde vom Gesetz, der Kirche und der Öffentlichkeit völlig abgelehnt und als abscheuliches Laster gebrandmarkt. So führte im 19. Jahrhundert Verdrängung von Sexualität und eine von Staat und Kirche unterstützte scheinheilige Doppelmoral zu einem angeblich nicht existenten Sexualleben, das in Wahrheit aber nur ignoriert, ausgeklammert und totgeschwiegen wurde.

Bekanntlich hatte für König Ludwig II. das fünfaktige Trauerspiel »Narciß« des Autors Albert Emil Brachvogel (1824–1878) einen besonderen Stellenwert. Kein anderes Schauspiel stand so oft auf dem Spielplan. In den Jahren 1870 bis 1885 wurde es insgesamt 16 Mal aufgeführt, davon zwölfmal in Separatvorstellungen für den König, zu dessen Lieblingsstück es avancierte. Erstmals hatte er es bereits im Oktober 1864 mit Ernst von Possart in der Hauptrolle gesehen und danach eine historisch getreue Neuinszenierung ausarbeiten lassen, die am 9. Mai 1870 Premiere hatte. Sie musste dann jedes Jahr am 9. Mai, dem Todestag Schillers, wiederholt werden. Was Brachvogel im Vorwort seines Schauspiels als Grundidee bezeichnete, nämlich »die Gottähnlichkeit der Menschen«, die an der rauen Wirklichkeit zerbricht, empfand Ludwig wohl auch als Grundidee seines Lebens.

Das Trauerspiel »Narciß« spielt im April 1764 am Vorabend des Todes der Madame Pompadour. Die todkranke Mätresse Ludwigs XV. hat den Wunsch als gekrönte Königin zu sterben, was jedoch Intriganten am Hof von Versailles mithilfe Narciß Rameaus, ihres ehemaligen Geliebten, verhindern wollen. Als der in der Pompadour jene Frau erkennt, die ihn einst verlassen hat und die er seither so sehnlichst suchte, stirbt er im Wahnsinn. Der Name Narciß verweist auf den Jüngling der griechischen Mythologie, der in sein Spiegelbild verliebt war und an dessen Unerreichbarkeit zugrunde ging.

Wenn sich Narciß als »eine Art Universalnarr« bezeichnet, »in dem alle Übrigen aufgehn. Wer mich sieht, sieht sich im Spiegel«, dann scheint das förmlich auf Ludwig II. gemünzt zu sein, der sich tatsächlich im Spiegel der Hauptperson des Stückes sah. Narciß Rameau, ein Gefangener seiner selbst, nennt ausschließlich »das persönliche Interesse«, also den Egoismus, als »den Hebel des Weltalls«. Das ließ Ludwig II. aufhorchen wie auch dessen Äußerung, »dass jeder Mensch ein Geheimnis hat, an dem er nie rüttelt. Seine Existenz ist ein Bemühn, über dies verwünschte Etwas hinwegzukommen«.[275] Versuchte das nicht auch der Märchenkönig während seines Lebens? Und erkannte er sich nicht ebenso in der Charakterisierung der Jugendjahre Narciß Rameaus im zweiten Akt: »Man hat mich wie einen Hund geprügelt, mir oft nichts zu essen gegeben und mich wie einen Mönch erzogen, damit ich auch ja ein Lump werde.« Und wenn Narciß an einer anderen Stelle deprimiert beteuert: »Ich kann ja nicht aus mir heraus! Ich muß

[275] Brachvogel, Albert Emil: Narciß. Ein Trauerspiel, Jena 1857

bleiben, wie ich bin – ich will es so!«, könnte das Ludwig II. ähnlich formuliert haben, ebenso wie dessen Ansicht zum Thema der Treue: »Und Freunde?«, so fragt Narciß. »Hat man denn jemals Freunde im Leben? Giebt's denn eine Treue bis über's Grab? Haha, geht doch!« Narciß hat es an seiner gescheiterten Liebe zur treulosen Pompadour selbst erfahren, dass Treue nur ein leerer Wahn ist. Erlebte das nicht auch der König am Scheitern seiner Freundschaften, ob nun zu Richard Wagner, zu seiner Braut Sophie und zu anderen, die er für Freunde hielt? Das Schauspiel »Narciß« erinnerte den König Jahr für Jahr an den Verrat, der ihm nach seinem Empfinden von verschiedener Seite widerfuhr. Wie Narciß trotzte auch er seine narzisstische Haltung vergleichbaren tiefgreifenden seelischen Verlusten ab.

Insbesondere im Monolog des Narciß in der Pagoden-Szene mit einer asiatischen Götterfigur offenbarte sich für Ludwig sein eigenes Seelenleben. Darin fallen Sätze wie »Einbildungen sind doch ein prächtiges Ding, wenn man das Talent hat, zu jeder Zeit welche haben zu können. Wenn die nicht wären, ich wäre längst todt« – »O Sehnsucht, Sehnsucht, du hältst das Weltall zusammen, du bist doch das Beste am Leben. Ach, wer keine Sehnsucht mehr fühlt, ist werth zu sterben, zu faulen! O mein Gott, erhalte mir die Sehnsucht!« Darum bemühte sich der König während seines Lebens, letztlich aber vergebens. Die Pagoden-Szene nahm ihn derart gefangen, dass er ein Gemälde anfertigen ließ, das Ernst von Possart als Narciß in dieser Szene zeigt. Er ließ es in Schloss Linderhof neben das Porträt des Intriganten Choiseul hängen. Alljährlich zur Aufführung des Stücks am 9. Mai musste das Bild, das heute leider verschollen ist, in seine Loge gebracht werden – für Ludwig ein Spiegelbild seiner selbst. Das Trauerspiel endet damit, dass die Pompadour unter wütenden Vorwürfen ihres ehemaligen Geliebten stirbt, worauf Narciß, seelisch gebrochen, im Wahn selbst tot zusammenbricht.

»Narzißmus« wird in James Drevers und Werner D. Fröhlichs »Wörterbuch zur Psychologie« als »übersteigerte Selbstbezogenheit beziehungsweise Selbstliebe (Autoerotizismus)«[276] definiert. »In psychoanalytischer Sichtweise« sei dies »eine Frühphase der psychosexuellen Entwicklung, in der das ›Selbst‹, die eigene Person, Sexualobjekt ist.« Eine narzisstische Persönlichkeit wie König Ludwig II. ist demnach unfähig zu echtem Kontakt, zu echten Objektbeziehungen, also mitmenschlichen Beziehungen. Ein narzisstischer Mensch erlebt alles, was um ihn vorgeht, die Freuden und Leiden, die Handlungsweisen und Erlebnisse der anderen Menschen nur in Reflexion auf sich

[276] Drever, James / Fröhlich, Werner D.: Wörterbuch der Psychologie, München 1974, S. 193

selbst. Mängel und Unausgeglichenheiten beispielsweise der Eltern werden zur persönlichen Kränkung. Auf eine derartige Störung bei Ludwig II. weist jedenfalls tendenzfrei belegtes Quellenmaterial deutlich hin.[277]

Die Sexualität König Ludwigs II.

Was war Ludwig II. nun eigentlich? Homoerotisch oder homosexuell? Oder vielleicht doch heterosexuell oder gar bisexuell?

Als ein frühes Signal männlicher Homosexualität ermittelten Wissenschaftler feminines Verhalten während der Kindheit. Besorgte Eltern berichteten immer wieder von der Neigung ihrer Söhne zu mädchenhaften Rollen. In mehreren Quellen wird berichtet, dass Ludwig II. bereits in früher Kindheit feminines Verhalten gezeigt habe. So habe er Freude am Verkleiden gehabt und sich gern als Klosterfrau kostümiert. Zu Ostern stellte er das Heilige Grab auf und schmückte es. An Weihnachten spielte er mit Reibeisen, Mörsern und Modeln, die sich in Puppenküchen befanden. Seine Schüchternheit legte sich vor allem beim Spiel mit Prinzessinnen und anderen weiblichen Spielgefährtinnen. Im Gegensatz zu seinem Bruder Otto und anderen Knaben, denen Kriegs- und Soldatenspiele Spaß bereiteten, lehnte er diese Betätigungen ab. Auch für die Jagd ließ er sich nicht so recht begeistern. Schon früh hatte er ein Gefühl des Andersseins, des sozialen Ausgeschlossenseins, was seinen Hang zum Einzelgängertum förderte.

Während Forscher noch vor wenigen Jahren das Vorhandensein eines Gens, das die sexuelle Orientierung wesentlich beeinflusst, kategorisch in Abrede stellten, da es nicht nachweisbar sei und deshalb behaupteten, es gäbe kein »Homosexuellen-Gen« und niemand werde als Homosexueller geboren, widersprachen jüngst die amerikanischen Forscher William Rice und Sergey Gavrilets sowie der Schwede Urban Friberg dieser Ansicht. Homosexualität sei wie Heterosexualität definitiv eine angeborene und damit vollständig normale Variante des Begehrens.[278] Ebenso wenig wie Heterosexuelle hätten demnach Homosexuelle die Wahl, auf welches Geschlecht sie ihr Verlangen richten. Verantwortlich dafür seien epigenetische Steuerbefehle, sogenannte »Epi-Marks«. Diese biochemischen Markierungen

[277] Siehe dazu: Schweiggert-Kronprinz, S. 239–247

[278] »ZEIT«, Nr. 11, 14. März 2013

auf der DNA können nicht benötigte Gene in einer Zelle gleichsam in den Tiefschlaf versetzen.

Nach wie vor gehen Forscher aber auch davon aus, dass Homosexualität – ob nun angeboren oder nicht – ebenso durch entwicklungsbedingte Faktoren beeinflusst wird. Biografien homosexuell empfindender Menschen zeigen, dass homosexuelle Neigungen ihre Wurzeln vielfach in der frühen Kindheit haben. Sie liegen in vom Kind so erlebten frühen Bindungs- und Beziehungsverletzungen. Bei Ludwig II. geschah dies durch den plötzlichen Tod der Amme, der ein frühes Trauma darstellte, das zu einer Störung im normalen Bindungssystem führte.

Dazu kam eine weitere Störung. Die heterosexuelle Entwicklung eines Jungen setzt üblicherweise voraus, dass er sich in einer frühen Entwicklungsphase als »anders« als die Mutter erlebt und zwar als »so, wie der Vater«. Dazu benötigt er eine positive Verbindung zum Vater, die König Max II. seinem Sohn nachweislich nicht ausreichend geben konnte. Bindungsverletzungen in der frühen Beziehung zum Vater, die verhindern, dass der Junge voller Stolz sagen kann: »Ich möchte so werden wie der Vater«, können dazu führen, dass er in seiner zu entwickelnden Männlichkeit verunsichert wird. In der Folge fühlt er sich, wie das bei Ludwig der Fall war, nicht nur vom Vater entfremdet, sondern auch von den gleichaltrigen Kameraden. Beides kann seine Verunsicherung in Bezug auf seine Identität als Junge zusätzlich verstärken. Ludwig, so nehmen Psychologen an, habe seine emotionale Isolation zum Vater später in homoerotischen Verbindungen gleichsam wieder gutzumachen versucht.

Während der Kindheit bestand für Ludwig vorrangig ein Kontakt zur Mutter. Der Vater als Identifikationsobjekt stand nicht zur Verfügung, um ihn aus der Beziehung zur Mutter herauszulösen. Vielleicht erzeugte in ihm diese Situation zusätzlich unbewusst Ängste vor weiblicher Vereinnahmung, weshalb es ihm später nicht gelang, eine befriedigende Beziehung zu einer Frau aufzubauen und er als Gegenreaktion in homoerotische Kontakte flüchtete.

In der Pubertät können die aus diesen Beziehungs- und Bindungsverletzungen herrührenden, ungestillten emotionalen Bedürfnisse nach Zuwendung, Angenommensein und Wertschätzung durch den gleichgeschlechtlichen Elternteil sexualisiert und auf Menschen des eigenen Geschlechts übertragen werden. Auch Ludwig begann in der Pubertät zu bewundern, woran er den Anschluss nicht gefunden hatte: die männliche Welt, die sich ihm in Ermangelung anderer Möglichkeiten auf die Gestalt des Komponisten Richard Wagner zu fokussieren begann, der ihn vor allem als Komponist faszinierte. Diese Bewunderung nahm in seinem Fall durchaus erotische – aber keine homosexuellen! – Züge an. Damit versuchte er, seine emotionale Not zu lindern: Im von Erotik geprägten Kontakt zu einem Mann suchte er Anschluss an die Männlichkeit, die er begehrte, weil sie von ihm nicht genügend verinnerlicht werden konnte. Ludwigs homoerotisches Verhalten war die Suche nach dem eigenen verlorenen männlichen Selbst. Im homoerotischen Kontakt suchte er unbewusst männliche Wertschätzung, eine Bindung an einen »väterlichen« Freund oder ein Gehaltenwerden und Anerkennung durch einen »vergötterten« Freund.

Gleichwohl blieb dem König aufgrund seiner Kindheitserfahrungen das beständige Gefühl des Nicht-Genügens und der Nicht-Zugehörigkeit. Ab der Adoleszenz versuchte er deshalb, im homoerotischen Kontakt seine eigene Männlichkeit zu »vervollständigen«. Durch die seelisch-geistige Vereinigung mit einer gleichgeschlechtlichen Person hoffte er, sich für kurze Zeit »ganz« zu fühlen.

In seinen Memoiren berichtet Pierre de la Porte, der erste Kammerdiener Ludwigs XIII. und Ludwigs XIV., »dass Jules Mazarin im Jahre 1652 mit dem damals 14-jährigen König Ludwig XIV. nach einem Diner geschlechtlichen [also homosexuellen] Verkehr ausgeübt habe.«[279] Jules Mazarin (1602–1661), französischer Diplomat und Kardinal, übernahm 1642 nach Richelieus Tod dessen Amt als regierender Minister in Frankreich. Mazarin, der ein verführerisches Aussehen und einnehmendes Wesen hatte, war als Pate Ludwigs XIV. auch dessen Erzieher. Ludwig II. kannte als Leser französischer Literatur diese Geschichte, weshalb manche mutmaßen, er habe sich als Verehrer des Sonnenkönigs Ludwig XIV. auch wegen dieser Episode zu Männern hingezogen gefühlt, was jedoch nicht bewiesen ist.

Der Kulturhistoriker Klaus Reichold zählt in seiner äußerst lesenswerten Untersuchung über die Homosexualität Ludwigs II.[280] neben Richard Wagner folgende 14 Personen auf, zu denen Ludwig II. zumindest eine »schwärmerische Zuneigung« empfand.

[279] Porte, Pierre de la: Mémoires de M. de La Porte, Premier Valet de Chambre de Louis XIV, Contenant Plusieurs particularités des Régnes de Louis XIII. & de Louis XIV., A Geneve 1755. S. 261, (Pierre de la Porte: Erinnerungen von M. de La Porte, Erster Kammerdiener von Louis XIV. Kammer. Enthält mehrere Merkmale der Herrschaft von Louis XIII. und Louis XIV. A Geneve 1755, S. 261

[280] Reichold, Klaus: »Keinen Kuß mehr! Reinheit! Königtum«. Ludwig II. von Bayern (1845–1886) und die Homosexualität. Splitter 9. Materialien zur Geschichte der Homosexuellen in München und Bayern, München 2003 (künftig: Reichold)

1. Adalbert von Bayern (1828-1875) – 2. Karl Theodor in Bayern (1839–1909) – 3. Paul von Thurn und Taxis (1843–1879) – 4. Joseph Völk (Lebensdaten unbekannt) – 5. Georg Walter (Lebensdaten unbekannt) – 6. Karl Hesselschwerdt (1840–1902) – 7. Richard Hornig (1841–1911) – 8. Friedrich Brandt (1844?–1895) – 9. Emil Rohde (1839–1913) – 10. Lambert von Varicourt (1844-1885) – 11. Rudolf von Österreich (1858–1889) – 12. Friedrich von Ziegler (1839–1897) – 13. Anton von Hirschberg (1853–1924) – 14. Josef Kainz (1858–1910).

Außerdem benennt Reichold noch etliche Chevaulegers und Hofstallleute wie den Postillion Balduin Winzperger, den Vorreiter Jakob Brüller, den Leibkutscher Fritz Osterholzer und die Kammerdiener Thomas Osterauer, Hornsteiner, Wehr, Adalbert Welker, Alfons Weber sowie eine ganze Reihe unvollständiger Namen, von denen weder ein Gesicht noch eine Geschichte bekannt wurden.

Doch war Ludwigs Beziehung zu diesen Männern wirklich homosexuell oder nur homoerotisch? »Letztlich ist die Beantwortung dieser Frage eine Sache der Definition«, so Reichold. Es sei nämlich nicht klar, »ob der König je mit einem Mann ›geschlechtlichen Verkehr‹ hatte. Ludwigs Briefe an seinen Marstallfourier Karl Hesselschwerdt mögen es nahelegen. Tatsächlich aber beweisen sie nichts. Es ist sogar eher unwahrscheinlich, daß der König Männern wirklich nahegekommen ist. Schließlich hatte er schon seinen Drang nach Umarmungen, Küssen und gelegentlichem Onanieren mit einem Bannstrahl belegt. Angesichts seiner Überzeugung, daß ihn nur völlige moralische Makellosigkeit zu einem Königtum von Gottes Gnaden legitimiere, mußte ihm der vollzogene homosexuelle Geschlechtsakt als unverzeihliche Todsünde erscheinen. Resultierten seine Aggressionen, die ihn in den letzten Lebensjahren offenbar mehr und mehr beherrschten, aus der unterdrückten, als vermaledeit empfundenen Sexualität?«.[281]

Richtig ist, dass sich der König zu Männern hingezogen fühlte, dass er manche bewunderte, sie liebte, ihnen glühende Liebesbriefe schrieb, ja sie abgöttisch verehrte und homoerotische Gefühle für sie entwickelte. Im Gegenzug wollte er von ihnen bedingungslos geliebt werden, fühlte sich von ihnen immer wieder aber auch bitter enttäuscht, weshalb er sich in der Folge von ihnen oft schlagartig zurückzog.

Nachweislich stellten für Ludwig II. vor allem die Attribute von Männlichkeit – Bärte und starke Körperbehaarung – einen sexuellen Fetisch dar.

[281] Reichold, S. 76

Dies belegen etliche Briefe an seinen Marstallfourier Karl Hesselschwerdt, in denen er sich über die Stärke des Bart- und Haarwuchses verschiedener Personen erkundigte, von denen er auch Fotografien bestellte. Durch einen Fetisch wird ein sexuell stimulierendes Gefühl erzeugt, das tief in der Seele und im Triebleben verankert ist. Ludwig II. sehnte sich nach dem Anblick und der Berührung von Männerbärten. »Trichophilie« ist in der medizinisch-psychologischen Fachsprache die Bezeichnung für diese Art des Fetischismus. Sie ist gekennzeichnet durch anormale Beschäftigung mit Bärten und Haaren, die eine sexuelle Erregbarkeit bewirken. Die stark ausgeprägten sekundären Geschlechtsmerkmale Bart und Behaarung gelten als einer der häufigsten Fetische bei homosexuellen Männern.

Was jedoch intensive körperliche Kontakte betrifft, reduzierten sich diese bei Ludwig II. großenteils auf Umarmungen. Bei Küssen empfand er bereits entsetzliche Schuldgefühle und notierte in sein Tagebuch: »Kuß von Königs-Lippen, letzter!« oder an anderer Stelle: »Keinen Kuß mehr […] Reinheit, Königtum!« Und auch noch sechs Tage vor seinem Tod: »Auch der Küsse streng enthalten. Ich schwöre es im Namen des Königs der Könige.«[282] Ja, er verfluchte sich sogar, wie ein Tagebucheintrag von 1869 belegt, in dem es heißt: »Verflucht sei ich u. meine Ideale, wenn ich noch fallen sollte.«

Undenkbar war für ihn daher sexueller Verkehr weder mit Männern noch mit Frauen. Bei keinem jener männlichen Personen, von denen er sich angezogen fühlte, liegen eindeutige Nachweise vor, dass es zu Sexualkontakten mit ihnen kam. »Es ist nicht gestattet Sich mehr als 1 ½ Schritte zu nähern«, so verbot er sich immer wieder. Die Kontakte erschöpften sich tatsächlich in nur herzlichen Umarmungen und Küssen. Ludwig II. zeigte demzufolge also keine homosexuellen, sondern allenfalls homophile oder homoerotische Verhaltensweisen.

Wie Gottfried von Böhm berichtet, ließ sich Ludwig »ein paar der leichten Reiter, die ihm besonders gefielen, in Marmor aushauen. Die auf diese Weise entstandenen Kunstwerke sind jedoch [nach seinem Tod] der Zerstörung preisgegeben worden«,[283] vermutlich deshalb, weil es sich um männliche Aktdarstellungen handelte. So wie im psychiatrischen Gutachten des Königs Homosexualität zwar als Grund für seine Entmündigung mitgedacht, aber nicht expressis verbis erwähnt wurde, so wollte man auch nach seinem Tod sämtliche Hinweise auf seine Homoerotik – und

[282] Grein, S. 33; S. 79; S. 119
[283] Böhm, S. 569

dazu gehörten eben auch die von ihm in Auftrag gegebenen männlichen Aktskulpturen – vernichten.

Erwähnenswert ist, dass viele der Männer, denen er zugetan war, nachweislich nicht homosexuell, sondern heterosexuell – oder eventuell bisexuell – waren, da sie Beziehungen zu Frauen hatten oder sogar verheiratet waren, was Ludwig seinerseits jeweils als Treuebruch empfand, da er sich nach einer bedingungslosen und verlässlichen idealen Freundschaft und Liebe zu »teilnehmenden Seelen voll Geist« sehnte. Es kränkte ihn, wenn man ihm Amoralität unterstellte statt anzuerkennen, dass er sich nur »um rein geistige Beziehungen« bemühen wollte. Aber, so Ludwig, »so sind nun einmal die Menschen, und allem Erhabenen legen sie ihren kurzen Maßstab zugrunde.« Und so lebte er »inmitten einer Umgebung, die ihn nicht begriff und falsch beurteilte; er lebte wie auf einer Oase im Sandmeer der Wüste.«

Otto de Joux bezeichnete in seiner fulminanten Aufklärungsschrift,[284] die den Beginn der sich in den Folgenjahren entwickelnden Homosexuellenbewegung in Deutschland markierte »den unglücklichen König Ludwig II.« als eine Person, die eine »zwitterhafte oder ganzweibliche Seele« gehabt habe. Auch für den Sexualforscher und Mitbegründer der ersten Homosexuellenbewegung Magnus Hirschfeld (1868–1935) verkörperte Ludwig II. den Prototyp des femininen, schwärmerisch schönen, homosexuellen Mannes, dem alles Militärische zuwider war, während er sich als kunstsinniger Geist stattdessen viel lieber der Poesie, Musik und Architektur zuwandte, und der sich zu starken »maskulinen Männern«, aber auch zu starken, selbstbewussten und oft älteren Frauen mit männlichem Intellekt hingezogen fühlte.

Wegen der aus einem Katholizismus resultierenden selbst auferlegten Verhaltensregeln war Ludwig II. aber weder zu einer souverän gelebten Homosexualität fähig noch zu einer Heterosexualität, die ihm von Religion und Staat gerne aufgezwungen worden wäre. Halbherzig wandte er sich bald der einen, bald der anderen Richtung zu, ohne je in einer festen Fuß fassen zu können. Daraus erwuchs dann eine zaghaft gelebte, lediglich homoerotische Passion mit paralleler »minnehafter« Verehrung und Bewunderung selbstbewusst lebender Frauen, aber auch längst vergangener, historischer Frauengestalten, die ihn wegen eines ungewöhnlichen Lebenswandels faszinierten.

[284] Joux, Otto de [Pseudonym von Otto Rudolf Podjukl]: Die Enterbten des Liebesglücks, Leipzig 1893

Der englische Schriftsteller Wilfried Blunt (1901–1987), Kurator der Watts-Gallery nahe Guildford, brachte in seiner Ludwig-II.-Biografie in Verbindung mit Ludwig II. erstmals auch den Begriff Bisexualität zur Sprache, wenn er schreibt: »Wenn Lilas Darstellung [gemeint ist die Darstellung der Schauspielerin Lila von Bulyowsky von ihren Kontakten zum König] der Wahrheit entspricht, dann ist bewiesen, dass Ludwig eher bisexuell als rein homosexuell war, und es darf angenommen werden, das eine Verlobung mit Sophie in Bayern [...] die Folge eines Erlebnisses war, das sich von dem des ›Verliebens‹ kaum unterscheiden lässt. Ist es nicht möglich, dass ihm durch Lila, wenn sie ihn verführt hätte, klar geworden wäre, dass ein solches Erlebnis gar nicht so schrecklich war, wie er befürchtet hatte?«[285] Seit dieser Äußerung Blunts wird immer wieder auch die Möglichkeit diskutiert, womöglich sei Ludwig II. in Wahrheit bisexuell gewesen, was allenfalls im psychischen Bereich zutrifft, wie der Psychiater Johannes Kemper urteilt, nach dessen Ansicht Ludwigs II. »Fehlentwicklung« sich »auch so verstehen [lässt], dass sein natürliches sexuelles Verhalten mit negativen moralischen Begriffen besetzt wurde, er immer kontaktunfähiger und schließlich auf sich selbst zurückgeworfen wurde. Kompensatorisch entwickelte er ein hehres, idealisiertes Bild der Frauen (seine Verlobte Sophie Charlotte als Elsa von Brabant), und je reiner dieses Bild wurde, umso schwerer war es für Ludwig, der sich als zutiefst sündig verstand, Kontakt zu anderen aufzunehmen. [...] Es ist müßig, hier die Frage nach der Homosexualität Ludwigs aufzuwerfen. Seine psychische Liebe galt Männern und Frauen, und er hat sie auch unter Beweis gestellt. Dass er dabei enttäuscht wurde, sei es von Wagner, sei es von seiner Liebe zur Kaiserin Elisabeth, ist Ludwigs Schicksal.«[286]

»Es sieht so aus«, urteilt auch Klaus Reichold zu Recht, »als sei Ludwig vor allem ein Opfer seiner selbst geworden – zugrunde gegangen an der ihn selbst zerstörenden Macht seiner eigenen Ideale. Vielleicht hatte sein Schicksal eine andere Wendung genommen, wenn er den Weg gegangen wäre, den Klaus Mann 40 Jahre nach dem Tod des Königs beschrieben hat: Andreas [so heißt der Held des Romans ›Der fromme Tanz‹] gab sich dieser Liebe ganz hin, die er nicht als Verirrung empfand. Ihm kam es nicht in den Sinn, sie vor sich zu leugnen, sie zu bekämpfen als ›Entartung‹ oder als ›Krankheit‹. Diese Worte berührten die Wahrheit so wenig, sie kamen

[285] Blunt, Wilfried: The Dream King. König Ludwig II. von Bayern, München 1970, S. 72 (künftig: Blunt)

[286] Schmidbauer/Kemper, S. 103

aus einer anderen Welt. Gut hieß er diese Liebe vielmehr ganz und gar, er lobte sie, wie alles, was Gott gab und verhängte, sei es noch so leicht oder schwierig zu tragen.«[287] Doch für eine solche Einstellung und daraus resultierende Lebensweise war die Zeit, als Ludwig II. lebte, war er demzufolge auch selbst, noch nicht bereit und reif.

Dass heute, 130 Jahre nach seinem Tod, viele Menschen Homosexualität, die es ja seit Bestehen der Menschheit gibt, noch immer verteufeln, würde Ludwig II., wäre er heute noch unter uns, deshalb besonders verletzen. Wer sich daher weigert, die homoerotische Veranlagung Ludwigs anzuerkennen und gleichwertig neben heterosexuelle Beziehungen zu stellen, stimmt den Moralvorstellungen des 19. Jahrhunderts zu und diskriminiert den König dadurch aufs Neue, tut ihm also, vermutlich ohne es zu wollen, immer wieder bitter Unrecht.

[287] Reichold, S. 76; Klaus Mann: Der fromme Tanz. Das Abenteuerbuch einer Jugend, Hamburg 1925, S. 239

Literatur

Adalbert Prinz von Bayern: Nymphenburg und seine Bewohner, München 1949
Adalbert Prinz von Bayern: Als die Residenz noch Residenz war, München 1967
Adami, Erich/Schweiggert, Alfons: König Ludwig II. Seine triumphale Reise durch Franken, Husum 2011
Anonym: Die letzten Lebenstage und das Hinscheiden des höchstseligen Königs Maximilian II. von Bayern und der Nachruf seines treuen, schmerzbewegten Volkes, Passau 1864
Armborst, Georg: Genealogische Streifzüge durch die Weltgeschichte, München 1957
Baumgartner, Georg: Königliche Träume – Ludwig II. und seine Bauten, München 1981
Beckenbauer, Alfons: Ludwig III. von Bayern. 1845–1921. Ein König auf der Suche nach seinem Volk, Regensburg 1987
Below Ludwig: Dem Toten die Ehre. Entsigelte Dokumente. Treue Bayernherzen ihrem Liebling als Denkmal. Roman eines Königtraumes nach ganz neu erschlossenen Quellen, München 1926
Bertram, Werner: Der einsame König – Erinnerungen an Ludwig II. von Bayern, München 1936
Beyer, C.: Ludwig II. König von Bayern. Ein Charakterbild nach Mitteilungen hochstehender und bekannter Persönlichkeiten und nach anderen authentischen Quellen. Des Königs Aufenthalt am Vierwaldstättersee und sein Verkehr mit Josef Kainz, Leipzig 1897
Bialuch, Jürgen (Hg.): Gestalten um den Märchenkönig. Biografische Skizzen, Band 1, Reutlingen 1994
Blunt, Wilfried: König Ludwig II. von Bayern, München 1970
Böhm, Gottfried von: Ludwig II. König von Bayern – Sein Leben und seine Zeit, Berlin 1924
Brachvogel, Albert Emil: Narciß. Ein Trauerspiel, Jena 1857
Bußmann, Hadumod: »Ich habe mich vor nichts im Leben gefürchtet«. Die ungewöhnliche Geschichte der Therese Prinzessin von Bayern, München 2011
Bußmann, Hadumod: Prinzessin Dr. h.c. Therese von Bayern. Ihr Leben zwischen München und Bodensee – zwischen Standespflichten und Selbstbestimmung, München 2015
Brand, Isa/Vogl, Michael: Ludwig II., König von Bayern – Versuch einer Lebensbeschreibung, München 1986
Buerkel, Luigi von: Vom Rindermarkt zur Leopoldstrasse. Jugenderinnerungen aus dem München König Ludwigs II., München o.J.
Burke's Royal Families of the World. vol. I: Europe & Latin America, London 1977
Craemer, Josef Ludwig: Die Bayerischen Königsschlösser in Wort und Bild, München 1898

Craemer, Josef Ludwig: Königs-Historien, Theile 1–3, München 1894/95/96
Conte Corti, Egon Caesar: Unter Zaren und gekrönten Frauen. Schicksal und Tragik europäischer Kaiserreiche an Hand von Briefen, Tagebüchern und Geheimdokumenten der Zarin Marie von Rußland und des Prinzen Alexander von Hessen, Graz 1953
Dirrigl, Michael: Maximilian II. – König von Bayern. Band I/II, München 1984
Döllinger, Ignaz: Ignaz Döllingers Briefe an eine junge Freundin, herausgegeben von Heinrich Schrörs, Kempten 1914
Dörflinger, Robert: Ein Königstraum – Ludwig II., München o.J.
Dörflinger, Robert: Ludwig II. – Was ihn prägte, Augsburg 1983
Drever, James/Fröhlich, Werner D.: Wörterbuch der Psychologie, München 1974
Dührssen, Annemarie: Psychogene Erkrankungen bei Kindern und Jugendlichen, Göttingen 1962
Eisert, Beatrice: Ludwig II. – Leben, Wirken, Sterben, München 1979
Eulenburg-Hertefeld, Philipp Fürst zu: Das Ende König Ludwigs II., Frankfurt am Main/Leipzig 2001
Eulenburg-Hertefeld, Philipp Fürst zu: Das Ende König Ludwigs II. und andere Erlebnisse, Band 1, herausgegeben von seiner Witwe Fürstin Augusta zu Eulenburg-Hertefeld, Leipzig 1934
Evers, Hans Gerhard: Ludwig II. Theaterfürst – König – Bauherr, München 1986
Freud, Sigmund: Über Psychoanalyse. Fünf Vorlesungen, gehalten zur 20-jährigen Gründungsfeier der Clark University in Worcester Mass. September 1909, Leipzig/Wien 1910
Fuchs, Hanns: Richard Wagner und die Homosexualität, Berlin 1903
Gebhardt, Heinz: König Ludwig II. und seine verbrannte Braut. Unveröffentlichte Liebesbriefe Prinzessin Sophie's an Edgar Hanfstaengl, München 1986
Gerold Otto: Die letzten Tage König Ludwigs II. Erinnerungen eines Augenzeugen, Zürich 1903, 4. Aufl. 1908
Girrbach, Wilhelm (Hg.): Das Buch Ludwig. Vom Leben und Sterben des bayerischen Märchenkönigs Ludwig II., München 1986
Gollner, W. E.: Ludwig II. von Bayern. Psychopathologische Entwicklung und Kosmogramm, in: Kosmobiologisches Jahrbuch, Band 29, S. 36–50, Aalen 1958
Gregor-Dellin, Martin u.a.: Ludwig II. Die Tragik des »Märchenkönigs«, Regensburg 1986
Grein, Edir (Hg.): Ludwig II. König von Bayern. Tagebuch-Aufzeichnungen, Schaan 1925
Grössing, Sigrid-Maria: Kaiserin Elisabeth und ihre Männer, München 2000
Grunwald, Konstantin: Ludwig II. – Die Geschichte eines Märchenkönigs. Wien/München 1970
Haasen, Gisela: Ludwig II. Briefe an seine Erzieherin. München 1995
Hacker, Rupert (Hg.): Ludwig II. von Bayern in Augenzeugenberichten, München 1980
Hamann, Brigitte: Elisabeth, Kaiserin wider Willen. Wien/München 1982
Haus der Bayerischen Geschichte (Hg.): König Maximilian II. von Bayern, Rosenheim 1988
Hausner, Hermann M.: Ludwig II. von Bayern. Berichte der letzten Augenzeugen, München 1961

Häutle, Christian: Genealogie des erlauchten Stammhauses Wittelsbach von dessen Wiedereinsetzung in das Herzogtum Bayern (11. Sept. 1180) bis herab auf unsere Tage, München 1870
Heigel, Karl von: König Ludwig II. von Bayern, Stuttgart 1893
Heindl, Hannes (Hg.): Marie – Königin von Bayern, München 1989
Helvig, Hugo von: Ludwig Freiherr von der Tann-Rathsamhausen, Berlin 1882
Herre, Franz: Ludwig II. von Bayern – Sein Leben – Sein Land – Seine Zeit, Stuttgart 1986
Hierneis, Theodor: Der König speist. Erinnerungen aus der Hofküche König Ludwigs II., München 1953
Hirschfeld, Magnus: Das Rätsel im Leben der Herzogin Sophie von Alençon, in: Der Hausdoctor: Wochenschrift für naturgemäße Lebens- und Heilweisen, Nr. 392, S. 417–418, Berlin 1897
Hofstätter, Peter R.: Psychologie, Frankfurt am Main 1967
Hojer, Gerhard (Hg.): König Ludwig II. – Museum Herrenchiemsee, München 1986
Hollweck, Ludwig: München – Stadtgeschichte in Jahresportraits, München 1968
Hollweck, Ludwig: Er war ein König – Ludwig II. von Bayern – Erlebtes, Erforschtes, Erdichtetes von Zeitgenossen und Nachfahren, München 1979
Hommel, Kurt: Der Theaterkönig – Ludwig II. von Bayern. Eine Würdigung, München 1980
Hubensteiner, Benno: Bayerische Geschichte, München 1977
Hüttl, Ludwig: Das Haus Wittelsbach, München 1980
Hüttl, Ludwig: Ludwig II. König von Bayern, München 1986
Joux, Otto de [Pseudonym von Otto Rudolf Podjukl]: Die Enterbten des Liebesglücks, Leipzig 1893
Koch von Berneck, Max: König Ludwig II. von Bayern und Schloß Berg am Starnberger See. Eine Erinnerung an Schloß Berg, Berlin / Leipzig / München 1907 und 1913
Kobell, Louise von: Unter den vier ersten Königen Bayerns, München 1894
Kobell, Louise von: König Ludwig II. von Bayern und die Kunst, München 1898
Kolb, Annette: König Ludwig II. von Bayern und Richard Wagner, Amsterdam 1947
Kommission für bayerische Landesgeschichte (Hg.): König Ludwig II. von Bayern. Krankheit, Krise und Entmachtung. Zeitschrift für bayerische Landesgeschichte 2011, Band 74, Heft 2, München 2011
Lampert, Friedrich: Ludwig II., König von Bayern, München 1890
Lau, Katja u.a.: Speisen wie ein König, München 1983
Leopold Prinz von Bayern: Aus den Lebenserinnerungen 1846–1930, Regensburg 1983
Liertz, Rhaban: Ludwig II. König von Bayern. Eine seelenkundige Besprechung. Habelschwerdt in Schlesien 1925
Mann, Klaus: Der fromme Tanz. Das Abenteuerbuch einer Jugend, Hamburg 1925
Mayr-Ofen, Ferdinand: Ludwig II. von Bayern. Das Leben eines tragischen Schwärmers, Leipzig / Wien 1937
Memminger, Anton: Der Bayernkönig Ludwig II., Würzburg 1919
Mensi-Klarbach, Alfred von: Alt-Münchner Theatererinnerungen, Bildnisse aus der Glanzzeit der Münchner Hofbühnen, München 1924
Merkt, Nikolaus: Ludwig II. König von Bayern. Protokolle aus dem besonderen Ausschuß der Bayerischen Kammer der Abgeordneten, München 1987

Merta, Franz: Sibylle von Leonrod – die Meilhaus, in: Bialuch, Jürgen (Hg.): Gestalten um den Märchenkönig. Biografische Skizzen, Band 1, Reutlingen 1994
Merta, Franz: Kaiserin Maria Alexandrowna von Rußland, in: Gestalten um den Märchenkönig. Biografien und Skizzen, herausgegeben von Jürgen Bialuch, Band 1, Reutlingen 1994
Merta, Franz: »Und dieser König stirbt in Wahrheit nicht«. Das Herrscherethos König Ludwigs II., in: Peter Wolf/Richard Loibl/Evamaria Brockhoff (Hrg.): Götterdämmerung. König Ludwig II. und seine Zeit. Aufsätze zur Bayerischen Landesausstellung 2011 (Veröffentlichungen zur Bayerischen Geschichte und Kultur 59), Augsburg 2011, S. 179–183
Müller, Venanz: Maximilian II. König von Bayern, Regensburg 1864
Münsterer, Robert: König Ludwig II. und die Musik, Rosenheim 1980
Nöhbauer, Hans F.: Die Wittelsbacher. Eine deutsche Chronik – eine europäische Dynastie, München 1979
Nöhbauer, Hans F.: Auf den Spuren König Ludwigs II., München 1986
Obermeier, Siegfried: Münchens goldene Jahre, 1871–1914, München 1976
Orlop, Nikolaus: Alle Herrscher Bayerns. Herzöge, Kurfürsten, Könige – von Garibald I. bis Ludwig III., München 2006
Petzet, Michael/Neumeister, Werner: Ludwig II. und seine Schlösser. Die Welt des Bayerischen Märchenkönigs , München 1980
Philippi, Felix: Münchner Bilderbogen – Erinnerungen, Berlin 1912
Philippi, Felix: Ludwig II. und Josef Kainz und Anderes aus meinem Tagebuch, Berlin 1913
Porte, Pierre de la: Mémoires de M. de La Porte, Premier Valet de Chambre de Louis XIV, Contenant Plusieurs particularités des Régnes de Louis XIII. & de Louis XIV., A Geneve 1755. (Pierre de la Porte: Erinnerungen von M. de La Porte, Erster Kammerdiener von Louis XIV. Kammer. Enthält mehrere Merkmale der Herrschaft von Louis XIII. und Louis XIV. A Geneve 1755)
Possart, Ernst von: Erstrebtes und Erlebtes. Erinnerungen aus meiner Bühnentätigkeit, Berlin 1916
Pourtalès, Guy de: König Hamlet. Ludwig II. von Bayern, Freiburg 1929
Prinz, Friedrich: Ludwig II. Ein königliches Doppelleben, Berlin 1993
Prinz von Isenburg, Wilhelm Karl: Stammtafeln zur Geschichte der europäischen Staaten, Marburg 1953
Racowitza, Helene von: Von Anderen und mir. Erinnerungen aller Art, Berlin 1909
Raff, Helene: Blätter vom Lebensbaum, München 1938
Raff, Helene: Erinnerungen verschiedener Zeitgenossen an Ludwig II., in: Jugend. Münchner Illustrierte Wochenschrift für Kunst und Leben, Band 2, Nr. 35, 581, München 1902
Rall, Hans/Petzet, Michael: König Ludwig II. – Wirklichkeit und Rätsel, München/Zürich 1968
Ranke, Winfried: Hofphotograph der bayerischen Könige – Joseph Albert, München 1977
Reichold, Klaus: Zwischen Mythos und Wirklichkeit, Märchen und Alptraum. König Ludwig II. von Bayern. Stationen eines schlaflosen Lebens, München 1996

Reichold, Klaus: »Keinen Kuß mehr! Reinheit! Königtum«. Ludwig II. von Bayern (1845–1886) und die Homosexualität, Splitter 9, Materialien zur Geschichte der Homosexuellen in München und Bayern, München 2003
Riehl, Hans: Märchenkönig und Bürgerkönige – Wittelsbacher Geschichte(n) 1806–1918, Pfaffenhofen 1979
Rehm, Willy: Die psychoanalytische Erziehungslehre, München 1968
Reiser, Rudolf: König Ludwig II. Mensch und Mythos zwischen Genialität und Götterdämmerung, Regensburg 2010
Richter, Werner: Ludwig II. König von Bayern, München 1979
Roesle, Emil Eugen: Genealogisches Jahrbuch, Neustadt 1962
Rummel, Walter von: Der König und sein Kabinettchef, München 1930
Rumschöttel, Hermann: Ludwig II. von Bayern, München 2011
Sailer, Anton: Bayerns Märchenkönig – Das Leben Ludwigs II. in Bildern, München 1983
Schad, Martha: Bayerns Königinnen, Regensburg 1993
Schad, Martha: Bayerns Königshaus. Die Familiengeschichte der Wittelsbacher in Bildern, Regensburg 1994
Schad, Martha (Hg.): Cosima Wagner. Ludwig II. von Bayern. Briefe. Eine erstaunliche Korrespondenz, München 2004
Schad, Martha: Romanzen auf der Roseninsel, Rosenheim 2005
Scharrer-Schauenberg, G.L.: Unbekanntes und wenig Bekanntes aus den ersten drei Regierungsjahren König Ludwigs II. von Bayern, München 1934
Schauenberg, Georg L.: Im Banne der Rosen. König Ludwig II. in Tagebuchblättern, Dießen 1924
Schirnding, Carola von: Erinnerungen aus meinen Institutsjahren, in: Hummel, Isabella: Jugendblätter für die Unterhaltung und Belehrung, 34. Jg., München 1928
Schlim, Jean Louis: König Ludwig II. Sein Leben in Bildern und Memorabilen, München 2005
Schlim, Jean Louis: Ludwig II. – Traum und Technik, München 2010
Schmid, Elmar: Friedrich Wilhelm Pfeiffer – Maler der Reitpferde König Ludwigs II., Dachau 1988
Schmidbauer, Wolfgang / Kemper, Johannes: Ein ewiges Rätsel will ich bleiben mir und anderen – Wie krank war Ludwig II. wirklich?, München 1986
Schmitt, Markus: König Ludwig II. und die katholische Kirche, Diplomarbeit, München 2011
Schraml, Walter J.: Einführung in die Tiefenpsychologie, Stuttgart 1974
Schultze, Marie: Marie, Königin von Bayern. Ein Lebensbild, München 1892
Schweiggert, Alfons: Ludwig II. – Jetzt rede ich. 238 Fragen und Antworten, Dachau 1984
Schweiggert, Alfons: Schattenkönig – Otto, der Bruder König Ludwigs II. von Bayern. Ein Lebensbild, München 1992
Schweiggert, Alfons: Edgar Allan Poe und König Ludwig II. Anatomie einer Geistesfreundschaft, St. Ottilien 2008
Schweiggert, Alfons: Der Kronprinz. Kindheit und Jugend König Ludwigs II. von Bayern, Pfaffenhofen 1995

Schweiggert, Alfons / Adami, Erich: Ludwig II. Die letzten Tage des Königs von Bayern, München 2014
Schweiggert, Alfons: Bayerns unglücklichster König. Otto I., der Bruder Ludwigs II., München 2015
Schwennike, Detlev (Hg.): Europäische Stammtafeln – Neue Folge, Marburg 1978
Seitz, Maria: »Hätt ich Flügel, um mich zu Dir schwingen zu können …« – Dokument einer lebenslangen Freundschaft. Briefwechsel zwischen König Ludwig II. von Bayern und seinem Vetter Prinz Wilhelm von Hessen-Darmstadt, Darmstadt 2011
Sepp, Christian: Sophie Charlotte, Sisis leidenschaftliche Schwester, München 2014
Sittenfeld, Ludwig: Die Geschichte des Breslauer Theaters von 1841 bis 1900, Breslau 1909
Steinberger-Prien, Hans: Ludwig II. von Bayern. Der Romantiker auf dem Königsthron, Kaufbeuern 1906
Stern, Erich: Über Verhaltens- und Charakterstörungen bei Kindern und Jugendlichen, Zürich 1953
Streißler, Fr.: König Ludwig II. von Bayern, Ein deutsches Fürstenleben Biografisch und charakterlich dargestellt. Leipzig / Rendnitz 1886
Strohmayer, Wilhelm: Psychiatrisch-genealogische Untersuchung der Abstammung König Ludwigs II. u. Ottos I. von Bayern, Wiesbaden 1912
Thoma, Helga: »Madame, meine teure Geliebte …« – Die Mätressen der französischen Könige, München 1998
Tschudi, Clara: König Ludwig II. von Bayern, Leipzig 1911
Wallersee, Maria Freiin von: Meine Vergangenheit, Berlin 1913
Wallersee-Larisch, Marie Louise von: Kaiserin Elisabeth und ich, Leipzig 1935
Wilhelm, Kurt (Hg.): Luise von Kobell und die Könige von Bayern, München 1980
Wöbking, Wilhelm: Der Tod König Ludwigs II. von Bayern, Rosenheim 1986
Wolf, Georg Jacob: König Ludwig II. und seine Welt, München 1925
Wolf, Georg Jacob: Ein Jahrhundert München, 1800–1900, Frankfurt 1935
Wolf, Peter / Loibl, Richard / Brockhoff, Evamaria (Hg.): Götterdämmerung. König Ludwig II. und seine Zeit. Aufsätze zur Bayerischen Landesausstellung 2011 (Veröffentlichungen zur Bayerischen Geschichte und Kultur 59), Augsburg 2011
Zulliger, Hans: Die Pubertät des Knaben, Bern / Stuttgart / Wien 196

Bildnachweis

Bilder aus Archiven, Sammlungen, Privatbesitz
Archiv Erich Adami, Kleinwallstadt
Archiv Jean Louis Schlim, München
Archiv Alfons Schweiggert, München
Archiv Anna Trautner, Thalhausen

Bilder aus historischen Publikationen

Albert, Joseph, Hofphotograph: In: Ranke, Winfried: Hofphotograph der bayerischen Könige – Joseph Albert. München 1977: Tafeln 6, 8, 23, 24, 26, 27, 29, 33, 41 und S. 10, 13, 14, 20, 22, 51, 114

Below, Ludwig: Dem Toten die Ehre. Entsigelte Dokumente. Treue Bayernherzen ihrem Liebling als Denkmal. Roman eines Königtraumes nach ganz neu erschlossenen Quellen. München 1926, S. 4, 28, 102, 119, 122, 389, 391

Bertram, Werner: Der einsame König – Erinnerungen an Ludwig II. von Bayern. München 1936, S. 241

Böhm, Gottfried von: Ludwig II. König von Bayern – Sein Leben und seine Zeit. 2. Aufl. Berlin 1924. S. 16, 448

Grunwald, Constantin von: Ludwig II. Die Geschichte des »Märchenkönigs«. Album von Pierre Waleffe. Wien und München o.J., Tafel 6, 10, 11, 13, 32

Kobell, Louise von: König Ludwig II. von Bayern und die Kunst. München 1898, S. 4, 5, 7, 26, 299, 404, 409, 440, 442, 456, 464

Lampert, Friedrich: Ludwig II., König von Bayern. München 1890. S. 8, 10, 18, 32, 34, 74

Linde Fritz: Ich, der König. Der Untergang Ludwigs II., Leipzig 1926. S. 9 (2 Bilder)

Schauenberg, Georg L.: Im Banne der Rosen. König Ludwig II. in Tagebuchblättern. Diessen vor München, 1924, S. 87, 128

Schultze, Marie: Marie, Königin von Bayern. Ein Lebensbild. München 1892. Vorsatz, 13, 37, 39, 42, 50, 54

Steinberger-Prien, Hans: Ludwig II. von Bayern. Der Romantiker auf dem Königsthron. Kaufbeuern 1906, S. 28, 30, 65, 99, 164

Wolf, Georg Jacob: König Ludwig II. und seine Welt. München 1922, S. 21, 24, 28, 100, 101

Trotz intensiver Bemühungen konnten nicht alle RechteinhaberInnen der im Buch verwendeten Abbildungen ermittelt werden. Wir bitten diese, sich mit entsprechendem Nachweis an den Verlag zu wenden.